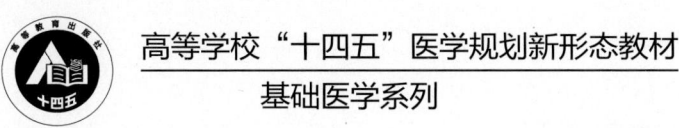

高等学校"十四五"医学规划新形态教材

基础医学系列

（供临床、基础、预防、护理、检验、口腔、药学等专业用）

医学免疫学

Yixue Mianyixue

（第 3 版）

主　编　司传平　丁剑冰

副主编　刘　平　任　欢　马　群

编　者（按姓氏笔画排序）

丁剑冰（新疆医科大学）　　　　　　　　马　群（济宁医学院）

王　利（内蒙古医科大学）　　　　　　　王　炜（首都医科大学）

车昌燕（山西医药学院）　　　　　　　　永　胜（青海大学）

司传平（济宁医学院）　　　　　　　　　朱轶晴（南通大学）

任　欢（南方科技大学）　　　　　　　　刘　平（哈尔滨医科大学）

李　群（安徽医科大学）　　　　　　　　李　霞（大连医科大学）

李盛安（昆明医科大学）　　　　　　　　吴红艳（三峡大学）

宋文刚（山东第一医科大学 / 山东省医学科学院）　　张　蓓（青岛大学）

张利宁（山东大学）　　　　　　　　　　金桂花（延边大学）

官　杰（齐齐哈尔医学院）　　　　　　　骆耐香（桂林医科大学）

夏　圣（江苏大学）　　　　　　　　　　郭振红（海军军医大学）

覃　明（遵义医科大学）　　　　　　　　戴　军（济宁医学院）

中国教育出版传媒集团

高等教育出版社·北京

内容提要

　　本书共分为六篇二十五章，包括绪论、免疫分子、免疫细胞、免疫应答、临床免疫和免疫学应用等内容。第3版在保持第2版内容系统性和完整性的基础上，力求简明、易读和实用，准确阐述免疫学的基本概念和基本理论，适当反映现代免疫学最新进展，并注重与临床密切结合。全书采取纸质内容与数字资源一体化设计，较好地体现了纸－数融合的新形态教材建设思路。纸质教材更加精炼，数字资源更加丰富。数字资源包含知识拓展、科学发现、临床聚焦、动画、微视频、学习目标、教学课件、自测题和开放性讨论等资源，内容丰富，不仅利于学生自主学习，提升学习效果，也为各学校开展线上线下混合式教学提供了优质资源。

　　本书适用于高等学校临床、基础、预防、护理、检验、口腔、药学等专业学生，也是学生参加执业医师考试的必备书，还可供临床医务工作者和医学研究人员参考使用。

图书在版编目（CIP）数据

医学免疫学 / 司传平，丁剑冰主编 . -- 3 版 .
北京 : 高等教育出版社，2025.9. -- ISBN 978-7-04
-064375-6

Ⅰ. R392

中国国家版本馆 CIP 数据核字第 2025SA0029 号

策划编辑　初　瑞　　责任编辑　初　瑞　　封面设计　马天驰　　责任印制　刘弘远

出版发行　高等教育出版社	网　　址	http://www.hep.edu.cn
社　　址　北京市西城区德外大街4号		http://www.hep.com.cn
邮政编码　100120	网上订购	http://www.hepmall.com.cn
印　　刷　天津鑫丰华印务有限公司		http://www.hepmall.com
开　　本　889mm×1194mm　1/16		http://www.hepmall.cn
印　　张　20.75	版　　次	2014 年 1 月第 1 版
字　　数　550 千字		2025 年 9 月第 3 版
购书热线　010-58581118	印　　次	2025 年 9 月第 1 次印刷
咨询电话　400-810-0598	定　　价	76.00 元

数字课程（基础版）

医学免疫学

（第 3 版）

主编　司传平　丁剑冰

abooks.hep.com.cn/64375

使用方法：

1. 电脑或移动设备访问课程网站。

2. 注册并登录后，进入"个人中心"。

3. 刮开图书封底防伪码涂层，通过扫描二维码或
  手动输入 20 位密码，完成防伪码绑定。

4. 绑定成功后，即可开始本数字课程的学习。

如有使用问题，请点击页面下方的"疑问"按钮。

"医学免疫学（第3版）"数字课程编委会

主 编 司传平 丁剑冰

副主编 刘 平 任 欢 马 群

编 者（按姓氏笔画排序）

丁剑冰（新疆医科大学）	马 群（济宁医学院）
马如雪（青海大学）	王 利（内蒙古医科大学）
王 炜（首都医科大学）	王 荟（江苏大学）
王 琪（齐齐哈尔医学院）	王 慧（齐齐哈尔医学院）
王洛洋（青岛大学）	车昌燕（山西医药学院）
永 胜（青海大学）	司传平（济宁医学院）
朱法良（山东大学）	朱轶晴（南通大学）
任 欢（南方科技大学）	刘 平（哈尔滨医科大学）
刘 泉（南方科技大学）	刘令珍（昆明医科大学）
李 群（安徽医科大学）	李 霞（大连医科大学）
李志华（济宁医学院）	李洋洋（遵义医科大学）
李盛安（昆明医科大学）	吴红艳（三峡大学）
宋文刚（山东第一医科大学/山东省医学科学院）	张 蓓（青岛大学）
张利宁（山东大学）	张馨元（延边大学）
陈 彦（首都医科大学）	金桂花（延边大学）
官 杰（齐齐哈尔医学院）	赵云娟（新疆医科大学）
赵明升（济宁医学院）	骆耐香（桂林医科大学）
夏 圣（江苏大学）	钱 程（海军军医大学）
徐心悦（山西医药学院）	郭振红（海军军医大学）
康 莉（山东第一医科大学/山东省医学科学院）	韩 莉（三峡大学）
植懿丹（桂林医科大学）	覃 明（遵义医科大学）
潘海婷（内蒙古医科大学）	戴 军（济宁医学院）
魏 晶（大连医科大学）	魏 薇（安徽医科大学）

前　言

在科学技术日新月异的今天，医学免疫学作为连接基础研究与临床实践的重要桥梁学科，正在以前所未有的速度蓬勃发展，日益凸显其不可替代的重要作用，极大地促进了医学和生命科学的发展，成为当今医学和生命科学领域的重要前沿学科和支撑学科。《医学免疫学》第 3 版正是在这一背景下应运而生，旨在为广大读者提供一本内容全面、结构严谨、理论与实践并重的《医学免疫学》新形态教材。

本次修订的主要目的：一是紧跟学科发展前沿，更新免疫学基础知识，并适当介绍最新研究成果；二是强化理论与实践的结合，培养学生分析问题和解决问题的能力；三是优化教材结构，使其更加符合教学规律，便于教师授课和学生自学；四是顺应教育教学改革需要，鼓励开展线上线下混合式教学，打造医学免疫学金课，为医学生提供一本纸质教材与数字资源有机融合的新形态《医学免疫学》教材。

一、教材内容和结构

《医学免疫学》第 3 版在保持第 2 版内容系统性和完整性基础上，力求简明、易读和实用，准确阐述免疫学的基本概念和基本理论，又适当反映现代免疫学最新进展，并注重与临床密切结合。

为便于学生学习和掌握医学免疫学知识，根据人体免疫应答规律和渐进式学习的要求，全书内容分为六篇二十五章，即绪论 – 免疫分子 – 免疫细胞 – 免疫应答 – 临床免疫 – 免疫学应用。鉴于新病原微生物不断出现和抗感染免疫的重要性，本版教材增加了"抗感染免疫"一章。本版教材各章节之间逻辑清晰，层层递进，既保证了知识的完整性，又便于读者系统学习。因此，在学习过程中要学会辩证思维和批判性思维，只有这样，才能做到融会贯通，真正理解和掌握免疫学知识。

二、教材编排和特色

本教材基于"纸 - 数融合"的教学改革理念，对教材内容和学习资源进行了一体化设计。采用了大量原创的彩色图片，并附详细图注，使抽象的免疫学知识变得形象直观，易于理解。纸质教材在内容编排及体例上，突破了传统教材的"呆板"面孔，每章内容包括本章关键词、导言、思维导图、正文、复习思考题等。在正文的相应位置，有相关数字资源的提示，包括知识拓展、科学发现、临床聚焦、动画、微视频等，各章还配有学习目标、本章小结、教学课件、开放性讨论、自测题等。通过扫描本书封底二维码，用密码登录，即可浏览全书数字资源。我们希望通过这样的设计，使抽象难懂的免疫学知识变得更加生动有趣，提高学生的学习兴趣，开阔学生的视野，并赋予教科书以人文内涵。

《医学免疫学》第 3 版的出版，凝聚了各位编委的智慧和辛勤努力，在此向所有编委和参与数字资源制作的年轻教师表示衷心感谢！医学免疫学进展迅猛，书中难免存在疏漏和错误之处，恳请各位同行专家和使用本教材的广大师生批评指正并提出宝贵意见，以便再版时予以修正，使其更趋完善。

司传平　丁剑冰

2025 年 7 月

目 录

V

第一章
医学免疫学概述

关键词

免疫学	免疫	免疫功能	免疫应答
免疫防御	免疫自稳	免疫监视	免疫系统
固有免疫	适应性免疫	体液免疫	细胞免疫
人痘苗	牛痘苗	克隆选择学说	

在生命漫长的进化过程中，人类在不断受到病原微生物等危险信号侵袭的过程中，机体逐步形成了一套精密而复杂的防御系统，即免疫系统。免疫系统的功能不仅能够抵御外来病原微生物的侵袭，还能够监视和清除机体内衰老、死亡或突变的细胞，从而维持机体内环境的稳定。免疫功能出现异常或紊乱，就会引发感染、肿瘤、自身免疫病等多种疾病。然而，人类通过对免疫系统的不断探索，逐步阐明了免疫系统的功能及其对各种危险因素的应答规律，并在此基础上应用免疫学原理来治疗疾病，由此形成了一门重要生命学科——医学免疫学。医学免疫学的迅猛发展，极大地促进了医学和生命科学的发展及人类的健康。

本章作为将着重介绍免疫的基本概念、免疫功能表现、免疫应答类型和主要特征，并简要介绍免疫学的发展历史及各阶段的主要成就。让我们踏着前人的足迹进入免疫学这座神秘的殿堂，去探索生命奥秘和寻求科学灵感！

思维导图

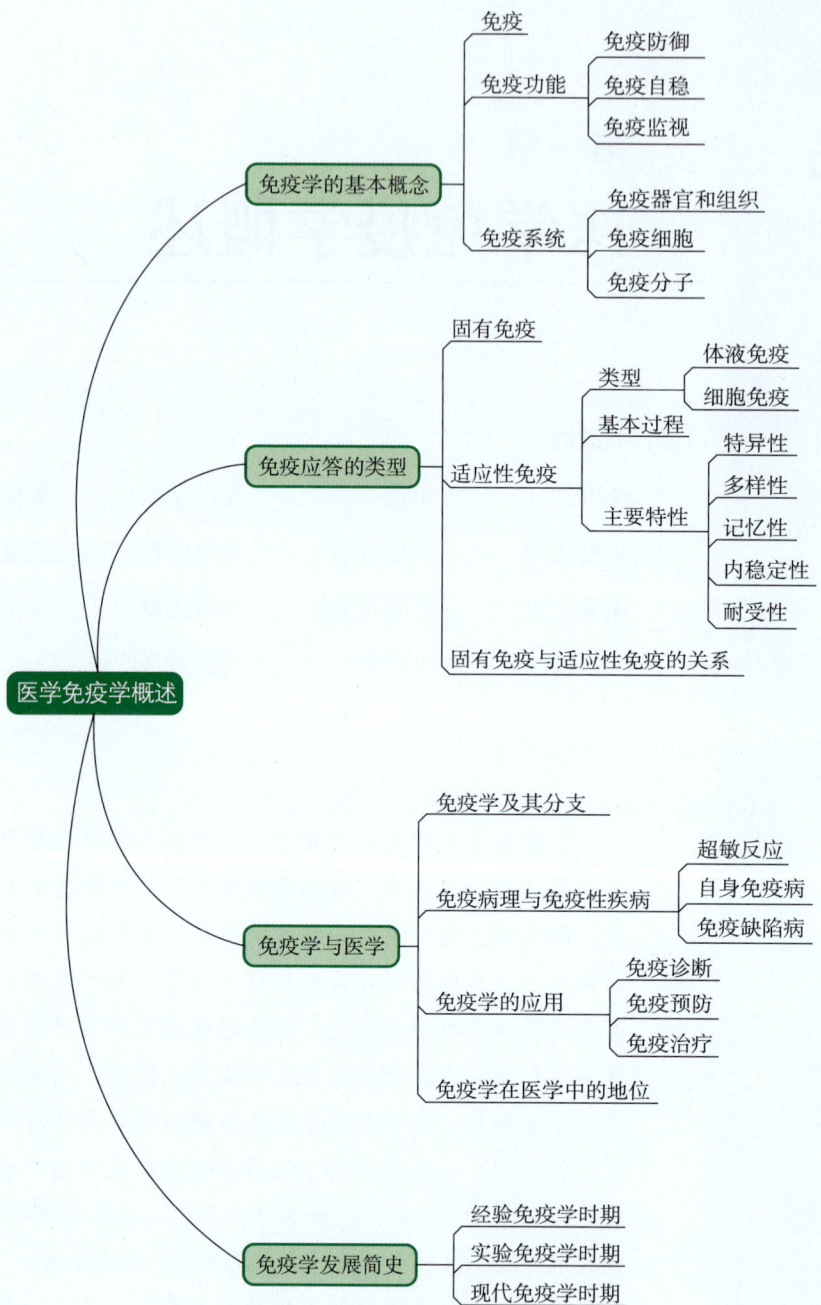

医学免疫学（medical immunology）是研究人体免疫系统的结构和功能、免疫系统对抗原和危险信号的识别，以及产生免疫应答的规律、免疫相关性疾病的发病机制、诊断、预防和治疗的一门科学。

免疫学的形成与发展经历了几个世纪漫长的过程，自 20 世纪 50 年代后，随着细胞生物学、分子生物学和遗传学的发展及渗透，人们对机体免疫系统和免疫本质的认识不断深入，推动免疫学飞速发展并形成一门独立学科。现代免疫学已渗透到医学各个领域，并成为当今生命科学和医学的前沿学科及支撑学科。

第一节　免疫学的基本概念

一、免疫

人类对"免疫"的认识起源于人体对传染性疾病的抵御能力。2000 多年前，人类就发现曾患过某种传染病而康复的个体，对这种疾病的再次感染具有一定抵抗力，称为免疫。免疫（immunity）一词由拉丁文"immunis"衍生而来，其原意是免除税赋和差役，引入医学领域，则是指机体免患瘟疫（传染病），即机体抵抗传染病的能力（图 1-1）。从抗感染免疫范畴来说，免疫是指机体接触病原体后，免疫系统所产生的一种特异性生理反应，以防御和清除感染，借以维持机体的生理平衡和稳定。然而，这种生理反应并不只针对病原体，某些外来大分子物质和组织细胞也可以引起。因此，现代免疫的概念已超出抗感染免疫的范畴，可概括为：免疫是指机体免疫系统识别和区分"自己"（self）和"非己"（nonself），并清除"非己"抗原性异物，以维持

图 1-1　鼠疫肆虐
鼠疫（黑死病）是由鼠疫耶尔森菌引起的自然疫源性疾病。在人类历史上，鼠疫曾发生过 3 次大流行，导致近 2 亿人死亡。图为 1562 年尼德兰（欧洲古代国家）画家老彼得·勃鲁盖尔以鼠疫肆虐为背景绘制的名作《死亡的胜利》（The Triumph of Death）

机体内环境稳定的一种生理功能。这种识别和清除抗原性异物的生理反应过程被称为免疫应答（immune response），而引起免疫应答的抗原性异物则统称为抗原（antigen，Ag）。

免疫应答对机体的影响具有双重性，正常情况下，免疫功能的发挥可维持机体内环境稳定，具有保护性作用；如果免疫功能异常，则可引发某些病理过程并导致疾病。

二、免疫功能

机体免疫系统的基本功能在于识别和清除外来入侵的抗原及体内突变或衰老细胞，以维持机体内环境稳定。可概括为以下三大主要功能（表 1-1）。

1. 免疫防御（immune defense） 是机体抵御病原体入侵和清除已入侵病原体或其他有害物质的一种免疫保护功能。若免疫防御功能过低或缺如，则表现为易患感染或免疫缺陷病；若免疫防御功能过强或持续时间过长，则可引发超敏反应。

2. 免疫自稳（immune homeostasis） 免疫系统识别体内损伤、衰老、死亡细胞及感知危险信号，通过免疫调节和免疫耐受，维持内环境稳定。若免疫自稳功能失调，免疫耐受被打破，则可导致自身免疫病。

3. 免疫监视（immune surveillance） 是机体免疫系统及时识别、清除体内出现的突变细胞（如肿瘤细胞）的一种生理性保护功能。若免疫监视功能低下，则可发生肿瘤。

表 1-1 免疫的主要功能及其表现

功能	生理表现	病理表现
免疫防御	防御病原体和外来抗原的侵袭	免疫缺陷病 / 感染性疾病 / 超敏反应
免疫自稳	维持自身耐受性，清除衰老或损伤的细胞	自身免疫病
免疫监视	清除突变细胞	肿瘤

三、免疫系统

机体的免疫系统（immune system）是执行免疫功能的组织系统，包括免疫器官和组织、免疫细胞和免疫分子（表 1-2）。

表 1-2 人体免疫系统的组成

免疫器官和组织	免疫细胞	免疫分子
中枢免疫器官	固有免疫细胞	膜型分子
胸腺	单核 / 巨噬细胞	TCR
骨髓	树突状细胞	BCR
外周免疫器官		
脾	固有淋巴样细胞（ILC）	白细胞分化抗原
淋巴结	固有样淋巴细胞（ILL）	黏附分子
黏膜相关淋巴组织		MHC 分子

免疫器官和组织	免疫细胞	免疫分子
	中性粒细胞	膜型受体或配体
	嗜酸性粒细胞	分泌型分子
	嗜碱性粒细胞	抗体
	肥大细胞	补体
	适应性免疫细胞	细胞因子
	T 细胞	
	B 细胞	

第二节　免疫应答的类型

　　免疫应答是指免疫系统识别和清除侵入体内的病原体和体内突变细胞，以及衰老、死亡细胞等的整个过程。根据免疫应答的效应机制及其特征的不同，可将免疫应答分为固有免疫和适应性免疫两大类，主要特征见表 1-3。

表 1-3　固有免疫和适应性免疫的主要特征

项目	固有免疫	适应性免疫
获得方式	先天遗传获得（固有性）	出生后受抗原刺激获得（获得性）
诱发因素	病原体的共有成分	病原体的特定抗原成分
识别受体	模式识别受体	T 细胞受体（TCR）、B 细胞受体（BCR）
作用时相	即刻至 96 h	96 h 后（初次免疫应答）
免疫记忆	无	有
维持时间	较短	较长
参与细胞	皮肤黏膜上皮细胞、树突状细胞、巨噬细胞、中性粒细胞、肥大细胞、固有淋巴样细胞、固有样淋巴细胞	T 细胞、B 细胞
其他参与成分	组织屏障、固有免疫分子（补体、细胞因子、其他抗病原分子）	抗体

一、固有免疫

　　固有免疫（innate immunity）又称天然免疫（natural immunity），是生物在长期进化中逐渐形成的、个体出生时就具有的一种防御功能，是机体抵御病原体入侵的第一道防线。其主要特征是对侵入机体的多种病原体等危险信号均能够迅速产生免疫应答，故又称非特异性免疫（nonspecific immunity）。固有免疫系统由组织、黏膜屏障及多种固有免疫细胞和免疫分子组成。固有免疫细胞如单核/巨噬细胞、树突状细胞、粒细胞、NK 细胞等通过其细胞表面或细胞内的模式识别受体识别病原体或机体组织损伤时释放的某些固有成分（也称分子模式），产生免疫保护作用，同时参与适应性免疫应答的启动和效应过程（详见第十一、十二章）（图1-2）。

二、适应性免疫

适应性免疫（adaptive immunity）是个体在生活过程中受病原体或机体组织中的某些成分刺激而获得的防御能力，又称获得性免疫（acquired immunity）。其主要特征是针对某一特定抗原物质而产生的特异性免疫（specific immunity）。自然界中能够激活和诱导适应性免疫应答并能与免疫应答细胞或产物发生特异性结合的物质称为抗原。执行适应性免疫应答的细胞是表面具有特异性抗原识别受体的 T 细胞和 B 细胞。T 细胞和 B 细胞识别抗原后，经活化、增殖和分化过程，产生效应性细胞及效应分子，最终清除抗原性异物。机体接触过某种抗原发生适应性免疫应答之后可产生免疫记忆，使得机体再次接触同一种抗原时能够启动更为迅速和高效的特异性免疫应答，从而维持机体内环境稳定（详见第十四章、第十五章）（图1-2）。

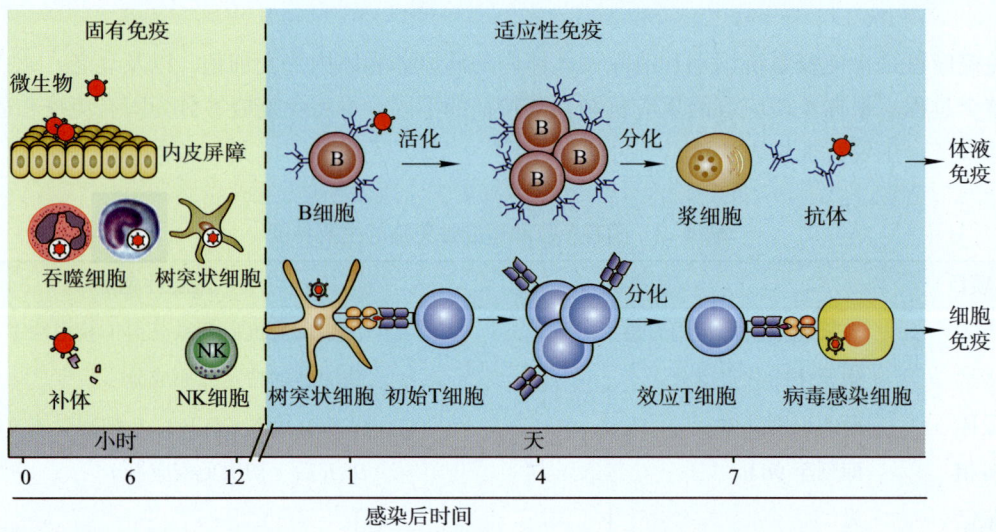

图 1-2 固有免疫和适应性免疫的基本机制
固有免疫在感染早期发挥作用，主要由固有免疫细胞介导；适应性免疫需要特异性T、B细胞识别抗原，并经过活化、增殖、分化为效应T细胞或浆细胞，分别介导特异性细胞免疫应答或体液免疫应答

（一）适应性免疫应答的类型

根据介导和参与适应性免疫应答的免疫细胞和免疫应答产物的不同，可将适应性免疫应答分为以下两种类型（图1-3）。

1. **体液免疫（humoral immunity）** 由 B 细胞产生的抗体分子介导。当病原体等外来抗原进入体内时，B 细胞可直接识别和结合抗原，在 T 细胞及其产生的细胞因子的协助下，活化、增殖并分化为浆细胞，后者产生和分泌抗体。抗体能特异性结合相应抗原，具有中和细菌外毒素、阻止病原体侵入细胞和清除外来抗原的作用。

2. **细胞介导免疫（cell-mediated immunity，CMI）** 又称细胞免疫（cellular immunity），由 T 细胞介导。病原体等外来抗原进入体内后，首先被树突状细胞或巨噬细胞等抗原提呈细胞（antigen presenting cell，APC）摄取，经加工处理后将有效抗原成分（抗原肽）提呈给 T 细胞，使 T 细胞活化、增殖并分化为效应 T 细胞。当再次遇到相同抗原时，效应 T 细胞可直接杀伤病毒感染细胞或肿瘤等靶细胞，或通过分泌细胞因子而激活巨噬细胞，增强机体抗感染免疫功能。

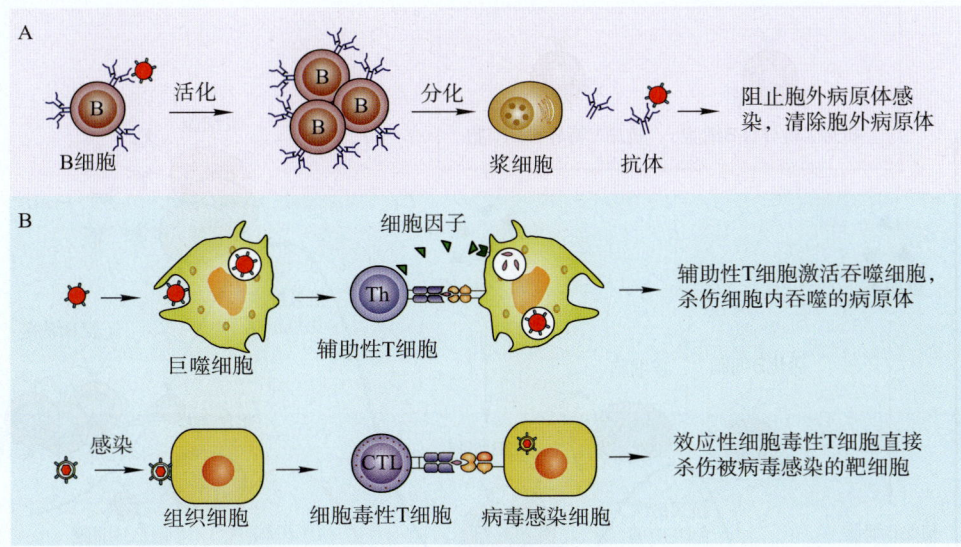

图1-3　适应性免疫应答的类型

A.体液免疫。B细胞识别细胞外病原体，产生特异性抗体并清除病原体。B.细胞免疫。辅助性T细胞（Th细胞）通过激活巨噬细胞杀伤巨噬细胞吞噬的病原体；或效应性细胞毒性T细胞（CTL）直接杀伤被病原体感染的靶细胞

（二）适应性免疫应答的基本过程和主要特性

1. 基本过程　无论T细胞介导的细胞免疫应答，或B细胞介导的体液免疫应答，均可人为分为三个阶段，即抗原识别阶段（抗原提呈细胞摄取、处理、提呈抗原，抗原特异性T、B细胞识别抗原），活化、增殖、分化阶段（抗原特异性T、B细胞识别抗原后，活化、增殖、分化为效应T细胞或浆细胞），以及效应阶段（效应T细胞或浆细胞分泌的抗体执行清除抗原的免疫效应功能）（详见第四篇）。

2. 主要特性　体液免疫应答和细胞介导免疫应答具有下列几个重要特性（图1-4）。

（1）特异性（specificity）：是适应性免疫应答的基本特征。T细胞和B细胞能区分不同抗原和大分子抗原的不同结构成分（抗原表位），并针对每一特定抗原表位产生特异性免疫应答。这种高度特异性是由淋巴细胞表面的特异性抗原识别受体决定的。

（2）多样性（diversity）：机体内有众多带有不同特异性抗原识别受体的T、B细胞克隆，可识别环境中各种各样的抗原，分别产生不同的特异性免疫应答。免疫应答的多样性是由淋巴细胞抗原识别受体的抗原结合位点结构的多样性决定的。

（3）记忆性（memory）：免疫系统初次接触某种抗原性异物所产生的免疫应答称为初次免疫应答（primary immune response）。当免疫系统再次接触同一种抗原时，会产生更迅速、更强烈的免疫应答，称为再次免疫应答（secondary immune response）。这种免疫记忆现象的发生，主要是由于初次应答后产生的记忆T细胞和记忆B细胞再次接触相同抗原后能够迅速活化、增殖，并形成大量效应细胞或效应分子所致。

（4）内稳定性（homeostasis）：免疫系统对外来抗原所产生的正常免疫应答会随着时间的推移和抗原的清除而逐渐减弱，并恢复至应答前的初始静止状态。内稳定性的维持一方面是由于免疫应答使抗原逐渐被清除，不能有效地活化淋巴细胞；另一方面是抗原或免疫应答启动了免疫系统的负调节机制所致。

（5）耐受性（tolerance）：机体免疫系统最显著的特征之一就是能够识别和清除众多外来（非己）抗原，而通常对宿主自身正常组织细胞及成分（自身抗原）不产生免疫应答，这种对自身抗原的免疫不应答性称为免疫耐受。自身免疫耐受的维持对机体正常组织细胞具有重要保护作用。

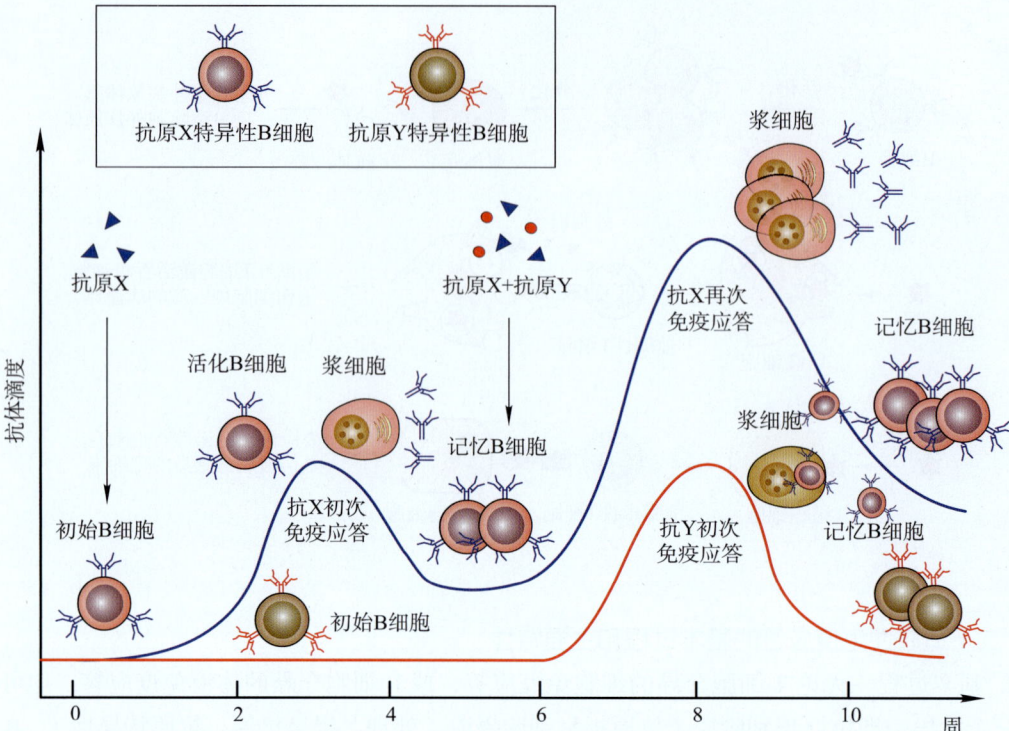

图 1-4 免疫应答的特异性、记忆性和内稳定性示意图

抗原X和抗原Y诱导不同特异性B细胞活化并产生不同特异性抗体（特异性）；抗原X再次刺激时，记忆B细胞会迅速活化，产生更高强度的免疫应答（记忆性）；随着抗原的清除，免疫应答逐渐恢复至正常水平（内稳定性）

三、固有免疫与适应性免疫的关系

面对入侵的病原体或体内产生的危险信号，机体序贯产生固有免疫和适应性免疫。而固有免疫和适应性免疫不是孤立的，两者相辅相成、相互协调。一方面，固有免疫是适应性免疫的先决条件和启动因素，能提供适应性免疫应答所需的活化信号；另一方面，适应性免疫的效应细胞和效应分子又反过来激活和调节固有免疫；两者相互协调共同完成清除抗原、维持内环境稳定的使命。

第三节　免疫学与医学

一、免疫学及其分支

免疫学（immunology）是研究免疫系统的组织结构和生理功能的一门学科，是生命科学的重要组成部分。医学免疫学可分为基础免疫学和临床免疫学两大部分。基础免疫学（fundamental immunology）主要研究抗原物质、免疫系统的组成和功能、免疫应答过程和机制、免疫效应、免疫调节、免疫耐受和免疫遗传等生理现象；临床免疫学（clinical immunology）主要研究与人体健康和疾病密切相关的各种免疫现象、免疫性疾病的发生机制和免疫诊断及免疫治疗，如感染性疾病、超敏反应、自身免疫病、免疫缺陷病、肿瘤免疫和移植免疫等。

免疫学与临床医学各学科相互交叉和渗透已形成诸多的分支学科，如感染免疫学、免疫病理学、肿瘤免疫学、移植免疫学、血液免疫学、老年免疫学、免疫药理学等。免疫学理论和方法已成为诊断、预防和治疗疾病的重要手段。

二、免疫病理与免疫性疾病

免疫的生理功能是识别和清除抗原性异物。适度的免疫应答可产生对机体有利的抗感染、抗肿瘤等免疫保护作用。当免疫功能发生紊乱时，所出现的异常免疫应答（过高或过低的应答，或对自身组织抗原的应答）则会导致免疫病理损伤，甚至发展为免疫性疾病。按发病机制不同，免疫性疾病分为三大类：超敏反应、自身免疫病及免疫缺陷病。

（一）超敏反应

超敏反应是指已被某些抗原致敏的机体再次接触相同抗原时，所发生的以机体生理功能紊乱和（或）组织细胞损伤为主的异常适应性免疫应答，如过敏性哮喘、过敏性休克、类风湿关节炎、结核病、接触性皮炎等（见第十八章）。

（二）自身免疫病

在正常情况下，机体免疫系统对自身组织细胞处于天然耐受状态，即对自身抗原应答的 T、B 细胞克隆在胚胎期已被清除或处于耐受状态。但在长期感染，物理、化学因素刺激下，这些自身应答 T、B 细胞被活化，则导致自身免疫病（如类风湿关节炎、系统性红斑狼疮等）（见第十九章）。

（三）免疫缺陷病

免疫系统任何成分（免疫细胞、免疫分子或免疫相关基因）的缺失或功能障碍均可能导致相应免疫功能障碍或缺陷，而致免疫缺陷病，且易发生严重感染或肿瘤。如重症联合免疫缺陷、获得性免疫缺陷综合征（艾滋病）等（见第二十章）。

三、免疫学的应用

免疫学作为生命科学和现代医学的前沿学科，已成为医学实践的重要理论支撑和有效方法，尤其是对严重感染性疾病、超敏反应、移植排斥反应、自身免疫病、免疫缺陷病和肿瘤等疾病发生机制的阐明起到了重要促进作用，并为许多疾病的诊断、预防及治疗提供了新的策略和方法，为人类健康做出了卓越的贡献。

（一）免疫诊断

免疫诊断是采用基于免疫学理论和原理而建立起来的各种免疫学检测方法和技术，诊断各种疾病或检测机体的免疫状况。鉴于抗原－抗体反应具有高度特异性，因此可用已知抗原检测未知抗体，也可用已知抗体检测未知抗原。免疫学诊断方法主要包括凝集反应、沉淀反应、免疫标记技术、淋巴细胞和免疫分子等检测技术。免疫诊断已成为临床诊断疾病的最重要手段之一，广泛应用于感染性疾病、超敏反应、免疫缺陷病、自身免疫病、移植排斥反应和肿瘤等疾病的诊断、鉴别诊断及疗效评估。近年来，随着分子生物学和计算机科学的不断渗透，各种新的免疫诊断技术和方法不断涌现，并向着微量、快速和自动化方向发展，其特异性、敏感性及稳定性越来越高，使某些疾病的诊断准确率得到显著提高和有效控制。

（二）免疫预防

免疫预防的主要措施是接种疫苗（vaccine）。通过对人群的广泛疫苗接种，预防、控制乃至消灭传染病是医学免疫学的一项重要任务。例如通过广泛接种牛痘苗，使天花这一烈性传染病在世界上绝迹；通过接种脊髓灰质炎病毒减毒活疫苗，全球消灭脊髓灰质炎已指日可待；通过计划免疫，许多危害儿童健康的多发性传染病已得到有效控制；新型重组疫苗的应用，使发病率很高的乙型病毒性肝炎也得到有效控制。上述成就是免疫学对人类健康及社会发展做出的极其重要的贡献。

（三）免疫治疗

免疫治疗是根据免疫学理论和疾病发生机制，人为增强或抑制机体免疫功能，以达到治疗疾病的目的。免疫学治疗已成为许多临床疾病的重要治疗策略和手段，包括以单克隆抗体为基础的靶向治疗、细胞因子治疗、免疫细胞过继治疗、免疫相关分子的基因治疗、干细胞治疗及治疗性疫苗等。高效免疫抑制剂的应用极大提高了器官移植的成功率和改善了自身免疫病等的预后及患者的生活质量。肿瘤免疫治疗已成为最有前景的肿瘤治疗方法，如阻断负向免疫调控机制的抗 CTLA-4 抗体和抗 PD-1 或抗 PD-L1 抗体、嵌合抗原受体 T 细胞（chimeric antigen receptor T cell，CAR-T 细胞）等，已为肿瘤的治疗带来了新的希望。

四、免疫学在医学中的地位

免疫学作为生命科学的支柱学科之一，其理论和技术对基础医学和临床医学的研究与实践产生了巨大推动作用。免疫学理论和技术进展迅猛，已渗透到基础医学和临床医学的各个学科，作为一门新兴的交叉学科，为现代生命科学的发展注入了新的活力，尤其对阐明生命活动的本质、疾病的发生发展规律和诊断及防治提供了新概念、新线索、新方法及新技术，并推动着医学和生命科学的全面发展，免疫学也因此成为当之无愧的生命科学的前沿学科。

免疫学在医学中的地位和作用也可由历届诺贝尔生理学或医学奖中反映出来。诺贝尔奖是世界上公认的对推动科学发展有重大作用的科研成果的一种肯定，同时也是对做出该贡献的科学家的一种奖励。1901 年，首届诺贝尔生理学或医学奖的得主就是发现抗毒素的德国学者 Emil von Behring。截至 2023 年，诺贝尔生理学或医学奖共颁发 114 次（9 年因故停发），其中，免疫学研究获诺贝尔生理学或医学奖已经累计达到 20 次（表 1-4）。作为一门新兴学科，免疫学能够屡获殊荣，这主要源于其在生命科学理论上取得的重大突破，以及在临床应用上获得的巨大成功，同时也反映了免疫学其固有领域及其与其他学科交叉而形成的众多边缘学科，是生命科学研究的一片沃土，吸引了大批科学家为之辛勤耕耘，并不断结出硕果。

表 1-4　获得诺贝尔生理学或医学奖的免疫学家及其成果

年份	姓名（国籍、生卒年份）	成果
1901	Emil Adolf von Behring（德国，1854—1917）	发现白喉及破伤风抗毒素，开创了免疫血清疗法
1905	Robert Koch（德国，1843—1910）	发现多种病原菌，创建了结核菌素试验
1908	Elie Metchnikoff（俄国，1845—1916） Paul Ehrlich（德国，1854—1915）	发现吞噬作用，创立细胞免疫学说 创立体液免疫学说和抗体形成的侧链学说

续表

年份	姓名（国籍、生卒年份）	成果
1912	A. Carrel（法国，1873—1944）	器官移植
1913	Charles Richet（法国，1850—1935）	发现过敏现象
1919	Jules Bordet（比利时，1870—1961）	发现补体，建立补体结合反应
1930	Karl Landsteiner（奥地利，美国，1868—1943）	发现人 ABO 血型系统
1951	Max Theier（南非，美国，1899—1986）	发明黄热病疫苗
1957	Daniel Bovert（意大利，1907—1992）	发现抗组胺药物可治疗超敏反应
1960	F. MacFarlane Burnet（澳大利亚，1899—1985） Peter B. Medawar（英国，1915—1987）	提出抗体形成的克隆选择学说 发现获得性免疫耐受现象
1972	Rodney R. Porter（英国，1917—1986） Gerald M. Edleman（美国，1929—2014）	阐明免疫球蛋白的化学结构和本质
1977	R. S. Yallow（美国，1929—2011）	创立放射免疫测定法
1980	Baruj Benacerraf（美国，1920—2011） Jean Dausset（法国，1916—2009） George D. Snell（美国，1916—1996）	发现免疫应答的遗传控制 发现人白细胞抗原 发现小鼠 H-2 系统
1984	G. Köhler（德国，1946—1995） C. Milstein（英国，阿根廷，1927—2002） N.K. Jerne（丹麦，1911—1994）	建立杂交瘤技术，制备单克隆抗体 提出免疫网络学说
1987	S. Tonegawa（日本，1939— ）	阐明免疫球蛋白基因结构，抗体多样性遗传原理
1990	Joseph E. Murray（美国，1928—2012） E. Donnall Thomas（美国，1920—2012）	1954 年第一例肾移植成功，创立全身照射免疫抑制 1950 年骨髓移植降低移植物抗宿主反应
1996	Peter C. Doherty（澳大利亚，1940— ） Rolf M. Zinkernagel（瑞士，1944— ）	1974 年首先发现在免疫应答中的 MHC 限制性
2011	Bruce A. Beutler（美国，1957— ） Jules A. Hoffmann（法国，1941— ） Ralph M. Steinman（加拿大，美国，1943—2011）	发现模式识别受体及其在固有免疫应答中的作用 发现 Toll 样受体 发现树突状细胞及其在适应性免疫应答中的作用
2018	James P. Allison（美国，1948— ） Tasuku Honjo（日本，1942— ）	发现免疫检查点分子，开创了抑制负向免疫调节的癌症疗法
2023	Katalin Karibó（匈牙利，1955—） Drew Weissman（美国，1958—）	发现信使 RNA（mRNA）的核苷碱基修饰可抑制炎症反应，推动了 mRNA 疫苗研发

知识拓展 1-1
医学免疫学课程的主要
内容和学习要求

第四节　免疫学发展简史

免疫学是在人类与传染病作斗争的过程中逐渐形成的，从其萌芽到成为一门独立的学科经历了数百年的发展过程，可分为三个时期，即经验免疫学时期、实验免疫学时期和现代免疫学时期。了解免疫学发展简史及其每一时期的主要成就，有助于加深对免疫学的理解，增强学习兴趣，并从前人的研究与探索中获得有益的科学启示。

一、经验免疫学时期

在这一时期（17—19世纪），人们通过对患过某种传染病而康复的人一般不再患同样疾病的观察，对"免疫"有了感性认识，并发明了人痘苗和牛痘苗接种法预防天花，由此开创了一个医学新领域——免疫学。

（一）人痘苗接种预防天花

天花（smallpox）是由人天花病毒引起的一种烈性传染病，中医称之为"痘疮"。据有关资料记载，历史上，天花先后使5亿人失去了生命。天花是除鼠疫之外最恐怖的人类"杀手"，其恐怖之处在于：①通过空气传播，传染性极强；②病死率高达33%；③幸存者的皮肤会遗留大量瘢痕，天花也由此得名。

我国早在宋朝（11世纪）已有吸入天花痂粉预防天花的传说。到明代（17世纪70年代左右），我国史书已有通过接种人痘苗预防天花的记载。方法是将沾有疱浆的患者衣服给正常儿童穿戴，或将愈合患者的局部痂皮磨碎成粉末，经鼻给健康儿童吸入，可预防天花（图1-5）。人痘苗接种预防天花的方法不仅在我国古代广泛应用，还经陆上丝绸之路西传至欧亚各国，经海上丝绸之路东传至朝鲜、日本及东南亚国家。人痘苗的发明是我国对世界医学的一大贡献，为日后牛痘苗和减毒疫苗的发明奠定了基础。

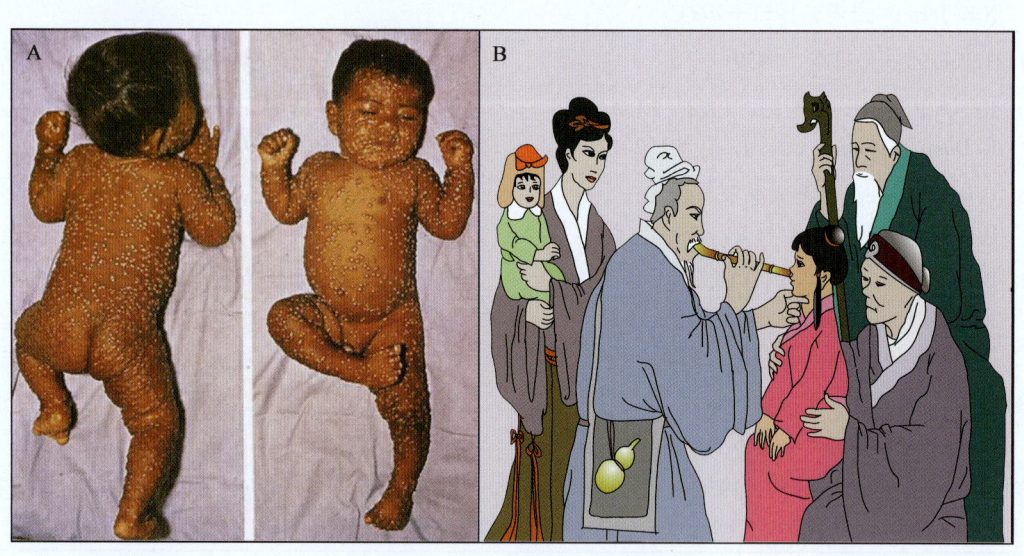

图1-5 人痘苗接种预防天花
A.天花患儿。面部及全身布满脓疱疮。B.中国古代接种人痘苗。中国古代医学家将天花愈合患者的局部痂皮研磨成粉末，经鼻腔接种给健康儿童，以预防天花

（二）牛痘苗接种预防天花

公元18世纪后叶，英国乡村医生Edward Jenner观察到牛患有牛痘，局部痘疹酷似人类天花，挤奶女工为患有牛痘的病牛挤奶，可被传染并在其手臂出现类似"牛痘"的疱疹，却不得天花。于是，Jenner意识到接种"牛痘"可预防天花。为证实这一设想，他将牛痘接种于一位8岁男孩手臂上进行试验。2个月后，再接种从天花患者来源的痘液，男孩只出现局部手臂疱疹，未引起全身天花（图1-6A）。Jenner于1798年发表了题为《牛痘成因与作用的研究》论文，把接种牛痘称为"vaccination"（vacca在拉丁语中是牛的意思）。与人痘苗相比，牛痘苗预防天花更安全和有效，在19世纪初至中叶，牛痘苗在欧洲被广泛推广，之后传遍全世界。牛痘苗接种

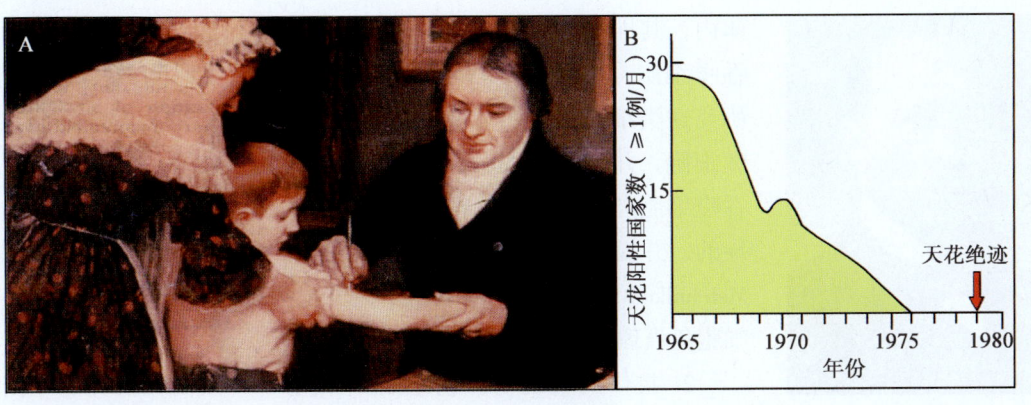

图 1-6 牛痘苗接种法预防天花

A. 英国医生 Edward Jenner 于 18 世纪后叶发明牛痘苗接种法。B. 牛痘苗接种对天花发病率的影响。横轴为年份，纵轴为每年有天花发病的国家数，全球最后一例天花发生于索马里（1977年）

预防天花是具有划时代意义的伟大发明，开创了人工自动免疫的先河。1979 年，世界卫生组织（WHO）庄严宣布，天花在世界上绝迹。这是人类医学史上具有划时代意义的伟大胜利，彰显了医学免疫学对人类健康和社会发展的巨大贡献（图 1-6B）。

二、实验免疫学时期

在这一时期（19 世纪中叶—20 世纪中叶），各种病原体的确定及疫苗的研制及应用，推动了抗感染免疫的发展。人们对免疫的认识也从现象观察进入了科学实验阶段，并逐渐形成了免疫学。此外，由于免疫化学取得了重大进展，使人们获得了对多种免疫现象本质的初步认识。

（一）病原菌的发现与疫苗的研制

19 世纪中叶，由于显微镜放大倍率的提高，人们发现了细菌。1850 年，德国科学家 Koch 首先在患炭疽病的羊的血液中看到了炭疽杆菌。随后，法国科学家 L. Pasteur（图 1-7）证明，实验室培养的炭疽杆菌能使动物感染致病，并发明了培养细菌用的液体培养基。其后不久，Koch 发明了固体培养基，成功培养、分离到结核分枝杆菌，并提出病原菌致病的概念。病原菌致病的概念被确认后，人们逐渐认识到被病原体感染康复后能获得对该病原体的免疫力。为此，Pasteur 先后将炭疽杆菌培养于 42～43 ℃ 环境，制成人工减毒活菌苗；将鸡霍乱病原体培养物在室温长期放置而使细菌毒素减毒；将狂犬病病原体经过兔脑连续传代获得减毒株，制成减毒狂犬疫苗。利用这些疫苗进行预防接种，不仅预防了传染病在牲畜间的传播，使畜牧业得到发展，也预防了人类多种传染病，促进了人类健康。在随后的 20 多年时间里，随着越来越多的致病菌被确定，多种多样的疫苗也相继问世。时至今日，疫苗接种仍是人类控制并消灭传染病的主要手段。

图 1-7 法国微生物学家 L. Pasteur（1822—1895）

（二）细胞免疫与体液免疫学派的形成

1. 吞噬细胞的发现 早在 1885 年，俄国学者 Elie Metchnikoff（图 1-8）在意大利工作期间发现，用玫瑰刺扎进无脊椎动物（如海星）

图 1-8 俄国动物学家 Elie Metchnikoff（1845—1916）

图 1-9 德国细菌学家 Emil Adolf von Behring（1854—1917）

图 1-10 德国医学家 Paul Ehrlich（1854—1916）

图 1-11 比利时免疫学家 Jules Bordet（1870—1961）

图 1-12 奥地利免疫学家 Karl Landsteiner（1868—1943）

体内，其周围很快出现体积较大、具有变形运动和吞噬能力的巨大吞噬细胞（macrophagocyte）。他在此后的 25 年时间内集中精力深入研究这类细胞，证实哺乳动物体内也存在类似的大吞噬细胞，即巨噬细胞，并能够吞噬病原微生物。他据此提出了细胞免疫假说，即吞噬细胞理论，认为保护机体的免疫力主要是由细胞而不是体液介导的，并提出炎症并不是单纯的一种损伤作用，也是一种保护机制。Metchnikoff 的发现现在看来虽不完全正确，但开创了固有免疫，并为细胞免疫理论奠定了基础。

2. 抗体的发现　19 世纪 80 年代后叶，人们在研究病原菌的过程中，发现白喉杆菌通过其分泌的白喉外毒素而致病，进而发现感染者的血清中存在一种杀菌素，此为最早发现的抗体。1890 年，德国学者 Emil Adolf von Behring（图 1-9）和 Kitasato 用白喉外毒素给动物免疫，发现免疫动物血清中产生一种能中和外毒素的物质，称为抗毒素。次年他们用白喉抗毒素血清成功地救治了一名患白喉的女孩，创建了免疫血清疗法。白喉抗毒素的问世，开创了人工被动免疫的先河。1901 年，Behring 成为第一届诺贝尔生理学或医学奖得主。

1897 年，德国学者 Paul Ehrlich（图 1-10）通过对抗毒素的研究，认为机体的免疫系统以体液免疫为主，保护机体的免疫力主要由抗体而不是细胞介导，并提出了著名的侧链学说，解释抗体产生的基本原理。Ehrlich 与 Metchnikoff 所看到的现象后被证实分别是免疫系统两大组成部分（固有免疫和适应性免疫）的环节之一，两大学派争论多年，但有趣的是，他们两人分享了 1908 年的诺贝尔生理学或医学奖。

抗毒素的发现，促进了血清学的发展，科学家们开始在血清中寻找杀菌物质，相继在动物免疫血清中发现了溶菌素、凝集素、沉淀素等特异性组分，并能与相应的细胞、病原体及其产物发生特异性结合。他们将这些不同的特异性反应物质统称为抗体（antibody，Ab），而将能诱导抗体产生的物质统称为抗原（Ag），建立了抗原、抗体的概念，并陆续建立了体外检测抗原或抗体的多种血清学技术。

3. 补体的发现　1899 年，比利时医生 Jules Bordet（图 1-11）发现可以溶解细菌的新鲜的免疫血清中，含有一种对热不稳定的物质（56 ℃、30 min 即可被灭活），其在溶菌素（即抗体）存在的条件下，具有溶菌或溶细胞的作用。这种非特异性、能补充和加强抗体溶菌、溶细胞作用的物质被称为补体（complement）。他将补体应用于血清学诊断中，建立了可对抗原或抗体进行定性和定量分析的补体结合试验。

4. 抗原的结构与抗原特异性　20 世纪初，Karl Landsteiner（图 1-12）把芳香族有机化学分子偶联到蛋白质载体上，用以免疫动物，研究抗原结构与所产生抗体之间的关系，发现抗原特异性是由抗原分子表面特定的化学基团所决定的，这些特殊化学基团后被称为抗原决定簇或抗原表位。1900 年，Landsteiner 进一步发现人红细胞表面糖蛋白所连接的糖链的末端寡糖结构的差异决定了 ABO 血型，并建立了检测血型的玻片凝集试验，将此成果应用于临床，避免了血型不符输血导致的严重输血反应。Landsteiner 的工作开拓了免疫化学研究领域，并使以抗体为中心的体液免疫在 20 世纪上半叶占据免疫学研究的主导地位。

5. 抗体是免疫球蛋白　1937 年，Tiselius 和 Kabat 利用电泳方法，将血清蛋白分为清蛋白及 α1、α2、β 和 γ 球蛋白等不同组分，发现动物在免疫后，血清中 γ 球蛋白水平显著升高，且具有明显的抗体活性。据此，他们提出抗体就是 γ 球蛋白，并通过从血清中分离 γ 球蛋白而分离纯化抗体。事实上，抗体主要存在于 γ 球蛋白组分中，但 α 和 β 球蛋白中也有部分抗体。

6. 抗体由四条多肽链构成　1959 年，Porter 和 Edelman 分别对抗体结构进行了研究，证明抗体是由两条相同轻链和两条相同重链借二硫键连接在一起的四条多肽链结构。抗体的氨基端构成抗原结合部位；抗体的羧基端不能结合抗原，而具有抗体的其他功能。进一步研究发现了抗体的可变区和恒定区，为以后抗体多样性形成机制的研究奠定了基础。

（三）免疫学重大学说和理论

在过去的 100 多年中，人们为揭示机体免疫系统及免疫的本质，特别是围绕抗体形成的机制，进行了不懈探索和研究，提出了多种学说和理论，推动了免疫学的发展。

1. 侧链学说　1897 年，Paul Erhlich 提出抗体产生的侧链学说（side chain theory），该学说认为，一个抗体产生细胞的表面可以表达多种不同的侧链（抗体分子），抗原进入机体后与其中的某种侧链特异性结合，将诱导细胞合成更多的相同侧链，侧链从细胞表面脱落即成为血清中的抗体。侧链学说的缺点是认为一个细胞可合成多种不同的抗体。但从 Erhlich 的学说中，我们似乎看到了当今关于 B 细胞识别抗原的 B 细胞受体，以及抗原刺激后 B 细胞分化为浆细胞产生大量特异性抗体这一理论的雏形。

图 1-13　英国免疫学家 Peter Medawar（1915—1987）

2. 免疫耐受的发现　1945 年，Ray Owen 发现在异卵双生、胎盘融合的小牛个体内，两种血型的红细胞共存而不引起免疫反应，在体内形成了血型嵌合体。1953 年，英国免疫学家 Peter Medawar（图 1-13）等人应用小鼠皮片移植的实验模型，成功地进行了人工诱导免疫耐受的实验。即让新生鼠或胚胎期小鼠接受了另一品系小鼠的组织抗原刺激（如注射骨髓或脾细胞），至小鼠长至 4 周后，再移植骨髓或脾细胞来源品系小鼠的皮片，此皮肤不被排斥而长期存活，而对其他无关品系移植的皮片则仍然发生强烈的排斥反应。由此，Medawar 等发现了天然免疫耐受现象，认为动物胚胎期或新生期接触某种抗原，可使其发生免疫耐受，使动物到成年期对该抗原发生特异性的不应答。

图 1-14　澳大利亚免疫学家 MacFarlane Burnet（1899—1985）

3. 克隆选择学说　1957 年，澳大利亚免疫学家 MacFarlane Burnet（图 1-14）基于细胞生物学的发展和对天然免疫耐受及人工免疫耐受实验结果的分析和思考，提出了著名的抗体生成的克隆选

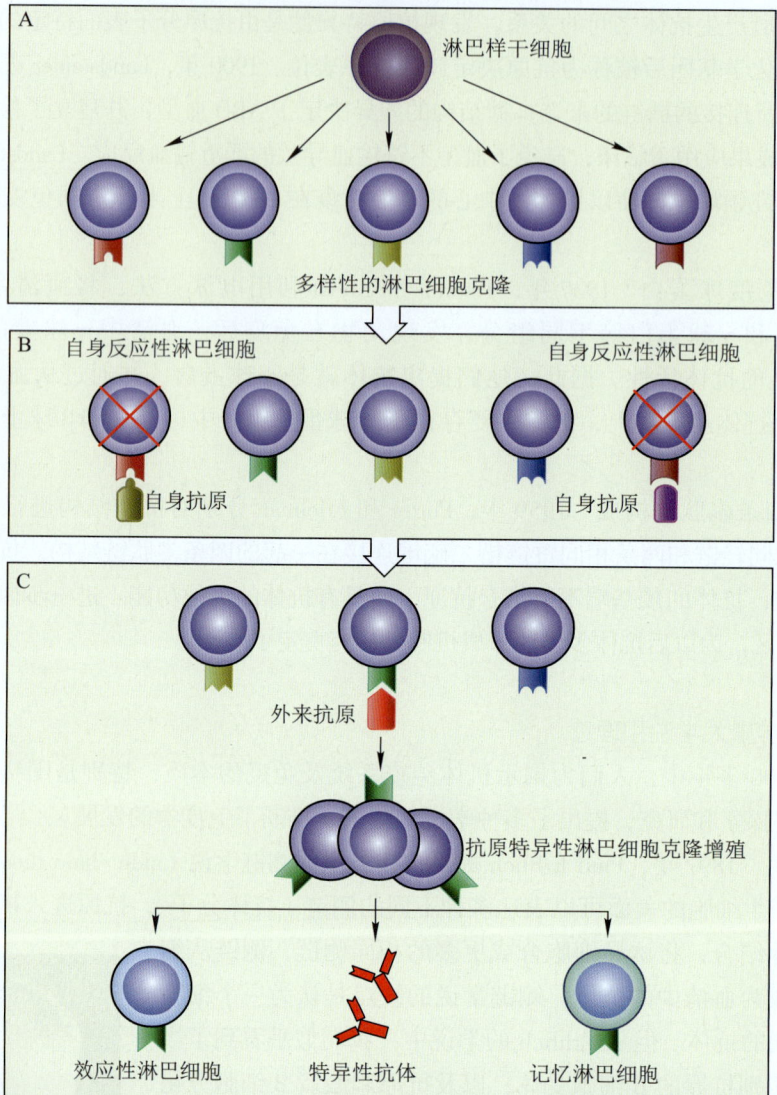

图 1-15 克隆选择学说示意图

A.机体内存在众多随机形成的多样性淋巴细胞克隆，每一克隆细胞表面只表达一种特异性抗原受体。B.胚胎期自身反应性淋巴细胞克隆与相应自身抗原结合，导致克隆清除而形成天然免疫耐受。C.外来抗原进入机体，选择性与具有相应受体的淋巴细胞克隆结合，并使其活化、增殖，分化为效应细胞或产生大量特异性抗体；部分细胞可变为记忆淋巴细胞

择学说（clonal selection theory）（图 1-15），使免疫学超越了传统的抗感染免疫，为免疫生物学发展奠定了理论基础，并开启了现代免疫学的新阶段。

克隆选择学说的主要内容是：①机体的免疫细胞是由众多识别不同抗原的细胞克隆所组成，每一种克隆的细胞只表达一种特异性受体，淋巴细胞识别抗原的多样性是机体接触抗原以前就预先形成的，是生物在长期进化中获得的。②胚胎期自身反应性淋巴细胞克隆与自身组织成分接触，导致自身抗原特异性淋巴细胞克隆被清除或处于禁闭状态，使成年个体丧失对自身抗原的反应性，产生自身免疫耐受。实际上，在胚胎期任何进入机体的抗原都将被视为自身成分而产生免疫耐受。③出生后，外来抗原（包括胚胎期未与淋巴细胞接触过的自身抗原释放）进入机体，选择性与具有相应受体的淋巴细胞克隆结合，并使其活化、增殖，形成大量具有相同特异性受体的子代细胞，产生大量相同特异性的抗体。

克隆选择学说的提出，使以抗体为中心的免疫化学发展为以细胞应答为中心的细胞生物学。该学说被视为免疫学发展史上一个里程碑式的成就，Burnet 因此于 1960 年获得诺贝尔生理学或医学奖。该学说不仅阐明了抗体形成的机制，同时科学地解释了抗原的特异性识别、自身免疫耐受、免疫记忆及免疫应答等重要的免疫生物学现象。有关一个细胞克隆产生一种特异性抗

体的预见，在 1975 年被 Georges Köhler（图 1-16）和 César Milstein（图 1-17）所创立的 B 细胞杂交瘤及单克隆抗体技术所证实（详见第四章）。

4. 免疫网络学说　早在 1963 年，人们就发现抗体分子不仅能与抗原表位特异性结合，而且其本身具有独特型（idiotype，Id），可诱生相应抗独特型抗体（抗抗体）的产生。丹麦学者 Niels K. Jerne（图 1-18）通过敏锐的分析和研究，于 1974 年提出了免疫网络学说。认为抗原刺激淋巴细胞克隆产生抗体，抗体分子上的独特型表位在体内可被另一淋巴细胞克隆所识别，并产生抗独特型抗体，抗独特型抗体又可引起抗 - 抗独特型抗体的产生，如此下去，在抗体和淋巴细胞中就形成了一个潜在的网络，在免疫应答调节中起着重要作用（详见第十七章）。

该学说不仅弥补了克隆选择学说的不足（即抗原诱导的免疫应答是由针对该抗原的单一细胞克隆完成的孤立性和局限性），更重要的是，提出了免疫系统不再是主要针对外来抗原和微生物，而首先是针对自身抗原，以其独特型 - 抗独特型为基本单元，构成动态的、立体的免疫网络，以应对外来抗原并维持自身稳定。

图 1-16　德国免疫学家 Georges Köhler（1946—1995）

图 1-17　阿根廷/英国免疫学家 César Milstein（1927—2002）

（四）免疫细胞的发现与鉴定

1. 淋巴细胞及其亚群的发现　克隆选择学说提出后，T、B 淋巴细胞迅速被发现。1957 年，Glick 发现切除鸡的富含淋巴细胞的腔上囊（bursa），可导致抗体产生缺陷，故提出鸡的腔上囊是抗体生成细胞的中心，他将这类细胞称为 B 淋巴细胞（源于 bursa 的第一个字母，简称 B 细胞）。1961 年，Miller 及 Good 等发现，新生期切除胸腺（thymus）的小鼠或有先天性胸腺缺陷的新生儿，其外周血和淋巴器官中淋巴细胞数量减少，免疫功能明显下降，他们将依赖于胸腺发育的淋巴细胞称为 T 淋巴细胞（源于 thymus 的第一个字母，简称 T 细胞），认为胸腺是 T 细胞发育成熟的器官。1962 年及 1964 年，

图 1-18　丹麦免疫学家 Niels K. Jerne（1911—1994）

Warner 和 Szenberg 发现切除鸡腔上囊，只影响抗体产生，不影响移植排斥，从而证明 T 细胞负责细胞免疫，B 细胞负责体液免疫。1967 年，Claman 和 Mitchell 等证明了 T 细胞与 B 细胞之间的协同作用，T 细胞可辅助 B 细胞针对某些抗原产生 IgG 类抗体；胸腺依赖抗原的概念也随之产生。随后，Mitchison 等证明 T、B 细胞协同的原因是：T、B 细胞分别识别同一抗原分子的不同抗原决定基，T 细胞向 B 细胞提供辅助后，B 细胞才能产生抗体。20 世纪 60 年代末，明确了淋巴细胞在周围淋巴组织的分布与定位，证实所有免疫细胞均来源于骨髓多能干细胞。

1975 年，单克隆抗体技术的建立及其广泛应用，得以鉴定细胞表面不同的蛋白质分子。Cantor 和 Reinherz 等以细胞表面特征性分子为标记，分别将小鼠及人的 T 细胞分为细胞毒性 T 细胞、辅助性 T 细胞等不同功能亚群，分别发挥对靶细胞的杀伤作用及释放细胞因子以辅助其他免疫细胞的功能。Gershon 等还证明了抑制性 T 细胞的存在。

2. 固有免疫细胞的发现　早在 1880 年，Metchnikoff 发现吞噬细胞具有吞噬清除细菌

的作用，后发现血液中的单核细胞进入组织器官成为巨噬细胞，是同一个细胞谱系发育的不同阶段。20世纪70年代以后，发现了NK细胞、NKT细胞、γδT细胞及B1细胞，这些细胞与单核/巨噬细胞一样，均能识别并杀伤多种病原体，这类免疫作用称为固有免疫。

总之，经历一个世纪的发展，免疫学研究揭示了免疫系统结构组成及功能，固有免疫及适应性免疫，体液免疫及细胞免疫，T、B细胞的特异免疫应答过程，以及免疫调节及免疫应答异常与疾病，并在免疫学理论指导下，形成了独立的免疫学科。

三、现代免疫学时期

从20世纪中叶起，人们对免疫系统及免疫应答的本质有了较全面系统的认识，免疫学也逐渐成为生物医学中的一门独立学科。1975年后，随着分子生物学的兴起，分子免疫学也应运而生，许多悬而未决的免疫学问题得以阐明，免疫学从理论到技术均取得了前所未有的成果，并极大地推动了医学及生物科学的发展。

（一）抗体多样性和特异性的遗传学基础

1978年，日本学者Susumu Tonegawa（图1-19）应用基因重排技术，发现了免疫球蛋白编码基因的重排，即编码免疫球蛋白可变区（V区）和恒定区（C区）的基因是由胚胎期彼此分隔的数目众多的基因片段组成的，如免疫球蛋白V区基因包含V基因、D基因和J基因片段。在B细胞分化发育过程中，V、D、J基因片段经重排而组成不同的功能基因，从而编码、合成结合不同抗原的特异性抗体。免疫球蛋白的C区基因片段则决定了抗体的类、亚类和型。抗体的膜结合形式即为B细胞抗原识别受体（BCR）。Tonegawa有关免疫球蛋白基因结构和重排的理论，阐明了抗体多样性和特异性的起源，对以后T细胞受体基因结构和重排的发现产生了重要影响。

（二）T细胞抗原受体的基因克隆

1984年，Mark Davis和Chien Saito等分别克隆出小鼠及人的T细胞抗原识别受体（TCR）的编码基因，证明其与*Ig*基因相似，亦经基因重排，编码不同特异性的TCR，TCR的多样性比BCR还要多。T、B细胞抗原受体基因重排的发现，具有重大生物学意义：数量不大的基因，经重排后，可编码数量惊人的特异性各异的蛋白质，当今人类基因组计划证明，人类基因数约3万个，但其编码的蛋白质却至少有20万个，即为例证。

（三）免疫受体信号转导途径的研究

图1-19 日本学者 Susumu Tonegawa（1939— ）

随着分子生物学的发展，人们对各种免疫细胞（特别是T细胞、B细胞、NK细胞等）的活化机制及信号转导途径有了更深入的认识。免疫细胞通过其膜表面的抗原识别受体（如TCR、BCR）、细胞因子受体、固有免疫识别受体，感应来自细胞外和细胞内的各种刺激，通过受体介导的各种特定信号途径的级联反应过程，活化特定的转录因子，后者转位至核内，结合于靶基因的调控区，使基因活化，其编码产物可促进或抑制细胞的活化、分化及功能。如白细胞介素2（IL-2）可促使T细胞增殖及分化，成为效应细胞。

（四）细胞因子的基础及应用研究

自 20 世纪 80 年代以来，一系列有重要生物学功能的细胞因子被发现，细胞因子在造血、细胞活化、增殖和分化、免疫调节及细胞黏附等方面具有重要的生理功能，并与多种疾病的病理过程及发生、发展密切相关。细胞因子及其受体的研究不仅有利于了解免疫细胞活化及相互作用机制，而且细胞因子及其受体相关制剂被迅速应用到临床治疗，成为免疫生物治疗的重要策略。

（五）固有免疫及模式识别理论

自 20 世纪 60 年代，在克隆选择学说的影响下，免疫学研究的核心一直集中于 T、B 细胞的抗原特异性识别及应答。直至 20 世纪末，固有免疫细胞的识别机制取得突破性进展，人们对免疫识别及应答有了新的认识。

俄国学者 Elie Metchnikoff 的吞噬细胞理论开创了固有免疫，并为细胞免疫奠定了基础，但一直未能阐明固有免疫细胞是如何识别抗原的。1973 年，加拿大学者 Ralph Steinman 发现了树突状细胞（dendritic cell，DC），并指出 DC 在免疫应答中的独特作用是发现并摄取抗原，并将抗原表位提呈给初始 T 细胞，启动适应性免疫应答。

1989 年，美国免疫学家 Janeway 提出了固有免疫的模式识别理论，即固有免疫细胞能够泛特异性地识别病原微生物，进而启动特异性免疫应答。1996 年，法国科学家 Jules Hoffmann 通过对果蝇抗感染机制的研究，发现 *Toll* 基因的表达产物在果蝇抗感染中发挥重要作用。1998 年，美国科学家 Bruce Beutler 在小鼠体内发现了类似果蝇 *Toll* 的基因，并确认这个基因产物正是细菌某种结构成分的受体，称为 Toll 样受体（TLR）。TLR 的发现，掀起了固有免疫研究的新高潮。随后的研究证实，固有免疫细胞（特别是 DC 和巨噬细胞）表面具有模式识别受体，可选择性地识别病原体及其产物所共有的高度保守的分子结构，即病原体相关分子模式（pathogen-associated molecular pattern，PAMP），这是启动适应性免疫应答的关键环节。

模式识别理论从新的角度，特别是从固有免疫和适应性免疫应答的最初的识别环节，解释了机体如何识别"自己"和"非己"，也就是机体免疫系统为什么能针对性地对入侵病原体及损伤的组织产生应答，而对正常自身组织细胞不产生应答（免疫耐受）这一免疫学核心问题，并由此丰富和完善了免疫学理论体系。鉴于 Bruce A. Beutler、Jules A. Hoffmann 和 Ralph M. Steinman 三人对免疫系统激活原理研究做出的突出贡献，他们三人于 2011 年共同获得了诺贝尔生理学或医学奖（图 1-20）。

Bruce A. Beutler　　　**Jules A. Hoffmann**　　　**Ralph M. Steinman**
（1957—）　　　　　（1941—）　　　　　（1943—2011）

图 1-20　2011 年诺贝尔生理学或医学奖获得者

James P. Allison
（1948—）

Tasuku Honjo
（1942—）

图1-21 2018年诺贝尔生理学或医学奖获得者

（六）免疫检查点分子与肿瘤免疫治疗

20世纪90年代，美国科学家James P. Allison发现活化T细胞表面表达溶细胞毒性T淋巴细胞抗原4（CTLA-4），而静止的T细胞则不表达该分子。CTLA-4与T细胞表达的共刺激分子CD28具有同源性，其配体均为抗原提呈细胞表面的CD80/CD86。但CTLA-4与CD80/CD86结合后传递细胞活化抑制信号，可抑制T细胞过度活化和增殖，对T细胞介导的免疫应答产生负向调控作用。进一步研究发现，CTLA-4的负向免疫调控作用对防止T细胞过度活化和自身免疫病的发生至关重要。T细胞表面的CTLA-4及具有类似负向免疫调控作用的分子被称为免疫检查点分子（immune checkpoint molecul），阻断免疫检查点分子的作用有可能增强机体的抗肿瘤免疫应答活性。基于这一假设，Allison研究发现，通过注射抗CTLA-4抗体阻断CTLA-4与CD80/CD8的结合，可激活肿瘤免疫并清除移植在小鼠体内的肿瘤。2010年，一项临床试验表明，这一疗法在晚期黑色素瘤患者中收到显著效果。随后，James P. Allison与其他科学家合作研发了人源化CTLA-4抗体［伊匹木单抗（ipilimumab）］，临床试验证实抗CTLA-4抗体不但可以使肿瘤明显缩小，更重要的是显著提升了患者的生存率。由此，"免疫检查点疗法"正式拉开了肿瘤治疗的序幕，伊匹木单抗也于2011年经美国食品药品监督管理局（FDA）批准进入临床用于治疗黑色素瘤。

程序性死亡蛋白-1（programmed death-1，PD-1）是另一种表达于活化T细胞表面的免疫检查点分子，是日本学者本庶佑（Tasuku Honjo）于1992年发现的，具有负向免疫调节作用。随后，华裔科学家陈列平率先发现了PD-L1（PD-1的配体），并发现其在黑色素瘤和肺癌等肿瘤组织高表达。PD-L1结合T细胞表面的PD-1可触发肿瘤免疫逃逸。用抗PD-L1抗体治疗可抑制肿瘤生长。这是靶向PD-1/PD-L1通路的第一个肿瘤免疫治疗实验，打开了PD-1/PD-L1通向癌症治疗领域的大门。随后的临床试验证实，抗PD-1或抗PD-L1抗体在肺癌、肾癌、霍奇金病和黑色素瘤等癌症的治疗中都取得明显疗效，而且在黑色素瘤的临床试验中证实，联合应用CTLA-4和PD-1阻断剂，比单独使用一种更加有效。2014年以来，基于PD-1或PD-L1的多种免疫检查点抑制剂相继获批进入临床，应用到更广泛的肿瘤治疗中，并且可以显著缓解一些传统方法无法治疗的晚期和转移性肿瘤患者的症状。免疫检查点阻断疗法开启了肿瘤免疫治疗的新时代，是肿瘤治疗的里程碑事件。鉴于James P. Allison和Tasuku Honjo在"抑制负性免疫调节治疗癌症"方面的突出贡献，他们两人共同获得了2018年的诺贝尔生理学或医学奖（图1-21）。可以预测，免疫疗法将同化学、放射治疗一样，成为肿瘤治疗的常规手段，在肿瘤治疗领域有着广阔的应用前景。

毫无疑问，现代免疫学的发展，不仅从基因水平揭示了T、B细胞抗原识别受体（BCR、TCR）多样性产生的机制，而且从分子水平阐明了信号转导通路及细胞因子对细胞活化、增殖和分化的作用及效应机制，揭示了细胞毒性T细胞致靶细胞发生凋亡的信号转导途径。不仅开创了分子免疫学，更使免疫学进展到以基因活化及分子作用为基础，来理解免疫细胞的生命活动与功能，理解细胞与细胞间及免疫系统与机体整体间的功能。免疫学的研究阐明并揭示出细胞生命活动的基本规律（如信号转导、程序性细胞死亡、细胞分化发育等），促进了医学和整个生命科学的发展。

（司传平）

复习思考题

1. 简述免疫的概念及免疫功能。
2. 何谓固有免疫和适应性免疫？各有何特点？
3. 了解免疫学与医学的关系。
4. 现代免疫学时期所取得的主要成就有哪些？

新形态教材网

👤 学习目标　　📥 教学课件　　📋 本章小结　　👥 开放性讨论　　📝 自测题

第二章

免疫器官和组织

关键词

中枢免疫器官	外周免疫器官	骨髓
胸腺	淋巴结	脾
黏膜相关淋巴组织	M细胞	淋巴细胞归巢
淋巴细胞再循环		

　　免疫系统是执行免疫功能的物质基础，包括免疫器官、免疫细胞和免疫分子。免疫器官包括中枢免疫器官和外周免疫器官。中枢免疫器官是免疫细胞发生发育的场所，而外周免疫器官是T、B细胞等免疫细胞发生免疫应答的部位。学习免疫器官和组织的结构、特点，有助于进一步理解免疫细胞的来源、分布和功能。

思维导图

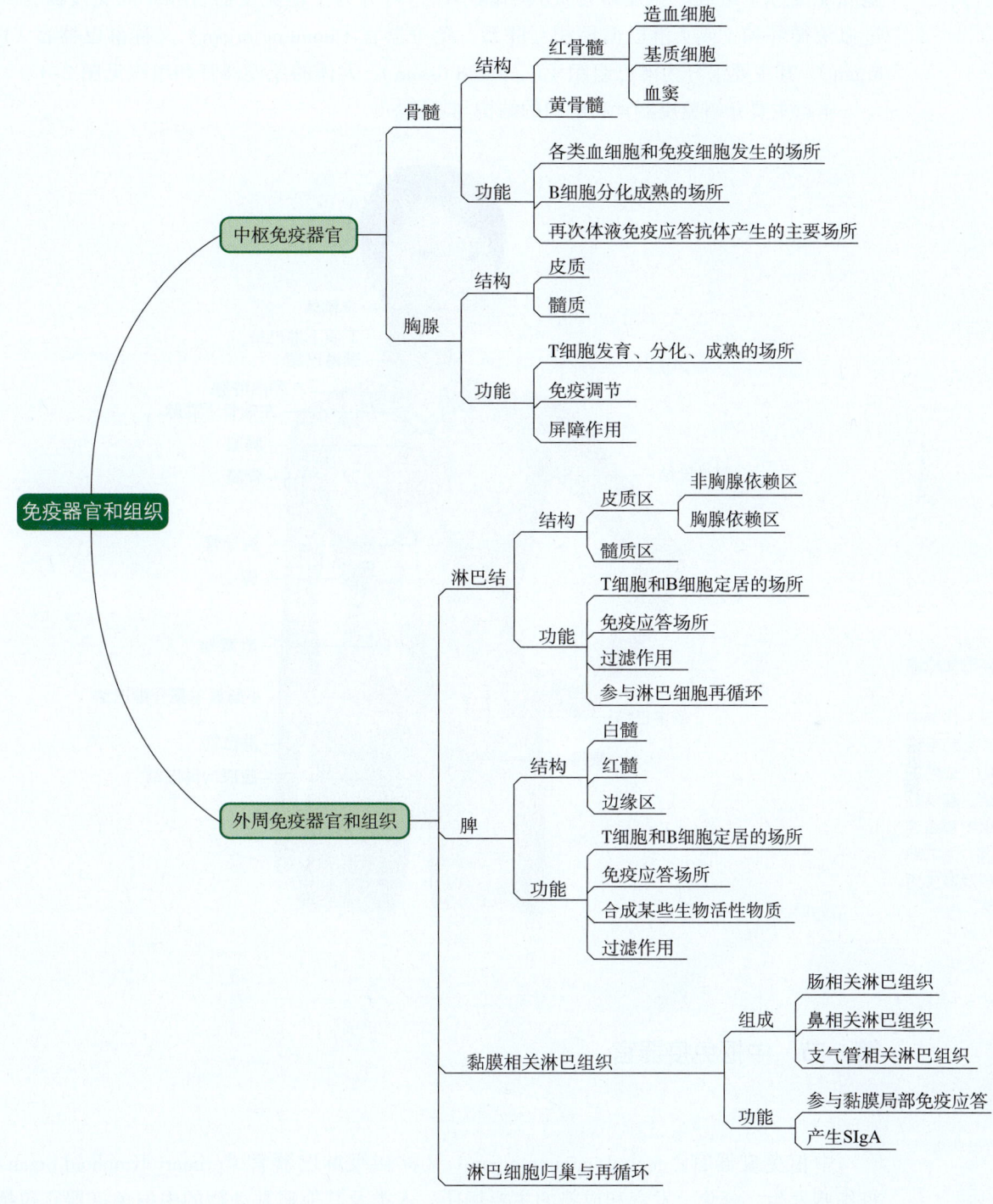

免疫器官和组织
- 中枢免疫器官
  - 骨髓
    - 结构
      - 红骨髓
        - 造血细胞
        - 基质细胞
        - 血窦
      - 黄骨髓
    - 功能
      - 各类血细胞和免疫细胞发生的场所
      - B细胞分化成熟的场所
      - 再次体液免疫应答抗体产生的主要场所
  - 胸腺
    - 结构
      - 皮质
      - 髓质
    - 功能
      - T细胞发育、分化、成熟的场所
      - 免疫调节
      - 屏障作用
- 外周免疫器官和组织
  - 淋巴结
    - 结构
      - 皮质区
        - 非胸腺依赖区
        - 胸腺依赖区
      - 髓质区
    - 功能
      - T细胞和B细胞定居的场所
      - 免疫应答场所
      - 过滤作用
      - 参与淋巴细胞再循环
  - 脾
    - 结构
      - 白髓
      - 红髓
      - 边缘区
    - 功能
      - T细胞和B细胞定居的场所
      - 免疫应答场所
      - 合成某些生物活性物质
      - 过滤作用
  - 黏膜相关淋巴组织
    - 组成
      - 肠相关淋巴组织
      - 鼻相关淋巴组织
      - 支气管相关淋巴组织
    - 功能
      - 参与黏膜局部免疫应答
      - 产生SIgA
  - 淋巴细胞归巢与再循环

免疫系统是机体执行免疫功能的组织系统和物质基础，由免疫器官（及组织）、免疫细胞和免疫分子组成。免疫器官按其功能不同，可分为中枢免疫器官和外周免疫器官，两者通过血液循环和（或）淋巴循环相互联系。免疫器官（immune organ）又称淋巴器官（lymphoid organ），其主要组分为淋巴组织（lymphoid tissue）。人体的免疫器官和组织见图 2-1。

本章主要介绍免疫器官和组织的结构与功能。

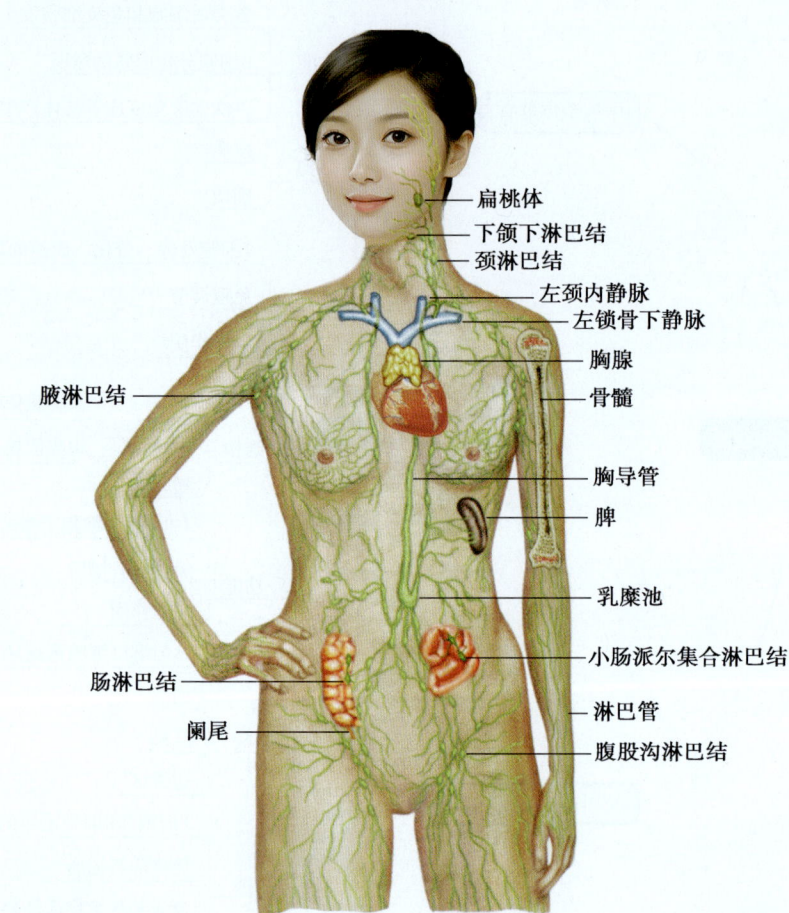

图 2-1 人体的免疫器官和组织

胸腺和骨髓是人体的中枢免疫器官，为免疫细胞发生、分化、成熟的场所。淋巴结、脾及黏膜相关淋巴组织等组成外周免疫器官，为成熟淋巴细胞定居及发生免疫应答的场所

图中标注：扁桃体、下颌下淋巴结、颈淋巴结、左颈内静脉、左锁骨下静脉、胸腺、骨髓、胸导管、脾、乳糜池、小肠派尔集合淋巴结、淋巴管、腹股沟淋巴结、腋淋巴结、肠淋巴结、阑尾

第一节　中枢免疫器官

中枢免疫器官（central immune organ）又称初级淋巴器官（primary lymphoid organ），是免疫细胞发生、分化、发育和成熟的主要场所。人类及其他哺乳动物的中枢免疫器官包括骨髓和胸腺。

一、骨髓

科学发现 2-1
禽类法氏囊功能的发现

骨髓（bone marrow）作为造血器官，不仅是各种血细胞和免疫细胞的发源地，同时也是 B 细胞分化成熟的场所。

（一）骨髓的结构和细胞组成

骨髓占成人体重的 4%~6%，位于骨髓腔中，分为红骨髓和黄骨髓。红骨髓具有活跃的造血功能，主要由基质细胞、造血细胞和血窦构成。基质细胞包括网状细胞、成纤维细胞、血窦内皮细胞和巨噬细胞等。骨髓基质细胞（stromal cell），可产生白细胞介素 -3（IL-3）、IL-4、IL-6、IL-7、集落刺激因子（CSF）、粒细胞 - 巨噬细胞集落刺激因子（GM-CSF）等多种细胞因子，与细胞外基质共同构成造血干细胞赖以分化发育的微环境，称为造血诱导微环境（hematopoietic inductive microenvironment，HIM）。

（二）骨髓的功能

1. 各类血细胞和免疫细胞发生的场所　骨髓造血干细胞具有分化成不同血细胞的能力，故被称为多能造血干细胞（multiple hematopoietic stem cell）。多能造血干细胞在骨髓微环境作用下分化为定向干细胞，包括髓样干细胞（myeloid stem cell）和淋巴样干细胞（lymphoid stem cell）。髓样干细胞最终分化成熟为粒细胞、单核细胞、红细胞和血小板等，淋巴样干细胞发育分化为自然杀伤细胞（NK 细胞）、T 细胞和 B 细胞等，树突状细胞可来自髓样干细胞和淋巴样干细胞（图 2-2）。

2. B 细胞分化成熟的场所　骨髓中产生的淋巴样干细胞，一部分经血液循环迁入胸腺，发育分化为成熟 T 细胞；另一部分则在骨髓内继续分化为成熟 B 细胞，最后经血液循环迁至外周免疫器官。

3. 再次体液免疫应答抗体产生的主要场所　外周免疫器官生发中心的记忆 B 细胞在特异性抗原刺激下被活化，经淋巴和血液进入骨髓，分化成熟为浆细胞，持续产生抗体并释放至血液循环。因此，骨髓既是中枢免疫器官，又是发生再次体液免疫应答的主要场所之一。

临床聚焦 2-1
干细胞研究与临床

二、胸腺

胸腺（thymus）是 T 细胞分化、发育及成熟的场所，位于胸骨后、心脏上方。胚胎后期及初生时，人胸腺重 10~15 g，随年龄增长，胸腺继续发育，到青春期重 30~40 g。此后胸腺逐渐退化，淋巴细胞减少，脂肪组织增多，至老年仅重约 15 g，这与老年人的免疫功能减退相关。

微视频 2-1
胸腺

（一）胸腺的结构和细胞组成

胸腺是实质性器官，分左右两叶，其表面有结缔组织形成的被膜，被膜伸入胸腺实质形成无数小梁，将胸腺实质分成若干小叶。胸腺小叶的外层为皮质，内层为髓质；皮质内胸腺细胞密集，故着色较深；髓质含较多的上皮细胞，故着色较浅；皮髓质交界处含大量血管（图 2-3）。胸腺的主要组分是胸腺细胞和胸腺基质细胞（thymic stromal cell，TSC）。TSC 包括胸腺上皮细胞（thymus epithelial cell，TEC）、巨噬细胞（macrophage，Mφ）、树突状细胞和成纤维细胞等。

1. 皮质　胸腺皮质（cortex）分为浅皮质区（outer cortex）和深皮质区（inter cortex）。皮质内 85%~90% 的细胞为处于不同分化阶段的未成熟 T 细胞（即胸腺细胞），并存在少量 TEC、Mφ 和 DC。其中，TEC 包绕胸腺细胞，可产生激素、细胞因子等，促进胸腺细胞的分化发育，称为抚育细胞（nurse cell）。深皮质区内主要为体积较小的胸腺细胞。

2. 髓质　胸腺髓质（medulla）内含大量胸腺上皮细胞和疏散分布的较成熟的胸腺细胞、巨

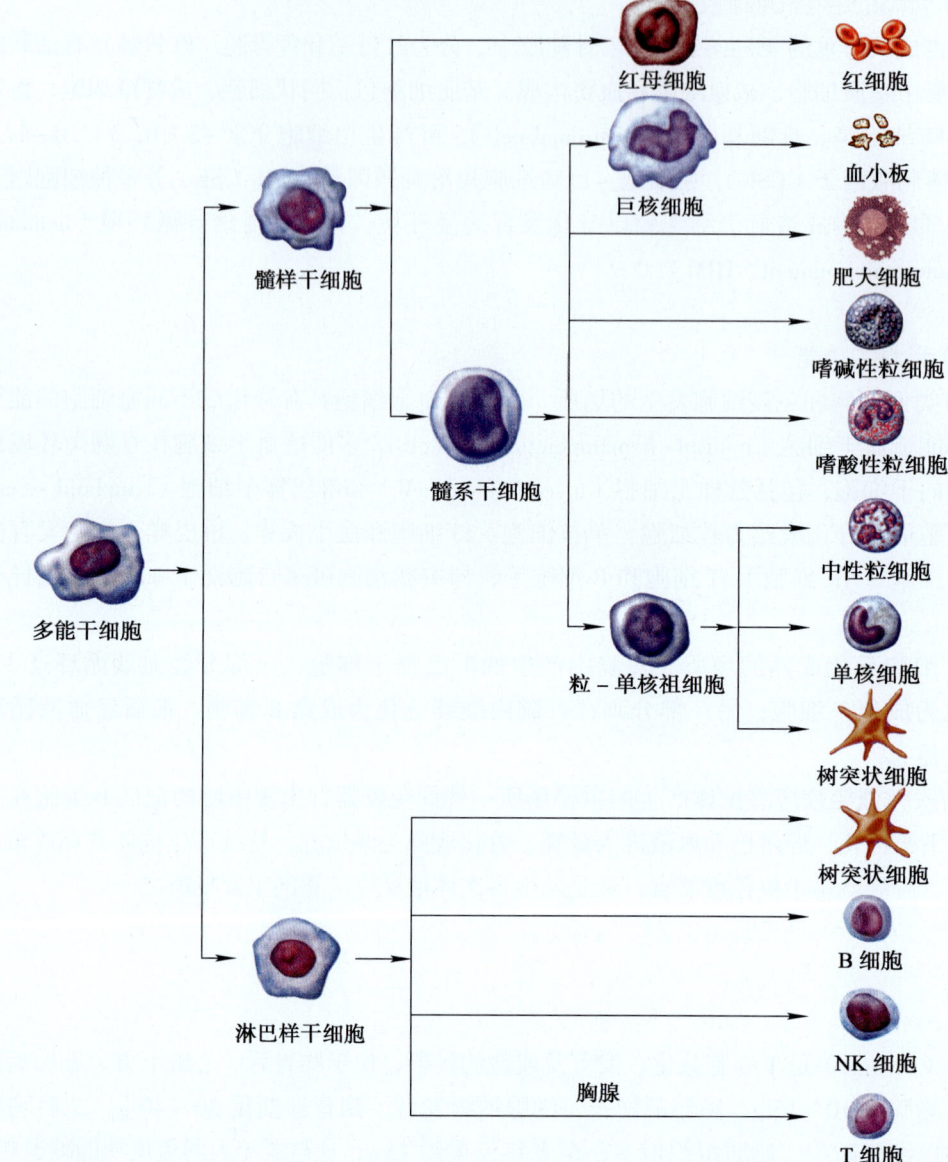

图 2-2 造血干细胞的分化

多能造血干细胞（HSC）具有自我更新和分化的能力，在骨髓微环境作用下，经过定向祖细胞、前体细胞等分化阶段，最终分化成熟为各种血细胞和免疫细胞

噬细胞和树突状细胞。髓质内常见胸腺小体，也称哈索尔小体（Hassall corpuscle），是胸腺结构的重要特征，由上皮细胞呈同心圆状包绕排列而成。已证明，胸腺小体在胸腺发生炎症或肿瘤时消失。

（二）胸腺微环境

胸腺微环境（thymic microenvironment）是决定 T 细胞选择性发育、分化和增殖的重要条件，主要由 TSC、细胞外基质（extracellular matrix）及局部活性物质组成。胸腺上皮细胞是胸腺微环境最重要的组分，并以两种方式参与胸腺细胞的分化发育。

1. 分泌细胞因子和胸腺激素　TSC 产生的多种细胞因子通过与胸腺细胞表面相应受体结合，调节胸腺细胞的发育和细胞间的相互作用。胸腺上皮细胞分泌胸腺激素包括胸腺素（thymosin）、胸腺生成素（thymopoietin，TP）、胸腺肽（thymopeptide）等，具有促进胸腺细胞的增殖、分化和发育等功能。

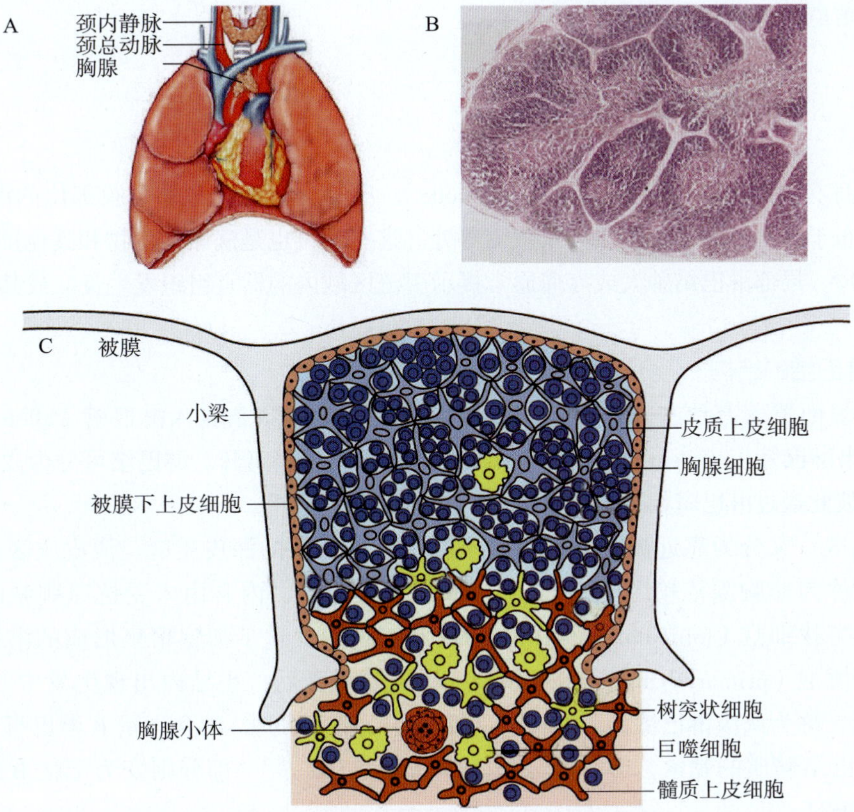

图 2-3 胸腺的结构
A. 成人胸腺。位于胸骨后，心脏上方。B. 胸腺切面小叶结构。胸腺表面围有的薄层结缔组织被膜，深入胸腺实质，将实质分为许多不完整的小叶。C. 胸腺的组织结构。皮质内含大量胸腺细胞，少量胸腺上皮细胞、Mφ和DC；髓质内有大量胸腺上皮细胞，并存疏散分布的较成熟的胸腺细胞及Mφ，髓质内常见胸腺小体

2. 细胞 – 细胞间相互接触 胸腺上皮细胞与胸腺细胞间可通过细胞表面黏附分子及其配体、细胞因子及其受体、抗原肽–MHC 分子复合物与 TCR 的相互作用等，诱导和促进胸腺细胞的分化、发育和成熟。

细胞外基质可促进 TSC 与胸腺细胞接触，并促进胸腺细胞在胸腺内移行和成熟。

（三）胸腺的功能

1. T 细胞发育、分化、成熟的场所 从骨髓迁入到胸腺的前 T 细胞（胸腺细胞）在胸腺微环境诱导下，经历复杂的选择性发育过程，仅有不足 5% 的胸腺细胞发育为成熟的 CD4$^+$T 细胞和 CD8$^+$T 细胞，并获得自身免疫耐受和 MHC 限制性抗原识别能力（详见第九章）。

2. 免疫调节 胸腺基质细胞所产生的多种细胞因子和胸腺激素，不仅能促进胸腺细胞增殖和分化为成熟 T 细胞，也具有调节外周免疫器官和免疫细胞的作用。

3. 屏障作用 胸腺皮质内毛细血管及其周围结构具有屏障作用，称血 – 胸屏障（blood–thymus barrier），可阻止血液中病原微生物和大分子物质进入胸腺。

临床聚焦 2-2
先天性胸腺发育不全

第二节 外周免疫器官和组织

外周免疫器官（peripheral immune organ）又称次级淋巴器官（secondary lymphoid organ），是成熟 T、B 细胞定居和产生免疫应答的场所。外周免疫器官包括淋巴结、脾和位于消化道、呼吸

道及泌尿生殖道的黏膜相关淋巴组织等。

一、淋巴结

人体全身有 500~600 个淋巴结（lymph node），广泛分布于全身非黏膜部位的淋巴通道上，常成群地分布于肺门、颈部、腹股沟及腋窝等处。这些部位也是病原微生物和其他抗原性异物最易侵入的部位。局部淋巴结肿大或疼痛通常提示引流区域内的器官组织发生炎症或其他病变。

（一）淋巴结的结构

淋巴结表面覆盖有致密的结缔组织被膜，被膜外侧有数条输入淋巴管（afferent lymphatic vessel），输出淋巴管（efferent lymphatic vessel）由淋巴结门部离开。淋巴结可分为皮质区和髓质区两部分，彼此通过淋巴窦相通（图 2-4）。

1. 皮质区　又分为靠近被膜下的浅皮质区和靠近髓质的深皮质区。浅皮质区是 B 细胞定居的场所，称为非胸腺依赖区（thymus-independent area），内含由未受抗原刺激的初始 B 细胞、滤泡树突状细胞（follicular dendritic cell，FDC）和少量 T 细胞聚集形成的淋巴小结，称为初级淋巴滤泡（primary lymphoid follicle）；受抗原刺激后，小结内出现生发中心（germinal center，GC），称为次级淋巴滤泡（secondary lymphoid follicle），内含大量 B 淋巴母细胞，可向内转移至淋巴结髓质的髓索，分化为浆细胞并产生抗体；另一部分则变为记忆 B 细胞，参与淋巴细胞再循环。

浅皮质区与髓质之间的深皮质区又称副皮质区（paracortex），是 T 细胞定居的场所，称为胸腺依赖区（thymus-dependent area）。副皮质区有许多由内皮细胞组成的毛细血管后微静脉（post-capillary venule，PCV），也称高内皮微静脉（high endothelial venule，HEV），血液中的 T、B 细胞可穿越此部位进入淋巴结相应区域，在淋巴细胞再循环中起主要作用。

2. 髓质区　由髓索和髓窦组成。髓索含有大量 B 细胞、浆细胞，也含少量 T 细胞及 Mφ。髓窦内富含 Mφ，能有效清除淋巴液中的病原体及其有害物质，发挥滤过作用。

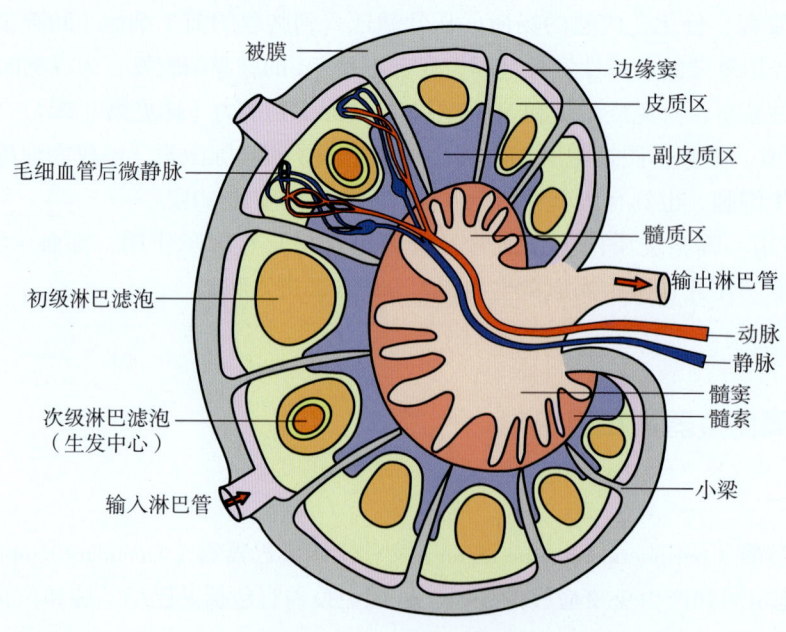

图 2-4　淋巴结的结构
淋巴结表面覆盖有致密的结缔组织被膜，浅皮质区可见由大量 B 细胞聚集形成的初级淋巴滤泡，受抗原刺激后形成次级淋巴滤泡（生发中心）；副皮质区有许多毛细血管后微静脉，淋巴细胞由此从血液循环进入淋巴结

被膜　边缘窦　皮质区　副皮质区　髓质区　输出淋巴管　动脉　静脉　髓窦　髓索　小梁

毛细血管后微静脉　初级淋巴滤泡　次级淋巴滤泡（生发中心）　输入淋巴管

（二）淋巴结的功能

1. **T 细胞和 B 细胞定居的场所** 淋巴结是成熟 T 细胞和 B 细胞的主要定居部位。其中，T 细胞约占淋巴结内淋巴细胞总数的 75%，B 细胞约占 25%。

2. **免疫应答场所** 淋巴结是淋巴细胞接受抗原刺激、发生适应性免疫应答的主要场所之一。因此，细菌等异物侵入机体后，局部引流区的淋巴结可肿大，这与淋巴细胞受抗原刺激后大量增殖有关。

3. **过滤作用** 侵入机体的致病菌、毒素等有害异物，通常随组织淋巴液进入局部引流的淋巴结，淋巴窦中的巨噬细胞能有效地吞噬和清除细菌等异物。

4. **参与淋巴细胞再循环** 淋巴结深皮质区的 PCV 在淋巴细胞再循环中发挥重要作用。随血流而来的 T、B 细胞穿过 PCV，分别进入淋巴结的深、浅皮质区，再迁移至髓窦，经输出淋巴管迁出淋巴结。

二、脾

脾（spleen）是人体最大的外周免疫器官，具有与淋巴结类似的免疫功能，是胚胎时期的造血器官。

（一）脾的结构

脾的表面为结缔组织被膜，被膜向脾内延伸形成若干脾小梁，将脾分为若干小叶。脾实质由白髓、红髓和边缘区组成（图 2-5）。

1. **白髓** 由动脉周围淋巴鞘（periarterial lymphatic sheath，PALS）和脾小结（淋巴滤泡）组成。PALS 为包绕于中央动脉周围的弥散淋巴组织，内含丰富的 T 细胞、少量 DC 和 Mφ。PALS 旁的淋巴滤泡，内含大量 B 细胞，受抗原刺激，可因大量 B 细胞增殖形成生发中心。

2. **红髓** 分布于被膜下、小梁周围及白髓边缘区外侧的广泛区域，由脾索和脾血窦组成。脾索主要含 B 细胞和浆细胞，一定数量的 T 细胞及少量 Mφ 和 DC。脾索之间的脾血窦，其内循

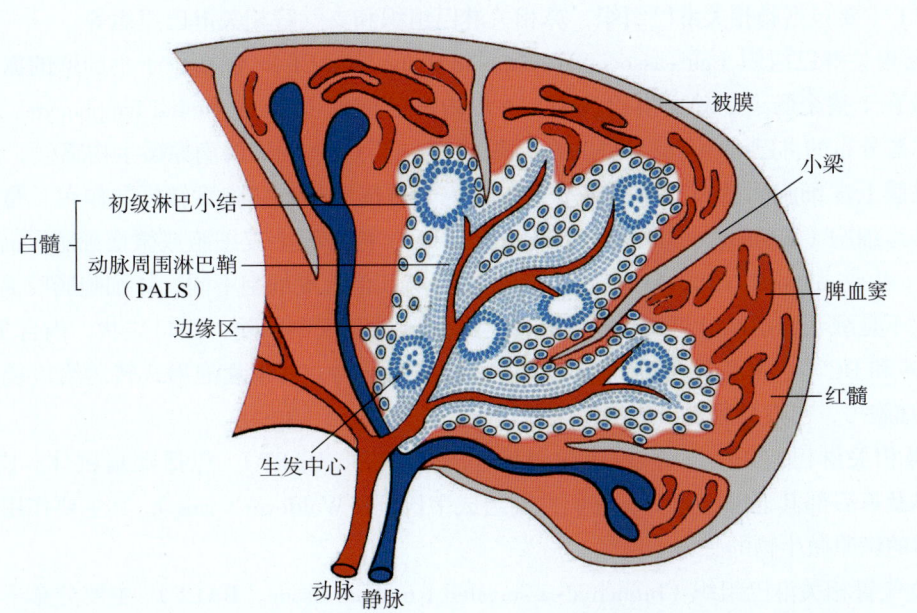

图 2-5 脾的结构
脾实质分为白髓和红髓。动脉周围淋巴鞘（PALS）、脾小结及边缘区构成白髓。PALS 旁侧有淋巴小结，内含大量 B 细胞及少量 Mφ 和滤泡树突状细胞（FDC），受抗原刺激后出现生发中心。边缘区内含 T 细胞、B 细胞和较多 Mφ，是血液内的淋巴细胞进入白髓的重要通道。红髓由脾索和脾血窦组成，其内的 Mφ 能吞噬和清除衰老的血细胞、抗原-抗体复合物或其他异物，并能提呈抗原

白髓 {
　初级淋巴小结
　动脉周围淋巴鞘（PALS）
}
边缘区
生发中心
动脉　静脉
被膜
小梁
脾血窦
红髓

环血液。

3. 边缘区　白髓与红髓交界的狭窄区域为边缘区（marginal zone），内含 T 细胞、B 细胞和较多 Mφ。中央动脉的侧支末端在此处膨大形成边缘窦（marginal sinus），是 T、B 细胞由血液进入脾实质的重要通道。T 细胞经边缘窦迁入 PALS，而 B 细胞则迁入脾小结和脾索。白髓内的淋巴细胞也可进入边缘窦，参与淋巴细胞再循环。

（二）脾的功能

1. T 细胞和 B 细胞定居的场所　脾是成熟淋巴细胞定居的场所。其中，B 细胞约占脾淋巴细胞总数的 60%，T 细胞约占 40%。

2. 免疫应答场所　脾是机体对血源性抗原产生免疫应答的主要场所。血液中的病原体等抗原性异物经血液循环进入脾，可刺激 T、B 细胞活化、增殖，产生效应 T 细胞和浆细胞，并分泌抗体，发挥免疫效应。

3. 合成某些生物活性物质　脾可合成并分泌某些重要生物活性物质，如补体、干扰素等。

4. 过滤作用　脾内的 Mφ 和树突状细胞均有较强的吞噬作用，可清除血液中的病原体、衰老死亡的红细胞和白细胞、免疫复合物及其他异物，使血液得到净化。

三、黏膜相关淋巴组织

知识拓展 2-1
肠道黏膜免疫与益生菌

黏膜相关淋巴组织（mucosal-associated lymphoid tissue，MALT）是指广泛分布于呼吸道、消化道和泌尿生殖道黏膜固有层和上皮细胞下散在的无被膜淋巴组织，以及某些带有生发中心的器官化的淋巴组织，如扁桃体、小肠的派尔集合淋巴结（Peyer patches，PP）、阑尾等。

人体黏膜表面积约为 400 m^2，是阻止病原微生物等入侵机体的主要物理屏障。另外，机体近 50% 的淋巴组织分布于黏膜系统。MALT 是参与局部适应性免疫应答的主要部位，在黏膜局部抗感染免疫防御中发挥主要作用，故又称黏膜免疫系统（mucosal immune system，MIS）。

（一）MALT 的组成

MALT 主要包括肠相关淋巴组织、鼻相关淋巴组织和支气管相关淋巴组织等。

1. 肠相关淋巴组织（gut-associated lymphoid tissue，GALT）　包括位于小肠壁的派尔集合淋巴结、散在于整个肠道的独立淋巴滤泡、上皮内淋巴细胞（intraepithelial lymphocyte，IEL）、固有层中弥散分布的淋巴细胞等。GALT 的主要作用是抵御侵入肠道的病原微生物感染。

肠黏膜上皮细胞间散布有一种扁平上皮细胞，对抗原具有"胞吞转运"作用，是一种特化的抗原转运细胞（specialized antigen transporting cell），称为膜上皮细胞或微褶细胞（membranous epithelial cell 或 microfold cell，M 细胞）（图 2-6）。与其他上皮细胞不同，M 细胞肠腔面具有许多皱褶，而不是绒毛，不能分泌消化酶和黏液。M 细胞的基底侧凹陷，呈口袋状，内含 T 细胞、B 细胞、Mφ 和 DC 等。M 细胞可高效摄取肠道中抗原性异物，并以囊泡形式转运给口袋内的 Mφ、DC 或 B 细胞等，引发黏膜免疫应答。

微视频 2-2
肠黏膜相关淋巴组织的结构与功能

2. 鼻相关淋巴组织（nasal-associated lymphoid tissue，NALT）　包括咽扁桃体、腭扁桃体、舌扁桃体及鼻后部其他淋巴组织，它们共同组成韦氏环（Waldeyer's ring），其主要作用是抵御经空气传播的病原微生物的感染。

3. 支气管相关淋巴组织（bronchial-associated lymphoid tissue，BALT）　主要分布于各肺叶的

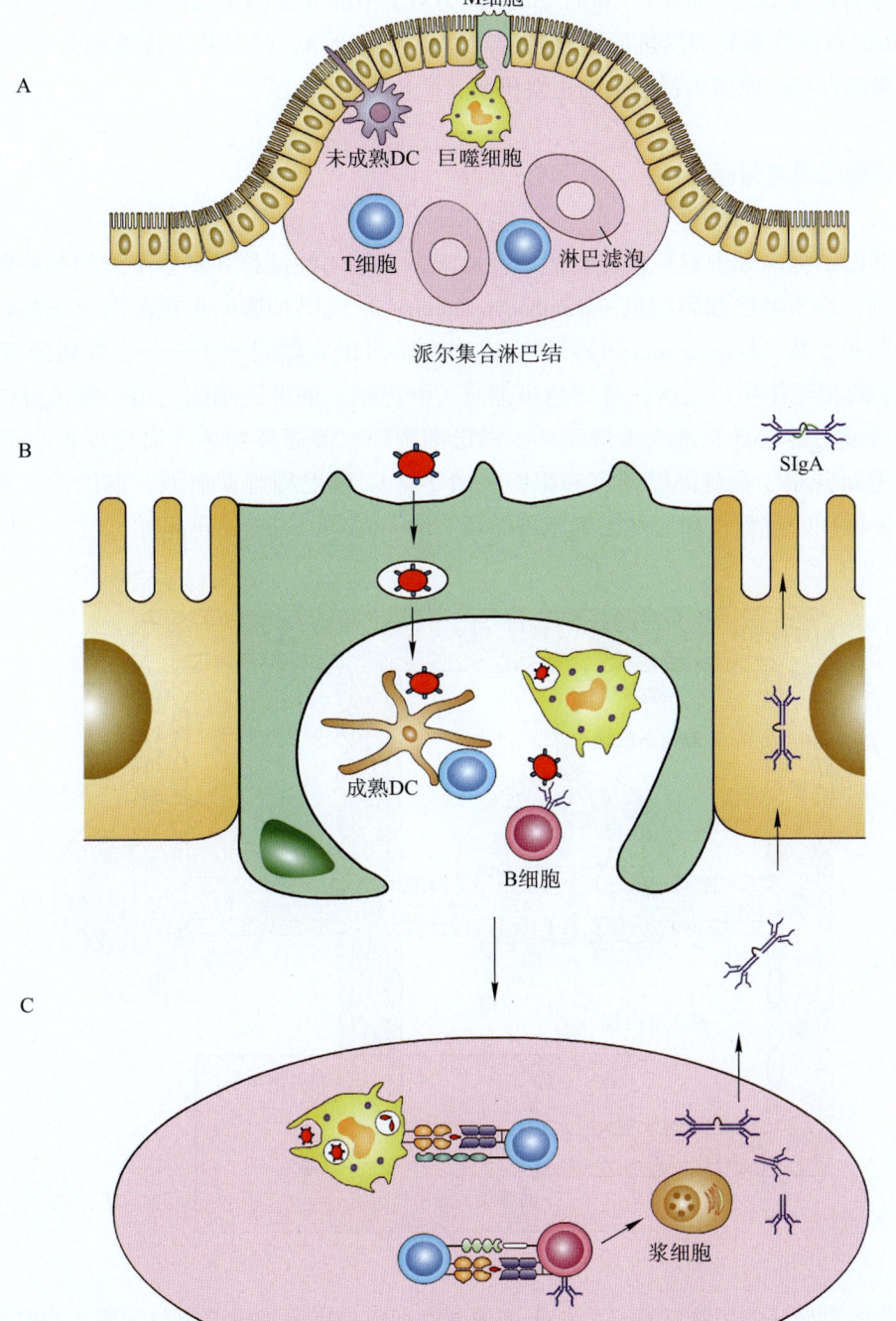

图2-6　肠黏膜M细胞的功能

A. 肠道相关淋巴组织。B. 肠黏膜M细胞的基底部凹陷成小袋（pocket），内含T细胞、B细胞、Mφ和DC。M细胞摄入抗原，以囊泡形式转运给小袋内的Mφ、DC或B细胞，再由这些APC提呈抗原给T细胞，并向派尔集合淋巴结移动。C. 在派尔集合淋巴结，多种免疫细胞相互作用，引发黏膜免疫应答

支气管上皮下，其结构与派尔集合淋巴结相似，滤泡中的淋巴细胞受抗原刺激后增殖为生发中心，其中主要是B细胞。

（二）MALT 的功能

1. 参与黏膜局部免疫应答　MALT 在呼吸道、消化道及泌尿生殖道黏膜构成了一道免疫屏障，是参与局部适应性免疫应答的主要部位，在黏膜局部抗感染免疫防御中发挥关键作用。MALT 与肠道正常菌群相互作用，对维持肠道自稳具有重要的意义。

2. 产生分泌型 IgA（secretory IgA，SIgA） MALT 中的 B 细胞多为产生分泌型 IgA（SIgA）的 B 细胞，B 细胞在黏膜局部受抗原刺激后所产生的大量 SIgA，经黏膜上皮细胞分泌至黏膜表面，成为黏膜局部抵御病原微生物感染的主要机制。

四、淋巴细胞归巢与再循环

成熟淋巴细胞离开中枢免疫器官后，经血液循环趋向性迁移并定居于外周免疫器官或组织的特定区域，称为淋巴细胞归巢（lymphocyte homing）。淋巴细胞归巢现象的分子基础是淋巴细胞表面的归巢受体（homing receptor）与内皮细胞表面相应黏附分子——血管地址素（vascular addressin）的相互作用。定居在外周免疫器官（淋巴结）的淋巴细胞，可由输出淋巴管经淋巴干、胸导管或右淋巴导管进入血液循环；淋巴细胞随血液循环到达外周免疫器官后，可穿越 PCV，并重新分布于全身淋巴器官和组织（图 2-7）。淋巴细胞在血液、淋巴液、淋巴器官或组织间反复循环的过程，称为淋巴细胞再循环（lymphocyte recirculation）。

微视频 2-3
淋巴细胞的再循环

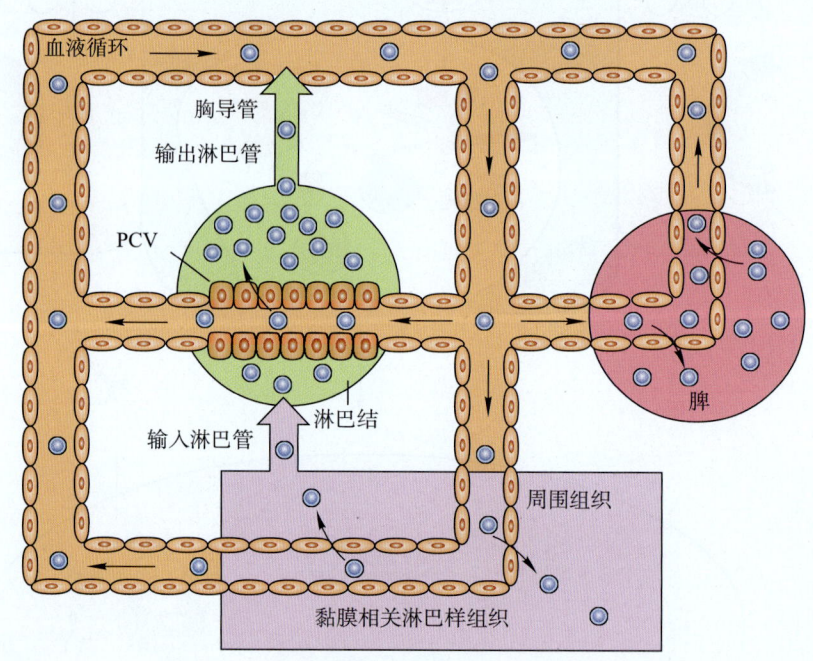

图 2-7　淋巴细胞再循环
淋巴细胞可穿越 PCV 经由血液循环到达外周免疫器官定居，并通过输出淋巴管经胸导管或右淋巴导管返回血液循环；经脾动脉进入脾的淋巴细胞穿过血管壁进入白髓区，继之移向脾索、脾血窦后经脾静脉返回血液循环

淋巴细胞再循环的生物学意义为：①增加淋巴细胞与抗原和抗原提呈细胞（APC）的接触机会。②淋巴组织不断从循环池中补充新的淋巴细胞，有助于增强整个机体的免疫功能。③使淋巴细胞能在体内各淋巴组织及器官处合理分布。④促使效应细胞迅速迁移至炎症部位，更有效地发挥作用。⑤定居于外周免疫器官的记忆细胞也参与再循环，接触相应抗原后进入淋巴组织并迅速活化、增殖和分化，产生快而强的再次免疫应答。淋巴细胞再循环是维持机体正常免疫应答并发挥免疫功能的必要前提。

（李盛安）

复习思考题

1. 简述中枢免疫器官和外周免疫器官的组成和功能。
2. 简述胸腺微环境的组成及其作用。
3. 试述 MALT 的组成及功能。

新形态教材网

👤 学习目标　　⬇️ 教学课件　　📋 本章小结　　👥 开放性讨论　　✍️ 自测题

第三章
抗原

关键词

抗原	免疫原性	免疫反应性	完全抗原
半抗原	抗原表位	线性表位	构象表位
T细胞表位	B细胞表位	TD-Ag	TI-Ag
内源性抗原	外源性抗原	超抗原	丝裂原

抗原是诱导机体产生适应性免疫应答的"始动因素"。抗原包括广泛来源于自然界的外源性物质，也可为自身物质，但不同抗原刺激机体所产生的免疫应答的类型和强度各异，主要取决于抗原物质本身的特性，并与其进入机体的方式和机体状态有关。要了解抗原在免疫应答中的作用，首先要了解抗原的基本特性、影响因素、种类及其与免疫应答的关系，其次要了解医学上重要的抗原物质等。

思维导图

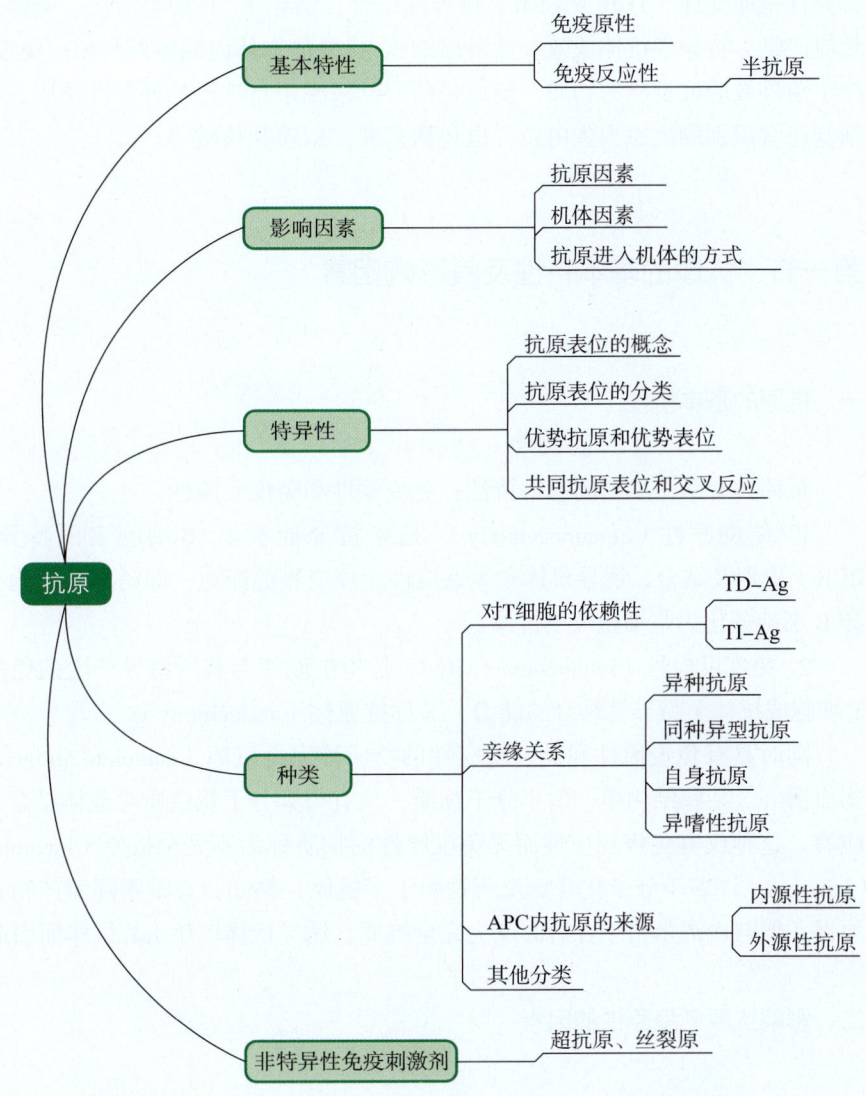

抗原（Ag）是指所有能诱导机体产生免疫应答并能与免疫应答产物（抗体和效应性淋巴细胞）在体内外发生特异性结合的物质。在适应性免疫应答中，抗原通常是指能与 T、B 细胞表面特异性抗原受体（TCR 或 BCR）特异性结合，诱导 T、B 细胞活化、增殖及分化，产生免疫应答效应产物（特异性抗体或效应性淋巴细胞），并能在体内或体外与相应免疫应答产物特异性结合，产生免疫效应或反应的物质。抗原包括广泛来源于自然界的外源性物质，也可为自身物质；免疫细胞通常识别的抗原为蛋白质，也包括多糖、脂质和核酸等。

第一节　抗原的基本特性及其影响因素

一、抗原的基本特性

抗原具有两个重要的基本特性：免疫原性和免疫反应性。

微视频 3-1
抗原的基本特性

1. 免疫原性（immunogenicity）　是指抗原能被 T、B 细胞表面特异性抗原受体（TCR 或 BCR）识别及结合，诱导机体产生适应性免疫应答的能力，即诱导 T 细胞分化为效应 T 细胞或诱导 B 细胞分化为浆细胞产生抗体。

2. 免疫反应性（immunoreactivity）　是指抗原能与其所诱导产生的免疫应答效应产物（效应 T 细胞或抗体）特异性结合的能力，又称抗原性（antigenicity）。

同时具有免疫原性和免疫反应性的物质称完全抗原（complete antigen），如病原微生物、动物血清等。某些结构单一的小分子物质，只有与大分子蛋白质等载体结合才能诱导机体产生免疫应答，这种仅有免疫反应性而无免疫原性的物质称为不完全抗原（incomplete antigen）或半抗原（hapten）。许多小分子化合物及药物属于半抗原，例如，青霉素降解产物青霉烯酸本身并无免疫原性，但与血清蛋白结合后即成为完全抗原，诱导机体产生 IgE 抗体而引起 I 型超敏反应。

二、影响抗原免疫原性的因素

抗原诱导机体所产生的适应性免疫应答的类型、强度及持续时间等受多种因素的影响，但主要取决于抗原物质本身的异物性及理化特性，并与其进入机体的方式和机体状态有关。

（一）抗原因素

微视频 3-2
抗原的异物性

1. 异物性　是抗原的首要性质。除自身抗原外，抗原通常为非己物质。抗原与机体之间的亲缘关系越远，组织结构差异越大，异物性越强，其免疫原性就越强。各种病原微生物、动物蛋白制剂等对人而言，异物性较强，为强抗原；鸡卵蛋白对鸭而言是弱抗原，对其他哺乳动物则是强抗原；灵长类组织成分对人而言是弱抗原，而对啮齿动物则为强抗原。即使为同一种属，不同个体之间仍存在异物性，如人类不同个体之间的器官移植物（同种异型抗原）具有很强的免疫原性。自身组织成分也可成为抗原（自身抗原），包括某些结构改变的自身物质和胚胎期未与免疫细胞（未成熟 T、B 细胞）接触过的自身正常物质，如眼晶状体蛋白、精子、脑组织等。

2. 化学性质　天然抗原多为大分子有机物，无机物没有免疫原性。蛋白质、糖蛋白和脂蛋白的免疫原性较强。多糖、脂多糖有一定的免疫原性。脂质和核酸通常无免疫原性，但肿瘤细胞发生凋亡后，其释放的核酸和组蛋白可因发生化学修饰或构象变化而具有免疫原性，成为自身抗原。

3. 相对分子质量　一般而言，抗原的相对分子质量越大，含有抗原表位越多，结构越复杂，则免疫原性越强。相对分子质量大于 100 kD 抗原为强抗原，小于 10 kD 的抗原通常免疫原性较弱或无免疫原性。

4. 分子结构　抗原相对分子质量大小并非决定其免疫原性的绝对因素，其化学组成及分子结构的复杂性非常重要。例如，明胶相对分子质量为 100 kD，但因其由直链氨基酸组成，缺乏含苯环的氨基酸，稳定性差，免疫原性很弱。明胶分子偶联 2% 的酪氨酸后，免疫原性显著增强。胰岛素相对分子质量仅为 5.7 kD，但其结构中含复杂的芳香族氨基酸，则免疫原性仍较强。

5. 分子构象与易接近性　分子构象是指抗原分子中一些特殊的化学基团（即抗原表位）的三维结构，在很大程度上影响抗原的免疫原性。抗原分子构象的细微变化，可能导致其免疫原性发生改变。

抗原大分子中抗原表位的性质、数目、位置和空间构象均可影响抗原的免疫原性或免疫反应性。

易接近性是指抗原表位在空间上被 B 细胞抗原受体所接近的容易程度（图 3-1）。

6. 物理性状　化学性质相同的抗原物质可因其物理性状不同而影响免疫原性。例如，聚合状态的蛋白质免疫原性强于单体，颗粒性抗原的免疫原性强于可溶性抗原。据此可将免疫原性弱的物质吸附在颗粒物质表面或组装为颗粒性物质，可显著增强其免疫原性。

图 3-1　抗原氨基酸残基的位置和间距与免疫原性的关系

多聚赖氨酸和多聚丙氨酸结构简单，无免疫原性。酪氨酸和谷氨酸残基位于侧链的外侧（A），易被 BCR 接近，故此结构的蛋白质免疫原性强。如果酪氨酸和谷氨酸残基位于侧链内侧（B），BCR 难以接近，则免疫原性低；若侧链间距加大（C），位于侧链内侧的酪氨酸和谷氨酸残基易于 BCR 接近，则免疫原性增强

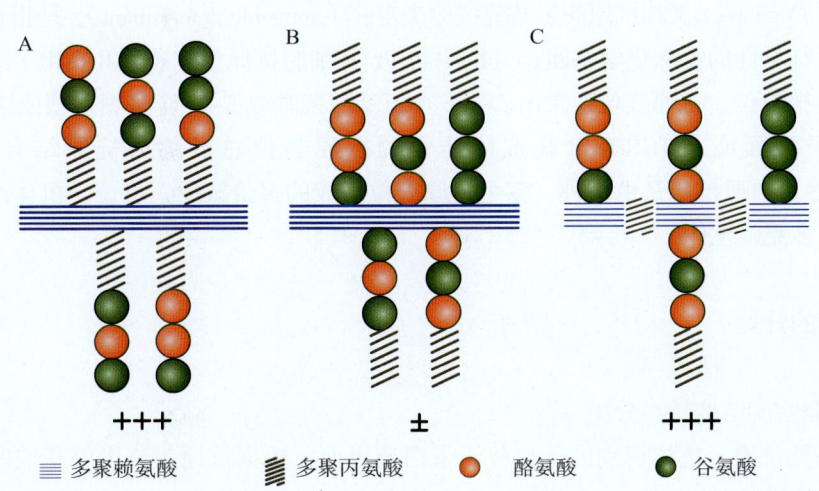

多聚赖氨酸　　多聚丙氨酸　　酪氨酸　　谷氨酸

（二）机体因素

不同种属动物对同一抗原物质所产生的免疫应答的程度存在很大差别，同一种属不同个体对特定的抗原产生的应答能力也会受遗传背景调控而存在差异。而 *MHC* 基因多态性及其他免疫调控基因差异是导致个体对同一抗原的免疫应答与否及应答的程度不同的关键因素。

宿主的性别、年龄、健康状况等亦可影响免疫应答的强弱。青壮年个体通常比幼年和老年个体对抗原的应答能力强；新生动物或婴儿对细菌多糖类抗原不应答，故易出现细菌感染。雌性比雄性动物诱导抗体的能力强，感染或免疫抑制剂等都能显著干扰和抑制机体对抗原的应答。

微视频 3-3
影响抗原免疫原性的其他因素

（三）抗原进入机体的方式

影响抗原免疫原性的因素还有抗原进入机体的剂量、途径、次数、频率及是否应用免疫佐剂等。适中的抗原剂量可诱导免疫应答，而过低和过高的抗原剂量则诱导免疫耐受；同一种抗原物质经不同途径进入机体，刺激机体免疫系统产生免疫应答的程度各异，皮内注射和皮下注射途径容易诱导免疫应答，肌内注射次之，而静脉注射效果较差，口服免疫则易诱导耐受。间隔适当的时间（如1~2周）免疫可诱导较好的免疫应答，而频繁注射抗原则可诱导免疫耐受。应用免疫佐剂可显著改变免疫应答的强度和类型。

第二节　抗原特异性

微视频 3-4
抗原特异性

特异性（specificity）是指物质间的相互吻合性或专一性。抗原特异性（antigenic specificity）表现在两个方面：①免疫原性的特异性，即某一特定抗原只能与具有相应 BCR 或 TCR 的 B、T 细胞特异性结合，诱导产生特异性抗体和效应 T 细胞。②免疫反应性的特异性，抗原只能与相应特异性抗体或效应 T 细胞发生特异性结合并产生免疫效应。

抗原表位是决定抗原特异性的分子基础。

一、抗原表位的概念

抗原表位（epitope）又称抗原决定基或抗原决定簇（antigenic determinant），是指存在于抗原分子中决定抗原特异性的特殊化学基团，是抗原与 T、B 细胞抗原受体（TCR/BCR）或抗体特异性结合的基本结构单位。抗原表位通常由 5~15 个氨基酸残基或 5~7 个多糖残基或核苷酸组成。

抗原分子表面能与 TCR/BCR 或抗体结合的抗原表位总数称为抗原结合价（antigenic valence）。天然蛋白质抗原是由多种、多个抗原表位组成的多价抗原，可诱导机体产生含有多种特异性抗体的多克隆抗体。

二、抗原表位的分类

（一）根据空间结构特点分类

对于蛋白类抗原，抗体识别的位点位于蛋白质表面，根据抗原表位中氨基酸的空间结构特点，可将其分为线性表位（linear epitope）和构象表位（conformational epitope）（图 3-2）。

1. 线性表位　主要由序列上相连接的氨基酸残基通过共价结构形成连续性、线性排列的肽构成，又称顺序表位（sequential epitope）。

2. 构象表位　由序列上不连续排列，但在空间上彼此接近形成特定构象的氨基酸残基组成，也称非线性表位。

（二）根据 T、B 细胞所识别的抗原表位分类

知识拓展 3-1
疫苗研制新策略

根据 T、B 细胞所识别的抗原表位的不同，可将表位分为 T 细胞表位和 B 细胞表位。

1. T 细胞表位　T 细胞仅识别由 APC 加工后与 MHC 分子结合为复合物并表达于 APC 表面

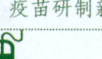

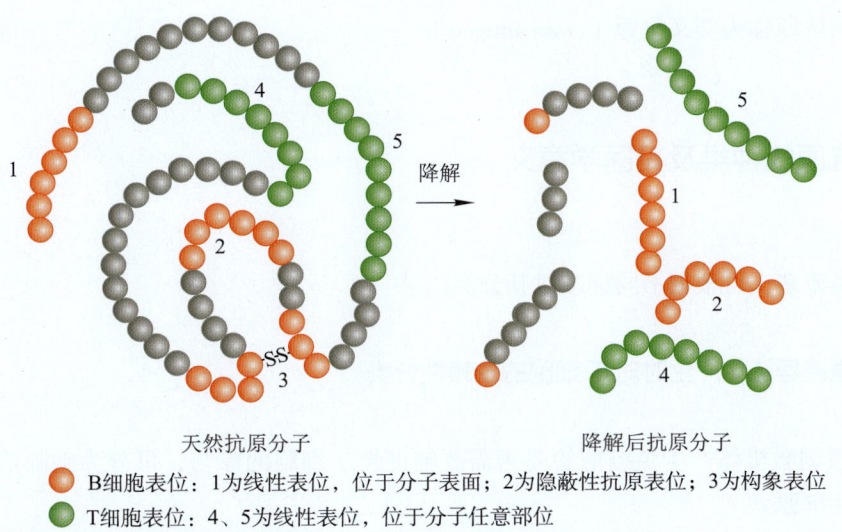

天然抗原分子　　　　　　　　　降解后抗原分子

● B细胞表位：1为线性表位，位于分子表面；2为隐蔽性抗原表位；3为构象表位
● T细胞表位：4、5为线性表位，位于分子任意部位

图 3-2　抗原分子中的
线性表位和构象表位

的线性表位肽，此类表位称 T 细胞表位。

2. B 细胞表位　是指 BCR 或 B 细胞所分泌特异性抗体识别的表位，大多位于抗原分子表面，多为构象表位，少数为线性表位，无需 APC 加工、处理和提呈即可直接激活 B 细胞。

T 细胞表位和 B 细胞表位的特性比较见表 3-1。

表 3-1　T 细胞表位与 B 细胞表位的特性比较

项目	T 细胞表位	B 细胞表位
识别受体	T 细胞受体（TCR）	B 细胞受体（BCR）
表位性质	蛋白质降解后的多肽	天然蛋白质、多肽、多糖、脂多糖、核酸等
表位大小	8~10 个氨基酸（CD8$^+$ T 细胞表位）	5~15 个氨基酸或单糖、核苷酸
	13~17 个氨基酸（CD4$^+$ T 细胞表位）	
表位类型	线性表位	构象表位或线性表位
表位位置	抗原分子任意部位	通常位于抗原分子表面
表位提呈	需 MHC I 类或 II 类分子提呈	无需 MHC 分子参与

三、优势抗原和优势表位

尽管天然病原体含多个抗原，每种抗原又有多个表位，但通常只有特定抗原及抗原中的几个特定抗原表位主导性诱导了宿主免疫应答，称为优势抗原（dominant antigen）和优势表位（immunodominant epitope）。针对优势抗原及优势表位产生的特异性免疫应答能发挥最充分有效的保护功能。因此，筛选和制备基于优势抗原和优势表位的疫苗是疫苗研发的关键。例如，以乙型肝炎病毒的保护性优势抗原 HBsAg 制备的乙肝重组蛋白疫苗可高效预防乙型肝炎病毒。

四、共同抗原表位与交叉反应

不同多价抗原间可能含有相同或相似的抗原表位，称为共同抗原表位（common epitope）。由于共同抗原表位的存在，某种抗原诱生的特异性抗体不仅可与自身抗原表位特异性结合，还可与具有共同抗原表位的其他抗原发生结合反应，这种现象称为交叉反应（cross reaction）。含共同抗

动画 3-1
共同抗原与交叉反应

原表位的不同抗原称为交叉抗原（cross antigen）。

第三节　抗原的种类及其医学意义

抗原种类繁多，可根据不同标准对其分类。

一、根据抗原诱导抗体产生时对 T 细胞的依赖性分类

根据抗原刺激机体产生免疫应答是否需要辅助性 T 细胞的参与，可分为胸腺依赖性抗原和非胸腺依赖性抗原。

1. 胸腺依赖性抗原（thymus dependent antigen，TD-Ag）　亦称 T 细胞依赖抗原，刺激 B 细胞产生抗体依赖于 T 细胞的辅助。绝大多数蛋白质抗原及细胞抗原均属于 TD-Ag，如病原微生物、大分子化合物、血清蛋白等。先天性胸腺缺陷和后天性 T 细胞功能缺陷的个体，TD-Ag 诱导机体产生抗体的能力明显低下。

2. 非胸腺依赖性抗原（thymus independent antigen，TI-Ag）　亦称非 T 细胞依赖性抗原，刺激 B 细胞产生抗体不依赖于 T 细胞的辅助。TI-Ag 可分为两类：① TI-1 Ag：如细菌脂多糖（LPS）等，既含抗原表位，可特异性激活 B 细胞，又具有丝裂原性质，可特异性或非特异性激活多克隆 B 细胞；② TI-2 Ag：含多个重复 B 细胞表位，如肺炎球菌荚膜多糖、聚合鞭毛素等，通过交联 BCR 刺激成熟 B 细胞应答。TD-Ag 与 TI-Ag 的区别见表 3-2。

表 3-2　TD-Ag 与 TI-Ag 的特性比较

项目	TD-Ag	TI-Ag
结构特点	复杂，含多种表位	多含单一表位
表位组成	B 细胞和 T 细胞表位	重复 B 细胞表位
T 细胞辅助	需	无需
MHC 限制性	有	无
激活的 B 细胞	B2	B1
免疫应答类型	体液免疫和细胞免疫	体液免疫

二、根据抗原与机体的亲缘关系分类

1. 异种抗原（xenoantigen）　指来自不同种属的抗原性物质。对人而言，病原微生物及其产物（如外毒素）、植物蛋白、治疗用动物抗血清（抗体）及异种器官移植物等，均为重要的异种抗原。用于临床治疗的马血清抗毒素，具有双重效应，既含有特异性抗体可中和毒素，同时马血清又可刺激机体产生抗马血清抗体，反复使用可导致超敏反应。

2. 同种异型抗原（allogenic antigen）　指同一种属不同个体间所存在的不同抗原，亦称同种抗原。人类重要的同种异型抗原有血型（红细胞）抗原和人主要组织相容性抗原。血型抗原包括

临床聚焦 3-1
乙型肝炎与乙肝疫苗

ABO 血型抗原系统和 Rh 抗原系统等。

3. 自身抗原（autoantigen）　正常情况下，机体免疫系统对自身组织细胞表达的抗原不会产生免疫应答，即处于自身耐受状态。某些病理情况下，如感染、理化因素、某些药物等影响下，使自身组织细胞抗原发生改变和修饰，或者外伤导致的免疫隔离抗原的释放，可使自身成分变为自身抗原，诱导机体产生自身免疫应答。

4. 异嗜性抗原（heterophilic antigen）　又称 Forssman 抗原，指存在于人、不同种属动物、微生物、植物等之间的共同抗原。例如，A 族溶血性链球菌的表面成分与人肾小球基膜及心肌组织存在共同抗原，故链球菌感染机体产生的抗体可与具有共同抗原的心、肾组织发生交叉反应，导致肾小球肾炎或心肌炎。

微视频 3-5
异嗜性抗原

三、根据抗原提呈细胞内抗原的来源分类

1. 内源性抗原（endogenous antigen）　是指在抗原提呈细胞（APC）内新合成的抗原，如病毒感染细胞合成的病毒蛋白、肿瘤细胞合成的肿瘤抗原等。内源性抗原在胞质内被加工处理为抗原肽，与 MHC I 类分子结合成复合物，提呈于 APC 表面，被 CD8$^+$ T 细胞所识别。

2. 外源性抗原（exogenous antigen）　是指病原体等外来抗原，通过胞吞、胞饮和受体介导内吞等作用进入 APC，被降解为抗原肽并与 MHC II 类分子结合成复合物，提呈于 APC 表面，被 CD4$^+$ T 细胞所识别。

四、其他分类

此外，抗原还可根据两个基本特性分为完全抗原和半抗原；根据抗原产生方式的不同，分为天然抗原和人工抗原；根据物理性状不同，分为颗粒性抗原和可溶性抗原；根据抗原化学性质，分为蛋白质抗原、多糖抗原及核酸抗原等；根据抗原来源及其与疾病的相关性，分为移植抗原、肿瘤抗原、自身抗原等；能诱导机体产生超敏反应（变态反应）的抗原又称变应原（allergen）或过敏原，诱导机体产生免疫耐受的抗原称为耐受原（tolerogen）。

第四节　非特异性免疫刺激剂

与抗原特异性激活 T/B 细胞应答不同，某些物质可非特异性激活 T/B 细胞应答，称为免疫刺激剂（stimulator），如抗原和丝裂原等。

一、超抗原

普通蛋白质抗原一般能特异性激活机体总 T 细胞库中万分之一至百万分之一的 T 细胞克隆。然而，某些物质只需极低浓度（1 ~ 10 ng/mL）即可非特异性激活人体总 T 细胞库中 2% ~ 20% 的 T 细胞克隆，产生极强的免疫应答，这类物质称为超抗原（superantigen，SAg），为多克隆激活剂。

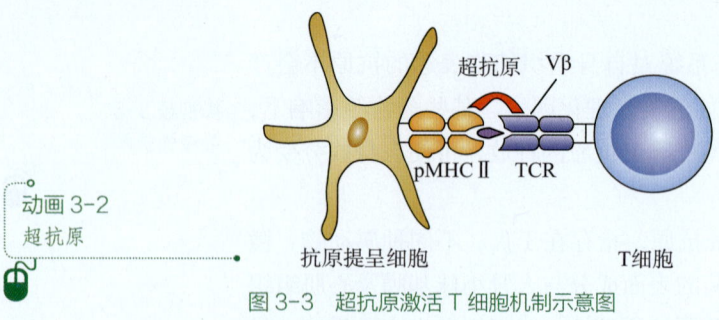

超抗原 Vβ

pMHC Ⅱ TCR

抗原提呈细胞   T细胞

动画 3-2
超抗原

图 3-3　超抗原激活 T 细胞机制示意图
超抗原直接与 MHC Ⅱ类分子非多态样区和 TCR
β链的 V 区结合，无 MHC 限制性

普通蛋白质抗原激活 T 细胞，首先必须被 APC 降解为抗原肽，抗原肽被结合于 MHC 分子的抗原肽结合槽内，才能与 T 细胞的特异性 TCR 相互作用。而 SAg 能够非特异性激活如此多量的 T 细胞克隆，与其激活 TCR 的独特方式相关：其一端直接与 TCR 的 Vβ 链结合，另一端则与 APC 表面的 MHC Ⅱ类分子 α 螺旋外侧结合，以完整蛋白质的形式激活 T 细胞，该激活不涉及抗原表位与 MHC 及 TCR 的识别，无 MHC 限制性（图 3-3）。

二、丝裂原

丝裂原（mitogen）亦称有丝分裂原，可致细胞发生有丝分裂进而增殖，属于非特异性的淋巴细胞多克隆激活剂。丝裂原通过与淋巴细胞表面相应受体结合，刺激静止淋巴细胞转化为淋巴母细胞并进行有丝分裂，从而激活某一类淋巴细胞的全部克隆。

T、B 细胞表面表达多种丝裂原受体，可对相应丝裂原刺激产生强烈增殖反应，被广泛应用于体外机体免疫功能状态的检测（表 3-3）。

表 3-3　作用于人和小鼠 T、B 细胞的丝裂原

丝裂原	人		小鼠	
	T 细胞	B 细胞	T 细胞	B 细胞
刀豆蛋白 A（ConA）	+	−	+	−
植物血凝素（PHA）	+	−	+	−
美洲商陆（PWM）	+	+	+	−
脂多糖（LPS）	−	−	−	+
葡萄球菌蛋白 A（SPA）	−	+	−	−

（张　蓓）

复习思考题

1. 试述抗原的基本特性。
2. 试述抗原表位的分类与特性。
3. 试比较 TD-Ag 和 TI-Ag 的特点。
4. 简述影响抗原免疫原性的主要因素。
5. 试述超抗原的作用机制与应用价值。

新形态教材网

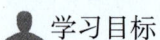 学习目标　　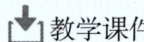 教学课件　　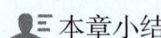 本章小结　　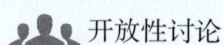 开放性讨论　　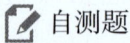 自测题

第四章

抗体

关键词

抗体	免疫球蛋白	IgG	IgM	IgA
IgD	IgE	重链	轻链	可变区
恒定区	高变区	互补决定区	功能区	铰链区
J链	分泌片	同种型	同种异型	独特型
Fc受体	血清型	调理作用	ADCC	多克隆抗体
单克隆抗体		基因工程抗体		

　　机体免疫系统对抗原刺激所产生的适应性免疫应答可分为体液免疫应答和细胞免疫应答，其中，抗体是介导体液免疫应答的重要免疫分子。抗体由B细胞产生，是存在于血液和体液中具有免疫功能的一类糖蛋白，故又称免疫球蛋白。抗体的结构复杂，且与其功能密切相关。要了解抗体在体液免疫应答中的作用，首先要了解抗体的结构和功能。

思维导图

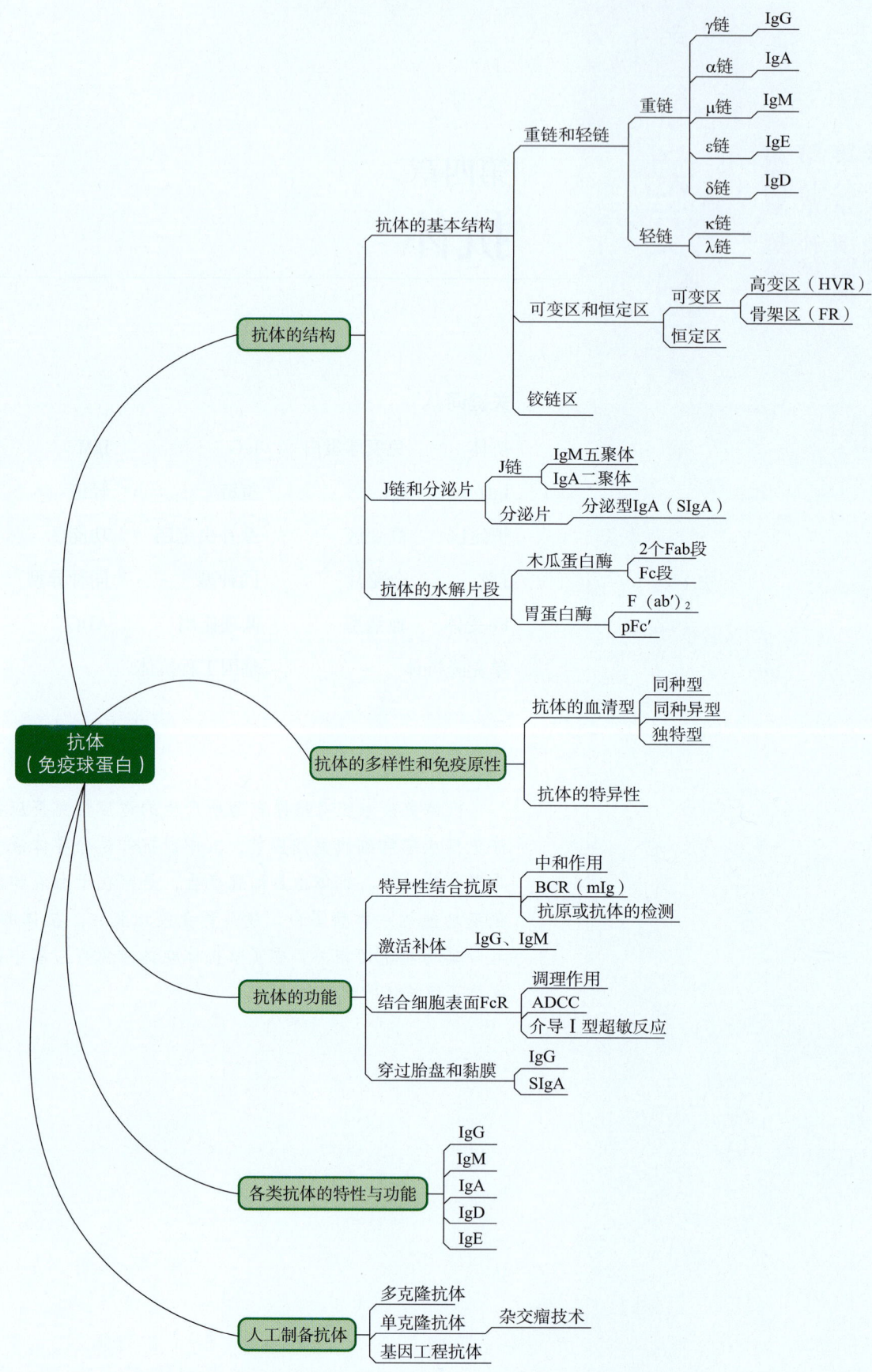

抗体（免疫球蛋白）

- 抗体的结构
  - 抗体的基本结构
    - 重链和轻链
      - 重链
        - γ链 —— IgG
        - α链 —— IgA
        - μ链 —— IgM
        - ε链 —— IgE
        - δ链 —— IgD
      - 轻链
        - κ链
        - λ链
    - 可变区和恒定区
      - 可变区
        - 高变区（HVR）
        - 骨架区（FR）
      - 恒定区
    - 铰链区
  - J链和分泌片
    - J链
      - IgM五聚体
      - IgA二聚体
    - 分泌片 —— 分泌型IgA（SIgA）
  - 抗体的水解片段
    - 木瓜蛋白酶
      - 2个Fab段
      - Fc段
    - 胃蛋白酶
      - F（ab'）₂
      - pFc'
- 抗体的多样性和免疫原性
  - 抗体的血清型
    - 同种型
    - 同种异型
    - 独特型
  - 抗体的特异性
- 抗体的功能
  - 特异性结合抗原
    - 中和作用
    - BCR（mIg）
    - 抗原或抗体的检测
  - 激活补体 —— IgG、IgM
  - 结合细胞表面FcR
    - 调理作用
    - ADCC
    - 介导Ⅰ型超敏反应
  - 穿过胎盘和黏膜
    - IgG
    - SIgA
- 各类抗体的特性与功能
  - IgG
  - IgM
  - IgA
  - IgD
  - IgE
- 人工制备抗体
  - 多克隆抗体
  - 单克隆抗体 —— 杂交瘤技术
  - 基因工程抗体

抗体（antibody，Ab）是 B 细胞接受抗原刺激后，增殖分化为浆细胞所产生的一类具有免疫功能的糖蛋白，可与相应抗原发生特异性结合，是介导体液免疫应答的重要效应分子。

1937 年，Tiselius 和 Kabat 用电泳方法将血清蛋白分为白蛋白、α1、α2、β 和 γ 球蛋白等组分，并发现抗体活性主要存在于 γ 球蛋白区，部分抗体活性存在于 α、β 球蛋白区。1968 年和 1972 年，世界卫生组织和国际免疫学会联合会的专门委员会先后决定，将具有抗体活性或化学结构与抗体相似的球蛋白统一命名为免疫球蛋白（immunoglobulin，Ig）。Ig 以两种形式存在于体内：①分泌型 Ig（secreted Ig，SIg）：即通常所指的抗体，主要存在于血液、组织液及各种外分泌液中，具有多种生物学功能。②膜型 Ig（membrane Ig，mIg）：表达于 B 细胞表面，构成 B 细胞受体（B cell receptor，BCR），可特异性识别并结合相应抗原，从而使 B 细胞活化，启动特异性体液免疫应答。

动画 4-1
抗体概述

科学发现 4-1
抗体的发现

第一节　抗体的结构

一、抗体的基本结构

抗体的基本单位是由 4 条对称的多肽链构成的"Y"形结构，包含两条完全相同的重链和两条完全相同的轻链，重链之间及重链与轻链之间由链间二硫键相连（图 4-1）。

动画 4-2
抗体的基本结构

抗体分子的两条重链和两条轻链均可折叠成环形结构域（domain）。每个结构域各有其独特功能，故又称功能区。每个结构域约含 110 个氨基酸残基，其二级结构是由几股多肽链折叠形成两个反向平行的 β 片层（anti-parallel β-sheet），两个 β 片层通过一个链内二硫键垂直连接，形成一个构象稳定的"β桶状"（β-barrel）结构（图 4-2）。

（一）重链和轻链

1. 重链　抗体分子的重链（heavy chain，H 链）由 450～550 个氨基酸残基组成。根据重链恒定区氨基酸组成及结构差异，可将其分为 5 种，即 μ、γ、α、δ 和 ε 链。5 种重链分

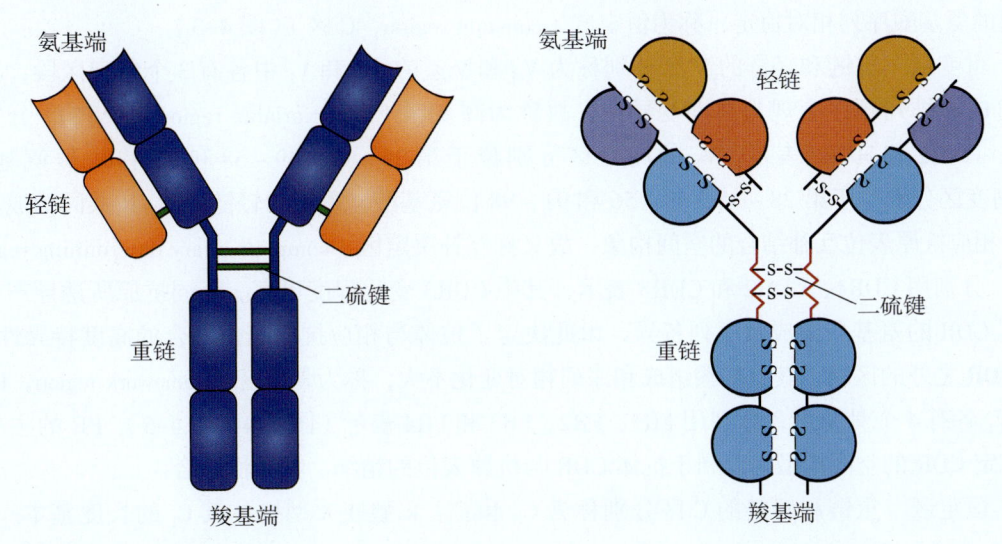

图 4-1　抗体的基本结构示意图
抗体的基本结构呈"Y"形，由两条相同的重链和两条相同的轻链借二硫键连接而成

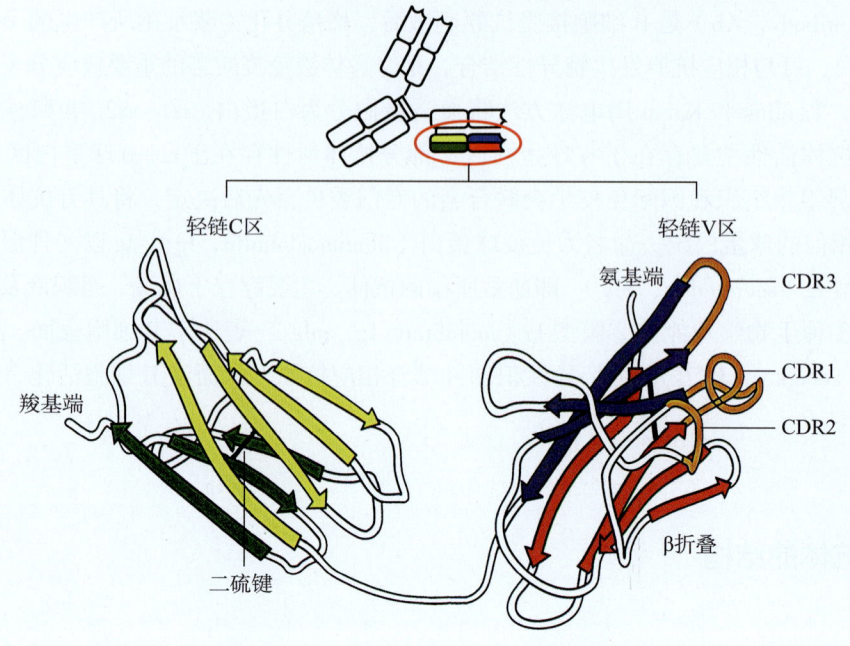

图4-2 抗体轻链V区和C区结构域示意图
抗体分子二级结构是由几股多肽链折叠而成的两个反向平行的β片层，图中轻链的C_L两个β片层分别为4股和3股，V_L为5股和4股。两个β片层通过链内二硫键垂直连接形成"β桶状"结构

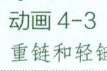

动画 4-3
重链和轻链

动画 4-4
可变区和恒定区

微视频 4-1
抗体的可变区

动画 4-5
抗体的功能区

别与轻链组成完整的抗体分子，即构成5类（class）抗体，分别被称为 IgM、IgG、IgA、IgD 和 IgE。

2. 轻链　抗体分子的轻链（light chain，L链）由约214个氨基酸残基组成。根据轻链结构不同，可分为 κ（kappa）链和 λ（lambda）链两种轻链，据此可将抗体分为两型，即 κ 型和 λ型。一个天然抗体分子的两条轻链的型别总是相同的，但同一个体内可存在分别带有 κ 链或 λ 链的抗体分子，两型轻链的功能无差异。

（二）可变区和恒定区

通过分析比较不同抗原诱导产生的抗体重链和轻链的氨基酸序列，发现组成抗体分子的4条肽链，近氨基（N）端的约110个氨基酸的序列变化很大，称为可变区（variable region，V区），分别占轻链的1/2，重链的1/4（γ链、α链和δ链）或1/5（μ链和 ε 链）。同一物种的同一类（亚类）和同一型（亚型）抗体，其轻链近羧基（C）端1/2和重链近羧基端3/4（或4/5）区域内的氨基酸序列相对恒定，称为恒定区（constant region，C区）（图4-3）。

1. 可变区　重链和轻链的 V 区分别称为 V_H 和 V_L。在 V_H 和 V_L 中各有3个特定区段，其氨基酸组成和排列顺序表现为高度变异性，故称为高变区（hypervariable region，HVR），分别以 HVR1、HVR2 和 HVR3 表示。V_H 的高变区分别位于第29～31、49～58 和 95～102 位氨基酸，V_L 的高变区分别位于第28～35、49～56 和 91～98 位氨基酸。重链和轻链的 HVR 共同构成抗体 V 区与相应抗原表位互补结合的空间构象，故又称互补决定区（complementary determining region，CDR），分别用 CDR1、CDR2 和 CDR3 表示，其中 CDR3 变化程度更高。不同抗原所诱导产生的抗体其 CDR 的氨基酸组成及序列各异，由此决定了抗体与相应抗原表位结合的高度特异性。V 区中 CDR 之外的区域，其氨基酸组成和序列相对变化不大，称为骨架区（framework region，FR）。V_H 和 V_L 各有4个骨架区，分别用 FR1、FR2、FR3 和 FR4 表示（图4-4，图4-5）。FR 的主要作用是稳定 CDR 的空间构型，以利于抗体 CDR 与抗原表位的精细、特异性结合。

2. 恒定区　重链和轻链的 C 区分别称为 C_H 和 C_L。κ 型或 λ 型抗体其 C_L 的长度基本一致，

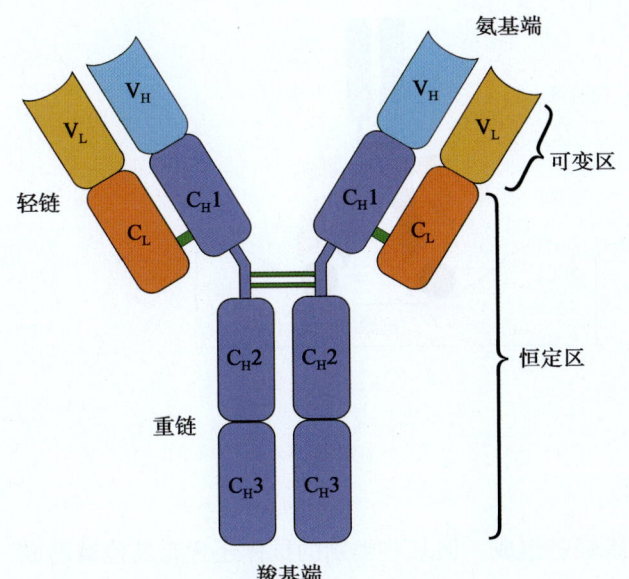

图 4-3　抗体的功能区结构示意图

抗体重链和轻链近 N 端的 1/4 或 1/2 氨基酸序列的变化很大，为可变区；其他部分氨基酸序列则相对恒定，为恒定区；V_H 和 V_L 分别代表重链和轻链的可变区，C_H 和 C_L 分别代表重链和轻链的恒定区；位于 C_H1 与 C_H2 之间的富含脯氨酸的区域为铰链区

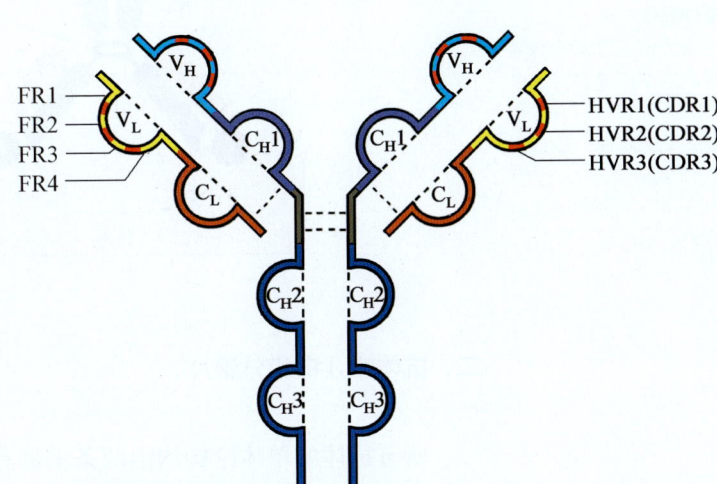

图 4-4　抗体的高变区示意图

抗体重链和轻链的 V 区各有 3 个高变区（HVR1、2、3），构成与抗原表位特异性结合的互补决定区（CDR1、2、3）；重链和轻链各有 4 个骨架区（FR1、2、3、4）

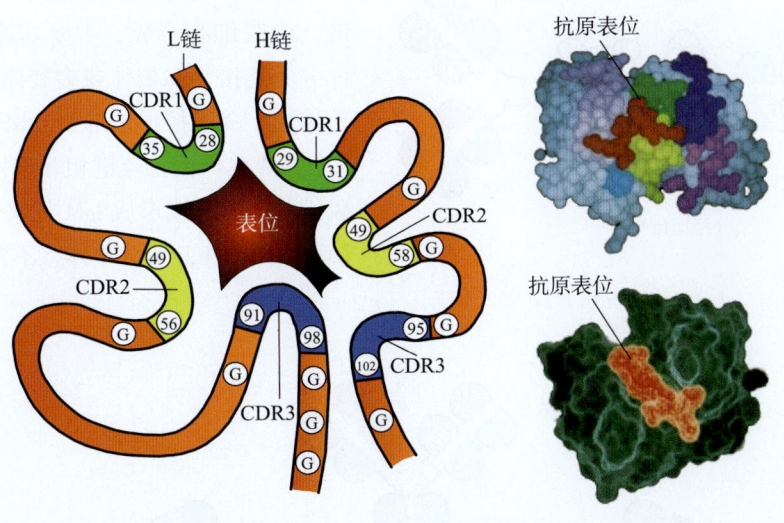

图 4-5　抗体的高变区与抗原表位结合示意图

抗体重链和轻链的高变区（HVR）共同构成抗体与抗原表位互补结合的空间构象，即互补决定区（CDR），CDR 氨基酸组成及序列的差异决定了抗体与相应抗原表位结合的特异性

但不同类抗体其 C_H 的长度不一，IgG、IgA 和 IgD 的 C_H 包括 C_H1、C_H2 和 C_H3 三个结构域，IgM 和 IgE 的 C_H 包括 C_H1、C_H2、C_H3 和 C_H4 四个结构域。同一种属个体所产生的针对不同抗原的同一类抗体，尽管其 V 区呈现高度特异性，但其 C 区氨基酸组成和序列比较恒定，其免疫原性是相同的。因此，将人 IgG 注入羊体内所获得的羊抗人 IgG 抗体可与针对不同抗原的人 IgG 类抗体结合。

（三）铰链区

铰链区（hinge region）位于重链 C_H1 与 C_H2 之间，富含脯氨酸，因此易伸展弯曲，能改变抗体分子两个 "Y" 形臂之间的距离，有利于两臂同时结合两个不同间距的抗原表位（图 4-6）。五类抗体中 IgG、IgD 和 IgA 有铰链区；IgM 和 IgE 则无铰链区，但也具有相对的弯曲性。铰链区易被木瓜蛋白酶、胃蛋白酶等水解。

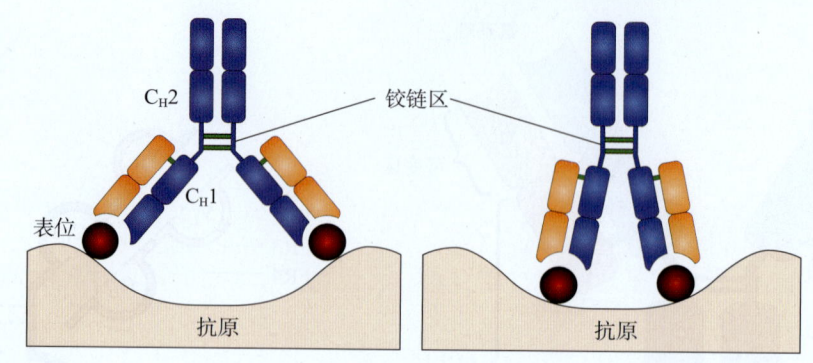

二、抗体的 J 链和分泌片

所有抗体的单体结构均由两条重链和两条轻链组成，但某些类别的抗体还含有其他辅助成分，如 J 链和分泌片。

（一）J 链

J 链（J chain，joining chain）是由 124 个氨基酸残基组成的富含半胱氨酸的多肽链，由浆细胞合成，主要功能是将单体抗体分子连接为二聚体或多聚体。如 2 个 IgA 单体由 J 链连接形成 IgA 二聚体（图 4-7）；5 个 IgM 单体由二硫键相互连接，并通过二硫键与 J 链连接形成 IgM 五聚体（图 4-8）。IgG、IgD 和 IgE 常为单体，不含 J 链。

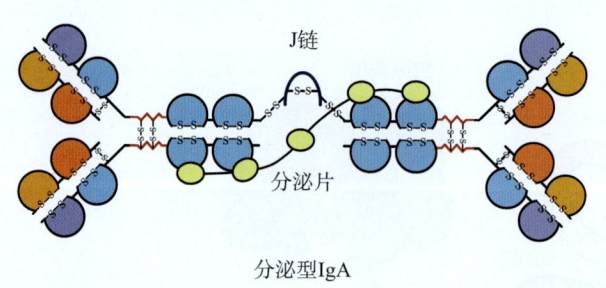

分泌型IgA

图 4-7　抗体的 J 链和分泌片
J 链将单体抗体分子连接为二聚体或多聚体。分泌片的作用是辅助 SIgA 经由黏膜上皮细胞转运，分泌到黏膜表面，并保护 SIgA 免遭蛋白水解酶水解

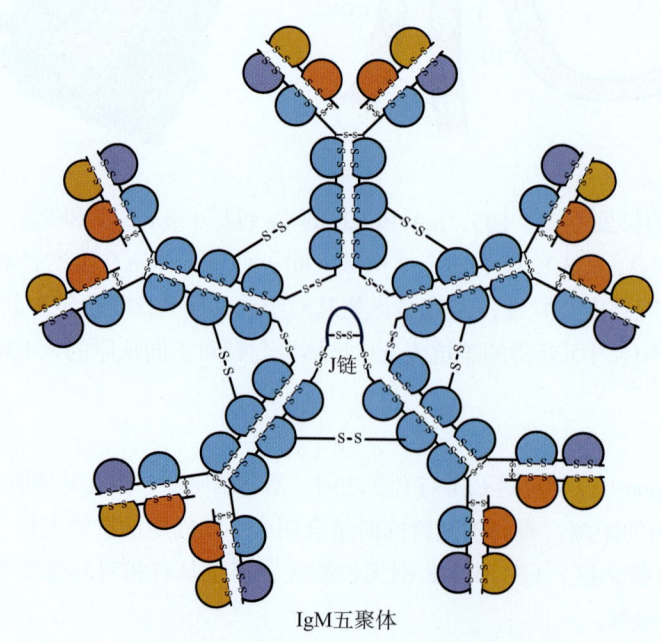

IgM五聚体

图 4-8　IgM
IgM 为五聚体，含有 J 链；分泌型 IgA 为二聚体，含有 J 链和分泌片

（二）分泌片

分泌片（secretory piece，SP）又称分泌成分（secretory component，SC），为一糖肽链，由黏膜上皮细胞合成，为黏膜上皮细胞基底侧多聚免疫球蛋白受体（poly-Ig receptor，pIgR）的胞外段。其功能是：①以非共价键结合于 IgA 二聚体，使其成为分泌型 IgA（SIgA），SIgA 经黏膜上皮细胞转运并分泌至黏膜表面，发挥黏膜免疫效应。②保护 SIgA 的铰链区，使其免受蛋白水解酶的降解（图 4-7）。

三、抗体的水解片段

在一定条件下，抗体分子肽链的某些部分易被蛋白酶水解（图 4-9）。木瓜蛋白酶（papain）和胃蛋白酶（pepsin）是最常用的两种水解抗体的蛋白水解酶，借此可用于研究抗体的结构与功能的关系，以及分离和纯化特定的抗体多肽片段。现以 IgG 为例介绍。

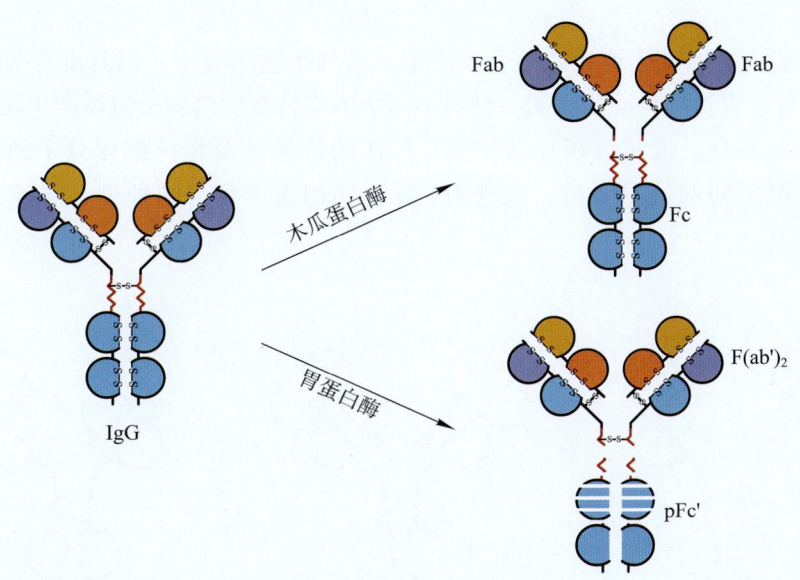

图 4-9 抗体分子的水解片段示意图
木瓜蛋白酶作用于铰链区二硫键所连接的 2 条重链近 N 端，将 Ab 裂解为 2 个完全相同的 Fab 片段和 1 个 Fc 片段。胃蛋白酶作用于铰链区二硫键所连接的 2 条重链近 C 端，将 Ab 水解为 1 个大片段 F（ab'）$_2$ 和多个小片段 pFc'

（一）木瓜蛋白酶水解片段

木瓜蛋白酶作用于抗体分子铰链区二硫键连接处的近 N 端，将抗体分子裂解为 2 个完全相同的抗原结合片段（fragment of antigen binding，Fab）和 1 个可结晶片段（fragment crystallizable，Fc）。Fab 段由一条完整的轻链（$V_L + C_L$）和部分重链（V_H、C_H1）组成。1 个 Fab 段只能结合 1 个抗原表位，表现为单价结合。Fc 段由一对 C_H2 和 C_H3 组成，是抗体与效应分子或细胞相互作用的部位。

（二）胃蛋白酶水解片段

胃蛋白酶作用于铰链区二硫键连接处的近 C 端，将抗体分子水解为 1 个大片段 F（ab'）$_2$ 段和一些小片段 pFc'。pFc' 无生物学作用，最终被降解。F（ab'）$_2$ 段由 2 个 Fab 及铰链区组成，可同时结合 2 个抗原表位，表现为双价结合。由于 F（ab'）$_2$ 段保留了抗体特异性结合抗原的生物学活

动画 4-6
抗体的水解片段

性，又避免了 Fc 段可能引起的副作用和超敏反应，因而胃蛋白酶被广泛用于白喉抗毒素和破伤风抗毒素等生物制品的精制提纯。

第二节 抗体的多样性和免疫原性

知识拓展 4-1
抗体的类型

自然界中抗原物质种类繁多，每种抗原分子常含有多种不同的抗原表位。这些抗原可刺激机体产生数量巨大的抗体，包括针对不同抗原表位的特异性抗体，以及针对同一抗原表位的不同类型的抗体（类、亚类、型和亚型），由此构成了抗体多样性（diversity）。抗体多样性反映了抗体的异质性（heterogeneity）和特异性（specificity）的不同，是由免疫球蛋白基因重排决定并经抗原选择表现出来的，反映了机体对抗原精细结构的识别和应答。

一、抗体的血清型

抗体能与相应抗原发生特异性结合而产生一系列生物学效应，但其本身为糖蛋白，因而也具有免疫原性，可在异种动物、同一种属不同个体或自身体内刺激机体产生相应的抗体，即抗-抗体或抗 Ig 抗体。通过分析血清中抗-抗体的特异性及相应抗体分子的抗原表位，抗体分子具有 3 类不同的抗原表位，表现为 3 种不同的血清型：同种型、同种异型和独特型（图 4-10）。

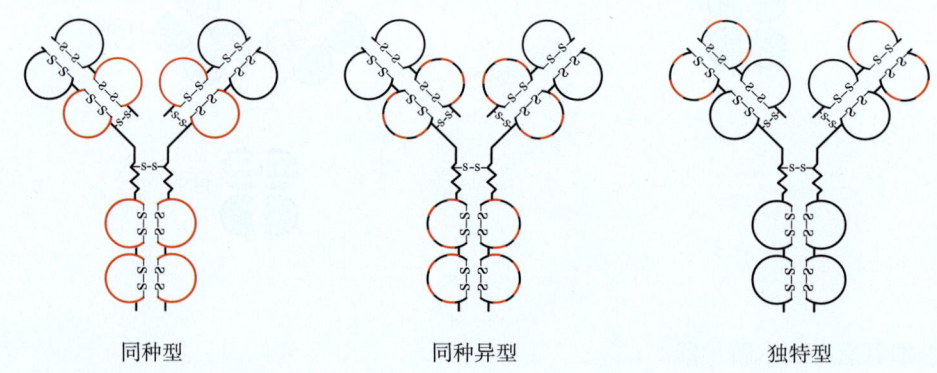

图 4-10 抗体血清型示意图
抗体具有同种型、同种异型和独特型 3 种不同血清型。图中红色区域代表各种血清型的抗原表位所在部位

同种型　　　　　　同种异型　　　　　　独特型

（一）同种型
同种型（isotype）是指同一种属所有个体抗体分子共有的抗原特异性标志，为种属型标志。同种型抗原表位位于重链和轻链的 C 区，可刺激异种动物产生该抗体的免疫应答。

（二）同种异型
同种异型（allotype）是指同一种属不同个体之间的抗体分子所具有的不同抗原特异性标志，为个体型标志。同种异型抗原表位分布于重链和轻链的 C 区，是由一个或数个氨基酸残基出现差异所致。

（三）独特型

独特型（idiotype，Id）是指每个抗体分子所特有的抗原特异性标志，其表位被称为独特位（idiotope）。抗体分子每个 Fab 段均有 5~6 个独特位，分布于 V 区。独特型在异种、同种异体甚至同一个体内均可刺激产生相应抗体，即抗独特型抗体（anti-idiotype antibody，AId）（详见第十七章）。B 细胞受体（BCR）为膜型免疫球蛋白（mIg），T 细胞受体（T cell receptor，TCR）为 Ig 超家族成员，两者 V 区内也存在独特位，当它们在异种、同种异体或同一个体内达到一定浓度时，即可刺激机体产生相应的抗独特型抗体，并在免疫应答调节中发挥重要作用。

微视频 4-2
抗体的独特型及其生物学意义

二、抗体的特异性

自然界存在各种各样的病原体和种类繁多的外源性抗原物质，如蛋白质、多糖、脂质等。病原体及多数抗原物质的结构复杂，包含多种不同的抗原表位。理论上，每一种抗原表位均可诱导产生一种特异性抗体。因此，这些抗原刺激机体产生的抗体实际上是各种异质性抗体的总和，包含针对各种抗原表位的特异性抗体及针对同一抗原表位的不同类型抗体。抗原表位的多样性是导致抗体特异性（抗原结合特异性）的外源因素（图 4-11）。

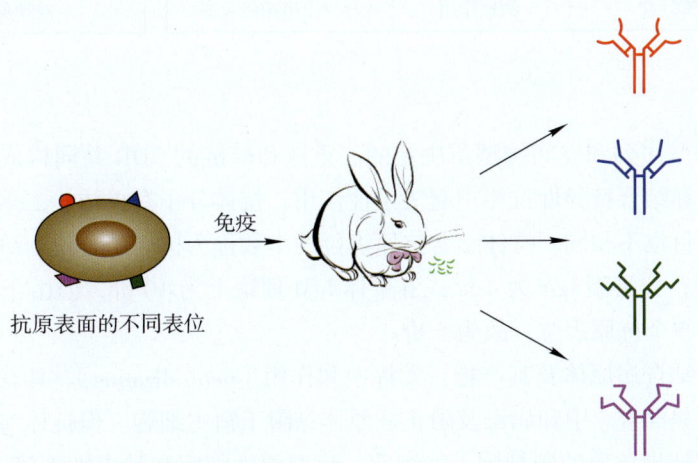

抗原表面的不同表位　免疫

图 4-11 抗原表位多样性所致的抗体特异性的异质性示意图
一种抗原往往含有不同的抗原表位，每种抗原表位均可诱导产生一种特异性抗体

第三节 抗体的功能

抗体的功能与其结构密切相关。抗体分子 V 区的功能主要是特异性识别、结合抗原；C 区则具有激活补体，与某些细胞表面 Fc 受体结合，从而发挥调理作用、ADCC 效应和介导 I 型超敏反应，以及穿过胎盘等生物学功能（图 4-12）。

一、特异性结合抗原

特异性结合抗原是抗体分子的主要功能。抗体与抗原结合的特异性是由抗体分子 V 区，特

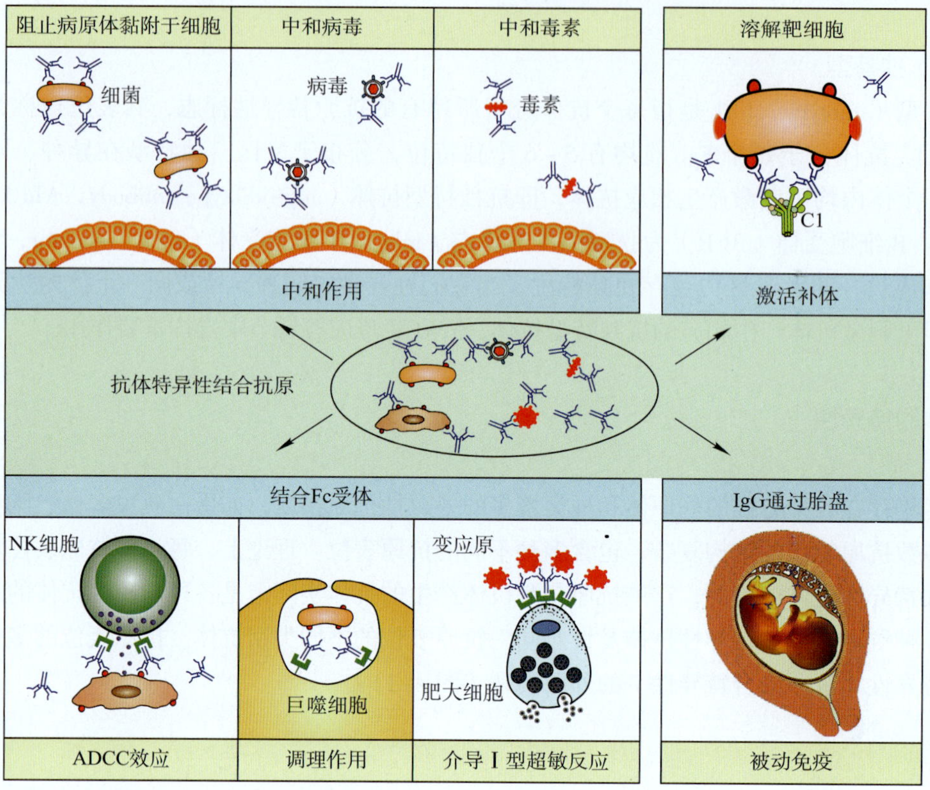

图 4-12　抗体的功能示意图

抗体通过 V 区特异性结合抗原，可中和毒素，阻止病原体入侵；抗体通过 C 区可激活补体，结合效应细胞表面 Fc 受体，从而发挥调理作用、ADCC 效应、穿越胎盘和介导 I 型超敏反应等功能

别是高变区的氨基酸序列和空间构型所决定的。重链和轻链的 CDR 共同构成与抗原表位互补结合的构象，在识别和结合特异性抗原中起决定性作用。抗体分子有单体、二聚体和五聚体，因此结合抗原表位的数目也不相同。抗体结合抗原表位的个数称为抗原结合价。单体抗体可结合 2 个抗原表位，为双价；分泌型 IgA 为 4 价；五聚体 IgM 理论上为 10 价，但由于立体构型的空间位阻，一般只能结合 5 个抗原表位，故为 5 价。

抗体在体内可结合病原体及其产物，发挥中和作用（neutralization）。具有中和作用的抗体称为中和抗体，可中和毒素、中和病毒及阻止病原体黏附于宿主细胞。但抗体与抗原结合本身并不能溶解和杀伤带有特异抗原的靶细胞（如细菌、病毒感染细胞和肿瘤细胞等），通常需要补体或吞噬细胞等共同发挥效应以清除病原体或杀伤靶细胞。

B 细胞膜表面的 mIgM 和 mIgD 构成 B 细胞表面的 BCR，能特异性识别并结合抗原，以介导体液免疫应答。

动画 4-7
特异性结合抗原

二、激活补体

抗体（IgG1、IgG2、IgG3 及 IgM）与相应抗原结合后，可发生构型改变而暴露其 C_H2/C_H3 功能区的补体结合位点，从而通过经典途径激活补体。补体激活后，可通过级联反应最终导致靶细胞的溶解；也可通过激活的各种补体活性片段而发挥趋化及促炎等效应。其中 IgM、IgG1 和 IgG3 激活补体的能力较强，IgG2 较弱。另外，IgA、IgE 和 IgG4 的凝聚物可激活旁路途径（详见第五章）。

三、结合细胞表面 Fc 受体

体内多种细胞具有抗体的 Fc 段受体（FcR），IgG、IgA 和 IgE 的 FcR 分别称为 FcγR、FcαR 和 FcεR。不同类别的抗体可通过其 Fc 段与不同细胞的相应 FcR 结合，介导不同的生物学活性。

1. 调理作用　IgG 类抗体与相应细菌等颗粒性抗原结合后，可通过其 Fc 段与巨噬细胞或中性粒细胞表面的 FcγR 结合，从而促进吞噬细胞对细菌的吞噬，此称为抗体的调理作用（opsonization）（图 4-13）。

2. 抗体依赖性细胞介导的细胞毒作用　IgG 类抗体与肿瘤细胞或病毒感染细胞等靶细胞表面相应抗原表位特异性结合后，可通过其 Fc 段与具有细胞毒作用的效应细胞（如 NK 细胞、Mφ、中性粒细胞）表面的 FcγR 结合，促使效应细胞释放细胞毒性物质而杀伤靶细胞，此称为抗体依赖性细胞介导的细胞毒作用（antibody dependent cell-mediated cytotoxicity，ADCC）（图 4-14）。NK 细胞是介导 ADCC 的主要细胞。

3. 介导 I 型超敏反应　IgE 为亲细胞抗体，可通过其 Fc 段（C_H2/C_H3）与肥大细胞或嗜碱性粒细胞表面的高亲和力 IgE Fc 受体（FcεR I）结合，而使上述细胞处于致敏状态。当相同变应

动画 4-8
结合细胞表面 Fc 受
体——调理作用

动画 4-9
结合细胞表面 Fc 受
体——ADCC

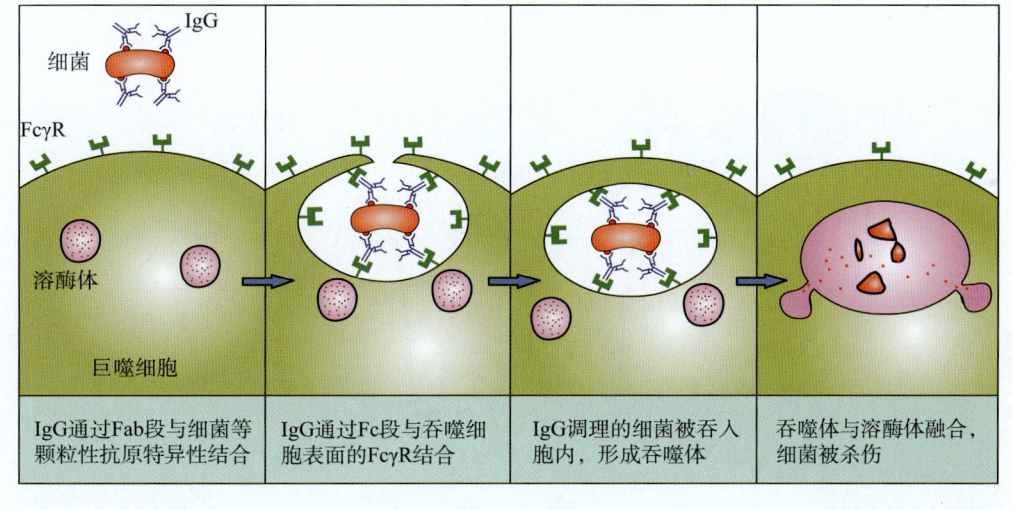

图 4-13　抗体介导的
调理作用示意图
IgG 通过 Fab 段与细菌
等颗粒性抗原特异性结
合，其 Fc 段与吞噬细
胞表面的 FcγR 结合，
发挥调理作用，促进吞
噬杀伤

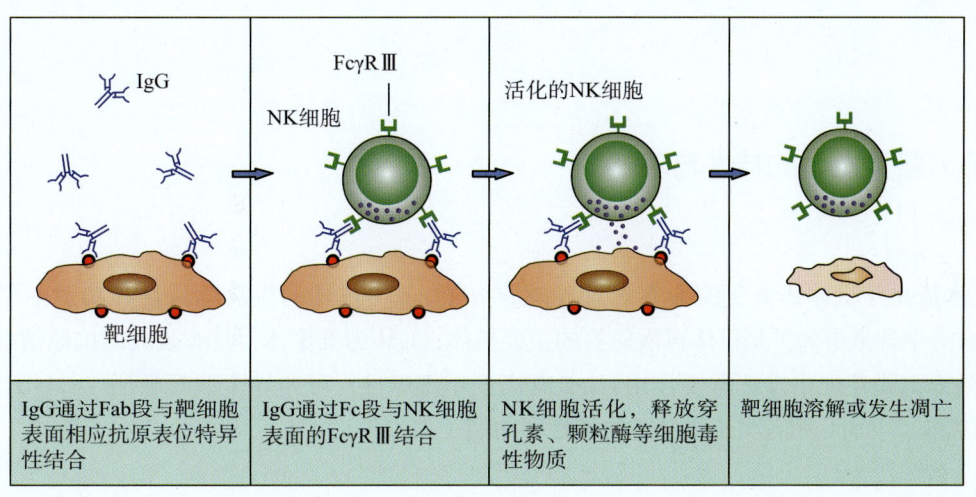

图 4-14　NK 细胞介导
的 ADCC 示意图
IgG 通过其 Fab 段与
靶细胞表面相应抗原
表位特异性结合，其
Fc 段 与 NK 细 胞 表
面的 FcγR III 结合后，
NK 细胞被激活，释放
穿孔素、颗粒酶等细
胞毒性物质，导致靶
细胞溶解或发生凋亡

原再次进入机体时，可与致敏肥大细胞或嗜碱性粒细胞表面的特异性 IgE 结合并发生受体交联，促使这些细胞合成和释放生物活性物质，引起 I 型超敏反应（详见第十八章）。

四、穿过胎盘和黏膜

1. IgG 穿过胎盘　胎盘母体一侧的滋养层细胞表达一种 IgG 输送蛋白，称为新生 Fc 受体（neonatal FcR，FcRn），IgG 可选择性与 FcRn 结合，通过滋养层细胞，主动转运到胎儿血液循环中。IgG 是唯一能通过胎盘的抗体。IgG 穿过胎盘的作用是一种重要的自然被动免疫机制，对于新生儿抗感染具有重要意义。

2. SIgA 参与黏膜免疫　SIgA 可穿过黏膜上皮细胞进入呼吸道、消化道和泌尿生殖道黏膜而参与黏膜免疫。SIgA 单体和 J 链均由黏膜固有层中的浆细胞合成。在浆细胞内，一个 J 链将两个单体 IgA 连接在一起，形成二聚体 IgA。二聚体 IgA 与黏膜上皮细胞基底面的多聚免疫球蛋白受体（poly-Ig receptor，pIgR）结合，被内吞入黏膜上皮细胞。与二聚体 IgA 结合的 pIgR 经酶解和胞吐作用将 SIgA 转运并分泌至黏膜表面，存在于分泌液中（图 4-15）。pIgR 的胞外段即为 SIgA 中的分泌片，由黏膜上皮细胞合成。SIgA 能阻止病原体对黏膜上皮细胞的吸附，具有抗菌、抗病毒和中和毒素等多种作用，因此是黏膜局部抗感染的主要免疫物质。

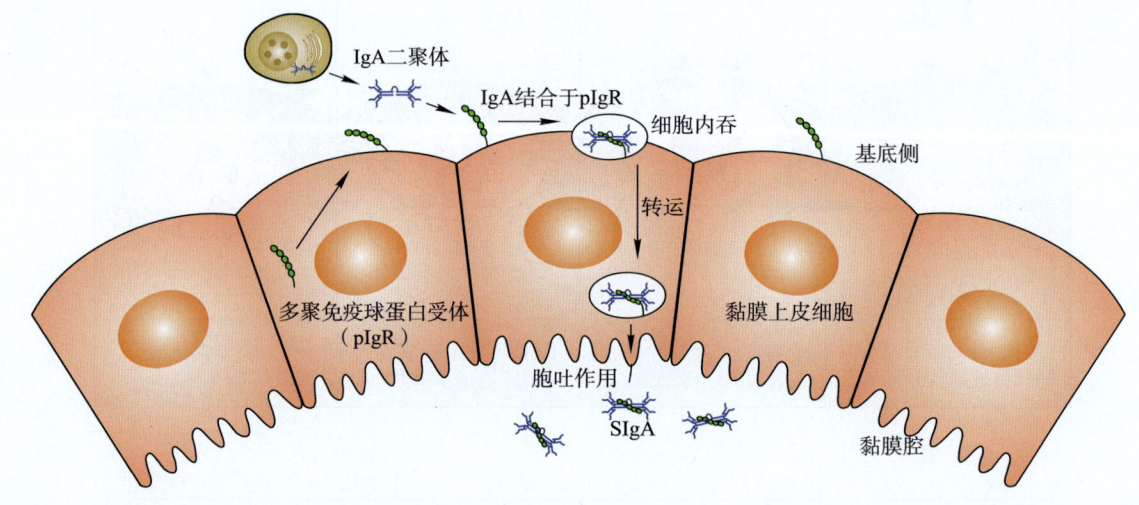

图 4-15　SIgA 的合成及分泌过程示意图
黏膜固有层中的 B 细胞受抗原刺激分化为浆细胞，产生 IgA 二聚体。后者与黏膜上皮细胞的 pIgR 结合，被内吞入上皮细胞，经酶解和胞吐作用将 SIgA 转运并分泌至黏膜表面

第四节　各类抗体的特性与功能

抗体是介导机体体液免疫应答的重要效应分子。5 类抗体的生物学特性和功能不尽相同，IgG 在血清中含量最高，是机体再次应答的主要抗体；IgM 为五聚体，具有强大的抗原结合能力；IgA 在局部黏膜免疫中发挥重要作用；IgE 有高度亲细胞性，可介导 I 型超敏反应；IgD 为 BCR 的组成成分。下面介绍各类抗体分子的特性和功能（表 4-1）。

表 4-1 各类抗体的主要特性和功能比较

性 质	IgG	IgM	IgA/SIgA	IgD	IgE
相对分子质量（×10³）	150	950	160	184	190
重链	γ	μ	α	δ	ε
亚类数	4	2	2	无	无
C 区功能区数	3	4	3	3	4
主要存在形式	单体	五聚体	单体 / 二聚体	单体	单体
结合抗原价	2	5	2，4	2	2
开始合成时间	生后 3 个月	胚胎后期	生后 4~6 个月	任何时间	较晚
血清含量（mg/mL）	9.5~12.5	0.7~1.7	1.5~2.6	0.03	0.000 3
占血清 Ig 量比例	75%~80%	5%~10%	10%~15%	0.2%	0.02%
半衰期（天）	20~23	10	6	3	2.5
通过胎盘	+	-	-	-	-
激活补体经典途径	+	+	-	-	-
结合吞噬细胞	+	-	+	-	-
结合嗜碱性粒细胞	-	-	-	-	+
结合肥大细胞	-	-	-	-	+
介导 ADCC	+	-	-	-	-
抗菌、抗病毒活性	+	+	+	-	-
黏膜局部免疫	-	-	+	-	-
介导超敏反应	+	+	-	-	+

一、IgG

　　IgG 是血清和胞外液中含量最高的抗体，占血清总 Ig 的 75%~80%。IgG 于出生后 3 个月开始合成，3~5 岁接近成人水平。IgG 有 4 个亚类，分别为 IgG1、IgG2、IgG3 和 IgG4（图 4-16）。IgG（IgG1、IgG3、IgG4）是唯一能穿过胎盘的抗体，在新生儿抗感染免疫中起重要作用。IgG 的

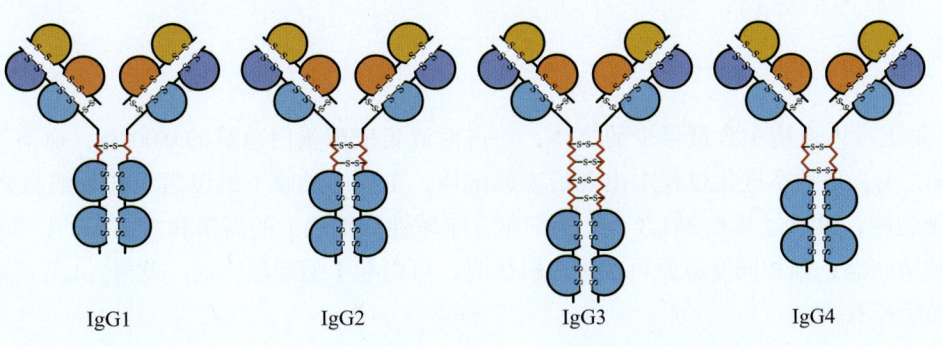

IgG1　　　　　　IgG2　　　　　　IgG3　　　　　　IgG4

图 4-16　人 IgG 亚类结构示意图
根据 IgG 铰链区大小、链内二硫键数目及位置可分为 4 个亚类（IgG1、IgG2、IgG3 和 IgG4）

半衰期较长，为 20～23 天，故临床应用时以 2～3 周重复给予为宜。IgG 是再次体液免疫应答产生的主要抗体，其亲和力高，在体内分布广泛，具有重要的免疫效应，是机体抗感染的"主力军"。IgG1、IgG2 和 IgG3 的 C_H2 能通过经典途径活化补体，并可与巨噬细胞、NK 细胞表面 Fc 受体结合，发挥调理作用、ADCC 效应等。某些自身抗体如抗甲状腺球蛋白抗体、抗核抗体，以及引起 II、III 型超敏反应的抗体也属于 IgG。

二、IgM

IgM 占血清 Ig 总量的 5%～10%，血清浓度约 1 mg/mL。单体 IgM 以膜型（mIgM）表达于 B 细胞表面，是 B 细胞受体（BCR）的重要构成成分。分泌型 IgM 为五聚体，是分子量最大的抗体，沉降系数为 19S，称为巨球蛋白。IgM 一般不能通过血管壁，主要存在于血液中。五聚体 IgM 含 10 个 Fab 段，具有很强的抗原结合能力；含 5 个 Fc 段，比 IgG 更易激活补体。IgM 是个体发育过程中最早合成和分泌的抗体，在胚胎发育晚期的胎儿即能产生 IgM，故脐带血 IgM 升高提示胎儿有宫内感染（如风疹病毒或巨细胞病毒等感染）。IgM 也是初次体液免疫应答中最早出现的抗体，血清中检出 IgM，提示新近感染的发生，可用于感染的早期诊断。

三、IgA

IgA 有两种类型，即血清型和分泌型。血清型为单体，主要存在于血清中，仅占血清 Ig 总量的 10%～15%。SIgA 主要存在于唾液、泪液、初乳及肠道、呼吸道、泌尿生殖道分泌液中，是黏膜局部抗感染的主要免疫物质。婴儿可从母亲初乳中获得 SIgA，为重要的自然被动免疫，对婴儿抵抗呼吸道和消化道病原微生物的感染具有重要意义。新生儿易患呼吸道、胃肠道感染可能与 SIgA 合成不足有关。

四、IgD

正常人血清 IgD 浓度很低（约 30 μg/mL），仅占血清 Ig 总量的 0.2%。IgD 铰链区较长，易被蛋白酶水解，故其半衰期较短（仅 3 天）。IgD 分为两型：血清型 IgD 在黏膜免疫监视和免疫调节中发挥作用，膜型 IgD（mIgD）是 B 细胞分化发育成熟的标志。未成熟 B 细胞仅表达 mIgM，未与特异性抗原接触的成熟 B 细胞（初始 B 细胞）可同时表达 mIgM 和 mIgD，而活化的 B 细胞和记忆 B 细胞其表面 mIgD 则逐渐消失。

五、IgE

IgE 是正常人血清中含量最少的抗体，约占血清免疫球蛋白总量的 0.002%，血清浓度约为 0.3 μg/mL。IgE 是种系进化过程中出现最晚的抗体，主要由黏膜下淋巴组织的浆细胞分泌。IgE 具有亲细胞性，可通过其 C_H2/C_H3 与肥大细胞、嗜碱性粒细胞上的高亲和力 FcεR I 结合，使机体处于致敏状态；当相同变应原再次进入机体时，可引起 I 型超敏反应。此外，IgE 可能与机体抗寄生虫免疫有关。

临床聚焦 4-1
抗体的异常

第五节　人工制备抗体

抗体在许多疾病的诊断、预防、治疗及基础研究中发挥着重要作用，使人们对抗体的需求越来越大。人工制备抗体是大量获得抗体的有效途径。根据制备方法、原理及所获抗体特异性的不同，可将人工制备抗体分为多克隆抗体、单克隆抗体和基因工程抗体 3 类。

一、多克隆抗体

天然抗原分子通常含多种不同特异性的抗原表位，以此种抗原物质刺激机体可诱导多个 B 细胞克隆被激活，产生的抗体中实际上含有针对多种不同抗原表位的抗体，这种由多个 B 细胞克隆所产生的多种特异性抗体的混合物称为多克隆抗体（polyclonal antibody，pAb）（图 4-17）。通常免疫动物制备的抗体（抗血清）为多克隆抗体。获得多克隆抗体的途径主要有动物免疫血清、恢复期病人血清或免疫接种人群。

多克隆抗体具有中和抗原、免疫调理、介导补体依赖的细胞毒作用和 ADCC 等重要作用。其优点是来源广泛，制备容易，但因其特异性不高、易发生交叉反应和超敏反应，使其应用受到限制。

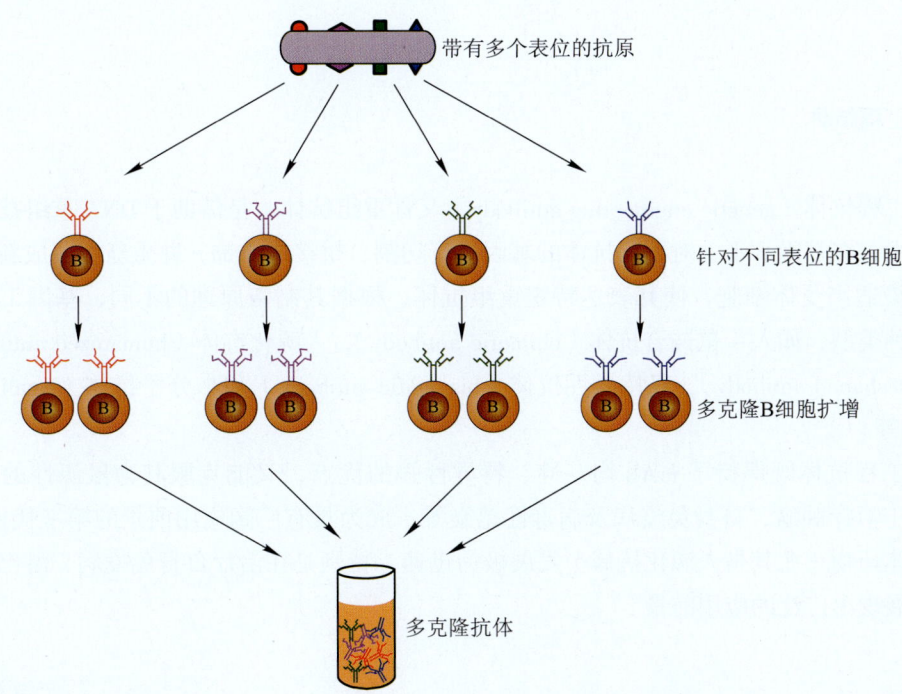

带有多个表位的抗原

针对不同表位的B细胞

多克隆B细胞扩增

多克隆抗体

图 4-17　多克隆抗体的产生示意图
天然抗原常含有多个抗原表位，可激活多个 B 细胞克隆并产生针对不同抗原表位的特异性抗体，故所获抗血清实际上为含有多种抗体的混合物，称为多克隆抗体

二、单克隆抗体

通常将由一个始祖细胞分化、增殖所形成的遗传性状完全相同的细胞群称为克隆（clone）。

同一 B 细胞克隆中的所有 B 细胞均表达相同的 BCR，由一个 B 细胞克隆产生的只作用于单一抗原表位的高度特异性抗体称为单克隆抗体（monoclonal antibody，mAb）。每种 mAb 的类、亚类及亲和力完全相同，具有高度均一性。然而，浆细胞在体外的寿命较短，且难以培养，常规细胞培养难以获得大量 mAb。

1. 杂交瘤技术　Köhler 和 Milstein 于 1975 年利用杂交瘤技术首次制备了 mAb（图 4-18）。其原理是：用某种抗原免疫小鼠，其相应 B 细胞可合成并分泌特异性抗体，但体外不能长期培养和传代；而小鼠多发性骨髓瘤细胞（恶性浆细胞）虽不能合成抗体，但可在体外长期传代。将免疫小鼠的脾细胞（含大量 B 细胞）与同系小鼠多发性骨髓瘤细胞在体外融合，由此形成的具有两个亲本特性的杂交瘤（hybridoma）细胞，既具有骨髓瘤细胞大量扩增和永生的特性，又具有免疫 B 细胞合成和分泌特异性抗体的能力。由于每个杂交瘤细胞均由一个 B 细胞与一个骨髓瘤细胞融合而成，而每个 B 细胞仅识别一种抗原表位，故一株杂交瘤细胞仅能合成及分泌针对单一抗原表位的特异性抗体，经抗原筛选、阳性克隆扩增培养，即可获得分泌所需 mAb 的杂交瘤细胞株。

2. 单克隆抗体的优点和应用　mAb 具有分子结构高度均一、纯度高、特异性强、效价高、少或无交叉反应、制备成本低等优点，且易于在体外大量制备和纯化，故在实验研究、临床诊断及治疗中已得到广泛应用。例如：①病原体及肿瘤抗原检测。②各种细胞因子及细胞膜分子的检测。③淋巴细胞分类、鉴定及功能研究。④将识别肿瘤抗原的 mAb 与核素、毒素及药物等偶联，可用于肿瘤示踪或导向治疗。⑤抗 T 细胞 mAb 可用于防治器官移植排斥反应及某些自身免疫病。

由于 mAb 多为鼠源性的，注入人体会诱发产生抗小鼠抗体，在一定程度上限制了其在临床上的应用。

动画 4-12
单克隆抗体的制备过程

三、基因工程抗体

基因工程抗体（genetic engineering antibody）又称重组抗体，是借助于 DNA 重组技术和蛋白质工程技术，在基因水平上对编码抗体的基因进行切割、拼接或修饰，并重新组装成新的抗体基因，经转染适当受体细胞，使其表达特定重组抗体。根据其制备原理的不同，基因工程抗体又可分为多种类型，如人 - 鼠嵌合抗体（chimeric antibody）、人源化抗体（humanized antibody）、改型抗体（reshaped antibody）、双特异性抗体（bispecific antibody）和小分子抗体（small molecular antibody）等。

基因工程抗体既保持了 mAb 均一性、特异性强的优点，又能克服其为鼠源性的弊端，已成功应用于治疗肿瘤、自身免疫病及病毒性感染等，成为具有广阔应用前景的第三代人工抗体。目前，抗体药物（尤其是人源化抗体）发展极为迅速，特别是在治疗自身免疫病、淋巴瘤及癌症等方面已展现出广泛的应用前景。

知识拓展 4-2
基因工程抗体的制备原理

（司传平）

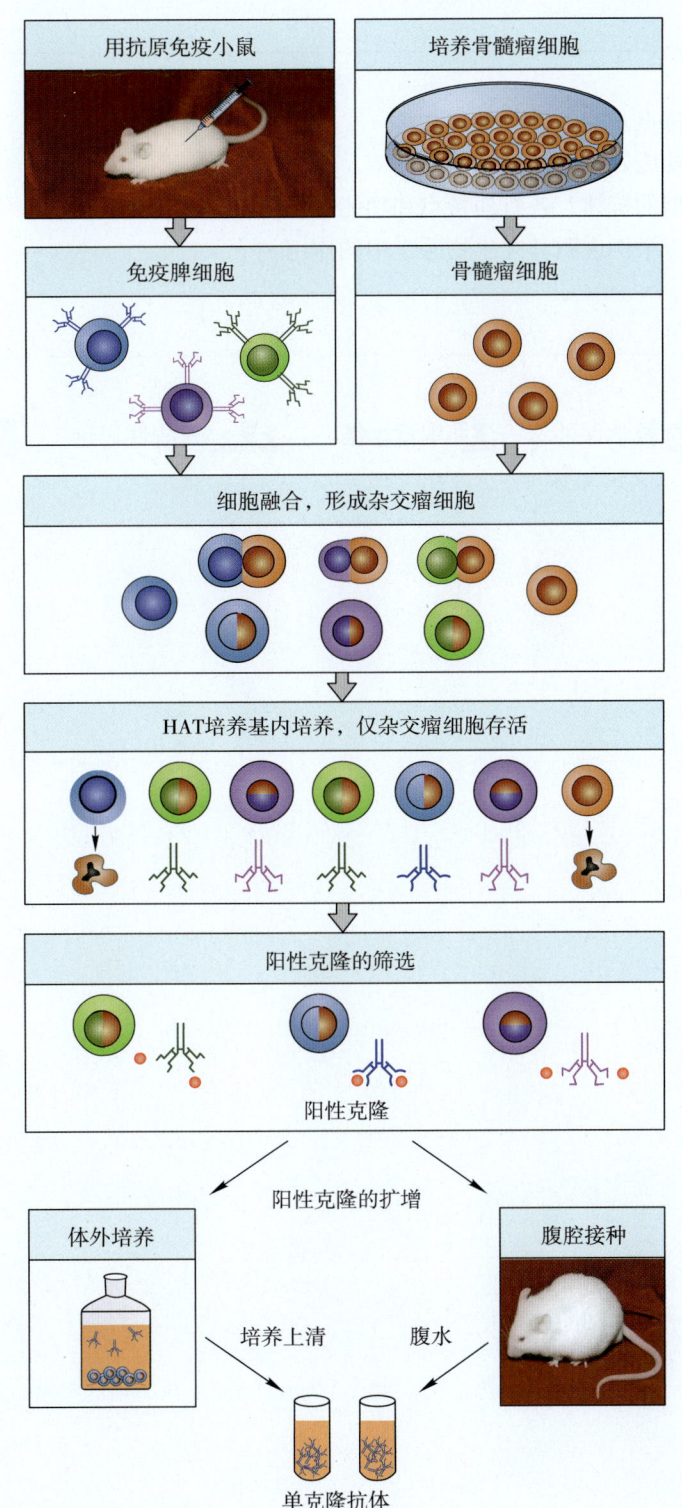

图 4-18　杂交瘤技术及单克隆抗体的制备示意图

首先用抗原多次免疫小鼠，诱导抗原特异性B细胞增殖。取该免疫小鼠脾细胞（内含B细胞），与小鼠骨髓瘤细胞在聚乙二醇（PEG）的作用下融合为杂交瘤细胞。在HAT（次黄嘌呤、氨基蝶呤、胸腺嘧啶脱氧核苷）选择性培养基中培养，只有融合的杂交瘤细胞存活和增殖。将经抗原筛选的阳性克隆，经体外培养或接种于小鼠腹腔，经过一定时间后，取培养上清或小鼠腹水，即可获得大量mAb

复习思考题

1. 试述抗体的结构特点。
2. 简述抗体的主要功能及其与结构的关系。
3. 人体内有哪些类型的抗体？各有何特点和功能？
4. 何谓单克隆抗体？举例说明其在生物医学中的作用。

新形态教材网

👤 学习目标　　⬇️ 教学课件　　👤 本章小结　　👥 开放性讨论　　📝 自测题

第五章
补体

关键词

补体	补体系统	补体调节蛋白	补体受体
经典途径	凝集素途径	旁路途径	C3转化酶
C5转化酶	攻膜复合物	正反馈放大效应	
补体依赖的细胞毒作用		调理作用	免疫黏附

　　机体的免疫应答分为固有免疫和适应性免疫两种类型，这只是为理解和学习的方便而进行的分类。实际上，在机体内两种类型的免疫应答相互联系、相互影响，你中有我，我中有你，密不可分，这一点上，补体是一个很好的证明。补体是重要的固有免疫分子，但也参与适应性免疫应答的多个环节。因此，深入学习补体的特性、组成、激活和生物学作用，对于正确理解固有免疫和适应性免疫的辩证关系及免疫功能的系统性和重要性是不可或缺的。

思维导图

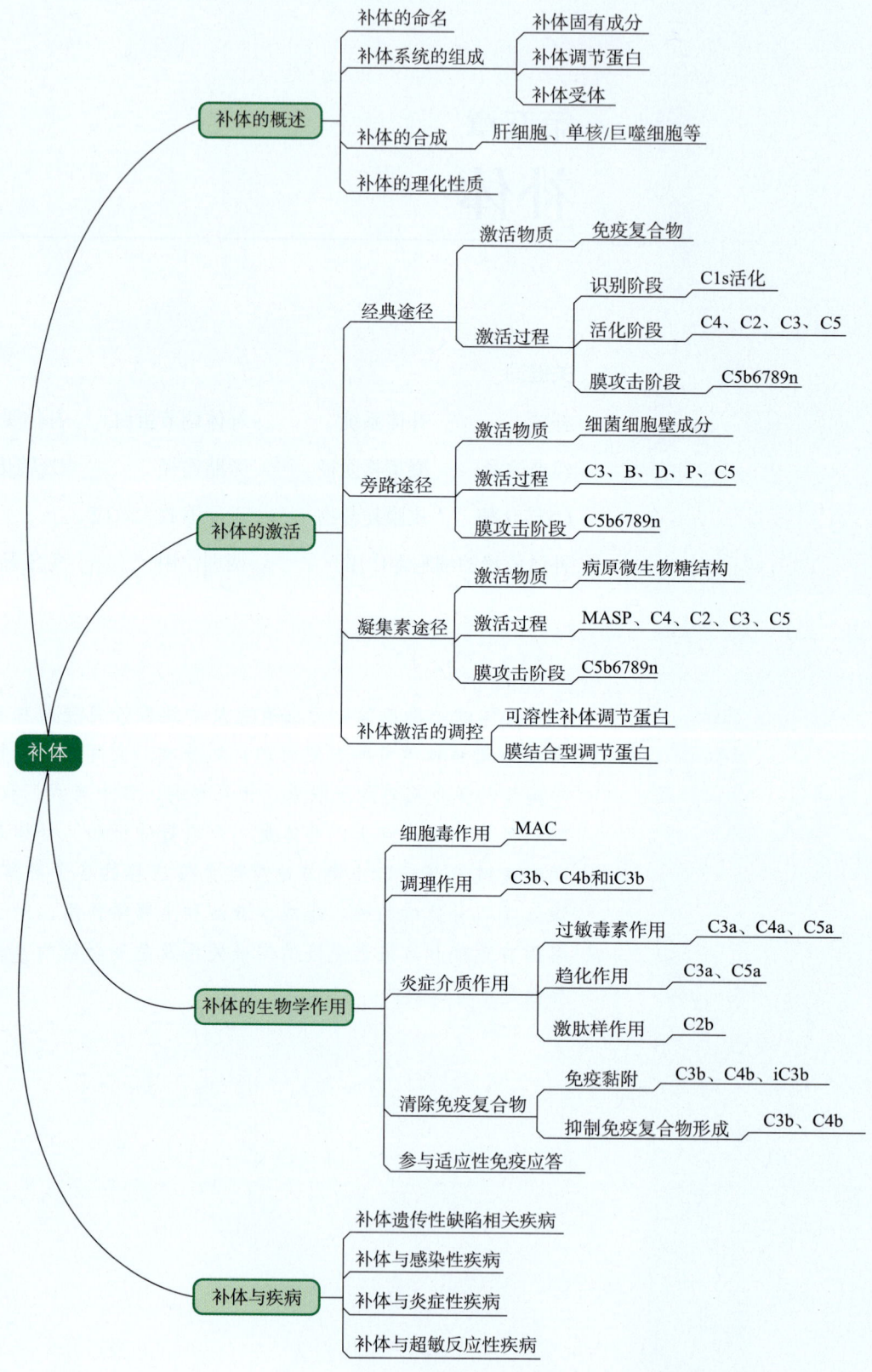

补体（complement，C）是广泛存在于血清、组织液和细胞膜表面的一组精密调控的蛋白质反应系统，包括 30 多种可溶性蛋白和膜结合蛋白，故亦称补体系统。生理条件下，绝大多数补体成分以无活性酶前体形式存在，在不同激活物作用下，补体通过经典途径、凝集素途径和旁路途径这三条既独立又交叉的途径发生一系列级联酶促反应而被激活，表现出多种生物学活性，在机体免疫防御、维持内环境稳定及作为连接固有免疫和适应性免疫的桥梁中发挥重要作用。补体缺陷、功能障碍或过度活化与多种疾病的发生和发展密切相关。

第一节　补体概述

一、补体的命名

补体的组分较多，命名较为复杂，但一般有以下规律可循：①参与激活经典途径的补体固有成分按其发现的先后顺序，命名为 C1、C2、C3、C4、C5、C6、C7、C8 和 C9，其中 C1 又由三个亚单位组成，分别称为 C1q、C1r 和 C1s。②补体系统的其他成分以英文大写字母表示，如 B 因子、D 因子、P 因子和 I 因子等。③补体调节蛋白多按其功能命名，如 C1 抑制物、C4 结合蛋白、衰变加速因子等。④补体裂解后产生的新片段在该成分的符号后面加一小写英文字母表示，如 C3 裂解产物 C3a、C3b 等。⑤灭活的补体片段在其符号前加英文字母 i（inactivated 的字首）表示，如 iC3b。另外，过去对具有酶活性的成分或复合物在其符号上画一横线表示，如 $\overline{C1}$、$\overline{C4b2a}$，为排版方便，多数教科书已不采用此方法。

科学发现 5-1
补体的发现

二、补体系统的组成

构成补体系统的 30 多种成分按照其生物学功能分为补体固有成分、补体调节蛋白和补体受体三组。

（一）补体固有成分

补体固有成分是指参与补体三条激活途径的必要成分。包括：①参与激活经典途径的 C1q、C1r、C1s、C2 和 C4。②参与激活旁路途径的 B 因子、D 因子和备解素（properdin，P 因子）。③参与激活凝集素途径的 MBL、MBL 相关丝氨酸蛋白酶（MBL-associated serine protease，MASP）。④补体三条激活途径共同反应组分 C3、C5、C6、C7、C8 和 C9。

（二）补体调节蛋白

补体调节蛋白（complement regulatory protein）是指存在于体液或细胞膜表面，通过调节补体激活途径中关键酶而调节补体活化强度和范围的蛋白分子。包括：①可溶性补体调节蛋白：如 C1 抑制物、I 因子、C4 结合蛋白、H 因子、S 蛋白和羧肽酶 N 等。②膜结合型调节蛋白：如 I 型补体受体、衰变加速因子（DAF）、膜辅蛋白（MCP）、C8 结合蛋白和膜反应性溶解抑制因子（CD59）等。

（三）补体受体

补体受体（complement receptor, CR）是指存在于不同细胞膜表面，能与补体活性片段相结合，介导多种生物学效应的受体分子。补体受体主要包括：CR1 ~ CR5、C3aR、C4aR、C5aR、C1qR 等。

三、补体的合成和理化性质

（一）补体的合成

体内多种组织细胞均能合成及分泌补体蛋白，如肝细胞、单核/巨噬细胞、成纤维细胞、内皮细胞、上皮细胞、脂肪细胞、神经胶质细胞等。其中，肝细胞和巨噬细胞是补体的主要产生细胞。血浆中90%的补体成分来源于肝细胞，在不同组织，特别是炎症部位，巨噬细胞可能是补体的主要来源。与其他血浆蛋白相比，补体代谢极快，血浆补体每天约有一半被更新。在疾病状态下，补体代谢可能发生更为复杂的变化，如在组织损伤急性期及炎症状态下，补体产生增多，血清补体水平升高。

（二）补体的理化性质

补体固有成分均为糖蛋白，约占血浆球蛋白总量的10%。补体总含量相对恒定，但各成分间含量相差很大，其中C3含量最高（1 000 ~ 1 200 mg/L），D因子最少（仅1 ~ 2 mg/L）。相对分子质量差异也很大，C1q相对分子质量最大（410 kD），D因子最小（25 kD）。多数补体分子的电泳迁移率属 β 球蛋白，少数为 α 或 γ 球蛋白。补体的性质极不稳定，机械振荡、紫外线照射、强酸强碱或乙醇等均可使补体失活；某些补体固有成分对热敏感，56 ℃作用30 min，即可使其丧失活性，称为补体灭活。在0 ~ 10 ℃条件下，补体活性只能保持3 ~ 4天，但在 –20 ℃以下补体可长期保存。

第二节　补体的激活

微视频 5-1
补体系统的激活

补体系统是一高度复杂的生物反应系统，补体固有成分以非活化形式存在于体液中，当受到某些激活物质作用后，通过级联酶促反应被激活，产生具有生物活性的产物。补体系统的激活依据其激活物质和起始顺序的不同，可分为三条激活途径：经典途径、旁路途径和凝集素途径。但三条激活途径具有共同末端通路，最终形成攻膜复合物（membrane attack complex, MAC），溶解靶细胞。

一、经典途径

经典途径（classical pathway）又称传统途径或C1途径，是抗原 – 抗体复合物结合C1q，依次激活 C1r、C1s、C4、C2、C3、C5 ~ C9 的级联酶促反应过程。

（一）激活物质

经典途径的激活物质主要是 IgG（IgG1～3）或 IgM 与相应抗原结合形成的抗原-抗体复合物，也称免疫复合物（immune complex，IC）。IgG 或 IgM 的 Fc 段有 C1q 结合位点，活化 C1q 的能力为 IgM > IgG3 > IgG1 > IgG2，而 IgG4、IgA、IgE 和 IgD 无激活经典途径的能力。病原体等颗粒性抗原或游离多价抗原为补体成分及活性片段提供结合的表面，有利于补体成分的顺序激活。此外，有些物质如 C 反应蛋白、血清淀粉样蛋白 P 组分等也可直接激活 C1q。

（二）激活过程

通常将经典途径分为三个阶段，即识别阶段、活化阶段和膜攻击阶段。识别阶段、活化阶段又称前端反应，指从 C1 的活化开始，依次激活 C4、C2、C3，形成 C5 转化酶的过程；膜攻击阶段指 C5 转化酶进而顺序激活 C5～C9，形成攻膜复合物（MAC）的过程。

1. 识别阶段　指 C1q 识别抗原-抗体复合物而活化，进而激活 C1r、C1s，形成有活性的 C1 酯酶的过程。

C1 分子是补体经典激活途径的起始成分，C1 由 C1q、C1r 和 C1s 三个亚单位依赖 Ca^{2+} 结合成牢固的非活性大分子复合物 C1q-（C1r-C1s）$_2$，存在于血浆中。C1q 由 6 个相同的亚单位组成，每个亚单位又由三条肽链组成。肽链的氨基端（N 端）较长，呈束状排列；肽链的羧基端（C 端）膨大呈球形头部，是识别 IgG 或 IgM Fc 段补体结合位点的部位。C1r 和 C1s 均为单链蛋白质，属丝氨酸蛋白酶类，C1r 起连接 C1q 和 C1s 的作用，C1s 为酶原（图 5-1）。

抗体（IgG、IgM）与相应抗原结合使抗体分子构象改变，暴露出 Fc 段的补体结合点，C1q 与 Ig 分子补体结合点结合。C1q 与两个以上 Fc 段结合可发生构型改变，使与 C1q 结合的 C1r 活化，活化的 C1r 激活 C1s，形成具有丝氨酸蛋白酶活性的 C1s，即 C1 酯酶，其作用底物依次为 C4 和 C2。

2. 活化阶段　即 C3 转化酶和 C5 转化酶形成的阶段。C1s 的第一个底物是 C4，在 Mg^{2+} 存在下，C1s 裂解 C4 产生两个片段，小片段为 C4a，游离于液相，具有过敏毒素活性；大片段为 C4b，可结合至抗体结合处的细胞或免疫复合物表面。C1s 的第二个底物是 C2，在 Mg^{2+} 存在下，C2 与 C4b 形成复合物，继而被 C1s 裂解为 C2a 和 C2b。小片段 C2b 释放入液相，大片段 C2a 则与 C4b 结合形成稳定的 C4b2a 复合物，此即经典途径的 C3 转化酶（C3 convertase）。

C3 是体液中含量最高的补体成分，也是所有补体激活途径中的关键成分。C3 转化酶裂解 C3 为 C3a 和 C3b，小片段 C3a 游离于液相，是重要的炎症介质；大片段 C3b 极不稳定，绝大多数与水分子作用而被降解，约只有 10% 的 C3b 与细胞或免疫复合物表面的 C4b2a 共价结合，形成 C4b2a3b 复合物，即 C5 转化酶（C5 convertase）（图 5-2，图 5-3）。

此外，C3b 还可逐级裂解为 C3c、C3d、C3dg、C3f、C3g 等小片段，其中 C3d 参与适应性体液免疫应答的启动。

3. 膜攻击阶段　即形成 MAC，发挥效应的阶段。C5 转化酶将 C5 裂解为小片段 C5a 和大片段 C5b，C5a 游离于液相，具有过敏毒素活性和趋化作用，是重要的炎症介质；C5b 松散结合于细胞或抗原-抗体复合物表面，并依次与 C6、C7 结合形成 C5b67 复合物。C5b67 复合物具有

动画 5-1
C3 及其裂解产物的结构

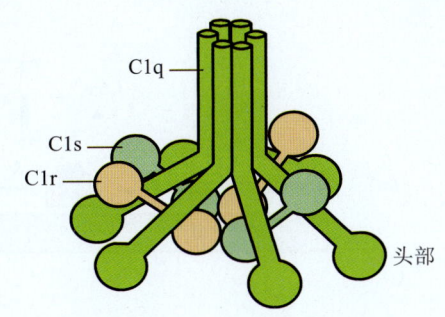

图 5-1　C1 复合物分子结构

C1q 分子的 C 端球形结构是与 Ig 上的补体结合位点相结合的部位，它的启动可使 C1r 构型改变，成为具有活性的 C1r 并诱导 C1s 的活化，成为具有酯酶活性的 C1s，在 Mg^{2+} 存在下可启动补体活化的经典途径

图 5-2 补体激活经典途径的识别及活化阶段
IgG类抗体与细胞膜抗原结合，C1q识别和结合IgG上的补体结合位点使其构象改变，激活C1r、C1s，形成的活性C1s酯酶裂解C4、C2形成经典途径C3转化酶（C4b2a）；C3转化酶裂解C3形成经典途径C5转化酶（C4b2a3b）

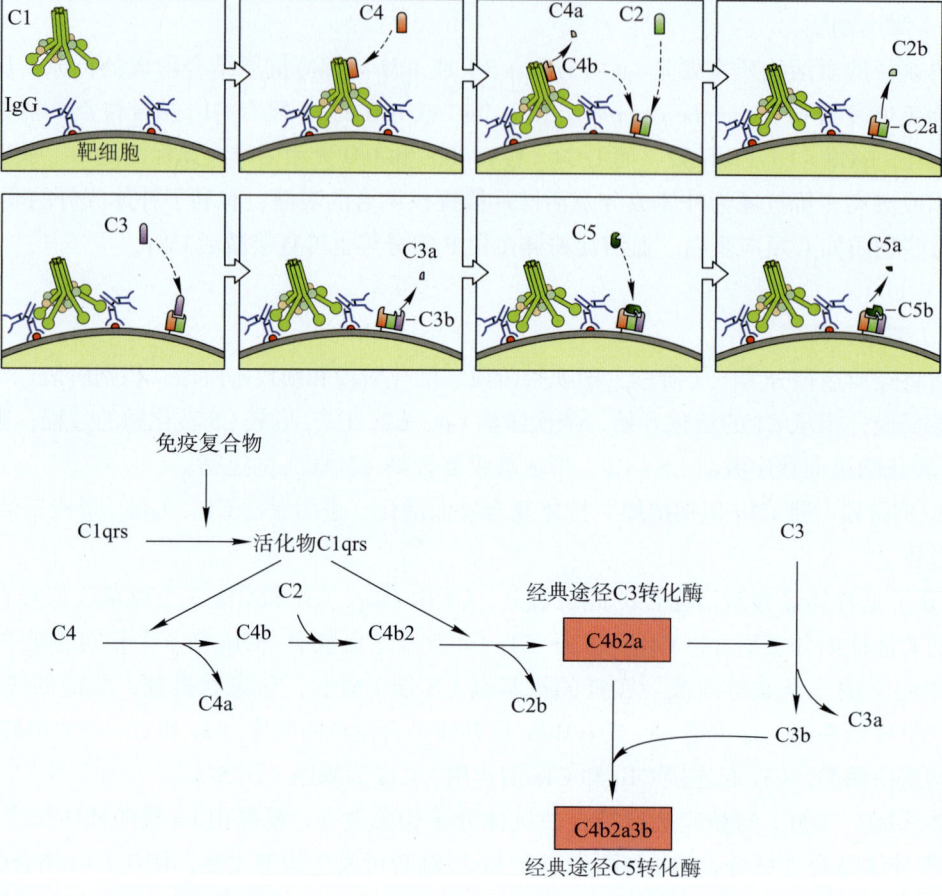

图 5-3 补体激活经典途径前端反应示意图
C1q结合IC后构象改变，激活C1r、C1s，形成活性C1酯酶，C1酯酶依次裂解C4和C2，形成C3转化酶（C4b2a）；C4b2a裂解C3，形成C5转化酶（C4b2a3b）

动画 5-2
补体激活的经典途径

高度亲脂性，能与邻近的细胞膜非特异性结合。结合于膜上的 C5b67 进而与 C8 结合，造成细胞膜轻微损伤。C5b678 中的 C8 是 C9 的结合部位，可与多个 C9 分子聚合，形成 C5b6789n 复合物，此即 MAC。MAC 插入细胞膜脂双层，形成直径为 10nm 的亲水性穿膜孔道，此孔道可容许水、无机盐离子等自由流动。由于胞内胶体渗透压较胞外高，故大量水分内流，最终导致细胞肿胀破裂（溶细胞作用）。攻膜阶段为三条补体激活途径所共有，又称共同末端通路（图 5-4）。

二、旁路途径

旁路途径（alternative pathway）又称替代途径，不依赖抗体存在，绕过 C1、C4、C2，由附着在病原微生物等异物表面的 C3b 与 B 因子结合，在 D 因子、P 因子等参与下，形成 C3 转化酶

图 5-4 补体激活末端通路及攻膜复合物结构示意图
C5转化酶裂解C5，所产生的C5b依次与C6、C7、C8、C9结合为大分子复合物C5b6789n（即MAC），形成以多聚C9为内壁的穿膜孔道

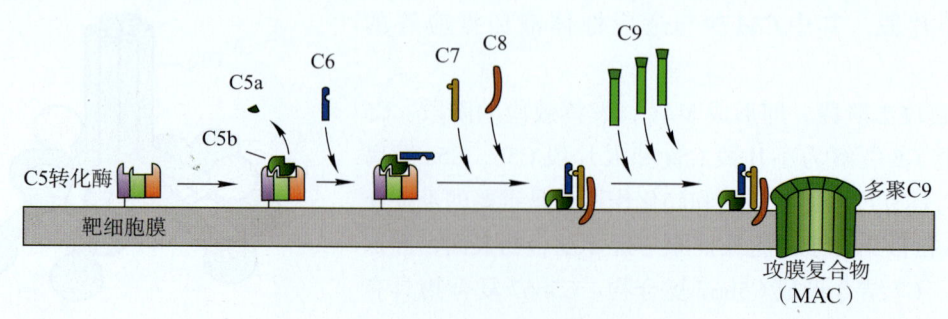

（C3bBb），继而依次激活 C3、C5～C9 的酶促级联反应过程。旁路途径是种系生物进化中最早出现的补体活化途径，在感染早期或初次感染中发挥重要作用。

（一）激活物质

旁路途径的激活物质主要是细菌细胞壁成分（脂多糖、肽聚糖、磷壁酸）、酵母多糖、葡聚糖，以及聚合的 IgA 和 IgG4 等。激活物的作用主要是为补体活化提供保护性环境和固相接触界面。

（二）激活过程

旁路途径由 C3 活化开始，并需要 B 因子、D 因子和 P 因子的参与。

正常生理状态下，血浆中的 C3 受蛋白酶的作用，不断自发水解产生少量 C3b，这种自发产生的 C3b 绝大多数在液相中迅速被 I 因子灭活形成 iC3b。若附近有膜性结构（细菌或细胞）存在，C3b 与之结合则可延长其半衰期，有利于 C3b 与液相中 B 因子结合。结合于细菌等激活物表面的 C3b，可与 B 因子结合形成 C3bB，在 Mg^{2+} 存在下，B 因子被 D 因子裂解成两个片段，小片段 Ba 游离于液相，大片段 Bb 仍结合于 C3b 上，形成 C3bBb，即旁路途径 C3 转化酶。C3bBb 易衰变，如与血浆中的 P 因子（备解素）结合，可形成稳定的 C3 转化酶（C3bBbP），提高 C3b 的生成速率，C3b 又不断与 Bb 结合为新的 C3bBb，迅速形成旁路激活的正反馈放大效应。

C3bBbP 可使 C3 大量裂解，并与其裂解产物 C3b 结合形成多分子复合物 C3bBb3b（或 C3bnBb），此即旁路途径的 C5 转化酶，之后进入与经典途径相同的共同末端通路（图 5-5）。

动画 5-3
补体激活的旁路途径

三、凝集素途径

凝集素途径（lectin pathway）又称 MBL 途径（MBL pathway），指血浆中甘露聚糖结合凝集素（mannan-binding lectin，MBL）、纤维胶原素（ficolin，FCN）等直接识别病原微生物表面的糖结构，依次活化 MBL 相关丝氨酸蛋白酶（MBL-associated serine protease，MASP）、C4、C2、C3，形成 C3 转化酶（C4b2a、C3bBb）和 C5 转化酶（C4b2a3b、C3bnBb）的级联酶促反应过程。

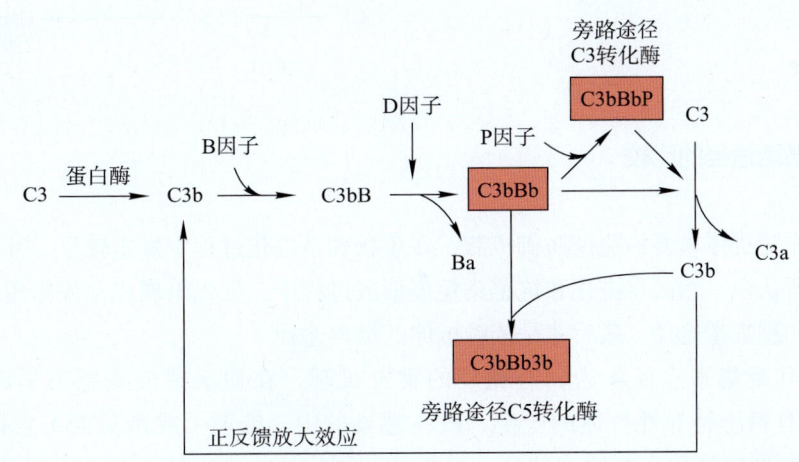

图 5-5 补体激活旁路途径的前端反应及正反馈环路示意图
C3b 与 B 因子结合成 C3bB，D 因子裂解 B 因子形成 C3 转化酶 C3bBb。C3bBb 作用于 C3 产生 C3b。大量 C3b 不但参与组成 C5 转化酶 C3bnBb，还参与产生更多 C3 转化酶 C3bBb，形成正反馈放大环路

（一）激活物质

MBL 途径的激活物质是病原体表面糖结构。MBL 是一类经典的可溶性模式识别受体，可直接识别多种病原微生物、寄生虫及病毒感染的细胞表面分布有大量重复的糖结构（如甘露聚糖、岩藻糖、N-乙酰氨基半乳糖等）。哺乳类动物的组织细胞一般不含这些糖结构。

（二）激活过程

病原微生物感染早期，患者肝细胞受 IL-1、IL-6、肿瘤坏死因子 -α（TNF-α）等促炎因子的刺激，可产生急性期蛋白（MBL 和 C 反应蛋白等）。MBL 是一种具有凝集素作用的钙依赖性糖结合蛋白，正常人血清 MBL 含量极低，急性期反应时水平明显增高。

在 Ca^{2+} 存在的条件下，MBL 与病原微生物表面的甘露聚糖残基等糖结构结合，构型发生改变，激活与之相连的 MASP。MASP 有两个型别，即 MASP1 和 MASP2。活化的 MASP2 具有与 C1s 类似的酯酶活性，可裂解 C4 和 C2 分子，形成与经典途径相同的 C3 转化酶（C4b2a），继之裂解 C3 形成 C5 转化酶（C4b2a3b），之后进入补体激活的共同末端通路；活化的 MASP1 可直接裂解 C3，产生 C3a 和 C3b，在 B 因子、D 因子和 P 因子的参与下，形成旁路途径的 C3 转化酶（C3bBb 或 C3bBbP），参与补体旁路途径的激活。因此，凝集素途径对经典途径和旁路途径的活化具有交叉促进作用（图 5-6）。

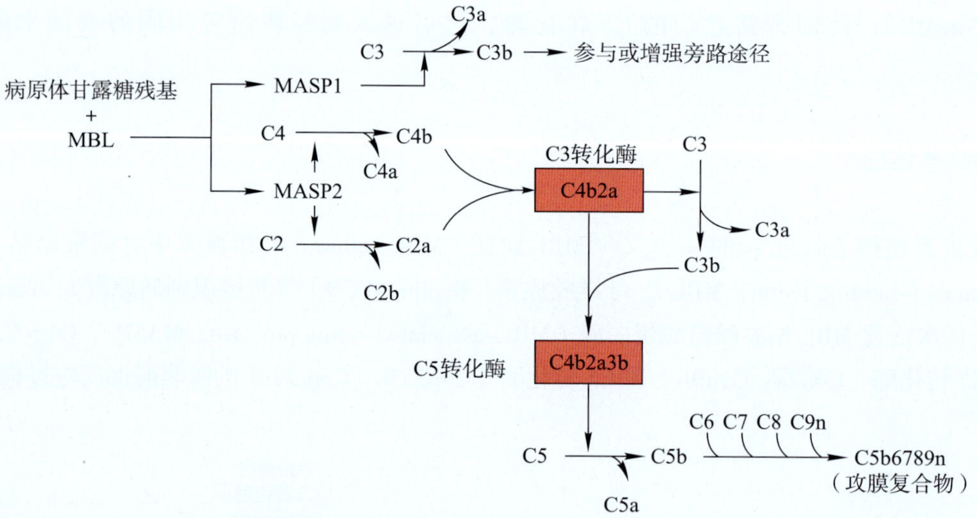

图 5-6　补体激活的凝集素途径示意图
MBL 识别并结合病原体糖结构而构型被改变，致使与之相连的 MASP 被激活。MASP2 有类似经典途径 C1s 酯酶的活性，裂解 C4 和 C2，形成与经典途径相同的 C3 转化酶和 C5 转化酶；MASP1 可直接裂解 C3，生成的 C3b 与 B 因子结合，形成旁路途径 C3 转化酶 C3bBb，参与旁路途径活化

四、补体三条激活途径的比较

补体系统作为机体重要的免疫防御机制，在生物种系进化过程中发生较早。补体激活经典途径最先被人们所认识，然而在进化和抗感染免疫形成过程中，最先出现或发挥作用的是不依赖抗体的旁路途径和凝集素途径，最后才是依赖抗体的经典途径。

旁路途径和凝集素途径作为固有免疫的重要机制，在初次感染或感染早期即能发挥作用；经典途径有赖于特异性抗体的产生，故在感染的中、晚期（或恢复期）发挥作用。经典途径也是体液免疫应答的主要组成部分，对抵御相同病原体再次感染具有重要意义（表 5-1，图 5-7）。

知识拓展 5-1
补体的进化

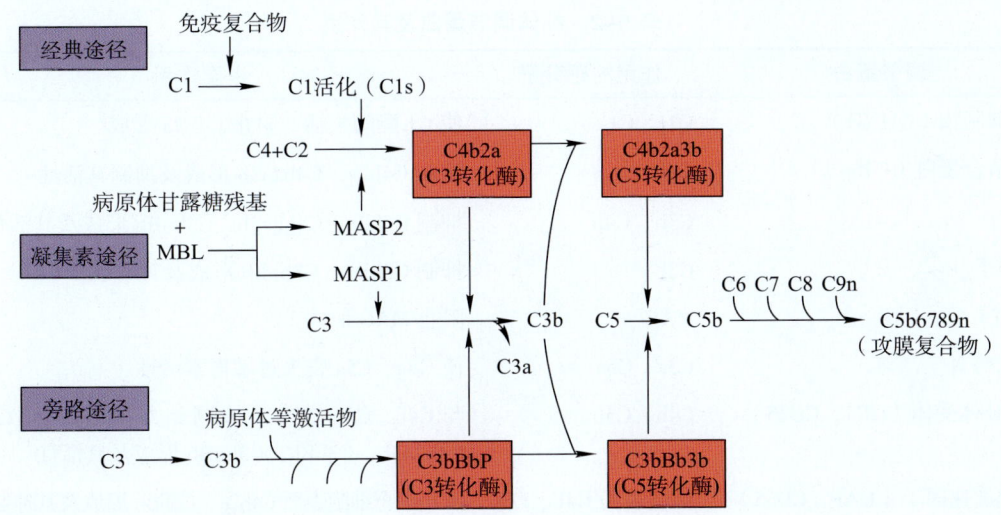

图 5-7　补体三条激活途径的关系

尽管三条途径起点各异，但存在相互交叉，并具有共同的末端通路。C3 是体内含量最高的补体成分，也是三条补体激活途径的中心环节

表 5-1　补体三条激活途径的比较

比较项目	经典途径	旁路途径	凝集素途径
激活物质	免疫复合物	微生物等颗粒	病原体表面特殊糖结构
参与的补体成分	C1 ~ C9	C3、C5 ~ C9、B 因子、D 因子、P 因子	C2 ~ C9、MBL、MASP
所需离子	Mg^{2+}、Ca^{2+}	Mg^{2+}	Mg^{2+}、Ca^{2+}
C3 转化酶	C4b2a	C3bBb 或 C3bBbP	C4b2a 和 C3bBb
C3b 正反馈效应	无	有	有
C5 转化酶	C4b2a3b	C3bnBb	C4b2a3b 和 C3bnBb
作用	参与适应性体液免疫效应	参与固有免疫效应	参与固有免疫效应
意义	在感染后期发挥作用或再次感染的防御	在感染早期或初次感染发挥作用	在感染早期或初次感染发挥作用

五、补体激活的调控

　　补体系统在各种激活物的刺激下，通过不同途径进行高度有序的级联反应，产生具有生物活性的裂解片段和形成 MAC，发挥生物学效应，参与机体的防御功能。但是，过度的补体激活可能导致自身组织细胞损伤，或产生过多炎症介质，引起多种免疫病理反应。正常情况下，补体的三条激活途径及共同的末端效应均处于多种调节蛋白的严密调节和控制之下，从而在不损伤自身组织细胞的情况下，协助免疫细胞或其他免疫分子发挥免疫效应，产生对机体有益的免疫防御作用，有效维持机体的自身稳定（表 5-2）。

知识拓展 5-2

可溶性补体调节蛋白及其作用

表 5-2　补体调节蛋白及其作用

调节蛋白	作用的靶分子	主要作用
C1 抑制物（C1INH）	C1r、C1s	使 C1 酯酶失活，阻止 C4b2a 形成
C4 结合蛋白（C4bp）	C4b	抑制 C4b2a、C4b2a3b 形成及抑制其活性
I 因子	C3b、C4b	抑制 C4b2a、C4b2a3b、C3bnBb 形成及其活性
H 因子	C3b	抑制 C3bBb、C3bnBb 形成及其活性
S 蛋白	MAC	阻止 MAC 形成
羧肽酶 N	C3a、C5a	使 C3a、C5a 丧失过敏毒素活性
I 型补体受体（CR1，CD35）	C4b、C3b	与 C4b、C3b 结合，抑制组织细胞表面 C4b2a、C4b2a3b、C3bBb、C3bnBb 形成及其活性
衰变加速因子（DAF，CD55）	细胞表面 C4b、C3b	阻止组织细胞表面 C4b2a、C3bBb 形成及其抑制活性
膜辅蛋白（MCP，CD46）	细胞表面 C3b	协助 I 因子将 C3b 裂解，阻止组织细胞表面 C4b2a3b、C3bnBb 形成及其活性
膜反应性溶解抑制因子（MIRL，CD59）	C5b678	阻止 MAC 形成
C8 结合蛋白（C8bp）	C8	阻止 MAC 形成

微视频 5-2
补体激活的调控

知识拓展 5-3
膜结合型调节蛋白及其作用

第三节　补体的生物学作用

微视频 5-3
补体的生物学作用

补体是体内的重要免疫效应和效应放大系统，不仅是固有免疫防御的重要组成，也是体液免疫的重要效应物质之一，在抗感染免疫中发挥重要作用。

一、细胞毒作用

补体活化后，在靶细胞表面形成 MAC，介导靶细胞溶解，即补体依赖的细胞毒作用（complement dependent cytotoxicity，CDC）。补体介导的细胞毒作用的生物学意义包括：①溶解细菌（霍乱弧菌、沙门菌等革兰氏阴性细菌）、包膜病毒、寄生虫、病毒感染的靶细胞等，参与机体抗感染免疫；②溶解破坏肿瘤细胞，参与机体抗肿瘤免疫；③在某些特定条件下，溶解红细胞、血小板或其他自身组织细胞，参与溶血或自身免疫病的发生发展。

二、调理作用

补体激活过程中产生的 C3b、C4b 和 iC3b 是一类与 IgG 抗体不同的非特异性调理素（nonspecific opsonin）。它们与细菌或其他颗粒性抗原结合后，可与中性粒细胞或巨噬细胞表面相应的补体受体 CR1（C3b/C4bR）和 CR3（iC3bR）结合，促进吞噬细胞对黏附有 C3b、C4b 和 iC3b 的抗原物质的吞噬。这种依赖 C3b、C4b 和 iC3b 的调理吞噬作用，是机体抵御全身性细菌感染或真菌感染的重要防御机制，称为补体介导的调理作用（图 5-8）。

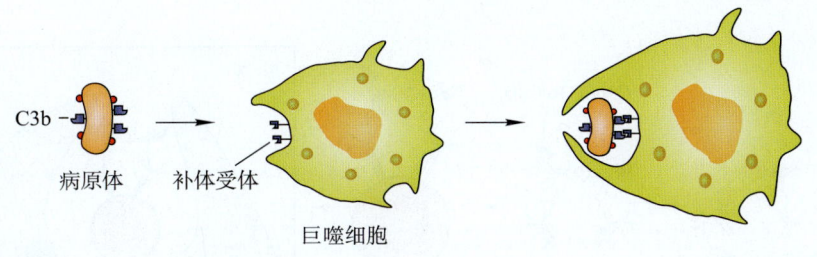

图 5-8　补体介导的调理作用
病原体被补体C3b、iC3b或C4b包被，通过与吞噬细胞表面的CR1、CR3结合而促进吞噬

三、炎症介质作用

补体激活过程中产生的 C2b、C3a、C4a 和 C5a 等具有炎症介质作用，可参与炎症反应，表现为过敏毒素作用、趋化作用、激肽样作用等。

（一）过敏毒素作用

C3a、C4a、C5a 又称过敏毒素（anaphylatoxin），能与肥大细胞或嗜碱性粒细胞表面相应的受体（C3aR、C4aR、C5aR）结合，促使上述细胞脱颗粒，释放组胺等血管活性介质，引发局部炎症反应，导致血管扩张、毛细血管通透性增加、平滑肌收缩和腺体分泌增加。其中，C5a 的过敏毒素作用最强，C4a 的作用最弱。

（二）趋化作用

C3a、C5a 对表达相应受体的中性粒细胞、单核 / 巨噬细胞具有较强的趋化作用，可吸引这些吞噬细胞向炎症部位聚集，并增强其对病原体的吞噬杀伤活性；C5a 还可刺激中性粒细胞产生氧自由基、前列腺素和花生四烯酸等，引起局部血管扩张、毛细血管通透性增加、平滑肌收缩，增强炎症反应。

（三）激肽样作用

C2b 具有激肽样作用，能使小血管扩张，通透性增加，引起炎症性充血和水肿。

四、清除免疫复合物

体内形成的中等大小的可溶性循环免疫复合物（IC），易沉积于毛细血管壁，并通过激活补体造成周围组织损伤，引发Ⅲ型超敏反应性疾病。补体不仅能介导免疫复合物的清除，而且能阻止免疫复合物的形成，其机制如下。

（一）免疫黏附

免疫复合物激活补体，所产生的 C3b、C4b 和 iC3b 可与免疫复合物结合。所形成的抗原 - 抗体 - 补体复合物可黏附于表达 CR1、CR3 的红细胞、血小板上，形成较大的聚合物，经血液循环运送至肝和脾，容易被巨噬细胞吞噬、清除。补体的这一作用称为免疫黏附（immune adherence），是机体清除循环免疫复合物的重要机制（图 5-9）。

图 5-9 免疫黏附示意图
可溶性 IC 体积小，难以被吞噬细胞捕获，但可激活补体经典途径产生 C3b，IC-C3b 借助 CR1 黏附于红细胞和血小板，形成较大的复合物并随血液流经肝和脾，由该处巨噬细胞捕捉、吞噬而被清除

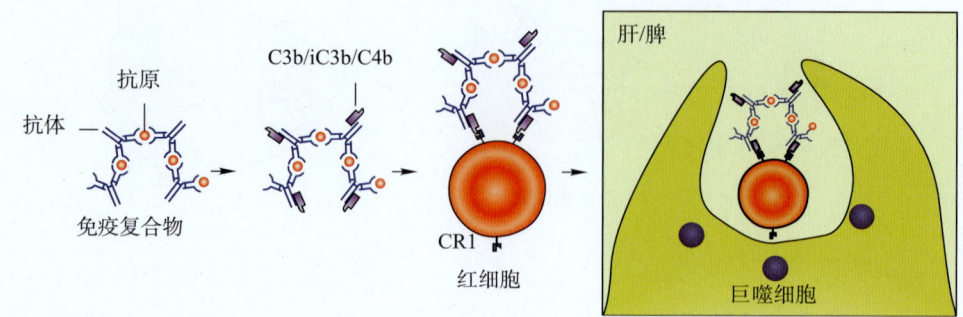

（二）抑制免疫复合物形成

C3b 和 C4b 与免疫复合物有很强的亲和力，可共价结合到免疫复合物上，破坏其空间结构，降低抗体与抗原的亲和力，使两者发生解离；同时在空间上干扰抗体 Fc 段间的相互作用，从而抑制新的免疫复合物形成。

五、参与适应性免疫应答

补体的活化产物和补体受体可通过不同的作用机制，参与适应性免疫应答。例如：① C3b、C4b 介导的调理作用，可促进巨噬细胞对抗原的摄取和提呈，有助于 T 细胞的活化；②补体片段 C3d 与抗原结合，可通过介导 B 细胞受体（BCR）与 CR2（CD21）/CD19/CD81 共受体复合物的交联，启动 B 细胞活化的第一信号（详见第十五章）；③ C3b 与 B 细胞表面 CR1 结合，可促进 B 细胞的增殖分化；④滤泡树突状细胞表面 CR1 和 CR2 可将免疫复合物长期滞留于生发中心，刺激 B 细胞发生免疫应答和诱导记忆 B 细胞形成；⑤补体通过细胞毒作用、调理作用和清除免疫复合物等方式参与免疫应答的效应阶段。

知识拓展 5-4
补体受体

第四节　补体与疾病

体内补体各组分含量相对稳定，并受到精密调控。某些情况下，补体发生异常（如补体缺陷、功能障碍或过度活化），可导致相应疾病的发生。

微视频 5-4
补体异常与疾病

一、补体遗传性缺陷相关疾病

几乎所有的补体成分均可发生遗传性缺陷。补体固有成分缺陷使补体系统不能激活，其后果往往导致机体对病原体的易感性增加，或因体内免疫复合物清除障碍而容易出现系统性红斑狼疮、肾小球肾炎等免疫复合物相关的自身免疫病（详见第二十章）。补体调节蛋白缺陷还可表现出一些特有的症状和体征。

遗传性血管神经性水肿（hereditary angioneurotic edema，HAE）是一种较为常见的补体缺陷病，由 C1 抑制物（C1INH）基因缺陷所致，为常染色体显性遗传病。C1INH 缺乏，不能有效抑

制 C1 活化，致使 C1s 持续过度裂解 C4、C2，产生大量 C2b。C2b 具有激肽样作用，使血管扩张、毛细血管通透性增强，导致局部皮肤和黏膜出现炎性水肿，常波及胃肠道和喉部等处，严重的喉头水肿可导致患者窒息、死亡。衰变加速因子（decay-accelerating factor，DAF）缺陷可引起夜间阵发性血红蛋白尿症。

临床聚焦 5-1
补体测定的临床应用

二、补体与感染性疾病

补体是机体抗感染免疫的重要分子，补体合成不足或缺陷均可使机体抗感染免疫功能下降。某些情况下，病原微生物也可借助细胞膜补体受体或补体调节蛋白而入侵细胞，造成感染。例如，EB 病毒可以与 CR2 结合而选择性感染人 B 细胞，引起传染性单核细胞增多症；膜辅蛋白介导麻疹病毒包膜蛋白吸附于靶细胞膜，随后，麻疹病毒血凝素构象改变使疏水肽段暴露并插入靶细胞膜，病毒通过与细胞膜融合进入靶细胞，造成感染。

三、补体与炎症性疾病

炎症是某一组织对损伤或感染的保护性反应，但过度的反应也会造成机体损伤。补体是炎症反应的核心成分之一，在感染或非感染性炎症疾病中，补体激活产生炎性介质而发挥作用。例如，C3a、C5a 的趋化作用，诱导炎性细胞迁移聚集；C3a、C4a、C5a 的过敏毒素作用，促使肥大细胞或嗜碱性粒细胞释放组胺等血管活性介质，导致局部毛细血管扩张、通透性增强，血浆及炎性细胞渗出；补体炎性介质激活单核 / 巨噬细胞、内皮细胞、血小板等，使其释放炎性介质 TNF-α、IL-1、IL-6、IL-8、血小板激活因子（PAF）等，加重炎症反应。因此适时恰当地抑制补体功能，对某些疾病的治疗可能有效。

四、补体与超敏反应性疾病

补体系统的激活，还可引起病理性免疫应答而导致机体组织的损伤，这种免疫病理现象属于 II 型或 III 型超敏反应。II 型超敏反应主要由 IgG 和 IgM 类抗体与靶细胞表面抗原结合，通过激活补体经典途径，形成 MAC，损伤靶细胞。III 型超敏反应是因体内中等大小的可溶性免疫复合物形成并沉积于毛细血管基膜，激活补体，产生 C3a、C5a 等，趋化并激活肥大细胞和嗜碱性粒细胞，释放血管活性介质，局部血管通透性增强，引起渗出和局部水肿；C5a 趋化中性粒细胞到达免疫复合物沉积部位，中性粒细胞释放溶酶体酶，导致组织损伤。

临床聚焦 5-2
补体异常疾病药物

（王　利）

复习思考题

1. 简述补体的组分和命名。
2. 何为补体系统？举例说明其主要生物学功能。
3. 比较三条补体激活途径的异同。

4. 补体系统的调节机制有哪些？

新形态教材网

👤 学习目标　　📥 教学课件　　👤 本章小结　　👥 开放性讨论　　📝 自测题

第六章
细胞因子

关键词

细胞因子　　　　白细胞介素　　　干扰素　　　　肿瘤坏死因子

集落刺激因子　　生长因子　　　　趋化因子　　　细胞因子受体

　　行使免疫功能的免疫分子包括细胞膜上的免疫分子和体液中的免疫分子，细胞因子是补体之外又一重要的体液中的免疫分子。细胞因子构成的微环境参与免疫细胞的产生、发育和分化，参与并调控免疫应答的各个过程和环节，是免疫细胞间或免疫细胞与非免疫细胞间相互作用的一类重要信息分子。深入了解细胞因子在免疫中的作用，需要学习细胞因子的产生及其作用特点、细胞因子的种类、受体等。

思维导图

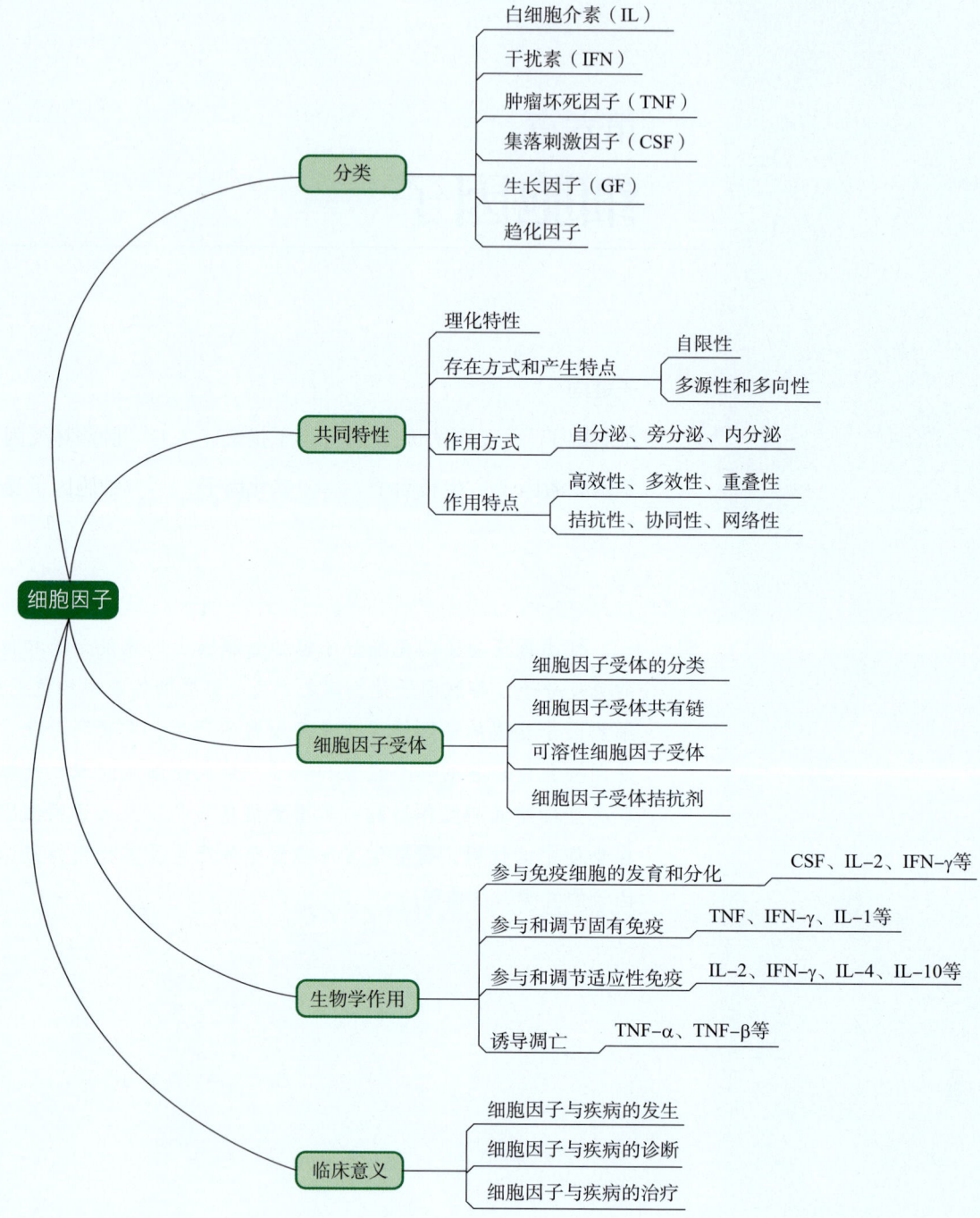

细胞因子

- 分类
  - 白细胞介素（IL）
  - 干扰素（IFN）
  - 肿瘤坏死因子（TNF）
  - 集落刺激因子（CSF）
  - 生长因子（GF）
  - 趋化因子

- 共同特性
  - 理化特性
  - 存在方式和产生特点
    - 自限性
    - 多源性和多向性
  - 作用方式
    - 自分泌、旁分泌、内分泌
  - 作用特点
    - 高效性、多效性、重叠性
    - 拮抗性、协同性、网络性

- 细胞因子受体
  - 细胞因子受体的分类
  - 细胞因子受体共有链
  - 可溶性细胞因子受体
  - 细胞因子受体拮抗剂

- 生物学作用
  - 参与免疫细胞的发育和分化　CSF、IL-2、IFN-γ等
  - 参与和调节固有免疫　TNF、IFN-γ、IL-1等
  - 参与和调节适应性免疫　IL-2、IFN-γ、IL-4、IL-10等
  - 诱导凋亡　TNF-α、TNF-β等

- 临床意义
  - 细胞因子与疾病的发生
  - 细胞因子与疾病的诊断
  - 细胞因子与疾病的治疗

细胞因子（cytokine，CK）是由免疫细胞或组织细胞分泌的一类可溶性小分子蛋白质，通过配体 – 受体结合的方式，发挥调节免疫细胞分化发育，介导和调节免疫应答，参与炎症反应，刺激造血等多种生物学作用。细胞因子种类繁多，效应广泛，与临床关系密切。目前已发现 200 余种细胞因子。

第一节　细胞因子的分类

微视频 6-1
细胞因子的分类

细胞因子种类繁多，已发现 200 余种，根据结构和功能不同，可将细胞因子分为六大类。近来，也有学者根据细胞因子受体和信号转导通路对细胞因子进行分类。

知识拓展 6-1
细胞因子家族

一、白细胞介素

知识拓展 6-2
部分白细胞介素的主要来源和生物学功能

白细胞介素（interleukin，IL）最初是指由白细胞产生、又在白细胞间发挥作用的细胞因子。现已明确，白细胞介素也可由其他细胞产生，发挥作用也不仅仅局限于白细胞间。目前已发现有 40 余种白细胞介素，按照发现的先后顺序在 IL 后缀以阿拉伯数字进行命名，如 IL-1、IL-2、IL-3 等。

二、干扰素

干扰素（interferon，IFN）因其具有干扰病毒复制的功能而得名。根据来源和理化性质分为 I 型、II 型和 III 型干扰素。

科学发现 6-1
干扰素的发现

1. I 型干扰素　包括 IFN-α 和 IFN-β，主要由单核/巨噬细胞、成纤维细胞、浆细胞样树突状细胞（pDC）和病毒感染的组织细胞产生，以抗病毒作用为主。其生物学功能包括：①诱导体内组织细胞产生抗病毒蛋白，干扰病毒复制，控制病毒感染和扩散。②激活 NK 细胞，增强机体抗病毒、抗肿瘤作用。③提高靶细胞表面 MHC I 类分子表达水平，有助于 CTL 对病毒感染细胞的杀伤。

2. II 型干扰素　指由活化的 Th1 细胞、CTL 和 NK 细胞产生的 IFN-γ，以免疫调节作用为主。其生物学功能包括：①诱导 Th0 细胞分化为 Th1 细胞，增强细胞免疫功能。②促进抗原提呈细胞表达 MHC I/II 类分子，提高抗原提呈能力。③诱导 B 细胞产生 IgG 类抗体，阻抑 IL-4 诱导的 IgE 类抗体转换。④激活巨噬细胞，增强其杀伤胞内病原体的作用。⑤激活 NK 细胞，增强其抗肿瘤作用。

3. III 型干扰素　包括 IFN-λ1（IL-29）、IFN-λ2（IL-28A）和 IFN-λ3（IL-28B），主要由 DC 产生，以抗病毒感染作用为主。

三、肿瘤坏死因子

肿瘤坏死因子（tumor necrosis factor，TNF）因最初发现其能使肿瘤组织出血坏死而得名，包括 TNF-α 和 TNF-β。TNF-α 主要由活化的单核/巨噬细胞产生；TNF-β 主要由活化 T 细胞产生，又称淋巴毒素（lymphotoxin，LT）。TNF 家族目前已发现 FasL、CD40L、TRAIL（TNF related apoptosis-inducing ligand）等 30 余种细胞因子。TNF 家族成员在杀伤靶细胞、促进炎症反应、诱导细胞凋亡及调节免疫等过程中发挥重要作用。

四、集落刺激因子

知识拓展 6-3
集落刺激因子的分类

集落刺激因子（colony stimulating factor，CSF）因能刺激多能造血干细胞和不同发育分化阶段的造血祖细胞增殖分化后在半固体培养基中形成细胞集落而得名。主要有粒细胞 - 巨噬细胞集落刺激因子（GM-CSF）、粒细胞集落刺激因子（G-CSF）、巨噬细胞集落刺激因子（M-CSF）、白细胞介素 -3［IL-3，又称多集落刺激因子（multi-CSF）］、红细胞生成素（erythropoietin，EPO）、干细胞因子（stem cell factor，SCF）和血小板生成素（thrombopoietin，TPO）等。这些 CSF 分别诱导造血干细胞或相应祖细胞增殖、分化为相应谱系成熟的血细胞。

五、生长因子

生长因子（growth factor，GF）是一类可介导不同类型细胞生长和分化的细胞因子。根据其功能和作用的靶细胞不同而有不同名称，如转化生长因子-β（transforming growth factor-β，TGF-β）、成纤维细胞生长因子（fibroblast growth factor，FGF）、血管内皮细胞生长因子（vascular endothelial growth factor，VEGF）、表皮细胞生长因子（epidermal growth factor，EGF）、神经生长因子（nerve growth factor，NGF）及血小板衍生生长因子（platelet-derived growth factor，PDGF）。其中 TGF-β 不仅能抑制 T 细胞与 B 细胞的增殖、分化和效应 T 细胞功能，而且能抑制 Mφ、中性粒细胞、NK 细胞的活化，还能和其他细胞因子协同作用，诱导 Th 细胞的分化及 Ig 类别转换。

六、趋化因子

趋化因子（chemokine）又称趋化性细胞因子，是一类结构同源、对白细胞具有趋化作用的细胞因子的统称。趋化因子除具有趋化功能之外，尚有活化免疫细胞、介导淋巴细胞归巢、参与血管生成、调节免疫等多种功能。几乎所有趋化因子都含有 2 对或 1 对保守的半胱氨酸残基（C）形成的分子内二硫键。根据靠近氨基端的半胱氨酸残基的个数及排列顺序的不同，可将趋化因子分为 4 个亚家族，即 CXC 亚家族（α 亚家族）、CC 亚家族（β 亚家族）、C 亚家族（γ 亚家族）和 CX3C 亚家族（δ 亚家族）（图 6-1）。

过去习惯根据功能对趋化因子加以命名，目前，趋化因子的命名统一为在亚家族名称后缀以 L（ligand），再加上序号。已发现的趋化因子有 CXCL1～16，CCL1～28，XCL1～2 和 CX3CL1。如 CXC 亚家族的 IL-8，被命名为 CXCL8；CC 亚家族的单核细胞趋化蛋白 -1（monocyte chemotactic protein-1，MCP-1），被命名为 CCL2；C 亚家族的淋巴细胞趋化蛋白（lymphotactin），被命名为 XCL1；CX3C 亚家族的 fractalkine，被命名为 CX3CL1。

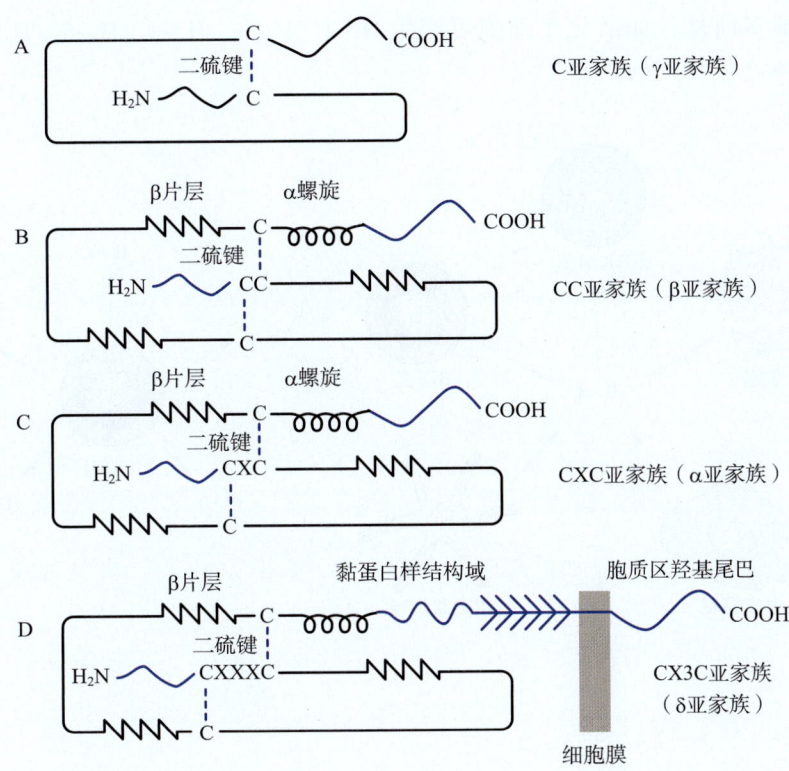

图 6-1 趋化因子亚家族结构示意图

A. C 亚家族。氨基端只有 1 个 C，只有 1 个分子内二硫键。B. CC 亚家族。氨基端 2 个 C 相邻。C. CXC 亚家族。氨基端 2 个 C 被 1 个氨基酸残基隔开。D. CX3C 亚家族。氨基端 2 个 C 被 3 个氨基酸残基隔开，羧基端跨细胞膜

第二节 细胞因子的共同特性

一、理化特性

细胞因子多为小分子糖蛋白，相对分子质量为（8 ~ 30kD，半衰期短（几秒至几分钟），多数以单体形式存在，少数以二聚体形式（如 IL-5、IL-10、IL-12、M-CSF、TGF-β）或三聚体形式（TNF-α、TNF-β）存在。

动画 6-1
细胞因子的共同特性

二、存在方式和产生特点

微视频 6-2
细胞因子的共同特性

细胞因子通常以可溶性分子形式存在于体液中，少数细胞因子也能以膜结合形式表达于细胞表面。细胞因子的产生具有以下特点。

1. **自限性** 细胞因子通常不会以前体形式储存在细胞内，只有当细胞受到抗原、丝裂原或其他因素刺激诱导而活化后，细胞因子基因才被激活，开始转录、翻译、合成细胞因子，并立刻分泌至细胞外发挥生物学作用。刺激一旦消失，合成即刻停止并迅速降解已转录的 mRNA。所以细胞因子的合成需刺激诱导，是短暂的自限性过程。

2. **多源性和多向性** 体内各种免疫细胞和某些非免疫细胞（如血管内皮细胞、成纤维细胞、上皮细胞、肿瘤细胞）都能产生细胞因子。一种细胞因子可来源于多种细胞，即多源性，如 IL-1 可由活化的巨噬细胞、B 细胞、树突状细胞、上皮细胞等产生；一种细胞也可产生多

种细胞因子，即多向性，如活化 T 细胞可产生 IL-2、IL-3、IL-4、IL-5、IL-6、IFN-γ 和 TGF-β 等（图 6-2）。

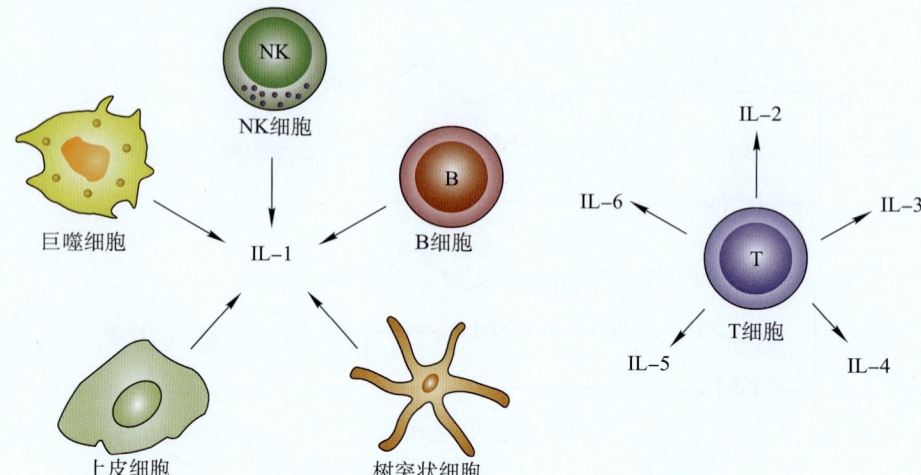

图 6-2 细胞因子产生的多源性和多向性

一种细胞因子可来源于多种细胞（多源性），一种细胞可产生多种细胞因子（多向性）

三、作用方式

细胞因子多以自分泌或旁分泌方式发挥作用，少数可以内分泌方式发挥作用（图 6-3）。

1. 自分泌（autocrine） 即细胞因子作用于分泌细胞自身。如 T 细胞产生的 IL-2 可刺激 T 细胞自身活化。

2. 旁分泌（paracrine） 即细胞因子作用于产生细胞的邻近细胞。如树突状细胞（DC）产生的 IL-12 刺激邻近 T 细胞分化。T 细胞产生的 IL-2 作用于邻近 B 细胞，促进其增殖、分化。

3. 内分泌（endocrine） 即某些细胞因子通过血液循环对远距离的靶细胞发挥作用，如 IL-1、IL-6 及 TNF-α 等可通过血液循环作用于远处表达相应受体的组织细胞。

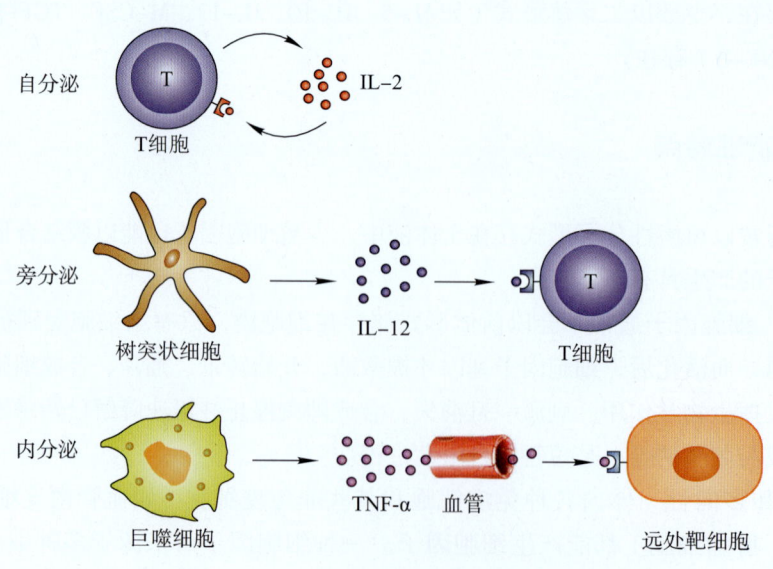

图 6-3 细胞因子的作用方式

T 细胞产生的 IL-2 作用于 T 细胞自身（自分泌），DC 产生的 IL-12 作用于邻近 T 细胞（旁分泌），巨噬细胞产生的 TNF-α 通过血液循环作用于远处靶细胞（内分泌）

四、作用特点

1. 高效性 细胞因子通过与靶细胞表面相应受体结合发挥生物学作用。细胞因子与其受体以高亲和力结合，在极微量水平（10^{-12} mol/L）即可表现明显的生物学效应。

2. 多效性 一种细胞因子可以作用于多种细胞，产生多种效应，称为多效性（pleiotropism）。如 IL-4 可促进 B 细胞的增殖、分化，也可促进胸腺细胞和肥大细胞的增殖（图 6-4）。

3. 重叠性 几种细胞因子可作用于同一种细胞，产生相同或相似的生物学效应，称为重叠性（redundancy）。如 IL-2、IL-7、IL-15 均可刺激 T 细胞增殖（图 6-4）。

4. 拮抗性 一种细胞因子可抑制另一种细胞因子的效应，称为拮抗性（antagonism）。如 IL-4 可阻断 IFN-γ 的促进 Th0 细胞向 Th1 细胞分化效应（图 6-4）。

5. 协同性 一种细胞因子可增强另一种细胞因子的效应，称为协同性（synergistic effect）。如 IL-13 可增强 IL-4 诱导 B 细胞分化为浆细胞后分泌的抗体类别向 IgE 转换（图 6-4）。

6. 网络性 细胞因子间构成复杂的细胞因子网络，网络效应不仅体现在细胞因子功能发挥的相互影响，还体现在受体表达的相互调控、合成分泌的相互诱生和调节。

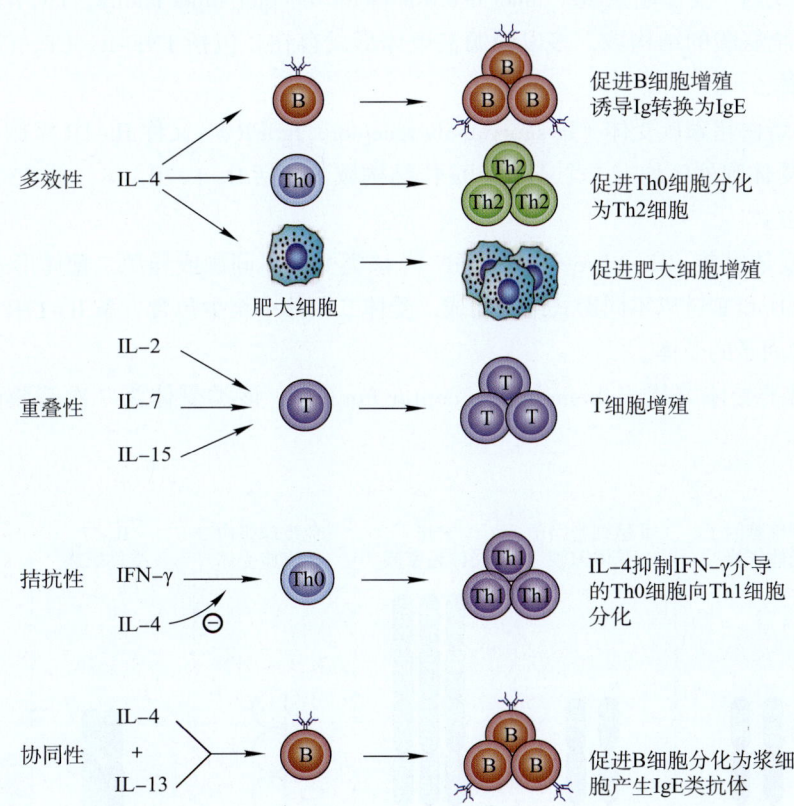

图 6-4 细胞因子作用特点

IL-4可作用于Th0细胞、B细胞及肥大细胞（多效性）；IL-2、IL-7、IL-15均可作用于T细胞（重叠性）；IL-4抑制IFN-γ介导的Th0细胞向Th1细胞分化效应（拮抗性）；IL-13增强IL-4促Ig类别转换效应（协同性）

第三节 细胞因子受体

细胞因子通过与靶细胞表面相应受体的结合，启动胞内信号转导，激活靶细胞，从而发挥生物学效应。细胞因子受体（cytokine receptor，CKR）均为跨膜分子，分胞外区、跨膜区和胞质区，胞外区可识别相应的细胞因子，胞质区可启动受体激活后的信号转导。

一、细胞因子受体的分类

根据细胞因子受体的结构特点及胞内信号转导机制的不同，可将其分为以下6个家族（图6-5）。

1. Ⅰ型细胞因子受体家族（type I cytokine receptor family）　该家族成员胞外区含有4个高度保守的不连续半胱氨酸残基和1个WSXWS基序（W代表色氨酸，S代表丝氨酸，X代表任一氨基酸）。该家族成员与造血细胞的增殖、分化有关，故又称造血因子受体家族，包括GM-CSF、G-CSF、EPO、IL-2、IL-3、IL-4、IL-5、IL-6、IL-7、IL-9、IL-11、IL-12、IL-13、IL-15、IL-21等细胞因子的受体。

2. Ⅱ型细胞因子受体家族（type Ⅱ cytokine receptor family）　又称干扰素受体家族，胞外区含有4个保守的不连续的半胱氨酸残基，但无WSXWS基序。包括IFN、IL-10、IL-20、IL-24、IL-26等细胞因子的受体。

3. 肿瘤坏死因子受体超家族（tumor necrosis factor receptor super family，TNFRSF）　胞外区含有数个富含半胱氨酸的结构域，多以同源三聚体形式存在。包括TNF-α、LT、FasL、CD40L等细胞因子的受体。

4. 免疫球蛋白超家族受体（Ig superfamily receptor，IgSFR）　又称IL-1R家族（IL-1 receptor family），该类受体胞外区均有1个或多个Ig样结构域。包括IL-1、IL-18、IL-33、M-CSF、SCF等细胞因子的受体。

5. IL-17受体家族（IL-17 receptor family）　该类受体以同源或异源二聚体形式存在，由IL-17RA、B、C、D和E链以不同形式组合而成，受体二聚体中至少包含一条IL-17RA链，包括IL-17A～F等细胞因子的受体。

6. 趋化因子受体家族（chemokine receptor family）　该类受体为7次跨膜的G蛋白偶联

图6-5　细胞因子受体家族

Ⅰ型细胞因子受体家族胞外区含有4个高度保守的不连续半胱氨酸残基和1个WSXWS基序；Ⅱ型细胞因子受体家族胞外区含有4个保守的不连续半胱氨酸残基，但无WSXWS基序；TNF受体超家族胞外区含有数个富含半胱氨酸的结构域，多以同源三聚体形式存在；免疫球蛋白超家族受体胞外区均有Ig样结构域；IL-17受体家族以同源或异源二聚体形式存在；趋化因子受体家族均为7次跨膜的G蛋白偶联受体

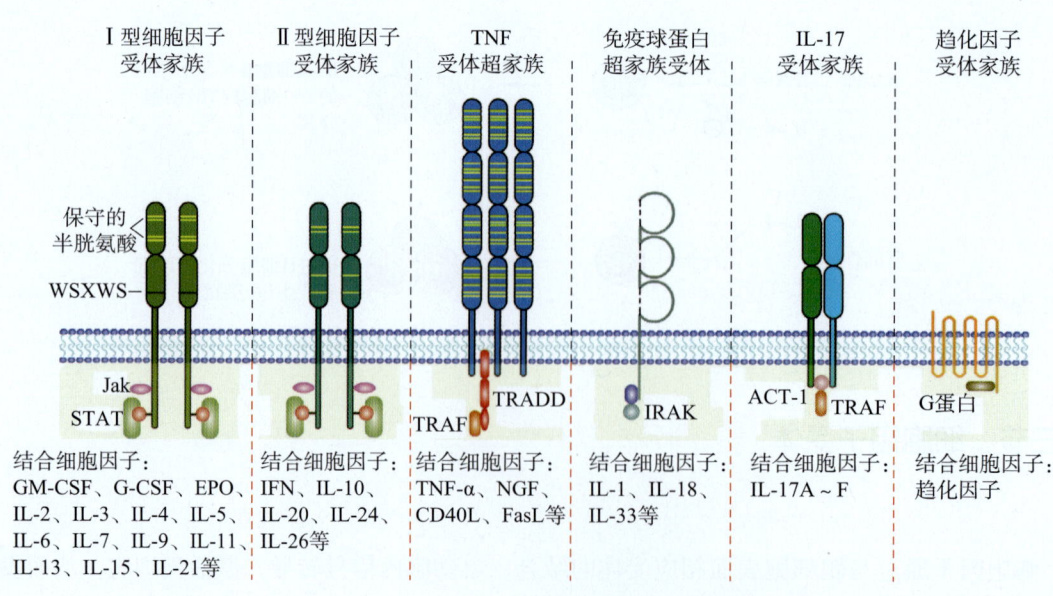

受体。趋化因子受体的命名规则是在趋化因子亚家族名称后缀以 R（receptor），再按受体被发现的顺序缀以阿拉伯数字加以区分。例如，与 CXCL 趋化因子结合的受体共有 6 种，分别被命名为 CXCR1~CXCR6。CCL 趋化因子受体共有 11 种，分别被命名为 CCR1~CCR11。CCR5 是人类免疫缺陷病毒（HIV）感染巨噬细胞和某些记忆 T 细胞的辅助受体，CCR5 的小分子拮抗肽可抑制 HIV 感染这些细胞。

二、细胞因子受体共有链

　　Ⅰ型和Ⅱ型细胞因子受体家族的多数成员由 2 条或 3 条多肽链构成，多为亚单位受体。其中与细胞因子结合的多肽链称为细胞因子结合亚单位（也称私有链），而负责信号转导的多肽链称为信号转导亚单位。多种细胞因子受体常具有相同的信号转导亚单位，故后者又称细胞因子受体共有链（common chain），如 IL-2、IL-4、IL-7、IL-9、IL-15 和 IL-21 受体均具有信号转导亚单位 γ 链（图 6-6）。共有链的存在使不同细胞因子可共享信号转导通路，可能是细胞因子生物学效应具有重叠性的原因之一。

动画 6-2
多亚单位受体和细胞因子受体共有链

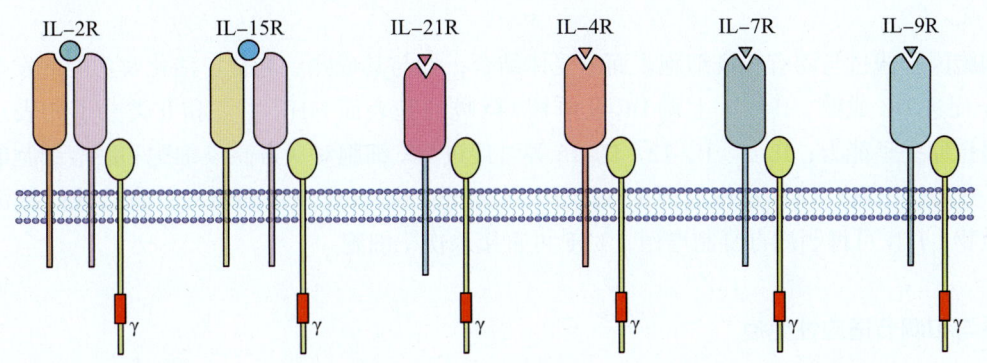

图 6-6 细胞因子受体共有信号转导亚单位 γ 链
多种细胞因子受体具有相同的信号转导亚单位 γ 链

三、可溶性细胞因子受体

　　某些细胞因子受体可以游离形式存在于体液中，称为可溶性细胞因子受体（soluble cytokine receptor，sCKR）。sCKR 与相应的膜型受体竞争结合细胞因子，从而起到抑制细胞因子功能的作用。检测某些 sCKR 可用于相关疾病的诊断和病程监测。

动画 6-3
可溶性细胞因子受体

四、细胞因子受体拮抗剂

　　有些细胞因子的受体存在天然拮抗剂（antagonist），如 IL-1 受体拮抗剂（IL-1Ra）是由单核/巨噬细胞产生的与 IL-1 有一定同源性的多肽，这种多肽可与 IL-1 竞争性结合 IL-1 受体，从而抑制 IL-1 的生物学活性。有些病毒感染细胞后可产生某种细胞因子结合蛋白，抑制细胞因子与相应受体的结合，从而干扰其功能发挥。人工制备的细胞因子受体拮抗剂或细胞因子结合物，可用于治疗某些因细胞因子过高而引发的疾病（如自身免疫病、感染等）。

第四节　细胞因子的生物学作用

细胞因子种类繁多，功能多样，概括起来，其主要生物学作用表现在以下几个方面。

一、参与免疫细胞的发育和分化

微视频6-3
细胞因子在免疫细胞
分化、发育中的作用

骨髓多能造血干细胞（HSC）是各种血细胞和免疫细胞的起源。HSC 在骨髓造血微环境中受骨髓基质细胞分泌的多种细胞因子的调控，发育、分化为不同谱系的血细胞和免疫细胞（图6-7）。如 GM-CSF 刺激髓样单核细胞的生长和分化，G-CSF 和 M-CSF 分别诱导中性粒细胞和单核/巨噬细胞生成，EPO 促进红细胞生成，TPO 和 IL-11 促进巨核细胞的分化和血小板的生成。

二、参与和调节固有免疫

动画6-4
介导固有免疫

细胞因子通过与固有免疫细胞表面的受体结合，参与其成熟、趋化、活化及功能的发挥。如 TNF-α 促进 DC 成熟，IFN-γ 上调 DC 及单核/巨噬细胞表面 MHC Ⅰ类和Ⅱ类分子的表达，进而增强抗原提呈能力；IL-2、IL-12、IL-15 等可促进 NK 细胞对病毒感染细胞和肿瘤细胞的杀伤作用；IL-1、IL-6、TNF-α 作为促炎症因子可刺激肝细胞合成急性期蛋白，直接或间接清除病原微生物；IFN 可抑制病毒复制增殖；TNF 可直接杀伤靶细胞。

三、参与和调节适应性免疫

细胞因子参与适应性免疫应答的全过程。细胞因子不仅调控着 T、B 细胞的发育、分化，而且在抗原的加工、提呈，特异性 T、B 细胞的活化、增殖、分化及效应过程中也具有重要作用，

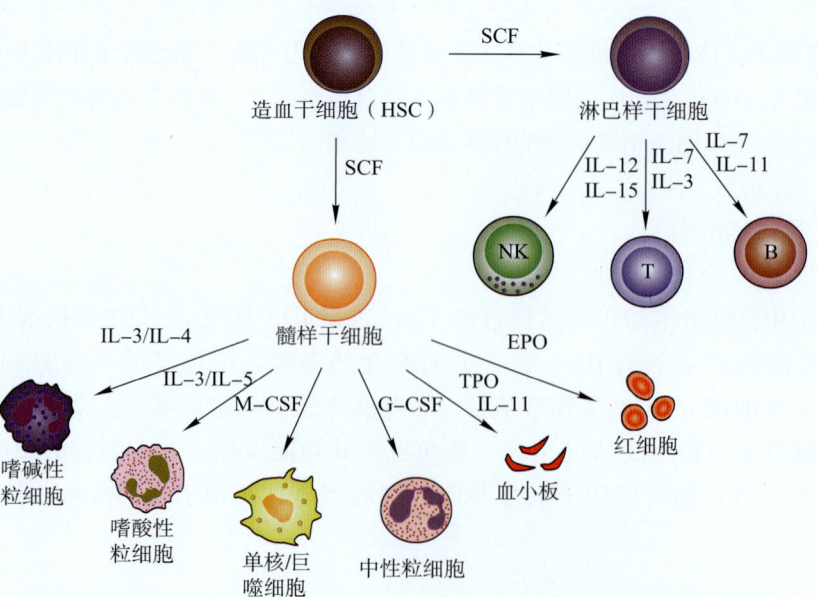

图6-7　细胞因子参与造血干细胞分化示意图
HSC受不同细胞因子的调控，发育、分化为不同的血细胞和免疫细胞

从而直接或间接调节适应性免疫应答。例如，Th1 细胞通过产生 IL-2 和 IFN-γ 促进细胞免疫应答；同时 IFN-γ 可促进 Th0 细胞分化为 Th1 细胞，而抑制 Th0 细胞分化为 Th2 细胞，间接抑制抗体的产生。Th2 细胞通过产生 IL-10、IL-4、IL-5、IL-6 等促进体液免疫应答；同时 IL-4 可促使 Th0 细胞分化为 Th2 细胞，抑制 Th0 细胞分化为 Th1 细胞，间接抑制细胞免疫应答。

四、诱导凋亡

TNF 家族中的细胞因子可直接杀伤靶细胞或诱导细胞凋亡。例如，TNF-α 和 TNF-β 可直接杀伤肿瘤细胞或病毒感染细胞；活化 T 细胞、NK 细胞均表达 Fas 配体（FasL），膜型或可溶型 FasL 与靶细胞表面 Fas 结合，诱导靶细胞凋亡。

动画 6-5
诱导凋亡

此外，细胞因子还具有促进创伤组织修复、促进血管生成等功能。

第五节　细胞因子的临床意义

一、细胞因子与疾病的发生

（一）细胞因子与感染性疾病

感染过程与多种细胞因子的参与有关。例如，革兰氏阴性菌引起的弥散性血管内凝血（DIC）、中毒性休克源于细菌内毒素刺激巨噬细胞产生过量 TNF-α 和 IL-1，患者的 TNF-α 水平与病死率呈正相关。金黄色葡萄球菌引起的中毒性休克综合征则源于其外毒素作为超抗原激活多克隆 T 细胞，迅速产生过量 IL-1、IL-6 和 TNF-α 而致。IL-1、IL-6 和 TNF-α 作为促炎症因子可促进多种炎症介质和急性期蛋白的释放，促进感染的炎症过程。

微视频 6-4
细胞因子的临床意义

（二）细胞因子与肿瘤

肿瘤细胞可高表达某些细胞因子的受体或者过度分泌某些细胞因子。例如，多种肿瘤细胞高分泌的 TGF-β、IL-10 等细胞因子可抑制机体的免疫功能，而利于肿瘤细胞的免疫逃逸。IL-1 可刺激急、慢性粒细胞白血病细胞、浆细胞和卵巢癌细胞生长。而 TNF 则直接杀伤肿瘤细胞，IFN-γ、IL-4 可抑制多种肿瘤细胞生长，IL-2 可增强 NK 细胞和 CTL 对肿瘤细胞的杀伤作用。

（三）细胞因子与免疫性疾病

1. 移植排斥反应　急性移植排斥反应发生时，患者血清及移植物局部细胞因子水平变化异常明显，如肾移植后发生急性排斥的患者血清 TNF-α 水平升高，移植物局部 IL-1、TNF-α 及 M-CSF 水平明显升高。骨髓移植后发生排斥反应的患者血清 IFN-γ、IL-6 等明显升高。据此，检测相关细胞因子或其可溶性受体可用于监测移植排斥反应。

2. 自身免疫病　在系统性红斑狼疮、类风湿关节炎、多发性硬化等患者血清中 IL-2、TNF-α 水平明显升高，银屑病病损局部和患者血清中 TNF-α 和 IL-6 水平均明显升高。而抗 TNF-α 抗体或 IL-1 受体拮抗剂可用于治疗类风湿关节炎。

临床聚焦 6-1
细胞因子风暴

3. 免疫缺陷病　细胞因子或细胞因子受体表达异常可导致某些免疫缺陷病的发生，如 IL-2R

γ链基因缺陷会发生性连锁重症联合免疫缺陷病。

4. 超敏反应　IgE 是介导 I 型超敏反应的主要抗体。IL-4 诱导 Ig 类别转换促进 IgE 产生，IFN-γ 则抑制 IgE 产生，IL-4 的过度分泌和 IFN-γ 不足易于诱发 I 型超敏反应。

二、细胞因子与疾病的诊断

临床聚焦 6-2
多项细胞因子检测与肿瘤

某些情况下，细胞因子水平的检测可作为疾病诊断、疗效及预后判断的辅助指标。例如，脑膜炎患者血清 TNF-α 升高则预后差、病死率高；急性心肌梗死和脑梗死的病变程度与 TNF-α 水平呈正相关。由于缺少特异性，常采用联合测定多种细胞因子的组合进行判断。例如，关节滑液中 IL-8 和 MCP-1 的水平可用于鉴别类风湿关节炎与骨性关节炎，类风湿关节炎患者两种细胞因子均升高，而骨性关节炎则正常。

三、细胞因子与疾病的治疗

（一）拮抗疗法

主要用细胞因子受体拮抗剂、可溶性细胞因子受体、抗细胞因子抗体或抗细胞因子受体抗体治疗自身免疫病、移植排斥反应和超敏反应性疾病等。抗 TNF-α 抗体可用于防治类风湿关节炎；抗 IL-6 的单克隆抗体可治疗多发性骨髓瘤；抗高亲和力 IL-2R 的抗体通过封闭 IL-2 的作用，抑制 Th 细胞增殖和 CTL 激活，可用于防治移植排斥反应。

临床聚焦 6-3
临床上用于肿瘤治疗的主要细胞因子

（二）添加疗法

通过补充细胞因子可治疗免疫缺陷病、肿瘤、血细胞减少症等。如 EPO 可治疗红细胞减少症；干扰素和 IL-2 可分别用于治疗病毒感染和免疫缺陷病，而两者均可用于治疗恶性肿瘤等。

（任云青）

复习思考题

1. 何为细胞因子？其种类及生物学作用各有哪些？
2. 简述细胞因子的共同特性。
3. 简述细胞因子的临床意义。

新形态教材网

👤 学习目标　　📥 教学课件　　🧑‍💼 本章小结　　👥 开放性讨论　　📝 自测题

第七章
MHC分子

关键词

MHC   HLA   多基因性   多态性

等位基因   复等位基因   共显性   单倍体型

连锁不平衡   锚定位   锚定残基   共同基序

相对危险度

    机体众多的生理和病理过程受基因调控，免疫应答也不例外，MHC是参与免疫应答、免疫调节的重要基因家族。MHC通过其编码的MHC分子参与免疫细胞的发育、分化、抗原识别、免疫细胞的活化及免疫应答。因此，在学习免疫应答相关章节内容之前，必须充分了解MHC及其编码分子的结构、特征和生物学功能。

思维导图

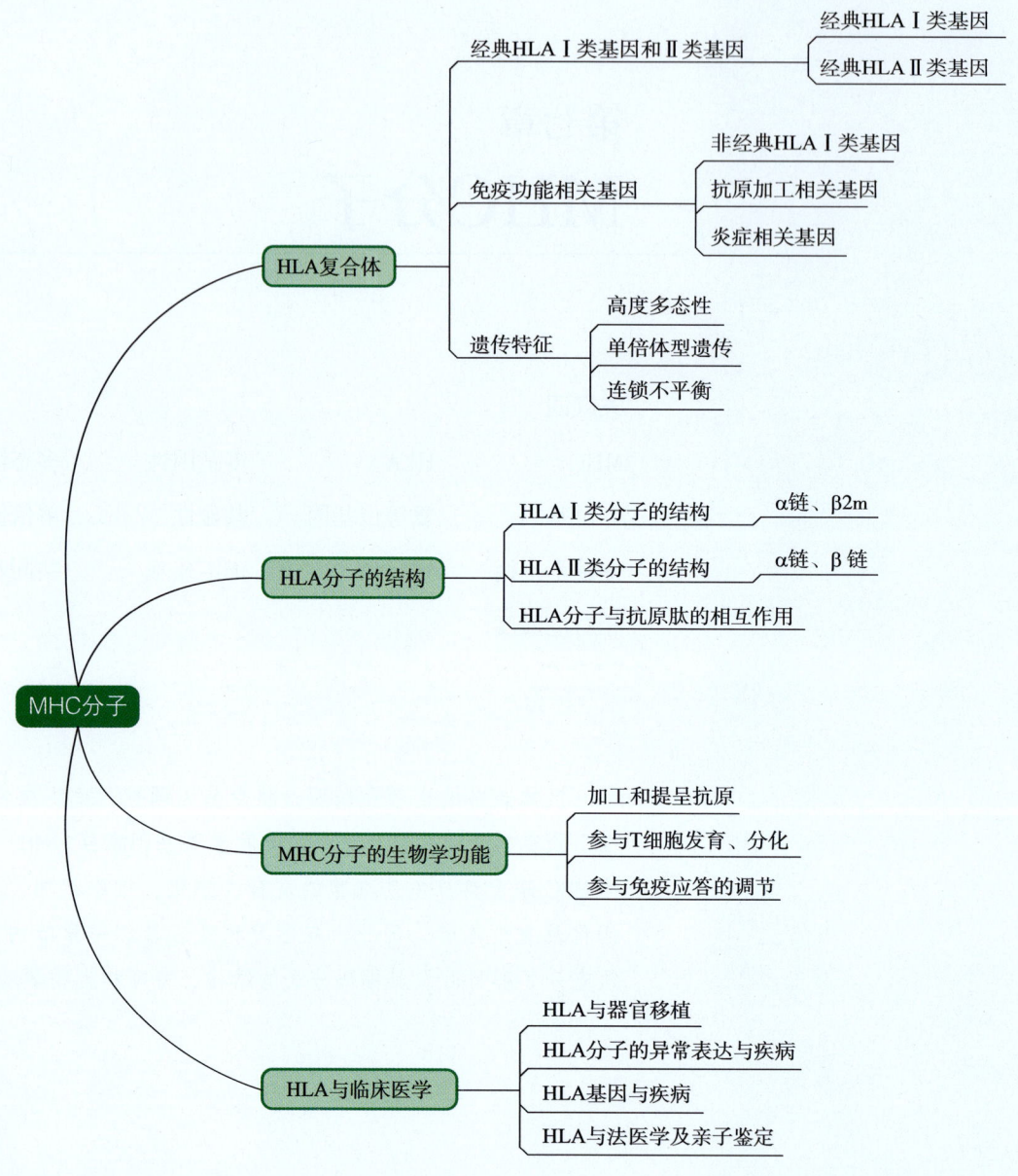

主要组织相容性复合体（major histocompatibility complex，MHC）是一组紧密连锁的基因群。MHC 通常是指基因，而其产物以 MHC 分子或 MHC 抗原来表示。人的 MHC 基因也称人类白细胞抗原（human leukocyte antigen，HLA）复合体。MHC 分子的主要功能是参与 T 细胞活化所需抗原的提呈，启动适应性免疫应答，并在 T 细胞发育、分化、成熟及免疫应答调控中发挥重要作用。

科学发现 7-1
MHC 的发现

本章主要讨论 HLA 基因和 HLA 分子的组成、特性与功能。

第一节　HLA 复合体的基因及遗传特征

MHC 基因组成复杂，且具有多基因性（polygeny）。多基因性是指 MHC 由多个紧密相邻的基因座（locus）组成，其编码产物具有相同或相似的功能。

HLA 基因位于人第 6 号染色体短臂 6p21.31，长约 3 600 kb，由 224 个基因座组成，其中 128 个为功能性基因，是迄今发现的最复杂的人类基因群。组成 HLA 的基因传统上分为 I 类、II 类和 III 类基因，每类基因又由若干个基因座或亚区组成。另根据编码产物功能的不同，HLA 基因又分为经典 HLA 基因和免疫功能相关基因。

一、经典 HLA I 类和 II 类基因

（一）经典 HLA I 类基因

经典 HLA I 类基因集中在远离着丝点的一端，包括 HLA-A、HLA-B 和 HLA-C 三个基因座（图 7-1），分别编码 HLA-A、HLA-B 和 HLA-C 分子异二聚体中的重链（α 链）；HLA I 类分子的轻链为 β2 微球蛋白（β2 microglobulin，β2m），其编码基因位于第 15 号染色体。HLA I 类分子的主要功能为提呈内源性抗原。

（二）经典 HLA II 类基因

经典 HLA II 类基因位于靠近着丝点一侧，由 HLA-DP、HLA-DQ 和 HLA-DR 三个基因亚区组成，每一亚区又含有两个或多个 A、B 基因座（图 7-1），分别编码 HLA-DP、HLA-DQ 和

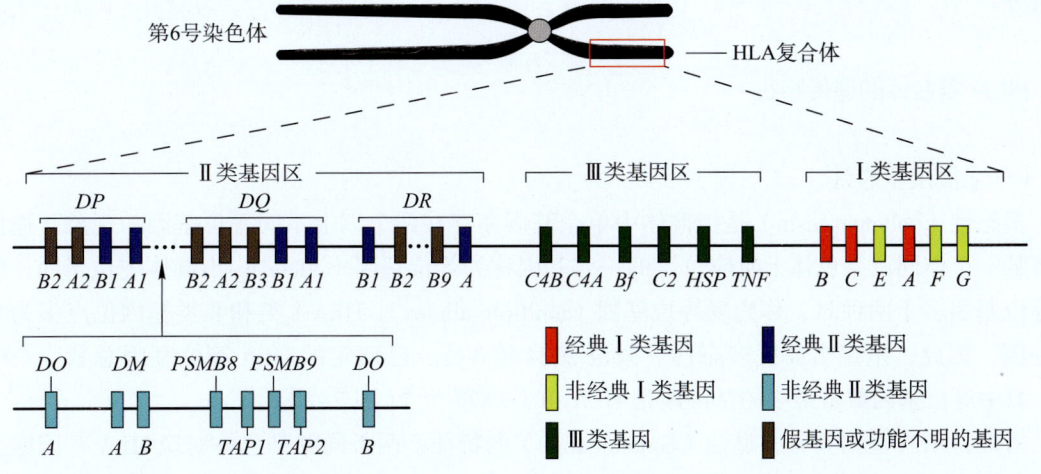

图 7-1　HLA 基因结构示意图

经典 HLA I 类基因包括 HLA-A、HLA-B 和 HLA-C 基因座；经典 HLA II 类基因包括 HLA-DP、HLA-DQ 和 HLA-DR 亚区，每一亚区包括 A、B 两个基因座

HLA-DR 分子的 α、β 链，其功能主要是参与外源性抗原的提呈和免疫调控。

二、免疫功能相关基因

免疫功能相关基因（immune function-related gene）散在分布于 HLA 复合体的 Ⅰ 类、Ⅱ 类及 Ⅲ 类基因区（图 7-1），其主要功能是参与抗原加工，或在固有免疫和免疫调节中发挥作用。

（一）非经典 HLA Ⅰ 类基因

非经典 HLA Ⅰ 类基因又称 HLA Ⅰ b，由 HLA-E、HLA-F 和 HLA-G 组成，其编码的分子主要参与免疫调控。

（二）抗原加工相关基因

抗原加工相关基因是位于 Ⅱ 类基因区内的部分功能基因，其编码产物主要参与蛋白质抗原的加工和提呈。

1. β 型蛋白酶体亚单位（proteasome subunit beta type，PSMB） 包括 PSMB8 和 PSMB9（旧称 LMP2 和 LMP7），其编码的分子属于蛋白酶体成分，参与内源性抗原的加工。

2. 抗原加工相关转运体（transporter associated with antigen processing，TAP） 其编码的 TAP1 和 TAP2 是内质网膜上的一个异二聚体分子，参与内源性抗原加工过程中抗原肽的转运。

3. HLA-DM 基因 包括 A、B 两个基因座，分别编码 HLA-DM 分子的 α、β 链，参与外源性抗原的加工和提呈。

4. HLA-DO 基因 包括 A、B 两个基因座，编码 HLA-DO 分子的 α、β 链，可以抑制 HLA-DM 分子，进而对抗原加工、提呈进行调控。

（三）炎症相关基因

炎症相关基因位于 HLA Ⅲ 类基因区，与炎症反应有关，主要包括以下基因。

1. 肿瘤坏死因子基因家族 包括 TNF、LTA 和 LTB 三个基因座。

2. 热休克蛋白基因家族 包括 HSP70 基因，其产物参与炎症和应激反应，并作为分子伴侣在内源性抗原的加工、提呈中发挥作用。

3. 血清补体成分的编码基因 属经典的 HLA Ⅲ 类基因，表达 C2、C4B、C4A 和 B 因子等补体组分。

三、HLA 复合体的遗传特征

（一）高度多态性

多态性（polymorphism）是指群体中单个基因座存在两个以上不同等位基因的现象。遗传学上将某一个体同源染色体上对应位置的一对基因称为等位基因（allele）；当群体中位于同一位点的等位基因多于两种时，称为复等位基因（multiple alleles）。HLA Ⅰ 类和 Ⅱ 类基因位点多为复等位基因，因此，呈现出高度多态性。截至 2024 年 3 月，已确定的 HLA 等位基因总数为 39 886 个，其中等位基因数量最多的基因座是 HLA-B（9 877 个）（图 7-2）。

另外，HLA 基因具有共显性（codominance）的特征，两条同源染色体对应 HLA 基因座上的

微视频 7-1
HLA 基因的多态性

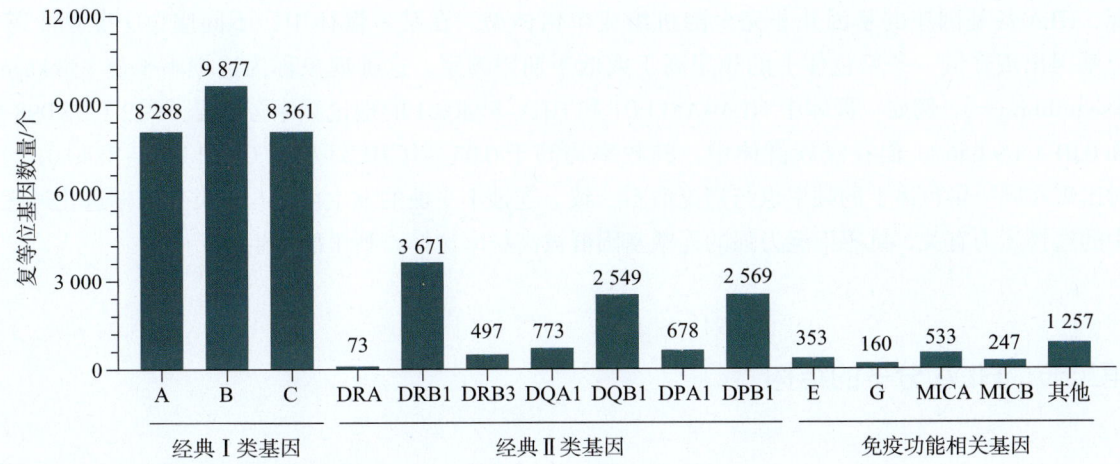

图7-2　HLA多态性
（2024年3月）
HLA多态性主要集中于经典HLA Ⅰ类基因（HLA-A、B、C）和经典HLA Ⅱ类基因（HLA-DP、DQ、DR）

每一个等位基因均为显性基因。这种特征进一步增加了HLA分子表型的多态性。

HLA基因的多态性导致其HLA分子的多态性，从而使其提呈的抗原肽可能有所差异，最终导致不同个体对同一抗原免疫应答的差异。

（二）单倍体型遗传

单倍体型（haplotype）是指一条染色体上HLA各基因座的基因紧密连锁组成的基本遗传单位。人体细胞为二倍体型，两条单倍体型分别来自父亲和母亲。由于一条染色体上HLA各基因座的距离非常近，很少发生同源染色体之间的交换，因此，在HLA遗传过程中，单倍体型作为一个完整的遗传单位由亲代传给子代（图7-3）。子代HLA单倍体型一条来自父亲，一条来自母亲。子代HLA单倍体型之间比较，通常有下述3种可能性：①有1/4概率HLA单倍体型完全相同。②有1/4概率HLA单倍体型完全不同。③有1/2概率HLA单倍体型一半相同，即两条单倍体型中有一条相同。偶有基因重组现象，基因发生交换重组，产生新的单倍体型。单倍体型的遗传方式是临床上进行亲体器官移植的重要依据，也是司法鉴定和亲子鉴定的理论基础。

微视频7-2
HLA的单倍体型遗传

动画7-1
HLA的单倍体型遗传

（三）连锁不平衡

不同基因座的基因组成一个单倍体型的频率等于各基因频率的乘积。实际群体调查发

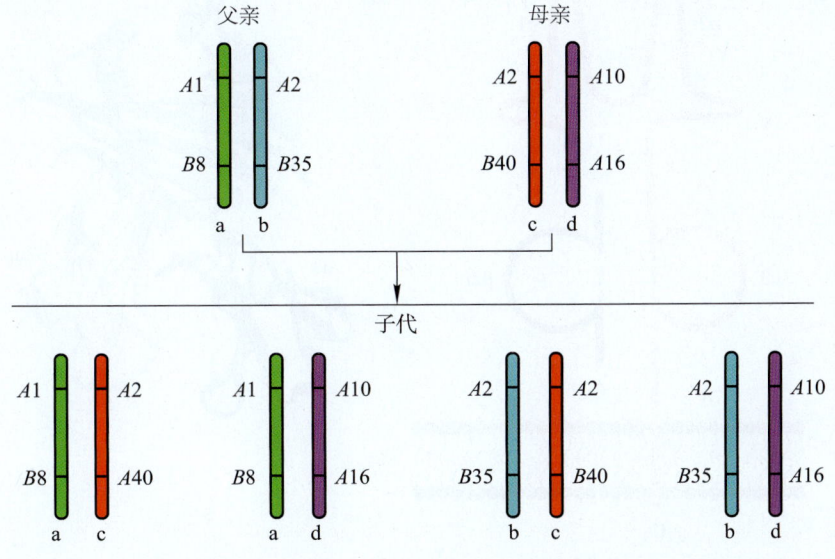

图7-3　HLA的单倍体型遗传
子代细胞包含两个同源单倍体型分别来自父、母，单倍体型作为遗传单位完整地复制到子代

现，HLA 各基因座的基因并非完全随机组成单倍体型。在某一群体中，不同座位上某两个等位基因出现在同一条染色体上的频率高于或低于期望频率，这种现象称为连锁不平衡（linkage disequilibrium）。例如，群体中 HLA-A*11:01 和 HLA-B*40:01 的理论频率分别是 0.012（1/8 098）和 0.01（1/9 656）。但在汉族群体中，其频率均高于 0.05。其 HLA-A*11:01 和 HLA-B*40:01 同时出现在同一染色体上的频率也与理论值不一致。连锁不平衡的发生可能与人类在长期进化过程中的选择压力有关，抗感染能力强的连锁基因群被高频率选择，利于群体生存。

第二节　HLA 分子的结构

一、HLA I 类分子的结构

动画 7-2
HLA I 类分子的结构

HLA I 类分子是由 α 链（重链）和 β 链（轻链）通过非共价键连接组成的异二聚体，分布于几乎所有有核细胞的表面（图 7-4）。α 链胞外区由 α1、α2 及 α3 结构域组成；β 链为 β2m，仅有一个结构域。α1 和 α2 构成 HLA I 类分子的抗原肽结合槽，通过 α3 的延伸部分锚定于细胞膜，同时 α3 也是与 T 细胞表面 CD8 分子相互结合的结构域。

二、HLA II 类分子的结构

动画 7-3
HLA II 类分子的结构

HLA II 类分子是由 α 链和 β 链通过非共价结合组成的异二聚体，仅表达于淋巴组织中一些特定细胞的表面，如专职抗原提呈细胞（DC、Mφ、B 细胞）、胸腺上皮细胞和活化 T 细胞等（图 7-5）。HLA II 类分子的胞外区由 α1、α2、β1 和 β2 4 个结构域组成。α1 和 β1 构成 HLA II 类分子的抗原肽结合槽，通过 α2 和 β2 的延伸部分锚定于细胞膜，并通过 β2 与 T 细胞表面 CD4 分子相互作用。HLA I 类和 HLA II 类分子的特征见表 7-1。

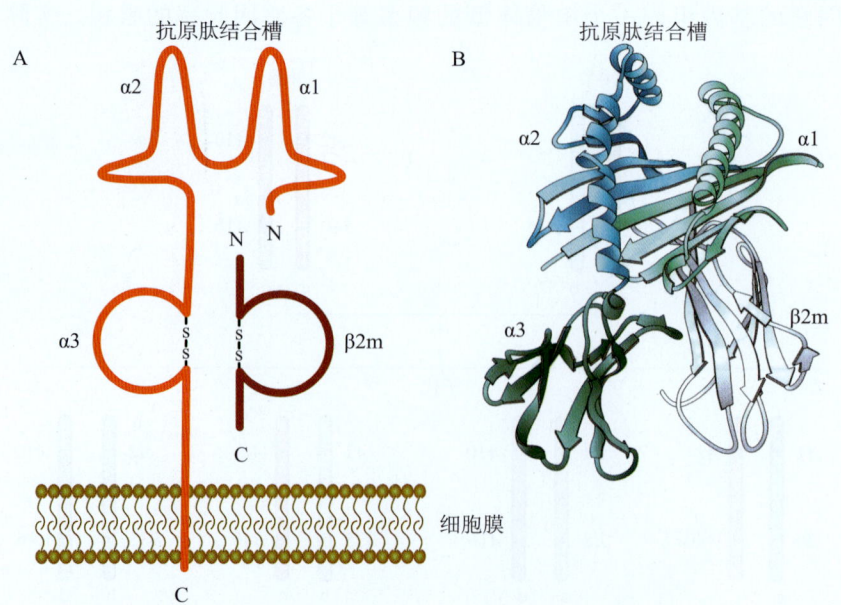

图 7-4　HLA I 类分子的结构

A. HLA I 类分子结构示意图。I 类分子是由 α 链和 β2m 组成，α1 和 α2 结构域构成抗原肽结合槽。B. HLA I 类分子的 X 线衍射图。抗原肽结合槽由 α1 和 α2 各提供一条 α 螺旋和 4 条 β 片层所组成，两端呈封闭状态，仅可容纳较短的抗原肽

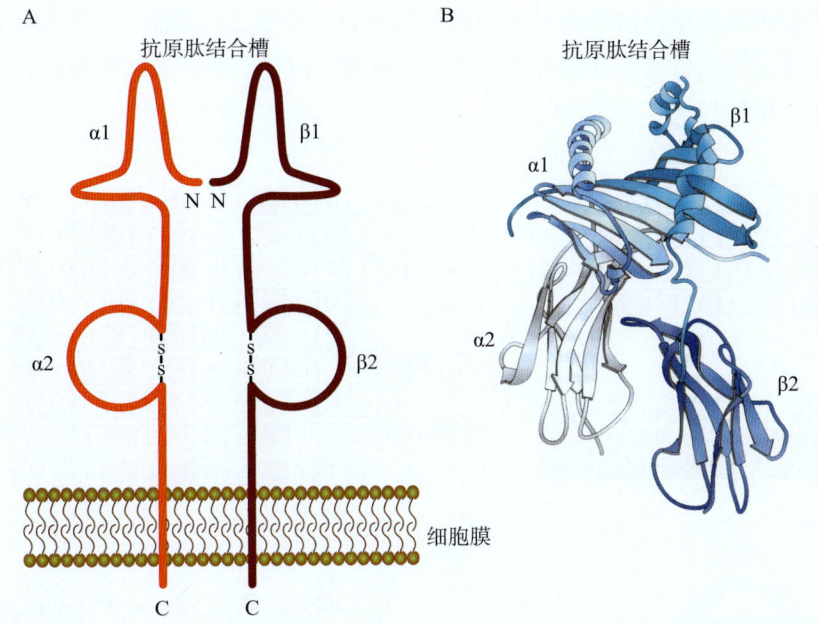

图7-5　HLA Ⅱ类分子的结构

A.HLA Ⅱ类分子结构示意图。由α链和β链组成，α1和β1结构域构成抗原肽结合槽。B.HLA Ⅱ类分子的X线衍射图。抗原肽结合槽由α1和β1各提供一条α螺旋和4条β片层所组成，两端呈开放状态，可容纳较长的抗原肽

表 7-1　HLA Ⅰ类和 HLA Ⅱ类分子的特征

特征	HLA Ⅰ类分子	HLA Ⅱ类分子
多肽链	α 链、β2m	α 链、β 链
多态性位点	α1、α2 结构域	α1、β1 结构域
与 T 细胞结合位点	CD8 与 α3 结合	CD4 与 β2 结合
结合的抗原肽	8~10 氨基酸残基	13~17 氨基酸残基
编码基因	HLA-A、HLA-B、HLA-C	HLA-DR、HLA-DQ、HLA-DP
组织分布	所有有核细胞表面	DC、Mφ、B 细胞等 APC 及活化 T 细胞表面
主要功能	提呈内源性抗原、激发 CD8⁺ T 细胞应答	提呈外源性抗原、激发 CD4⁺ T 细胞应答

微视频 7-3
HLA 分子的结构和功能

三、HLA 分子与抗原肽的相互作用

MHC 分子的主要功能是结合并提呈抗原肽，供 T 细胞 TCR 识别。HLA Ⅰ类和 HLA Ⅱ类分子均通过分子远膜端的抗原肽结合槽与抗原肽相互作用。抗原肽结合槽中有两个或两个以上与抗原肽结合的关键部位，称为锚定位（anchor site）；与锚定位互补结合的抗原肽氨基酸残基被称为锚定残基（anchor residue）（图 7-6）。锚定位与锚定残基结合的紧密程度决定了抗原肽结合槽与抗原肽结合的牢固程度。

同一型别 HLA 分子可以选择性结合不同抗原肽，其结构基础在于被结合的抗原肽含有相同或相似的锚定残基，这些相同或相似的锚定残基被称为共同基序（consensus motif）。因此，MHC 分子对抗原肽的识别并非严格的一对一关系，而是显示一定的包容性，一种类型的 MHC 分子可以结合及提呈多种带有特定共同基序的抗原肽。

HLA Ⅰ类和 HLA Ⅱ类分子的抗原肽结合槽结构相似，但所能容纳抗原肽的长度略有不同。

HLA Ⅰ类分子的抗原肽结合槽两端呈封闭状，只能容纳较短的抗原肽，一般为 8～10 个氨基酸残基；而 HLA Ⅱ类分子的抗原肽结合槽两端呈开放状，故能容纳较长的抗原肽，一般为 13～17 个氨基酸残基（图 7-6）。

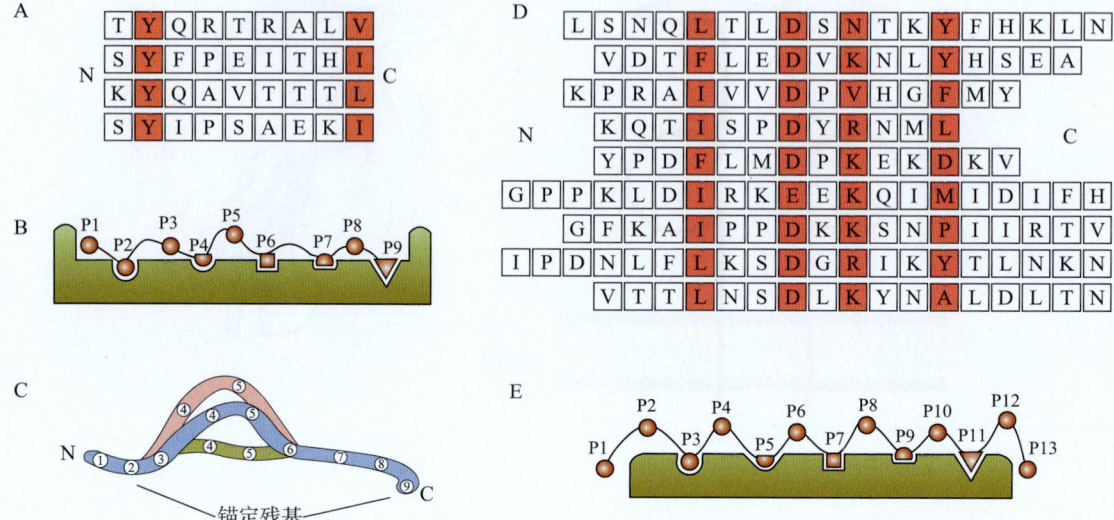

图 7-6 抗原肽与 HLA 分子结合及相应的锚定位
A. 与 HLA Ⅰ类分子结合的抗原肽序列特点与锚定残基。B. 抗原肽与 HLA Ⅰ类分子结合的空间示意图。C. 多个抗原肽可被同一个 HLA 分子结合的示意图。D. 与 HLA Ⅱ类分子结合的抗原肽序列特点与锚定残基。E. 抗原肽与 HLA Ⅱ类分子结合的空间示意图

第三节　MHC 分子的生物学功能

MHC 分子是参与免疫应答的关键分子，其最主要的生物学功能是向 T 细胞提呈抗原，启动适应性免疫应答；另外，MHC 分子还参与 T 细胞发育、分化、成熟及免疫应答的调控。

一、加工和提呈抗原

加工和提呈抗原是 MHC 分子的最主要功能之一。内源性抗原 / 外源性抗原首先在抗原提呈细胞（APC）内被加工为小分子抗原肽，后者结合于 MHC Ⅰ类 / Ⅱ类分子的抗原结合槽，形成抗原肽 –MHC Ⅰ类 / Ⅱ类分子复合物，然后被转运并表达于 APC 表面，分别供 CD8[+] T 细胞 /CD4[+] T 细胞识别，从而启动适应性免疫应答（详见第十三章）。

二、参与 T 细胞发育、分化

进入胸腺的淋巴样干细胞在胸腺微环境的作用下逐步发育为成熟 T 细胞。MHC 分子通过介导胸腺细胞的阳性选择与阴性选择，使 T 细胞最终发育、分化为 CD4[+] T 细胞和 CD8[+] T 细胞，并获得 MHC 限制性、自身耐受性和抗原特异性（详见第九章）。

三、参与免疫应答的调节

1. 参与补体反应和炎症反应　经典的 HLA Ⅲ类基因为补体成分编码基因，参与补体反应和

免疫性疾病的调控。炎症相关基因参与启动和调控炎症反应，并在固有免疫应答中发挥作用。

2. 参与调节 NK 细胞活性　表达于自身细胞表面的 MHC I 类分子可结合 NK 细胞表面的杀伤抑制受体，从而启动杀伤抑制性信号，抑制 NK 细胞的杀伤活性，故正常组织细胞不会被 NK 细胞杀伤；而某些靶细胞（肿瘤细胞、病毒感染细胞）表面的 MHC I 类分子表达减少或缺失，则 NK 细胞的杀伤抑制性信号缺失或低下，导致 NK 细胞被激活，从而杀伤靶细胞（详见第十一章）。

3. 参与免疫应答的遗传调控　不同个体对于同一抗原的应答能力存在差异，这与 MHC 的高度多态性相关。MHC 高度多态性导致其编码的 MHC 分子氨基酸序列、蛋白质结构多变，进而导致不同个体对抗原的结合能力出现差异，由此实现 MHC 在群体水平对免疫应答的遗传调控。

第四节　HLA 与临床医学

一、HLA 与器官移植

HLA 作为人类主要组织相容性复合体，其在器官移植中的作用毋庸置疑。器官移植成功与否，以及移植物的存活时间，很大程度上取决于供者和受者的 HLA 匹配程度（即相容性）。值得注意的是，HLA 具有高度多态性，同种不同个体之间 HLA 基因型和表型差异极大。因此，对供者和受者分别作 HLA 分型，以及供、受者间交叉配合（cross-matching）试验，是提高器官移植成功率的关键。

知识拓展 7-1
器官移植 -HLA 基因配型和 HLA 交叉配型

二、HLA 分子的异常表达与疾病

所有有核细胞表面均表达 HLA I 类分子。某些恶变细胞 HLA I 类分子的表达往往减弱甚至缺如，以致不能有效地激活特异性 CD8$^+$ CTL，造成肿瘤逃逸免疫监视。另一方面，患某些自身免疫病时，原先不表达 HLA II 类分子的某些细胞，如 1 型糖尿病患者的胰岛 B 细胞和乳糜泻患者的肠道上皮细胞可被诱导表达 II 类分子，而促进免疫细胞的过度活化。

三、HLA 基因与疾病

某些 HLA 基因与多种疾病之间存在关联，这些疾病多为自身免疫病（表 7-2）。关联是指携带特定型别 HLA 基因的个体易患某些疾病或对某些疾病有较强的抵抗性。关联的程度用相对危险度（relative risk，RR）表示。HLA 基因与疾病关联的典型例子是强直性脊柱炎，患者 HLA-B27 基因检出率高达 58%~97%，而健康人群仅为 1%~8%。

某些 HLA 基因与疾病相关的机制目前尚不完全明了，可能包括：①某些病原微生物的抗原与这些 HLA 基因产生的抗原分子结构相似，即为共同抗原，可能导致：机体对这种病原微生物产生交叉免疫耐受，不能产生有效的免疫应答；同时，病原微生物刺激机体产生相应的抗体，损伤了具有共同抗原的组织细胞。②HLA 抗原分子作为某种病毒的受体。③HLA 基因与疾病的易

表 7-2　与 HLA 基因呈现强关联的一些自身免疫病

疾病	HLA 基因	相对危险度（%）
强直性脊柱炎	B27	78.4
急性前葡萄膜炎	B27	10.0
肺出血肾炎综合征	DR2	15.9
多发性硬化	DR2	4.8
乳糜泻	DR3	10.8
格雷夫斯病	DR3	3.7
系统性红斑狼疮	DR3	5.8
1 型糖尿病	DR3/DR4	25.0
类风湿关节炎	DR4	4.2
寻常型天疱疮	DR4	14.4
淋巴瘤性甲状腺肿	DR5	3.2

知识拓展 7-2
MHC 与疾病关联的研究历程

感基因连锁不平衡。④补体基因缺陷。

四、HLA 与法医学及亲子鉴定

知识拓展 7-3
HLA 分型技术在亲子鉴定中的应用

　　HLA 基因的高度多态性使两个无亲缘关系的个体之间在 HLA 所有基因座上拥有完全相同等位基因的概率几乎为零，HLA 基因型别是伴随个体终身不变的遗传标记，而且 HLA 复合体中的所有基因都是共显性表达并以单倍体型的形式遗传。因此 HLA 分型技术，在法医学上被用于亲子鉴定和个体识别。

（夏　圣）

复习思考题

1. 什么是 *HLA* 基因复合体的多态性？其生物学意义是什么？
2. 比较 HLA Ⅰ类和Ⅱ类分子在抗原提呈中的特点。
3. HLA 分子如何与抗原肽发生相互作用？
4. HLA 与临床医学有何关系？

新形态教材网

　学习目标　　教学课件　　本章小结　　开放性讨论　　自测题

第八章
CD分子与黏附分子

关键词

细胞表面标志　白细胞分化抗原　　CD分子　　黏附分子

整合素　　　　免疫球蛋白超家族　　选择素　黏蛋白样分子

钙黏蛋白分子

　　免疫应答过程中，免疫细胞之间相互识别及传递信息是通过细胞表面膜分子及可溶性细胞因子介导的，其中，分布广泛和种类繁多的膜分子——CD分子和黏附分子，具有重要的细胞生物学功能，参与免疫识别、免疫应答、免疫效应、免疫调节及某些疾病的病理过程等。基于此，本章将对CD分子和黏附分子的种类、特征及功能做出全景式的描绘，为进一步学习免疫学后续内容奠定基础。

思维导图

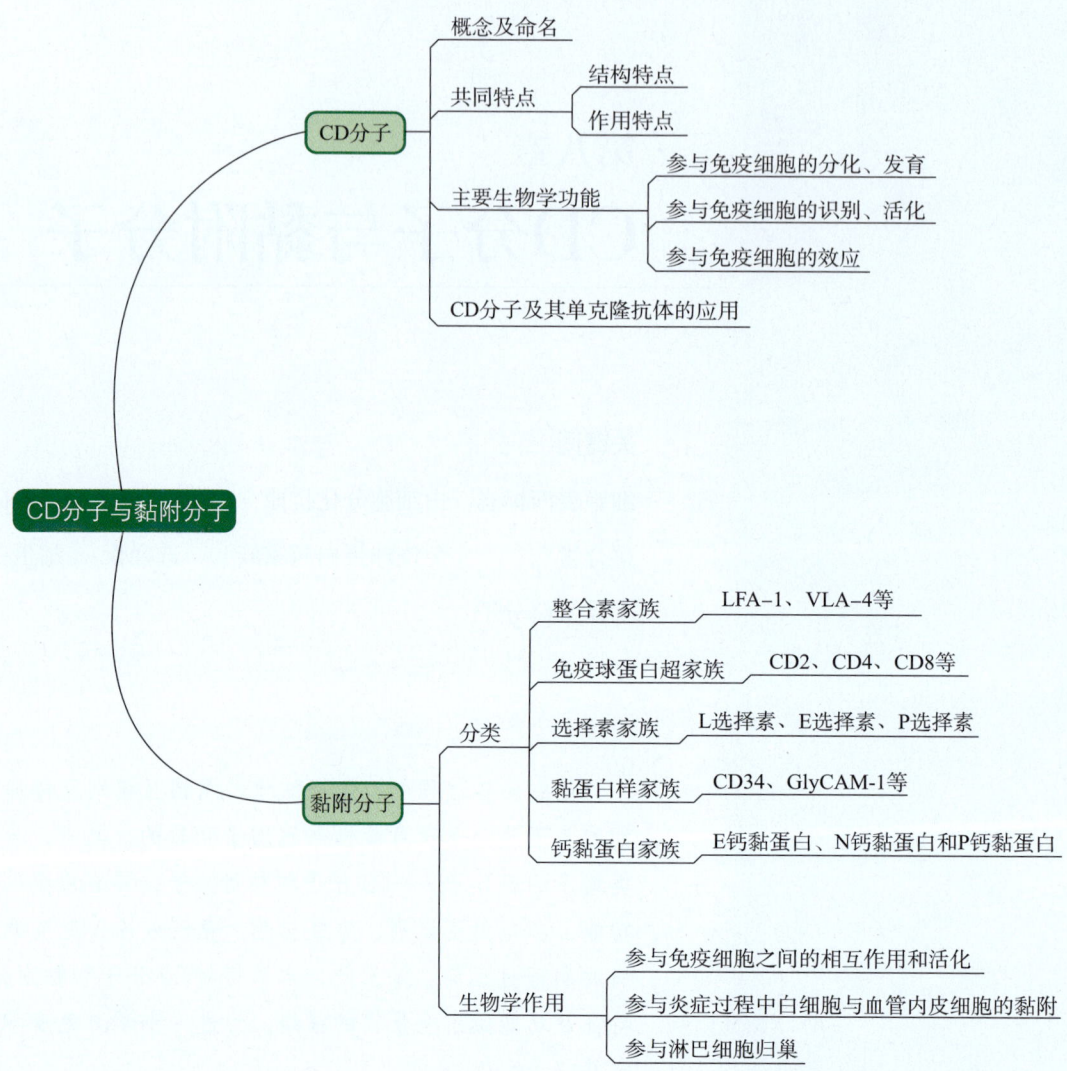

CD分子与黏附分子

CD分子
- 概念及命名
- 共同特点
  - 结构特点
  - 作用特点
- 主要生物学功能
  - 参与免疫细胞的分化、发育
  - 参与免疫细胞的识别、活化
  - 参与免疫细胞的效应
- CD分子及其单克隆抗体的应用

黏附分子
- 分类
  - 整合素家族 —— LFA-1、VLA-4等
  - 免疫球蛋白超家族 —— CD2、CD4、CD8等
  - 选择素家族 —— L选择素、E选择素、P选择素
  - 黏蛋白样家族 —— CD34、GlyCAM-1等
  - 钙黏蛋白家族 —— E钙黏蛋白、N钙黏蛋白和P钙黏蛋白
- 生物学作用
  - 参与免疫细胞之间的相互作用和活化
  - 参与炎症过程中白细胞与血管内皮细胞的黏附
  - 参与淋巴细胞归巢

免疫应答过程中涉及多种细胞间的相互作用，其作用方式主要包括细胞间的直接接触和（或）通过分泌生物活性分子（如细胞因子等）介导的间接作用。细胞间相互作用的物质基础是表达于细胞膜表面的多种功能分子，包括细胞表面受体、黏附分子等。这些细胞表面分子种类繁多，分布广泛，与免疫细胞的发生发育和介导免疫应答等密切相关。

第一节 CD分子

一、CD分子的概念及命名

在造血干细胞分化为不同谱系的细胞及在成熟细胞活化分化的过程中，细胞会表达出不同的表面分子。这些分子最早发现于白细胞，故称为白细胞分化抗原（leukocyte differentiation antigen，LDA）。实际上，LDA不仅表达于白细胞，还广泛分布于多种细胞的表面，如红细胞、血小板、血管内皮细胞、成纤维细胞、上皮细胞、神经内分泌细胞等。1975年创立的单克隆抗体技术，极大地推动了LDA的研究。国际专门命名机构以单克隆抗体鉴定为主的方法，将来自不同实验室所鉴定、具有明确编码基因及表达细胞种类的同一LDA归为同一分化群（cluster of differentiation，CD），并以CD加阿拉伯数字统一命名，如CD1、CD2分子等。2014年，第10届国际人类白细胞分化抗原专题会议正式命名的CD分子已至CD371。根据表达细胞种类、功能特点等大致将人CD分子划分为14个组（表8-1）。

表8-1 人CD分子的分组

分组	举例
T细胞	CD2、CD3、CD4、CD5、CD8、CD28、CD152（CTLA-4）、CD154（CD40L）、CD278（ICOS）
B细胞	CD19、CD20、CD21、CD40、CD79a（Igα）、CD79b（Igβ）、CD80（B7-1）、CD86（B7-2）
髓样细胞	CD14、CD35（CR1）、CD64（FcγRⅠ）、CD284（TLR4）
血小板	CD36、CD41（整合素αⅡb）、CD51（整合素αv）、CD61（整合素β3）、CD62P（P选择素）
NK细胞	CD16（FcγRⅢ）、CD56（NCAM-1）、CD94、CD158（KIR）、CD161（NKR-P1A）、CD314（NKG2D）、CD335（NKp46）、CD336（NKp44）、CD337（NKp30）
非谱系	CD30、CD32（FcγRⅡ）、CD45RA、CD45RO、CD46（MCP）、CD55（DAF）、CD59、CD279（PD-1）
黏附分子	CD11a~CD11c、CD15s（sLeˣ）、CD18（整合素β2）、CD29（整合素β1）、CD49a~CD49f、CD54（ICAM-1）、CD62E（E选择素）、CD62L（L选择素）
细胞因子/趋化因子受体	CD25（IL-2Rα）、CD95（Fas）、CD178（FasL）、CD183（CXCR3）、CD184（CXCR4）、CD195（CCR5）
内皮细胞	CD106（VCAM-1）、CD140（PDGFR）、CD144（VE钙黏蛋白）
糖类结构	CD15u、CD60a~CD60c、CD75
树突状细胞	CD83、CD85（ILT/LIR）、CD206（甘露糖受体）
干细胞/祖细胞	CD34、CD117（SCF受体）、CD133、CD243
基质细胞	CD331~CD334（FGFR1~FGFR4）
红细胞	CD233~CD242（多种血型抗原和血型糖蛋白）

注：CD分子的分组是相对的，许多CD分子的组织细胞分布较广泛；有些CD分子属于黏附分子。

二、CD 分子的共同特点

1. 结构特点　多数 CD 分子为单体结构，少数 CD 分子（如 CD3、CD8 等）为多聚体。CD 分子多具有跨膜分子的典型结构：①胞膜外区：通常含 1 个或数个结构各异的结构域，主要功能是结合相应配体。②跨膜区：为疏水结构。③胞质区：含不同信号转导基序，主要功能是转导细胞活化或抑制信号，引起细胞功能改变。另外，少数 CD 分子以糖基磷脂酸肌醇（glycosyl-phosphatidylinositol，GPI）连接方式锚定在细胞膜上。

2. 作用特点　CD 分子主要通过受体–配体结合的方式发挥作用，介导细胞与细胞、细胞与细胞外基质相互作用。某些 CD 分子结合相应配体的同时，亦发挥信号转导作用，如 CD4、CD8 分子等；而某些 CD 分子仅具有结合配体或转导功能的单一功能，有赖于数种 CD 分子紧密偶联而发挥效应，如 CD19–CD21–CD81 复合物。

三、CD 分子的生物学功能

CD 分子多以受体和（或）黏附分子的方式发挥生物学功能。由于 CD 分子种类繁多，分布广泛，有些 CD 分子作为受体，结合相应可溶性免疫分子，如抗体 Fc 段受体（CD16、CD32、CD64 等）、补体受体（CD21、CD35 等）、细胞因子受体（CD25、CD121、CD122 等）（图 8-1）；有些 CD 分子结合其他细胞表面的相应配体，如 NK 细胞受体（CD94、CD158 等）、共刺激（或抑制）分子（CD28、CD40 等）、黏附分子（CD2、CD3、CD54 等）等，发挥相应功能（图 8-2）。与免疫功能相关的 CD 分子将在相关章节中作详细介绍。部分免疫功能相关 CD 分子的功能见表 8-2。

动画 8-1
抗体 Fc 受体的结构

知识拓展 8-1
抗体 Fc 受体的种类及功能

微视频 8-1
CD 分子的功能

表 8-2　部分免疫功能相关 CD 分子的功能

表面分子的种类	主要分布细胞	CD 分子及其参与的功能
细胞受体		
T 细胞受体（TCR）复合物及其辅助受体	T 细胞	CD3 参与 TCR 识别抗原后的信号转导，CD4 和 CD8 是 TCR 的共受体，并参与 TCR 信号转导
B 细胞受体（BCR）复合物及其辅助受体	B 细胞	CD79a 和 CD79b 参与 BCR 识别抗原后的信号转导，CD19/CD21/CD81 复合物是 BCR 的共受体，参与 BCR 信号转导
NK 细胞受体	NK 细胞	包括 CD94、CD158～CD161、CD226、CD314（NKG2D）和 CD335～CD337（NCR1～NCR3）等，调节 NK 细胞杀伤活性，参与信号转导
补体受体（CR）	吞噬细胞	CR1～CR4（分别为 CD35、CD21、CD11b/CD18 和 CD11c/CD18），主要参与调理作用
Ig Fc 受体（FcR）	吞噬细胞，DC，NK 细胞，B 细胞，肥大细胞	IgG Fc 受体（CD64、CD32、CD16）、IgA Fc 受体（CD89）、IgE Fc 受体（FcεR I、CD23），参与调理作用、ADCC 效应和超敏反应
死亡受体	广泛	TNFR I（CD121a）、Fas（CD95）等，分别结合 TNF 和 FasL，诱导细胞凋亡

续表

表面分子的种类	主要分布细胞	CD分子及其参与的功能
黏附分子		
共刺激分子	T细胞，B细胞，APC	CD40L–CD40、CD28/CTLA–4–CD80/CD86，参与T、B细胞活化
归巢受体和地址素	白细胞，内皮细胞	LFA–1–ICAM–1/CD54、L选择素–CD34等，参与淋巴细胞再循环和炎症反应

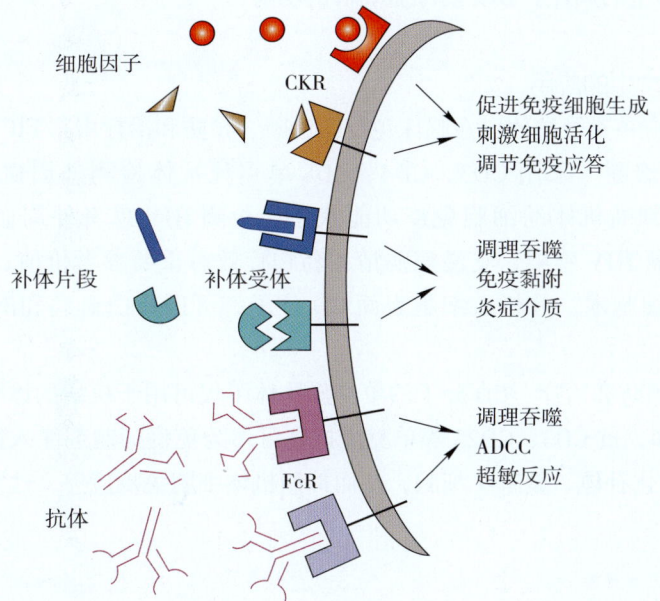

图8-1　CD分子结合可溶性免疫分子

多数细胞因子受体、补体受体、Fc段受体是CD分子，分别结合相应细胞因子、补体片段和抗体等可溶性免疫分子，发挥多种免疫相关功能

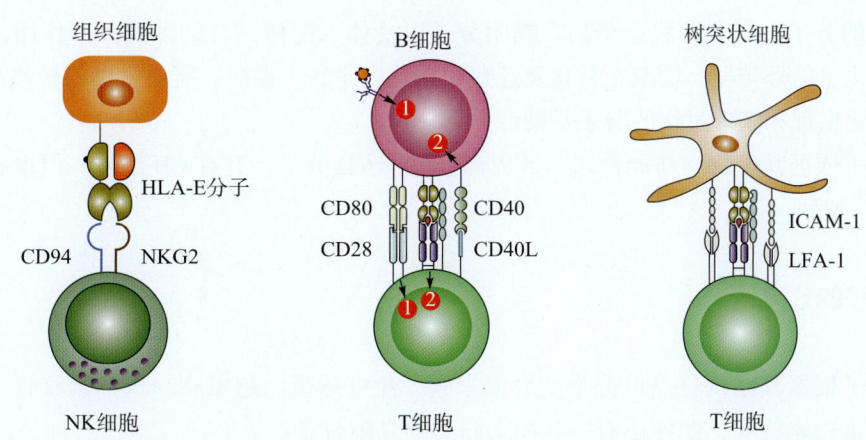

图8-2　CD分子结合细胞表面相应配体（举例）

NK细胞表面CD94与NKG2家族组成复合物，识别HLA-E分子，调节NK细胞杀伤活性；T细胞表面共刺激分子CD28结合B细胞表面CD80，产生T细胞活化共刺激信号；T细胞表面黏附分子LFA-1与树突状细胞表面ICAM-1结合，诱导两种细胞相互作用

四、CD 分子及其单克隆抗体的应用

CD 分子及其单克隆抗体已广泛应用于基础医学和临床医学中。

（一）在基础医学中的应用

在基础医学研究中，CD 分子和黏附分子及其单克隆抗体主要应用于：①CD 抗原的基因克隆，新 CD 抗原及新配体的发现。②CD 抗原结构与功能关系。③细胞激活途径和膜信号的转导。④细胞分化过程中的调控。⑤免疫细胞亚群的功能。

（二）在临床医学中的应用

CD 分子及其相应单克隆抗体已在临床免疫学诊断、预防和治疗中得到广泛应用。

1. 用于疾病的诊断　采用 CD3、CD4、CD8 单克隆抗体检测外周血 T 细胞 CD3、CD4、CD8 分子，可用于判断机体的细胞免疫功能状态；检测 HIV 患者外周血 CD4$^+$ T 细胞数量，对于辅助诊断和判断 HIV 感染、艾滋病病情和药物疗效有重要参考价值；采用单克隆抗体免疫荧光染色和流式细胞术，分析血细胞表面 CD 分子，可进行白血病和淋巴瘤的常规免疫学分型。

临床聚焦 8-1
HIV 感染后 CD4$^+$ T 细胞的减少分期

2. 用于疾病的预防和治疗　CD 分子的单克隆抗体不仅可用于疾病的诊断，也是防治某些疾病的重要手段。例如，抗 CD3、CD25 等单克隆抗体可作为免疫抑制剂注入体内，可与 T 细胞相应 CD 分子结合，活化补体，裂解 T 细胞，从而抑制机体细胞免疫应答，达到防治移植排斥反应的目的。

第二节　黏附分子

黏附分子（adhesion molecules，AM）是一类介导细胞与细胞、细胞与细胞外基质间相互接触和黏附作用的分子，多为跨膜糖蛋白。黏附分子以受体 – 配体结合的形式发挥作用，参与细胞的识别、活化、信号转导、增殖、分化及迁移，是免疫应答、炎症、凝血、肿瘤转移及创伤愈合等一系列重要生理和病理过程的分子基础。

黏附分子依据其生物学功能命名，其大部分属于 CD 分子，且有 CD 编号，但也有部分黏附分子尚无 CD 编号。

一、黏附分子的分类

黏附分子根据其结构特点可分为整合素家族、免疫球蛋白超家族、选择素家族、黏蛋白样家族和钙黏蛋白家族等，此外还有一些尚未归类的黏附分子。

（一）整合素家族

整合素家族（integrin family）是因该类黏附分子主要介导细胞与细胞外基质黏附，使细胞得

以附着而形成整体而得名。整合素在体内分布广泛，广泛参与细胞活化、增殖、分化、吞噬与炎症反应。一种整合素分子可分布于多种细胞，同一种细胞也往往有多种整合素分子的表达，而且其表达水平可随细胞活化和分化状态发生改变。整合素配体主要是细胞外基质，如纤连蛋白、血纤蛋白原、玻连蛋白等。某些整合素配体是细胞表面分子，可介导细胞间相互作用。

1. 整合素分子的基本结构 整合素家族成员均由α、β两条链（或称亚单位）经非共价键连接组成异源二聚体。两条链共同组成配体的结合部位（图8-3）。

2. 整合素分子的组成 整合素家族中至少有18种α亚单位和8种β亚单位，根据β亚单位的不同，可将整合素家族分为8个组（β1~β8组）。同一组的成员其β亚单位相同，而α亚单位各异。表8-3列举了整合素家族β1、β2、β3三个组中某些成员的结构、分布、相应配体和主要功能。

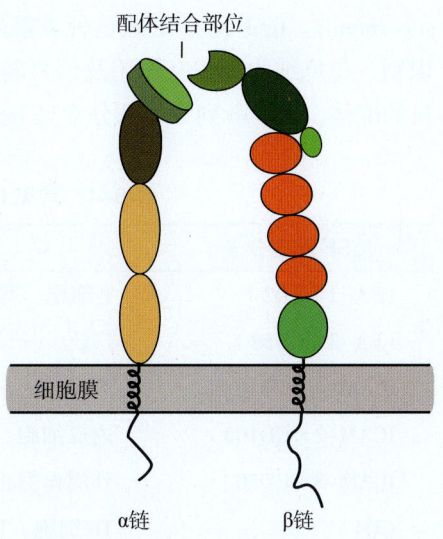

图 8-3 整合素分子（LFA-1）的基本结构示意图

整合素家族的黏附分子均是由非共价键连接的α、β两条链组成，每条链有多个结构域。α、β两条链共同组成配体的结合部位

（二）免疫球蛋白超家族

具有免疫球蛋白V区样或C区样结构域的分子归为免疫球蛋白超家族（immunoglobulin

表 8-3 整合素家族 β1、β2、β3 组中某些成员的主要特征

分 组	成员举例	α / β 亚单位相对分子质量(×10³)	亚单位结构	分 布	配 体	主要功能
VLA 组（β1组）（12 个成员）	VLA-4	150/130（CD49d/CD29）	α4β1	淋巴细胞 胸腺细胞 单核细胞 嗜酸性粒细胞	FN，VCAM-1 MAdCAM-1	参与免疫细胞黏附，为 T 细胞活化提供共刺激信号
白细胞黏附受体组（β2组）（4 个成员）	LFA-1	180/95（CD11a/CD18）	αLβ2	淋巴细胞 髓样细胞	ICAM-1，2，3	为 T 细胞活化提供共刺激信号，参与淋巴细胞再循环和炎症
	Mac-1（CR3）	170/95（CD11b/CD18）	αMβ2	髓样细胞 淋巴细胞	iC3b，Fg ICAM-1	参与免疫细胞黏附、炎症和调节吞噬
血小板糖蛋白组（β3组）（2 个成员）	gpⅡbⅢa	125+22 /105（CD41/CD61）	αⅡbβ3	血小板 内皮细胞 巨核细胞	Fg，FN，vWF，TSP	血小板活化和凝集

注：Fg（fibrinogen）：血纤蛋白原；FN（fibronectin）：纤连蛋白；iC3b：灭活C3b片段；ICAM-1，2，3（intercellular adhesion molecule-1，2，3）：细胞间黏附分子-1，2，3；LFA-1（lymphocyte function associated antigen-1）：淋巴细胞功能相关抗原1；MAdCAM-1（mucosal addressin cell adhesion molecule 1）：黏膜地址素细胞黏附分子1；TSP（thrombospondin）：血小板反应蛋白；VCAM-1（vascular cell adhesion molecule-1）：血管细胞黏附分子-1；VLA（very late antigen）：迟现抗原；vWF（von Willebrand factor）：冯·维勒布兰德因子。

动画 8-2
整合素家族

superfamily，IgSF）。IgSF 成员种类繁多，分布广泛，功能各异，主要参与 T、B 细胞的抗原提呈、识别、免疫细胞间相互作用及信号转导等。在黏附作用中，它们通常作为整合素或其他 IgSF 成员的配体。表 8-4 列举了部分常见 IgSF 黏附分子的种类、分布和识别配体。

表 8-4　常见 IgSF 黏附分子的种类、分布和识别配体

IgSF 黏附分子	主要分布	配体
LFA-2（CD2）	T 细胞、胸腺细胞、NK 细胞	LFA-3（IgSF）
LFA-3（CD58）	广泛	LFA-2（IgSF）
ICAM-1（CD54）	广泛	LFA-1（整合素家族）
ICAM-2（CD102）	内皮细胞、T 细胞、B 细胞、髓样细胞	LFA-1（整合素家族）
ICAM-3（CD50）	外周血静止白细胞	LFA-1（整合素家族）
CD4	Th 细胞、Treg	MHC Ⅱ类分子（IgSF）
CD8	CTL	MHC Ⅰ类分子（IgSF）
MHC Ⅰ类分子	所有有核细胞	CD8（IgSF）
MHC Ⅱ类分子	抗原提呈细胞（APC）	CD4（IgSF）
CD28	T 细胞	B7-1、B7-2（IgSF）
B7-1（CD80）	活化 B 细胞、活化单核细胞	CD28（IgSF）
B7-2（CD86）	活化 B 细胞、活化单核细胞、树突状细胞	CD28（IgSF）
VCAM-1（CD106）	内皮细胞、树突状细胞、巨噬细胞	VLA-4（整合素家族）
CD158a～k	NK 细胞	MHC Ⅰ类分子（IgSF）

（三）选择素家族

选择素家族（selectin family）成员包括 L 选择素（CD62L）、P 选择素（CD62P）和 E 选择素（CD62E）三个成员，主要表达于白细胞、血小板和血管内皮细胞表面，在白细胞与内皮细胞黏附、炎症发生及淋巴细胞归巢中发挥重要作用。

1. 选择素分子的基本结构　选择素为跨膜分子，各成员胞膜外区结构相似，均由 C 型凝集素样（CL）结构域、表皮生长因子（EGF）样结构域和补体调节蛋白（CCP）结构域组成（图 8-4）。其中 CL 结构域可结合某些糖类，是选择素结合配体部位。其配体为一些寡糖基团，主要是唾液酸化的路易斯寡糖^x（sialyl-Lewis^x，sLe^x 即 CD15s）或类似结构分子。

2. 选择素家族的组成　三种选择素的分布、配体和主要功能见表 8-5。

表 8-5　选择素的分布、配体和功能

选择素	分布	配体	功能
L 选择素（CD62L）	白细胞	CD15s（sLe^x），外周淋巴结 HEV 上的 CD34、GlyCAM-1	白细胞与内皮细胞黏附，参与炎症、淋巴细胞归巢到外周淋巴结和派尔集合淋巴小结
P 选择素（CD62P）	血小板，巨核细胞，活化内皮细胞	CD15s（sLe^x）、CD15、PSGL-1	白细胞与内皮细胞黏附，参与炎症

动画 8-3
选凝素家族

知识拓展 8-2
黏蛋白样家族和钙黏蛋白样家族

续表

选择素	分　布	配　体	功　能
E选择素（CD62E）	活化内皮细胞	CD15s（sLe^x）、CLA、PSGL-1、ESL-1	白细胞与内皮细胞黏附，参与炎症

注：CLA：皮肤淋巴细胞相关抗原；ESL-1：E选择素配体-1蛋白；GlyCAM-1：糖基化依赖的细胞黏附分子1；HEV：高内皮微静脉；PSGL-1：P选择素糖蛋白配体-1；sLe^x：唾液酸化的路易斯寡糖^x。

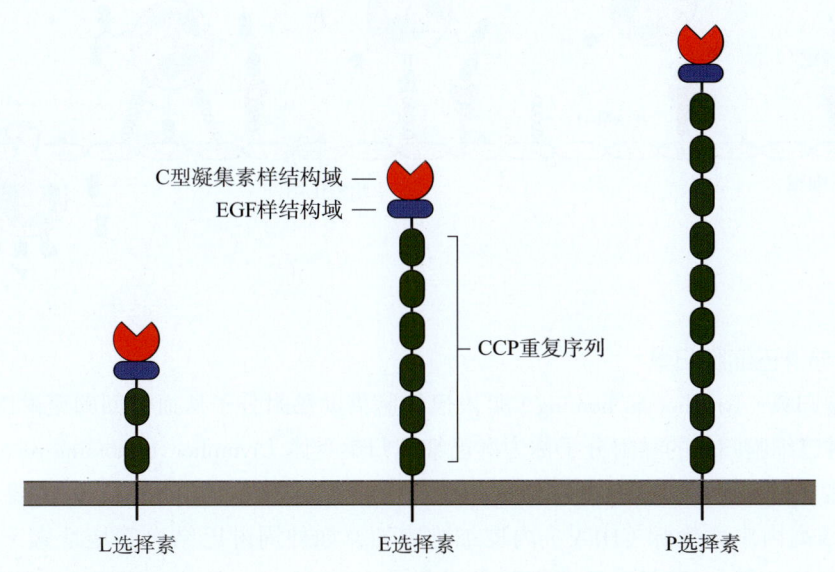

图8-4　选择素分子结构示意图

选择素家族成员包括L选择素、E选择素和P选择素，均为跨膜分子，胞膜外区由C型凝集素样结构域、EGF样结构域和数目不等的补体调节蛋白（CCP）重复序列组成

二、黏附分子的生物学作用

（一）参与免疫细胞间的相互作用和细胞活化

T细胞-APC、T细胞-B细胞及效应CTL与靶细胞之间的相互作用都离不开黏附分子的参与。例如，T细胞只能识别由抗原提呈细胞（APC）提呈的抗原肽-MHC分子复合物，并在双信号刺激下进入活化状态，这一识别和活化过程涉及的黏附分子对有：CD28/CD80（CD86）、CD2/CD58、LFA-1/ICAM-1、CD4/MHCⅡ类分子、CD40L/CD40等（详见第十四章）。

（二）参与炎症过程中白细胞与血管内皮细胞的黏附

白细胞与血管内皮细胞黏附并穿越血管内皮细胞向炎症部位渗出，是炎症过程的重要特征之一。该过程的重要分子基础是白细胞与血管内皮细胞间黏附分子的相互作用。以中性粒细胞为例，在炎症发生初期，中性粒细胞表面的唾液酸化的路易斯寡糖^x（sLe^x）与内皮细胞表面炎症介质所诱导表达的E选择素的相互作用，介导了中性粒细胞沿血管壁的滚动和最初的结合；随后，中性粒细胞IL-8受体结合内皮细胞表面的膜型IL-8，从而刺激细胞表面LFA-1和Mac-1等整合素分子表达上调和活化，并同内皮细胞表面由促炎因子促进表达的ICAM-1结合，LFA-1或Mac-1同ICAM-1的结合对于中性粒细胞与内皮细胞紧密的黏附和穿出血管内皮细胞到炎症部位发挥关键的作用（图8-5）。

动画8-4

介导白细胞与血管内皮细胞黏附

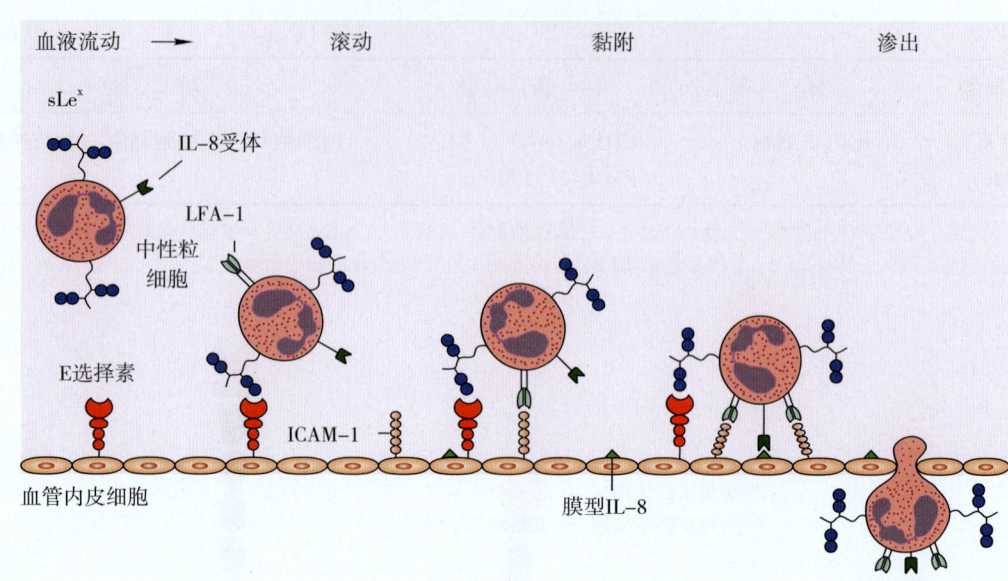

图 8-5　黏附分子参与中性粒细胞与血管内皮细胞的黏附
炎症初期，中性粒细胞表面sLe^{x}与内皮细胞表面E选择素相互结合而黏附于血管壁。随后，中性粒细胞表面IL-8受体与内皮细胞表面膜型IL-8结合，诱导其表面LFA-1分子表达上调，导致中性粒细胞与内皮细胞紧密黏附并穿越血管壁到达炎症部位

（三）参与淋巴细胞归巢

淋巴细胞归巢（lymphocyte homing）是淋巴细胞借助黏附分子从血液回归至淋巴组织的定向迁移。介导淋巴细胞归巢的黏附分子称为淋巴细胞归巢受体（lymphocyte homing receptor，LHR），包括 L 选择素、LFA-1 等。LHR 的配体称为血管地址素（vascular addressin），主要表达于血管，尤其是淋巴结高内皮微静脉（HEV）内皮细胞表面，如外周淋巴结血管地址素（PNAd，包括 CD34 和 GlyCAM-1 等）、黏膜地址素细胞黏附分子（MAdCAM-1）、ICAM-1、ICAM-2 等。通过 L 选择素/PNAd、LFA-1/ICAM-1 等相互作用，介导淋巴细胞黏附并穿越 HEV 管壁回归至淋巴结中，继而再经淋巴管、胸导管进入血液，进行淋巴细胞再循环（图 8-6）。

动画 8-5
介导淋巴细胞归巢

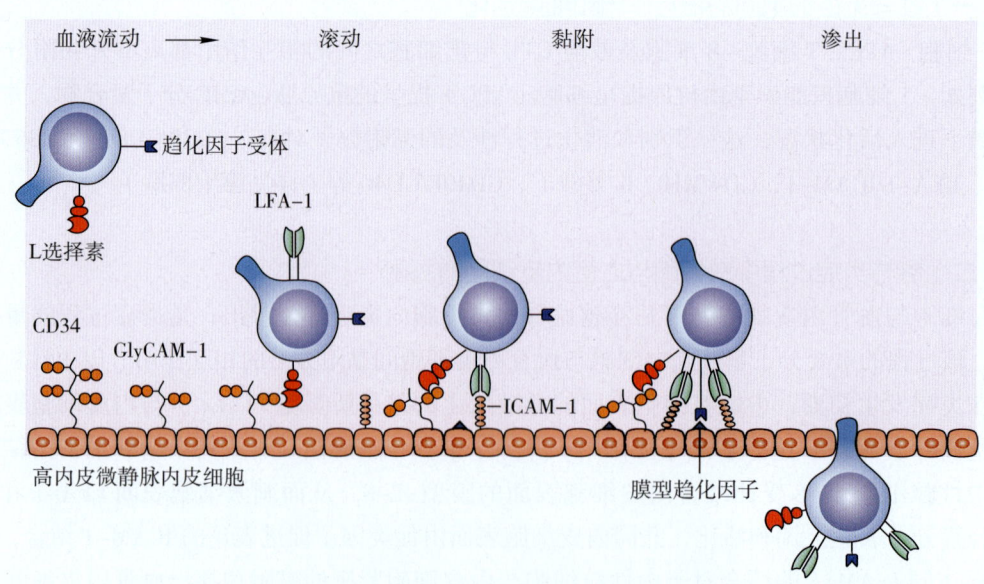

图 8-6　黏附分子参与淋巴细胞归巢
淋巴细胞表面L选择素与HEV表面PNAd（CD34和GlyCAM-1）结合，使淋巴细胞黏附于HEV管壁上；随后，淋巴细胞表面趋化因子受体与内皮细胞表面膜型配体结合，诱导其表面LFA-1分子表达上调，导致淋巴细胞与HEV紧密黏附并穿越血管壁到达淋巴组织

（马　群）

复习思考题

1. 简要说明白细胞分化抗原、CD 分子和黏附分子的基本概念及相互关系。

2. 简述 CD 分子和黏附分子的作用特点及其异同。

3. 黏附分子可分为哪几类？主要有哪些功能？

新形态教材网

👤 学习目标　　⬇ 教学课件　　📇 本章小结　　👥 开放性讨论　　📝 自测题

第九章

T淋巴细胞

关键词

T细胞	阳性选择	阴性选择	T细胞抗原受体复合物
ITAM	ITIM	CD4	CD8
共刺激分子	共抑制分子	$\alpha\beta$T细胞	$\gamma\delta$T细胞
初始T细胞	效应T细胞	记忆T细胞	CD4⁺T细胞
CD8⁺T细胞	辅助性T细胞	Th0细胞	Th1细胞
Th2细胞	Th17细胞	Tfh细胞	CTL
Treg			

淋巴细胞是免疫系统的主要细胞，淋巴细胞又包括许多表型与功能各不相同的类型，如T细胞、B细胞、NK细胞等。而每一类型的淋巴细胞还可再细分为不同的亚群，细胞亚群的多样性和复杂性恰恰反映了免疫应答的复杂性、多样性和精密性。T细胞是机体免疫系统中最重要的免疫细胞，其众多亚群在免疫应答、免疫调节中发挥着不可替代的重要作用。本章所介绍的T细胞的发育、分化、表面分子、亚群及功能，对于进一步学习和掌握免疫应答的规律及机制至关重要。

思维导图

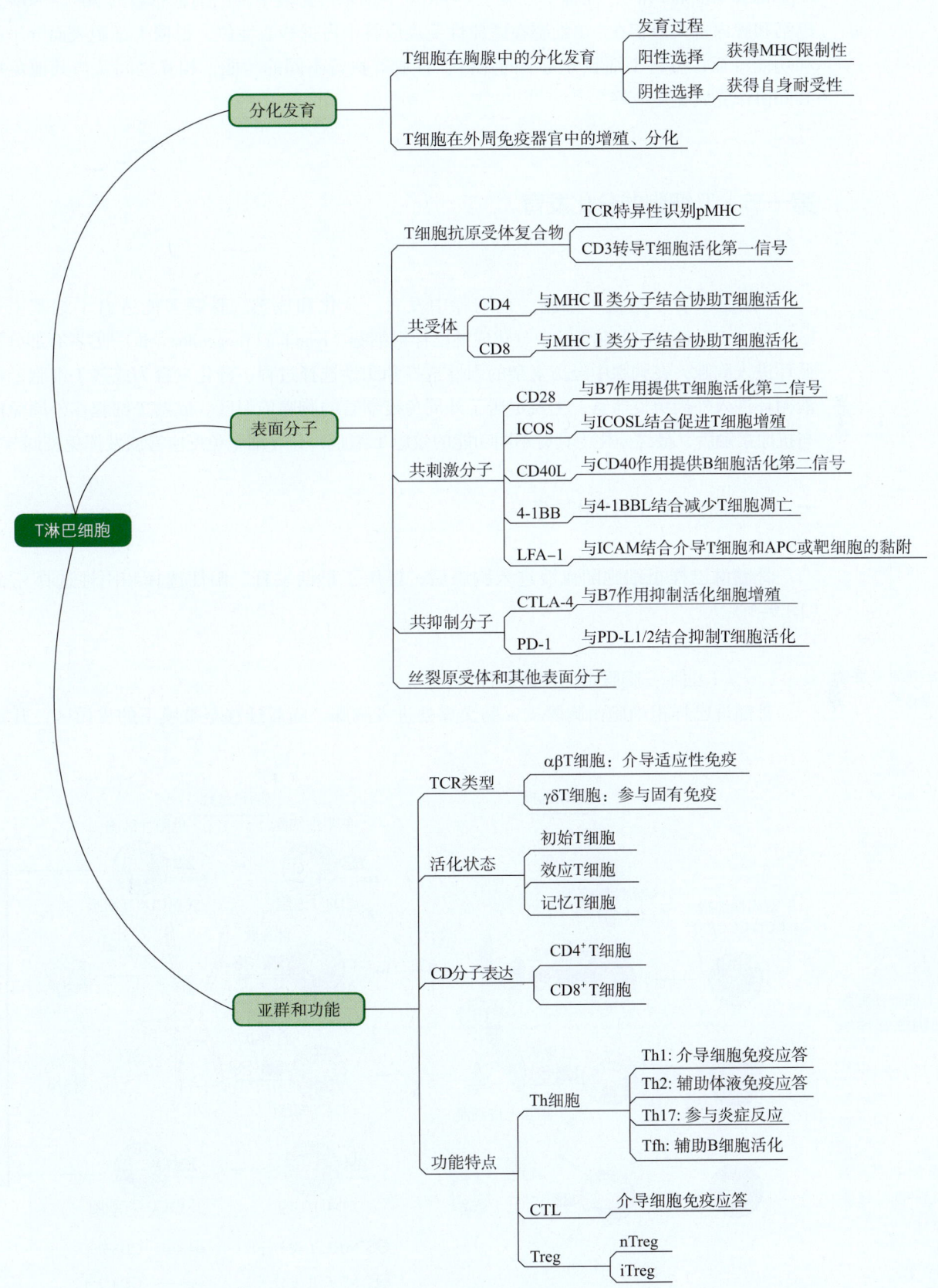

T 淋巴细胞（T lymphocyte）在胸腺中发育成熟，故称为胸腺依赖性淋巴细胞（thymus-dependent lymphocyte），简称 T 细胞（T cell）。T 细胞占血液中淋巴细胞总数的 70%～80%，在淋巴结和脾内也大量存在。T 细胞在适应性免疫应答中占据核心地位，根据 T 细胞表面分子的组成和功能特征，可将 T 细胞分为不同亚群，各亚群执行不同的功能，相互之间及与其他免疫细胞共同协作完成免疫应答。

第一节　T 细胞的分化发育

T 细胞来源于造血干细胞，在胸腺中发育、分化和成熟。骨髓多能造血干细胞（multiple hematopoietic stem cell）在骨髓中分化成淋巴样祖细胞（lymphoid progenitor cell）。后者有部分经血液循环进入胸腺，在胸腺中经历复杂的阳性选择和阴性选择过程，分化发育为成熟 T 细胞，再随血液循环进入外周免疫器官，主要定居于外周免疫器官的胸腺依赖区。成熟 T 细胞在外周免疫器官与抗原接触后，最终分化为具有不同功能的效应 T 细胞，介导细胞免疫应答或发挥免疫调节作用。

一、T 细胞在胸腺中的分化发育

骨髓淋巴样祖细胞随血液进入胸腺后，经历了早期发育、阳性选择和阴性选择三个阶段（图 9-1）。

微视频 9-1
T 细胞发育的阳性选择和阴性选择

（一）T 细胞在胸腺中的发育过程
骨髓淋巴样祖细胞由胸腺皮 - 髓交界处进入胸腺，随后迁移至被膜下的皮质区，开始其向

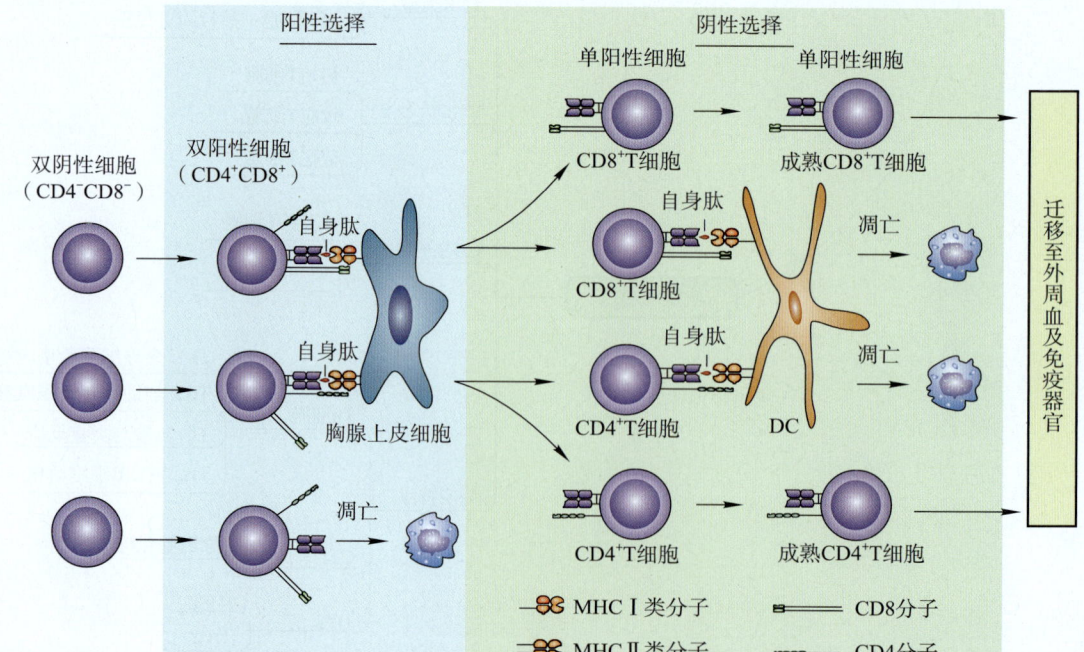

图 9-1　T 细胞在胸腺内阳性和阴性选择示意图
阳性选择（获得 MHC 限制性）：识别和结合自身 MHC 的双阳性细胞分化为 SP 细胞，不结合者发生凋亡。阴性选择（获得自身耐受性）：高亲和力结合自身肽 MHC 分子复合物的单阳性细胞发生凋亡，不结合者分化成熟

成熟 T 细胞的分化发育过程。在胸腺中尚未发育成熟的 T 细胞统称为胸腺细胞（thymocyte）。位于胸腺皮质区的胸腺细胞称为祖 T 细胞（pro-T cell）。在胸腺微环境影响下，T 细胞的发育经历祖 T 细胞→前 T 细胞（pre-T cell）→未成熟 T 细胞→成熟 T 细胞等阶段，并逐步由胸腺皮质区向髓质区移行。不同阶段 T 细胞表达不同的表面分子，依据 CD4 和 CD8 的表达，胸腺中的 T 细胞又可分为双阴性细胞（double negative，DN）、双阳性细胞（double positive，DP）和单阳性细胞（single positive，SP）三个发育阶段。

祖 T 细胞不表达 CD4 和 CD8 分子，为 $CD4^-CD8^-$ 双阴性细胞。此种 DN 细胞表达 CD3 分子，但不表达 T 细胞受体（TCR），故又称三阴性细胞（triple negative cell）。随着 $CD4^-CD8^-$ 双阴性细胞向深皮质区迁移，逐渐发生 TCR α、β 基因重排和表达，首先表达 TCR β 链（无抗原识别功能的 T 细胞受体），此种双阴性 T 细胞称为前 T 细胞；前 T 细胞继续分化发育为表达完整 T 细胞受体（αβTCR）、CD4 和 CD8 分子的双阳性细胞。成功表达 TCR 的双阳性细胞即为未成熟 T 细胞，不能表达完整 TCR 的 T 细胞将发生凋亡。未成熟 T 细胞在胸腺中经历阳性选择并进一步分化为 SP 细胞，SP 细胞经历阴性选择发育成熟并进入外周免疫器官。

（二）T 细胞发育的阳性选择和阴性选择

1. 阳性选择（positive selection）　在胸腺皮质区，未成熟 T 细胞寿命短暂，容易夭折。DP 细胞可通过其表面 αβTCR 与皮质基质细胞（主要是胸腺上皮细胞）表面自身抗原肽 –MHC 分子结合，能以适当亲和力与抗原肽 –MHC 分子结合的 DP 细胞则存活并转化为 SP 细胞；不能结合抗原肽 –MHC 分子或以高亲和力结合的 DP 细胞则发生凋亡，此即为 T 细胞的阳性选择。凋亡细胞占 DP 细胞的 95% 以上，仅约 5% 的 DP 细胞经历阳性选择而存活。在此过程中，DP 细胞分化为两种 SP 细胞：与 MHC Ⅰ 类分子结合的 DP 细胞分化为 $CD4^-CD8^+$ SP 细胞，与 MHC Ⅱ 类分子结合的 DP 细胞则分化为 $CD4^+CD8^-$ SP 细胞。因此，阳性选择的意义是：获得自身 MHC 限制性，即 $CD4^+$ T 细胞只能识别由 MHC Ⅱ 类分子提呈的抗原肽，而 $CD8^+$ T 细胞只能识别由 MHC Ⅰ 类分子提呈的抗原肽（图 9–1）。

2. 阴性选择（negative selection）　未成熟 T 细胞的阴性选择可以发生在皮质的 DP 阶段和髓质的 SP 阶段。在 DP 阶段介导阴性选择的是胸腺上皮细胞，如果 DP 细胞以高亲和力结合胸腺上皮细胞表面的自身抗原肽 MHC Ⅰ 类或 MHC Ⅱ 类分子复合物，则发生凋亡。在髓质区 $CD4^+$ SP 细胞或 $CD8^+$ SP 细胞通过其表面 αβTCR 分别与胸腺树突状细胞或巨噬细胞表面的自身抗原肽 –MHC Ⅱ/Ⅰ 类分子复合物相互作用，以高亲和力结合的 SP 将被诱导发生凋亡；而那些以低亲和力或未能与树突状细胞、巨噬细胞表面自身抗原肽 –MHC Ⅱ/Ⅰ 类分子复合物结合的 SP 细胞则得以存活，并进一步分化发育为具有免疫活性的成熟 T 细胞，此即 T 细胞的阴性选择。阴性选择的意义在于清除自身反应性 T 细胞，获得自身中枢免疫耐受（图 9–1）。另外，阴性选择过程中部分亲和力强的 $CD4^+$ T 细胞可分化为调节性 T 细胞，可防止自身免疫反应，其机制尚不清楚。

经过胸腺发育的成熟 $CD4^+$ T 细胞或 $CD8^+$ T 细胞进入胸腺髓质区，成为能特异性识别抗原肽–MHC Ⅱ 类分子复合物或抗原肽–MHC Ⅰ 类分子复合物、并具有自身 MHC 限制性及自身免疫耐受性的成熟 T 细胞，迁出胸腺，进入外周免疫器官和组织。

二、T 细胞在外周免疫器官中的增殖、分化

从胸腺进入外周免疫器官尚未接触抗原的成熟 T 细胞称初始 T 细胞（naïve T cell），主要定

居于外周免疫器官的胸腺依赖区。T 细胞的迁徙和定居与其在胸腺发育中获得相应的淋巴细胞归巢受体（如 L 选凝素等黏附分子和 CCR7 等趋化因子受体）有关。T 细胞在外周免疫器官与抗原接触后，最终分化为具有不同功能的效应 T 细胞亚群、调节性 T 细胞或记忆 T 细胞。

第二节　T 细胞表面分子及其作用

T 细胞表面具有许多重要的膜分子，它们参与 T 细胞识别抗原、活化、增殖、分化，以及效应功能的发挥。其中，一些膜分子还是区分 T 细胞及 T 细胞亚群的重要标志。

一、T 细胞抗原受体复合物

T 细胞抗原受体（TCR）是 T 细胞特有的识别特异性抗原的功能性结构。TCR 分子与 CD3 分子共同组成 T 细胞抗原受体复合物，以 TCR-CD3 复合物形式存在于 T 细胞表面，构成 T 细胞特异性识别抗原和传递细胞活化信号的基本结构（图 9-2）。

1. TCR 的结构和功能　TCR 是由两条不同肽链构成的异二聚体，构成 TCR 的肽链有 α、β、γ、δ 4 种。根据所含肽链的不同，TCR 分为 TCRαβ 和 TCRγδ 两种，表达相应 TCR 的 T 细胞分别称为 αβT 细胞和 γδT 细胞。构成 TCR 的两条肽链均是跨膜蛋白，由二硫键相连。每条肽链胞外区均有两个结构域，即靠近氨基（N）端的可变区（V 区）和靠近细胞膜的恒定区（C 区）。V 区中含有 3 个互补决定区（CDR1、CDR2 和 CDR3），是 TCR 识别抗原肽 -MHC 分子复合物的功能区。两条肽链的跨膜区具有带正电荷的氨基酸残基（赖氨酸或精氨酸），通过离子键与 CD3 分子的跨膜区连接，形成 TCR-CD3 复合物。构成 TCR 的两条肽链的胞质区较短，不具有转导活化信号的功能。TCR 识别抗原所产生的活化信号由 CD3 传导至 T 细胞内，使 T 细胞获得第一活化信号。

2. CD3 分子的结构和功能　CD3 分子为多聚体分子，由 γ、δ、ε、ζ 和 η 5 种肽链组成，其中 ε 链分别与 γ 链和 δ 链非共价结合，组成 γε 和 δε 异二聚体；ζ 链多以 ζζ 同源二聚体形式存在，也存在 ζη 异二聚体形式。因此，一个 CD3 分子包含上述三对二聚体。CD3 分子的 5 种肽链均为跨膜蛋白，跨膜区具有带负电荷的氨基酸残基（天冬氨酸），与 T 细胞表面的 TCR 跨膜区带有正电荷的氨基酸残基形成离子键，组成 T 细胞抗原受体复合物（图 9-2）。

CD3 分子各肽链的胞质区较长，均含有免疫受体酪氨酸活化基序（immunoreceptor tyrosine-based activation motif，ITAM）。ITAM 由 18 个氨基酸残基组成，其中含有 2 个 YxxL/V（x 代表任意氨基酸，即酪氨酸 -2 个任意氨基酸 - 亮氨酸或缬氨酸）保守序列。TCR 特异性结

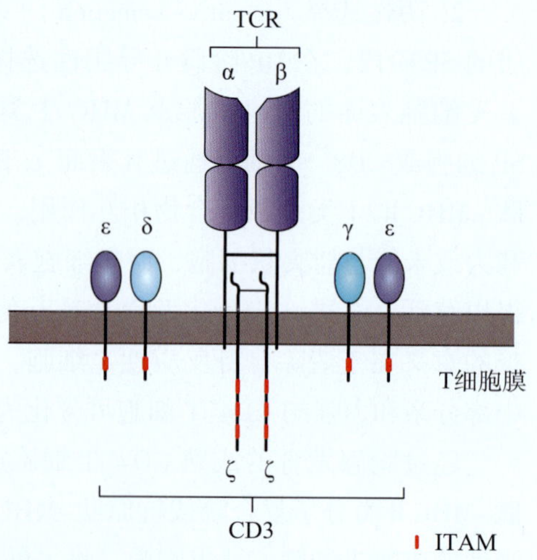

动画 9-1
TCR-CD3 复合物的结构

动画 9-2
TCR- 抗原肽 -MHC 三元体

微视频 9-2
TCR-CD3 复合物

图 9-2　T 细胞抗原受体复合物分子示意图
TCR α 和 β（或 γ 和 δ）链胞膜外区的结构与免疫球蛋白类似，远膜端为可变区，近膜端为恒定区，两条链在近膜侧以二硫键相连。跨膜区带有正电荷，可与 CD3 形成离子键。CD3 分子胞质区较长，含 ITAM，可传递 TCR 特异性识别抗原的信号

合抗原后，该保守序列的酪氨酸残基（Y）被细胞内的酪氨酸蛋白激酶磷酸化，由此引起信号转导的级联反应，导致 T 细胞活化。因此，CD3 分子的功能是转导 TCR 识别抗原所产生的活化信号，此即 T 细胞激活的第一信号。

二、T 细胞共受体

　　CD4、CD8 分子分别是 CD4⁺ T 细胞、CD8⁺ T 细胞的重要表面标志，是 TCR 识别抗原的共受体（co-receptor），其主要功能是辅助 TCR 识别抗原和参与 T 细胞活化信号的转导。

　　1. CD4 的结构和功能　　CD4 分子是一种单链跨膜糖蛋白，属 Ig 超家族成员，是识别结合 MHC Ⅱ 类分子的受体。CD4 分子胞膜外区具有 4 个 Ig 样结构域，其中远膜端的 2 个结构域能够与 MHC Ⅱ 类分子 β 链的第 2 个结构域结合。其胞质区与蛋白酪氨酸激酶 p56^Lck 相连，参与胞内活化信号的转导（图 9-3）。CD4 分子也是人类免疫缺陷病毒（HIV）壳膜蛋白 gp120 的受体，因此 HIV 可选择性感染 CD4⁺ T 细胞，引发获得性免疫缺陷综合征（AIDS）。

　　2. CD8 的结构和功能　　CD8 分子是由 α 和 β 肽链组成的异二聚体，两条肽链均为跨膜蛋白，由二硫键连接，属 Ig 超家族成员。CD8 分子胞膜外区各含 1 个 Ig 样结构域，能与 MHC Ⅰ 类分子 α 链的 α3 结构域结合，其胞质区也与 p56^Lck 相连，参与胞内活化信号的转导（图 9-4）。

　　CD4 和 CD8 分别与 MHC Ⅱ 类和 MHC Ⅰ 类分子结合，可增强 T 细胞与 APC 或靶细胞之间的相互作用并辅助 TCR 识别抗原。CD4 和 CD8 的胞质区可结合酪氨酸蛋白激酶 p56^Lck。p56^Lck 激活后，可催化 CD3 胞质区 ITAM 中酪氨酸残基的磷酸化，产生 T 细胞活化第一信号，从而引发一系列激酶级联反应。

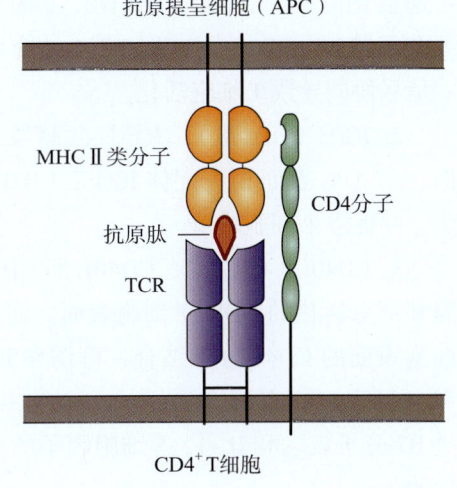

图 9-3　CD4 分子与相应配体结合示意图
CD4 分子胞外段与 APC 表面 MHC Ⅱ 类分子 β 链的非多态区结合，参与 Th 细胞第一活化信号产生

微视频 9-3
CD4 和 CD8 分子的结构和功能

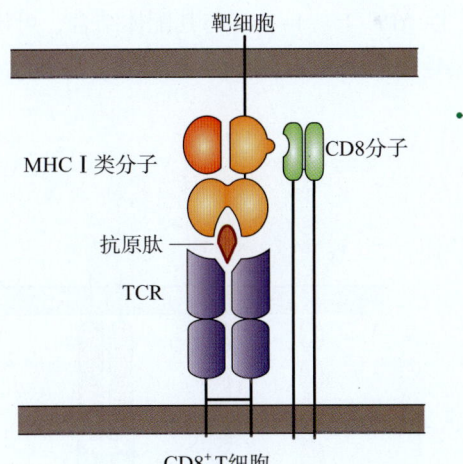

图 9-4　CD8 分子与相应配体结合示意图
CD8 分子胞外段与靶细胞表面 MHC Ⅰ 类分子 α 链的非多态区 α3 结合，参与 CTL 第一活化信号产生

三、共刺激分子

　　共刺激分子（co-stimulatory molecule）是表达于 APC 和 T、B 细胞表面，为 T、B 细胞完全活化提供共刺激信号的细胞表面分子。根据分子结构可将其分为免疫球蛋白超家族（IgSF）、肿瘤坏死因子超家族（TNFSF）和整合素家族。

　　初始 T 细胞完全活化需要两种活化信号的共同作用。第一信号（抗原刺激信号）由 TCR 识别 APC 提呈的 pMHC 产生，CD3 转导信号，CD4 或 CD8 起辅助作用，第一信号使 T 细胞初步活化。第二信号则由 APC 或靶细胞表面的共刺激分子（共刺激信号）与 T 细胞表面的相应受体

微视频 9-4
共刺激分子和共抑制
分子

相互作用产生。共刺激信号使 T 细胞完全活化，活化 T 细胞分泌细胞因子并表达细胞因子受体，在细胞因子的作用下分化和增殖（图 9-5）。

T 细胞的共刺激分子主要包括 CD28 家族成员（CD28 和 ICOS）、ICAM 等，其分子结构属于 IgSF 成员；CD28 家族的配体为 CD80、CD86 及 ICOSL。

1. CD28　属 Ig 超家族成员，是由两条相同肽链组成的同源二聚体，表达于大部分 T 细胞表面。CD28 的配体是表达于 APC 表面的 B7-1（CD80）和 B7-2（CD86），其胞内区含有 ITAM，传递活化信号。CD28 与 B7-1/B7-2 的互补结合是 T 细胞 -DC、T 细胞 -B 细胞间相互作用的重要分子基础，CD28 与 B7-1/B7-2 结合可提供 T 细胞活化所需的共刺激信号（第二信号），与第一信号协同导致 T 细胞活化。

2. ICOS（CD278）　诱导性共刺激分子（inducible costimulator，ICOS）表达于活化 T 细胞表面，与 APC 表面相应配体 ICOSL（B7H2/CD275）结合后，调节活化 T 细胞多种细胞因子的产生，并促进 T 细胞增殖。

3. CD40L（CD154）　CD40L 即 CD40 配体，为 TNF 超家族成员，表达于活化的 CD4[+] T 细胞和部分活化的 CD8[+] T 细胞表面，而 CD40 表达于 APC 表面。活化 T 细胞表面的 CD40L 与 B 细胞表面的 CD40 分子结合，可诱导 B 细胞产生共刺激信号，即 B 细胞活化第二信号；与 DC 和 Mφ 等 APC 表面的 CD40 分子结合并相互作用，可促进 T 细胞活化；同时诱导 APC 活化，促进 B7 分子表达和 IL-12 等细胞因子的合成。因此，CD40L 与 CD40 的结合所产生的效应是双向性的。

4. 4-1BB（CD137）　又称 TNFSF9，属于肿瘤坏死因子受体超家族成员。4-1BB 可以在活化 T 细胞和 NK 细胞、DC、巨噬细胞等非 T 细胞上表达，其配体 4-1BBL 主要表达于活化的专职性 APC 上。4-1BB 与其配体结合，可诱导 T 细胞表达抗细胞凋亡蛋白，减少 T 细胞凋亡。此外，4-1BB 还可与 CD28 协同作用，促进活化 T 细胞产生细胞因子。

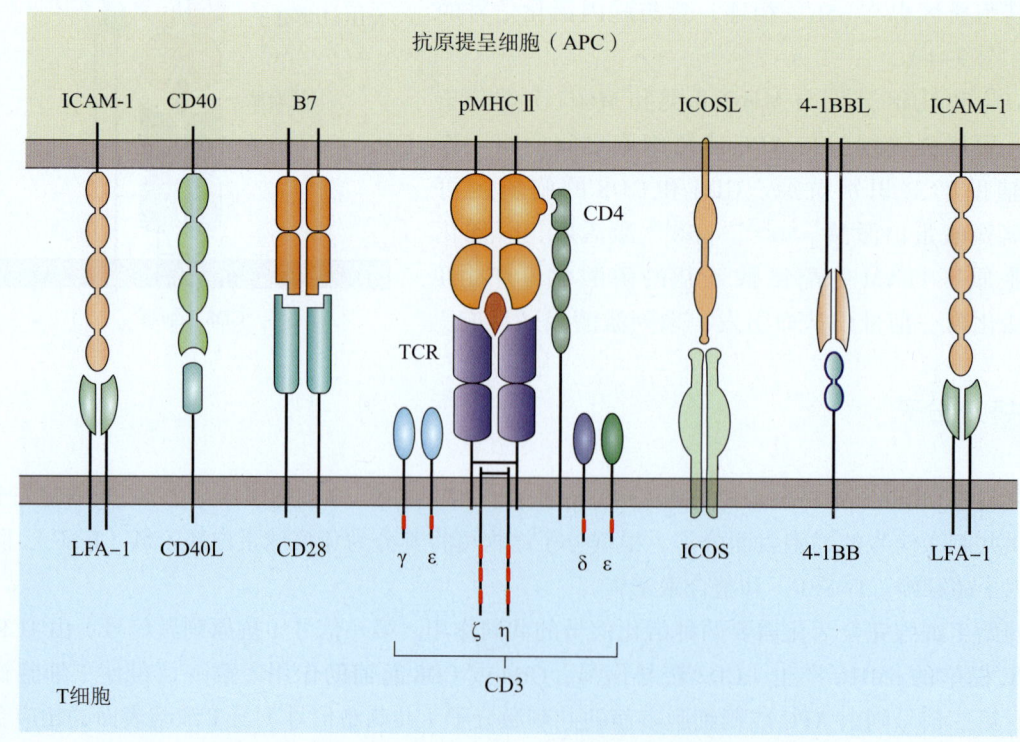

图 9-5　T 细胞与 APC 之间的共刺激分子
T 细胞表面的TCR在识别APC提呈的pMHC时，抗原刺激信号可通过CD3传入细胞内，为T细胞活化的第一信号；APC与T细胞表面共刺激分子的相互作用为T细胞的活化提供第二信号，主要包括BT-CD28、CD40-CD40L、ICOSL-ICOS、4-IBBL-4-IBB、ICAM-1-LFA-1等分子间的相互作用

5. LFA-1　淋巴细胞功能相关抗原 1（lymphocyte function associated antigen-1，LFA-1）是由 α 链和 β 链组成的异二聚体，为整合素家族成员，主要表达于 T 细胞表面。LFA-1 能与 APC 表面的细胞间黏附分子 -1、2（intercellular adhesion molecules-1、2，ICAM-1、2）结合，介导 T 细胞与 APC 或靶细胞的黏附。

四、共抑制分子

除共刺激分子外，有些表面分子可以提供免疫抑制信号，称为共抑制分子或免疫检查点分子。T 细胞表面的共抑制分子主要有 CTLA-4、PD-1 等，其配体分别为 CD80、CD86 及 PD-L1、PD-L2。

1. CTLA-4（CD152）　为同源二聚体，表达于活化的 $CD4^+$ 和 $CD8^+$ T 细胞表面，静止 T 细胞不表达。CTLA-4 与 CD28 分子有一定的同源性，其配体亦是 B7-1/B7-2（CD80/CD86），但 CTLA-4 与配体结合的亲和力显著高于 CD28。由于 CTLA-4 胞质区含有免疫受体酪氨酸抑制基序（immunoreceptor tyrosine-based inhibitory motif，ITIM），故传递抑制性信号。通常 T 细胞活化并发挥效应后才表达 CTLA-4，其与 B7-1/B7-2 结合可抑制 T 细胞增殖，对 T 细胞介导的免疫应答具有负调节作用。CTLA-4 属于免疫检查点分子，抗 CTLA-4 抗体可阻断 CTLA-4 的作用，解除对 T 细胞活化的抑制，从而发挥抗肿瘤效应。

2. PD-1　表达于活化 T 细胞表面，配体是表达于多种细胞或肿瘤细胞表面的 PD-L1 和 PD-L2；上述配体胞质区尾肽含 ITIM，可传递细胞活化抑制信号。PD-1 也属于免疫检查点分子，PD-1 与 PD-L1/2 的结合可抑制 T 细胞的活化，是肿瘤细胞免疫逃逸的重要机制；用抗 PD1 或抗 PD-L1/2 抗体阻断 PD-1，可促进 T 细胞活化，增强机体抗肿瘤效应。

微视频 9-5
PD-1 分子

知识拓展 9-1
PD-1、PD-L1 与肿瘤的免疫治疗

五、丝裂原受体及其他表面分子

T 细胞还表达多种丝裂原（mitogen）受体。丝裂原可非特异性直接诱导静息 T 细胞活化和增殖。植物血凝素（phytohemagglutinin，PHA）、刀豆蛋白 A（concanavalin A，Con A）是最常用的 T 细胞丝裂原；美洲商陆丝裂原（pokeweed mitogen，PWM）除诱导 T 细胞活化之外，还可诱导 B 细胞活化。在体外常用 PHA 刺激人外周血 T 细胞，观察其增殖分化程度，用于检测机体细胞免疫功能状态，此即淋巴细胞转化试验。

T 细胞活化后还表达许多与效应功能有关的分子，如与其活化、增殖和分化密切相关的细胞因子受体（cytokine receptor，CKR）：IL-1R、IL-2R、IL-4R、IL-6R、IL-7R、IL-12R、IFN-γR 和趋化因子受体等。

T 细胞也表达 Fc 受体（如 FcγR 等）、补体受体（CR1）及诱导细胞凋亡的 FasL（CD95L）等。

动画 9-3
与 T 细胞识别、黏附、活化有关的 CD 分子

第三节　T 细胞亚群和功能

微视频 9-6
αβT 细胞和 γδT 细胞的比较

成熟 T 细胞是具有高度异质性的细胞群体，根据其表面标志和功能特点可分为若干亚群，各亚群之间相互调节，共同发挥其免疫功能。

一、根据 TCR 类型分类

1. αβT 细胞　为表达 TCRαβ 的 T 细胞，即通常所称的 T 细胞，如未特指，本书所述的各类 T 细胞均为 αβT 细胞。αβT 细胞是执行适应性免疫应答的 T 细胞，占脾、淋巴结和循环 T 细胞的 95% 以上。αβT 细胞多为 CD4 或 CD8 单阳性细胞，只能识别 MHC 分子提呈的抗原肽，即表达在 APC 表面的抗原肽 –MHC 分子复合物，并且具有自身 MHC 限制性，其主要功能是介导细胞免疫、辅助体液免疫和参与免疫调节。

2. γδT 细胞　为表达 TCRγδ 的 T 细胞，主要分布于皮肤、黏膜和皮下组织，其抗原受体缺乏多样性，主要识别 CD1 分子提呈的脂类抗原或某些完整的多肽抗原，且不受 MHC 限制。γδT 细胞多为 CD4⁻CD8⁻ 细胞（少数为 CD8⁺）。γδT 细胞是执行固有免疫应答的 T 细胞，具有抗感染和抗肿瘤作用，可杀伤病毒或胞内病原体感染、表达热休克蛋白和异常表达 CD1 分子的靶细胞，以及杀伤某些肿瘤细胞。活化的 γδT 细胞还可通过分泌多种细胞因子（如 IL-2、IL-3、IL-4、IL-5、IL-6、GM–CSF、TNF–α、IFN–γ 等）发挥免疫调节作用和介导炎症反应。

αβT 细胞与 γδ T 细胞的比较见表 9–1。

表 9–1　αβT 细胞与 γδT 细胞的比较

特征		αβT 细胞	γδT 细胞
TCR		高度多样性	较少多样性
分布	外周血	60%～70%	5%～15%
	组织	外周淋巴组织	黏膜和皮下组织
表型	CD3CD2	100%	100%
	CD4⁺CD8⁻	60%～65%	< 1%
	CD4⁻CD8⁺	30%～35%	20%～50%
	CD4⁻CD8⁻	< 5%	≥50%
识别抗原		经典 MHC 分子提呈的线性多肽	直接识别某些细胞表面的糖蛋白、热休克蛋白和磷酸化抗原，或 CD1 分子提呈的脂类抗原
抗原识别特异性		高（单一特异性）	较低（泛特异性）
提呈抗原		经典 MHC 分子	MHC Ⅰ 类样分子
MHC 限制		有	无
免疫记忆		有	无
主要作用		介导细胞免疫，辅助体液免疫和参与免疫调节	杀伤某些肿瘤细胞和病毒感染或胞内寄生菌感染的靶细胞

二、根据活化状态分类

1. 初始 T 细胞（naïve T cell，Tn）　是指从未接受过抗原刺激的成熟 T 细胞。该细胞存活期短，表达 CD45RA 和高水平 L 选择素（CD62L），参与淋巴细胞再循环，主要功能是识别抗原。初始 T 细胞在外周淋巴器官内接受 DC 提呈的抗原肽 –MHC 分子复合物刺激而活化，并最终分化为效应 T 细胞和记忆 T 细胞。

2. 效应 T 细胞（effector T cell，Teff）　由初始 T 细胞接受抗原刺激后分化而来，主要发挥免疫效应。效应 T 细胞存活期短，不表达 CD45RA 和 L 选择素，而表达 CD45RO 和高水平 IL-2R，借此能与初始 T 细胞相区别。效应 T 细胞能向外周炎症部位或某些器官组织迁移，但不参与淋巴细胞再循环。根据功能，效应 T 细胞又可分为辅助性 T 细胞（包括 Th1、Th2、Th17、Tfh 细胞）、细胞毒性 T 细胞（CTL）及调节性 T 细胞（Treg）等不同亚群。

3. 记忆 T 细胞（memory T cell，Tm 细胞）　可由效应 T 细胞分化而来，也可由初始 T 细胞接受抗原刺激后直接分化而来。Tm 细胞存活期长，可达数年，表达 CD45RO 和多种黏附分子（如 CD44），主要存在于血液和外周免疫器官，并能向炎症部位和某些组织迁移，可参与淋巴细胞再循环。Tm 细胞再次接受相同抗原刺激后，可迅速活化，进而增殖分化为效应 T 细胞和新生 Tm 细胞。Tm 细胞可自发性增殖，使其数量维持在一定水平，长期驻留在组织中的记忆 T 细胞被称为组织驻留记忆 T 细胞（tissue-resident memory T cell，TRM）。

三、根据 CD 分子的表达分类

1. CD4$^+$ T 细胞　CD4 分子表达于 60%～65% T 细胞及部分 NKT 细胞膜上，巨噬细胞和树突状细胞亦可表达 CD4，但表达水平较低。CD4$^+$ T 细胞识别由 13～17 个氨基酸残基组成的抗原肽，受自身 MHC Ⅱ类分子的限制，主要亚群是辅助性 T 细胞（Th 细胞），活化后主要通过分泌多种细胞因子辅助细胞免疫和体液免疫，但也有少数 CD4$^+$ T 细胞具有细胞毒作用和免疫抑制作用。

2. CD8$^+$ T 细胞　CD8 分子表达于 30%～35% T 细胞膜上。CD8$^+$ T 细胞识别由 8～10 个氨基酸残基组成的抗原肽，受自身 MHC Ⅰ类分子的限制。CD8$^+$ T 细胞主要是一类具有杀伤活性的效应细胞，称为细胞毒性 T 细胞（CTL 或 Tc 细胞）。CTL 活化后具有细胞毒作用，可特异性杀伤靶细胞。

四、根据细胞功能特点分类

根据细胞的功能特征，αβT 细胞可分为辅助性 T 细胞、细胞毒性 T 细胞和调节性 T 细胞。

1. 辅助性 T 细胞（helper T cell，Th 细胞）　是组成性表达 TCRαβ 和 CD4 分子的 T 细胞，通常所称的 CD4$^+$ T 细胞即指 Th 细胞，其 TCR 识别抗原肽受 MHC Ⅱ类分子限制。由于受抗原性质、微环境细胞因子及 APC 所表达共刺激分子等多种因素的调控，Th 细胞可分化为 Th1 细胞、Th2 细胞、Th17 细胞和 Tfh 细胞等不同功能亚群。

动画 9-4
CD4$^+$ 辅助性 T 细胞

初始 CD4$^+$ T 细胞受抗原刺激后分化为 Th0 细胞，胞内病原体、肿瘤抗原及 IL-12、IFN-γ 诱导 Th0 细胞向 Th1 细胞分化，其中 IL-12 主要由 APC 产生；普通细菌、可溶性抗原及 IL-4 诱导 Th0 细胞向 Th2 细胞分化，TGF-β 和 IL-6 诱导 Th0 细胞分化为 Th17 细胞，IL-21 和 IL-6 诱导 Th0 细胞分化为 Tfh 细胞（图 9-6）。

微视频 9-7
细胞因子对 Th 细胞亚群的调节作用

（1）Th1 细胞：主要分泌 IFN-γ、IL-2 和 TNF-β 等 Th1 型细胞因子，它们能促进 Th1 细胞的进一步增殖，进而发挥细胞免疫效应。Th1 细胞在抗胞内病原体感染中发挥重要作用。例如，IFN-γ 可活化 Mφ，并增强其对已吞噬病原体的杀伤；IL-2 和 IFN-γ 可协同刺激 CTL 的增殖和分化；IL-2、IFN-γ 可增强 NK 细胞的杀伤活性；TNF-β 可直接诱导靶细胞凋亡和促进炎症反应；IFN-γ 还能促进 IgG 的生成。Th1 细胞也是迟发型超敏反应的效应 T 细胞，故也称为迟发型超敏反应性 T 细胞（T$_{DTH}$）。在病理情况下，Th1 参与许多自身免疫病的发生和发展，如类风湿关

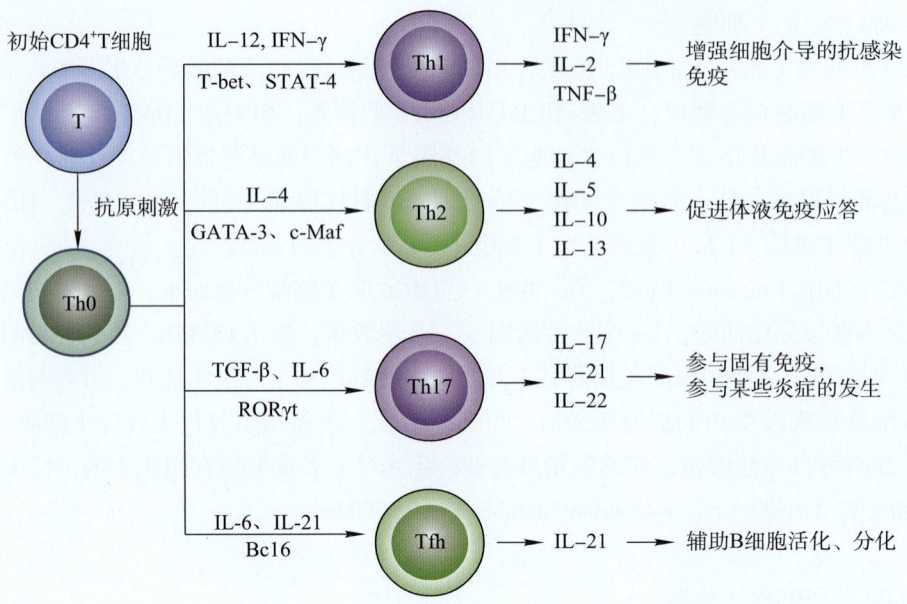

图 9-6 Th 细胞亚群形成及其产生的细胞因子和主要功能

初始T细胞在抗原刺激下发育为Th0细胞，Th0细胞在不同细胞因子作用下继续分化为Th1细胞、Th2细胞、Th17细胞、Tfh细胞等，并产生相应细胞因子发挥适应性免疫或固有免疫效应

节炎和多发性硬化等。

（2）Th2 细胞：主要分泌 IL-4、IL-5、IL-10 和 IL-13 等 Th2 型细胞因子，主要促进体液免疫应答，表现为辅助 B 细胞活化，促进 B 细胞增殖分化并产生抗体，具有抗胞外病原体感染的免疫作用。Th2 细胞在超敏反应及抗寄生虫感染中也发挥重要作用：IL-4 和 IL-5 可诱导 IgE 生成和嗜酸性粒细胞活化。特应性皮炎和支气管哮喘的发病与 Th2 型细胞因子分泌过多有关。

（3）Th17 细胞：主要分泌 IL-17、IL-21、IL-22、IL-26 和 TNF-α 等多种细胞因子，其中 IL-17 是 Th17 细胞的特征性细胞因子，参与固有免疫和某些炎症的发生，在免疫病理损伤，特别是自身免疫病的发生和发展中起重要作用。

（4）Tfh 细胞：是一种存在于外周免疫器官淋巴滤泡的 CD4$^+$ T 细胞，其产生的 IL-21 在刺激 B 细胞的增殖、分化及免疫球蛋白类别转化中起着十分重要的作用，是辅助 B 细胞应答的关键细胞。

上述不同 Th 细胞亚群的形成是 Th 细胞不同分化状态的体现，其关键形成因素是 Th 细胞所处微环境的细胞因子种类，不同 Th 细胞亚群在一定条件下可相互转变及相互制约（图 9-7）。

2. 细胞毒性 T 细胞（cytotoxic T lymphocyte，CTL，或 cytotoxic T cell，Tc 细胞）是组成性表达 TCRαβ 和 CD8 分子的 T 细胞，其 TCR 识别抗原受 MHC Ⅰ 类分子限制。通常所称的 CD8$^+$ T 细胞即指 CTL，而同样有细胞毒作用的 γδT 细胞和 NKT 细胞不属于 CTL。CTL 的主要作用是特异性杀伤肿瘤和病毒感染的靶细胞，同时也可分泌细胞因子，参与免疫调节。活化 CTL 可通过以下作用机制产生细胞毒作用：一是释放穿孔素（perforin）和颗粒酶（granzyme）及淋巴毒素（LTα），使靶细胞溶解破坏或发生凋亡；二是高表达 FasL 诱导靶细胞凋亡。CTL 在杀伤靶细胞的过程中自身不受损伤，可连续杀伤多个靶细胞。

3. 调节性 T 细胞（regulatory T cell，Treg）通常所称的 Treg 是 CD4$^+$CD25$^+$Foxp3$^+$ T 细胞。Foxp3（forkhead box p3）是一种转录因子，参与 Treg 的分化和功能，是 Treg 的重要标志。Treg 在免疫耐受、自身免疫病、感染性疾病、器官移植、肿瘤等多种疾病中发挥重要的作用。根据来源可分为两类（表 9-2）。

知识拓展 9-2
Tfh 细胞

临床聚焦 9-1
Treg 与系统性红斑狼疮

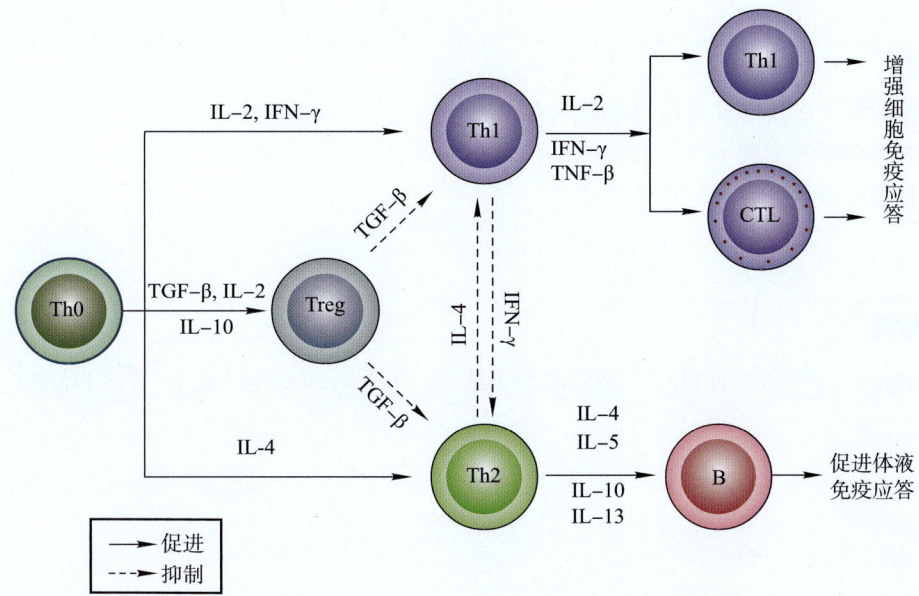

图 9-7　细胞因子对 Th 细胞亚群的调节作用

局部微环境中的细胞因子是调控Th0细胞、Th1细胞、Th2细胞分化的关键因素。Th1与Th2细胞之间存在相互制约关系，Th1细胞产生的IFN-γ可抑制Th2细胞的分化，Th2细胞产生的IL-4可与IL-13共同抑制Th1细胞的分化和功能

表 9-2　两类调节性 T 细胞的比较

特点	自然调节性 T 细胞	诱导性调节性 T 细胞
诱导部位	胸腺	外周
CD25 表达	+++	-/+
转录因子 Foxp3	+++	+
抗原特异性	自身抗原（胸腺中）	组织特异性抗原和外来抗原
发挥效应作用的机制	细胞接触，分泌细胞因子	分泌细胞因子，细胞接触
功能	抑制自身反应性 T 细胞介导的病理性应答	抑制自身损伤性炎症反应和移植排斥反应，利于肿瘤生长
举例	CD4$^+$ CD25$^+$Foxp3$^+$ T 细胞	CD4$^+$ 的 Tr1 细胞

（1）自然调节性 T 细胞（natural Treg, nTreg）：即 CD4$^+$ CD25$^+$ Foxp3$^+$ Treg。由胸腺分化而来，占外周血 CD4$^+$ T 细胞的 5% ~ 10%。此类细胞本身缺乏增殖能力，但具有天然的免疫抑制作用，可抑制 CD4$^+$ 或 CD8$^+$ T 细胞活化、增殖，并能抑制初始 T 细胞和记忆 T 细胞功能。

（2）诱导性调节性 T 细胞（inducible Treg, iTreg）：由初始 CD4$^+$ T 细胞在外周免疫器官经抗原及其他因素（如 TGF-β 和 IL-2）诱导而产生，对多种免疫细胞具有抑制作用。iTreg 主要通过释放抑制性细胞因子对免疫细胞产生抑制作用。

Tr1 细胞是 iTreg 的一个主要亚群，主要分泌 IL-10 和 TGF-β，可抑制炎症性自身免疫反应和由 Th1 细胞介导的淋巴细胞增殖及移植排斥反应。此外，Tr1 细胞可通过分泌 IL-10 在防治超敏反应性疾病（如哮喘）中发挥作用。

另外，在 CD8$^+$ T 细胞中也存在一群 CD8$^+$ 调节性 T 细胞（CD8$^+$ Treg），对自身反应性 CD4$^+$ T 细胞具有抑制活性，并可抑制移植物排斥反应。

（官　杰）

复习思考题

1. T 细胞在胸腺中主要的发育阶段和意义是什么？

2. T 细胞表面有哪些主要分子？其功能是什么？

3. T 细胞有哪些亚群？各自的功能是什么？

新形态教材网

👤 学习目标　　🖥 教学课件　　👤≡ 本章小结　　👥 开放性讨论　　📝 自测题

第十章
B淋巴细胞

关键词

未成熟B细胞	初始B细胞	记忆B细胞	B1细胞
B2细胞	mIg	BCR复合物	B细胞共受体
B细胞共刺激分子	克隆清除

　　B淋巴细胞是另一类重要的抗原特异性淋巴细胞,正如T细胞一样,B细胞主要在特异性免疫应答中发挥作用。B细胞能特异性识别抗原并最终分化为浆细胞而产生抗体,介导特异性体液免疫应答。本章所介绍的B细胞的分化发育、表面分子、分类与功能,对于进一步学习和掌握体液免疫应答的规律和效应具有重要作用。

思维导图

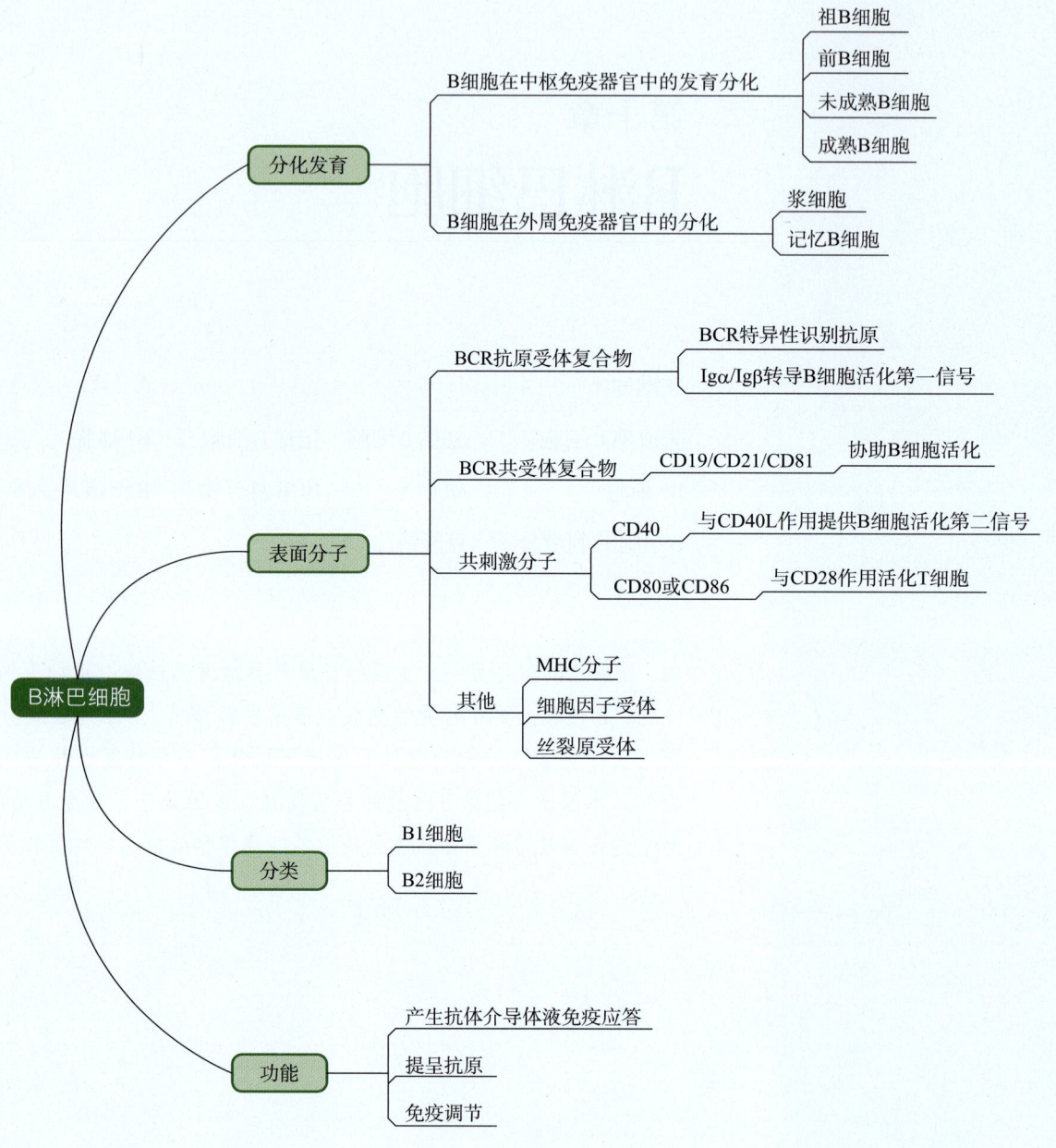

- B淋巴细胞
  - 分化发育
    - B细胞在中枢免疫器官中的发育分化
      - 祖B细胞
      - 前B细胞
      - 未成熟B细胞
      - 成熟B细胞
    - B细胞在外周免疫器官中的分化
      - 浆细胞
      - 记忆B细胞
  - 表面分子
    - BCR抗原受体复合物
      - BCR特异性识别抗原
      - Igα/Igβ转导B细胞活化第一信号
    - BCR共受体复合物
      - CD19/CD21/CD81 —— 协助B细胞活化
    - 共刺激分子
      - CD40 —— 与CD40L作用提供B细胞活化第二信号
      - CD80或CD86 —— 与CD28作用活化T细胞
    - 其他
      - MHC分子
      - 细胞因子受体
      - 丝裂原受体
  - 分类
    - B1细胞
    - B2细胞
  - 功能
    - 产生抗体介导体液免疫应答
    - 提呈抗原
    - 免疫调节

B淋巴细胞（B lymphocyte）全称为骨髓依赖性淋巴细胞（bone marrow dependent lymphocyte），简称B细胞（B cell），由骨髓淋巴样干细胞分化发育而来。成熟B细胞主要定居于外周免疫器官的淋巴滤泡内，在人外周血中，B细胞占淋巴细胞总数的10%～20%。

不同分化阶段的B细胞可表达多种膜分子，这些表面分子与B细胞的分化、功能等密切相关。B细胞不仅通过产生抗体发挥特异性体液免疫功能，同时也是重要的抗原提呈细胞，并参与免疫调节。

第一节　B细胞的发育分化

哺乳动物的B细胞是在骨髓中分化发育，进而在外周淋巴器官内完全成熟。骨髓基质细胞及其分泌的细胞因子和细胞外基质共同构成了诱导B细胞分化发育的微环境，在这里，B细胞由多能造血干细胞分化，表达功能性B细胞抗原受体（BCR），并形成中枢免疫耐受。

> 知识拓展 10-1
> BCR多样性及其产生机制

BCR即mIg（膜表面免疫球蛋白），B细胞通过BCR特异性识别抗原，获得活化的第一信号。同一个体内有不同的B细胞克隆，各自表达不同抗原特异性BCR。这种BCR的多样性，赋予个体对环境中数量众多的抗原进行识别和应答的潜能。编码Ig的基因群在胚系阶段是分隔的基因片段，包括众多编码Ig可变区的V基因片段（variable gene segment，V）、D基因片段（diversity gene segment，D）和J基因片段（joining gene segment，J）及编码恒定区的C基因片段。在B细胞的分化发育过程中，分隔的Ig胚系基因片段通过基因重排形成V-D-J（重链）或V-J（轻链）连接，再与C基因片段连接，从而产生数量巨大、能特异性识别抗原的BCR（图10-1）。

> 动画 10-1
> 抗原受体基因的表达

骨髓中发育分化的B细胞迁移并定居于外周免疫器官，受抗原刺激后，逐渐发育成熟，成熟B细胞活化、增殖并进一步分化为浆细胞。在B细胞活化增殖过程中，会发生Ig可变区体细胞高频突变、Ig重链类别转换等事件。

> 微视频 10-1
> BCR多样性的形成

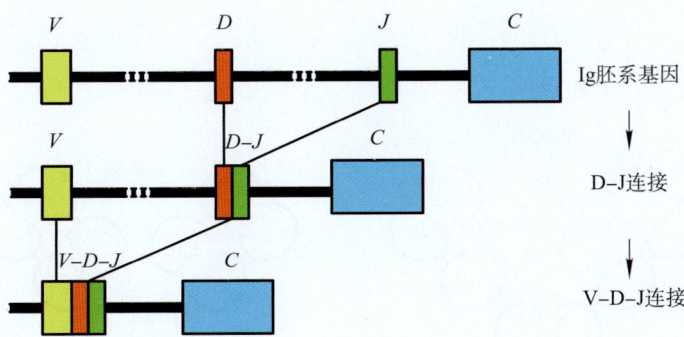

图 10-1　Ig 重链 V 区基因重排示意图
重链V区胚系基因由分隔的V基因片段（VH）、D基因片段（DH）和J基因片段（JH）组成；重排时，先形成D-J连接，再形成V-D-J连接

一、B细胞在中枢免疫器官中的发育分化

B细胞在骨髓中的发育分化无需抗原刺激，称为抗原非依赖期。B细胞发育分化过程中，某些表面分子的表达呈规律性改变，据此可将其发育过程分为若干阶段：祖B细胞（pro-B cell）、前B细胞（pre-B cell）、未成熟B细胞（immature B cell）及成熟B细胞（mature B cell）（图10-2）。

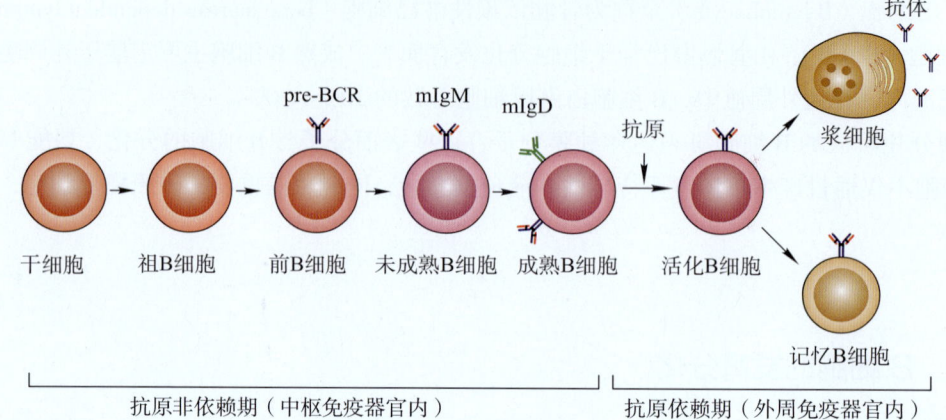

图 10-2　B 细胞的发育过程示意图

骨髓中B细胞的发育经历了祖B细胞、前B细胞、未成熟B细胞和成熟B细胞。成熟B细胞迁移到外周，在抗原的刺激下进一步分化为浆细胞和记忆B细胞

1. 祖 B 细胞　为发育早期阶段的 B 细胞，该阶段先后发生 Ig 重链可变区 D–J 基因和 V–D–J 基因重排，开始表达 Igα/Igβ 异源二聚体，但此时没有 mIgM 的表达。

2. 前 B 细胞　先后经历大 pre-B 和小 pre-B 两个阶段。大 pre-B 细胞表达 pre-BCR，由 μ 链和替代轻链（包括 Vpre-B 和 λ5 两种蛋白质）组成，对抗原无应答能力（图 10-3）。大 Pre-B 细胞进一步发育为小 Pre-B 细胞，小 pre-B 细胞开始发生 Ig 轻链可变区 V–J 基因重排，但依然不能表达功能性 BCR。此阶段开始表达 MHC Ⅱ、CD19、CD20 等表面分子。

3. 未成熟 B 细胞　可表达完整 BCR（mIgM），开始表达 CD22、CD21、FcR。同时 CD19、CD20、MHC Ⅱ类分子表达量增加。此阶段若接受抗原刺激，即发生克隆清除（clone deletion）而导致免疫耐受。这是 B 细胞自身耐受形成的主要机制之一。

4. 成熟 B 细胞　其表型特征是同时表达 mIgM 和 mIgD，其可变区完全相同。成熟 B 细胞也表达 CR1、某些丝裂原受体和细胞因子受体等。未成熟 B 细胞进入外周免疫器官继续发育为成熟 B 细胞。未受抗原刺激的成熟 B 细胞亦称初始 B 细胞（naïve B cell），在外周免疫器官中的寿命仅 7～10 天。一旦受抗原刺激，成熟 B 细胞发生活化、增殖、进一步分化。

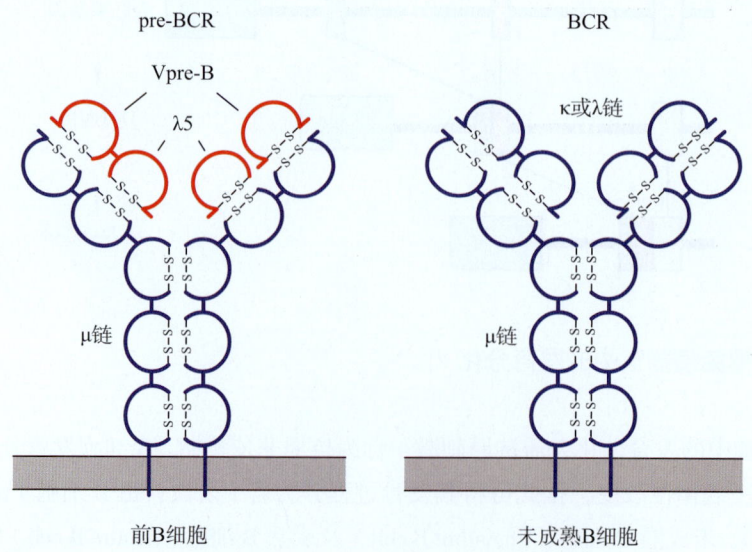

图 10-3　pre-BCR 与 BCR 结构示意图

pre-BCR 由 μ 链和替代轻链（包括 Vpre-B 和 λ5）组成，未成熟 B 细胞的 BCR 由 μ 链和完整的轻链组成

二、B 细胞在外周免疫器官中的分化

定居于外周免疫器官的成熟 B 细胞，接受抗原刺激，在 Th 细胞辅助下发生活化、增殖，最终分化为能分泌抗体的浆细胞，少数 B 细胞分化为记忆 B 细胞，此即 B 细胞分化的抗原依赖期。在此阶段，B 细胞经历 Ig 可变区体细胞高频突变、亲和力成熟及抗原受体编辑等复杂事件。

1. 浆细胞（plasma cell，PC）　由初始 B 细胞接受抗原刺激后分化而来，具有合成和分泌各类免疫球蛋白的能力。浆细胞表达 CD138 等浆细胞特征性膜分子，而 mIg、MHC II、CD19、CD21 等膜分子丢失。

2. 记忆 B 细胞（memory B cell，Bm 细胞）　由生发中心的 B 细胞接受抗原刺激后分化形成，其特征性标志尚不清楚，但 Bm 表达 CD27，且 CD44 的表达水平高于初始 B 细胞。形成的 Bm 细胞停止增殖和分化，在无抗原刺激的情况下，可存活数周至数月以上。Bm 细胞参与淋巴细胞再循环，当再次接受相同抗原刺激，会迅速活化和分化为浆细胞，产生强烈的再次应答。

第二节　B 细胞的表面分子及其作用

B 细胞表达众多的膜分子，包括多种膜受体、CD 分子、MHC 分子等，在 B 细胞分化发育、活化、增殖、抗体产生及抗原提呈等过程中发挥重要作用。有些膜分子为 B 细胞所特有，是分离和鉴定 B 细胞的重要依据。

一、B 细胞抗原受体复合物

B 细胞抗原受体复合物又称 BCR 复合物，由识别、结合抗原的 BCR 与转导抗原刺激信号的 Igα/Igβ 异二聚体分子组成（图 10-4）。

1. BCR　即膜表面免疫球蛋白（mIg），是 B 细胞的特征性表面标志。mIg 以单体形式表达于 B 细胞表面，能特异性结合抗原，但因其胞质区很短，不能直接将抗原刺激信号传递到 B 细胞内。骨髓中的未成熟 B 细胞只表达 mIgM，成熟 B 细胞同时表达 mIgM、mIgD，B 细胞受抗原刺激最终分化为浆细胞，不再表达 mIg。

2. Igα/Igβ（CD79a/CD79b）　均属免疫球蛋白超家族，在胞外区的近胞膜处借二硫键相连，构成异二聚体。Igα/Igβ 和 mIg 的跨膜区均含有极性氨基酸，借静电引力而组成稳定的 BCR 复合物。Igα/Igβ 有较长的胞质区，胞质区有一段含酪氨酸的保守序列称为 ITAM，通过募集下游信号分子，转导抗原与 BCR 结合后所产生的第一活化信号。

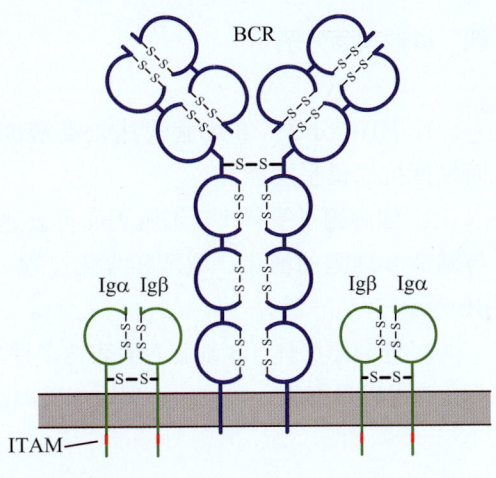

图 10-4　BCR 复合物结构示意图

BCR 复合物由一个 BCR 与两个 Igα/Igβ 二聚体组成，BCR 识别抗原，Igα/Igβ 胞质区的 ITAM 向细胞内转导抗原信号

二、B 细胞共受体复合物

B 细胞表面的 CD19 与 CD21 及 CD81 非共价相联，形成共受体复合物，能增强 BCR 与抗原结合的稳定性，参与 B 细胞活化信号的转导。其中，CD19 胞质区有 6 个酪氨酸残基，参与 B 细胞活化信号转导。CD21（即 CR2）可通过结合黏附于抗原表面的 C3d，形成 CD19-CD21-C3d-抗原-BCR 复合物，导致 CD19 与 BCR 交联，增强 B 细胞对抗原刺激的敏感性，促进 B 细胞活化。此外，CD21 也是 EB 病毒受体，与 EB 病毒选择性感染 B 细胞有关。CD81 也参与 B 细胞活化信号转导（图 10-5）。

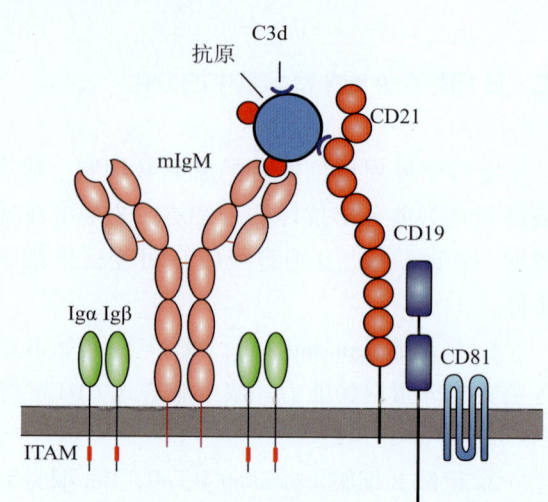

图 10-5　CD19-CD21-CD81 复合物结构示意图
B 细胞共受体是 CD19-CD21-CD81 非共价相连的复合物，其中，CD19、CD81 参与 B 细胞活化信号转导，CD21 通过结合黏附于抗原表面的 C3d，使 CD19 与 BCR 交联，增强 B 细胞对抗原刺激的敏感性

动画 10-2
B 细胞活化辅助受体

三、共刺激分子

抗原与 BCR 结合产生的第一活化信号由 Igα/Igβ 转导至细胞内，但仅有第一信号不足以使 B 细胞活化，还需要第二信号（共刺激信号）。共刺激信号主要由 B 细胞和 T 细胞表面的共刺激分子（co-stimulatory molecule）间的相互作用而产生。在共刺激信号的作用下，B 细胞活化增殖产生适应性体液免疫应答。

1. CD40　表达于成熟 B 细胞，CD40 配体（CD40L，即 CD154）表达于活化 T 细胞。CD40 与 CD40L 的结合是 B 细胞活化的重要共刺激信号。

2. CD80 和 CD86　CD80（B7-1）和 CD86（B7-2）在静息 B 细胞不表达或低表达，B 细胞活化后表达增加，其配体是 T 细胞表达的 CD28 和 CTLA-4，CD28 提供 T 细胞活化的最重要的第二信号，CTLA-4 为已活化的 T 细胞提供抑制信号。

3. 黏附分子　表达于 B 细胞的 ICAM-1（CD54）、LFA-1（CD11a/CD18）等黏附分子与 T 细胞表面的相应分子之间结合，在 T、B 细胞活化中也具有共刺激作用。

动画 10-3
参与 B 细胞活化的共刺激分子

四、其他表面分子

1. MHC 分子　B 细胞表达较高密度的 MHC Ⅱ 类分子，作为专职抗原提呈细胞（APC）而发挥抗原提呈功能。

2. 细胞因子受体　B 细胞表面可表达多种细胞因子受体，通过与相应的细胞因子结合而参与调节 B 细胞的活化、增殖和分化过程。如 IL-1R、IL-2R、IL-4R、IL-7R、IL-11R 和 TGF-βR 等。

3. 丝裂原受体　B 细胞表面表达多种丝裂原受体，受相应丝裂原刺激，B 细胞被激活并增殖分化为淋巴母细胞。常见的丝裂原如美洲商陆丝裂原（PWM）、脂多糖（LPS）等。

第三节 B 细胞的分类

根据成熟 B 细胞发育途径的不同，可分为 B1 细胞和 B2 细胞。

一、B1 细胞

B1 细胞最初由胎肝中的造血干细胞发育而来，具有自我更新能力，主要分布于腹膜腔、胸膜腔和肠道黏膜固有层中，占 B 细胞总数的 5%～10%。小鼠 B1 细胞表面表达 CD5 分子，人 B1 细胞表达 CD20 和 CD27。

B1 细胞抗原受体缺乏多样性，抗原识别谱较窄，主要针对碳水化合物（如细菌脂多糖等）产生应答。B1 细胞介导的体液免疫应答特点是：① B1 细胞无需 Th 细胞的辅助，接受抗原刺激后，迅速活化产生应答。②一般不发生 Ig 类别转换，产生以 IgM 为主的低亲和力抗体。③无免疫记忆。

B1 细胞属固有免疫细胞，在免疫应答的早期发挥作用，尤其在腹膜腔等部位能对微生物感染迅速产生 IgM 抗体，构成了机体免疫的第一道防线。B1 细胞也能产生多种针对自身抗原的抗体，与某些自身免疫病的发生相关。

动画 10-4
B1 细胞及其作用

二、B2 细胞

B2 细胞即通常所指的 B 细胞。它是由骨髓多能造血干细胞分化而来，定居于外周免疫器官。根据其定位不同，可分为滤泡 B 细胞（follicular B，FOB）和边缘区 B 细胞（marginal zone B，MZB）。FOB 定位于外周淋巴器官的滤泡区，是 B 细胞的主要亚群，约占外周淋巴细胞的 20%。在抗原刺激和 Th 细胞的辅助下，B2 细胞活化、增殖，发生 Ig 类别转换、体细胞高频突变，最终分化为浆细胞而产生抗体，发挥特异性体液免疫功能。

MZB 定位于脾边缘窦区，约占脾 B 细胞总数的 5%。可迅速针对微生物抗原应答分化成短寿命的浆细胞，产生较少多样性的 IgM 抗体。初次免疫应答中部分高亲和力 B 细胞分化成为记忆 B 细胞（Bm 细胞）保留下来，当再次受到相同抗原刺激时，Bm 可迅速增殖分化为浆细胞，介导快速的再次免疫应答。

第四节 B 细胞的功能

B 细胞主要有三方面的功能：产生抗体介导体液免疫应答、提呈抗原、免疫调节。

一、产生抗体介导体液免疫应答

微视频 10-2
B 细胞的功能

B 细胞受抗原刺激后活化、增殖，最终分化为浆细胞产生并分泌特异性抗体，介导特异性体液免疫应答。抗体具有中和作用、激活补体、调理作用及 ADCC 等生物学功能，并参与 I 、II 、III 型超敏反应及自身免疫病的发生。

二、提呈抗原

B 细胞作为一种专职性 APC，能够摄取、加工并提呈抗原，尤其是对可溶性抗原的提呈。活化的 B 细胞可借表面的 BCR 特异性结合可溶性抗原，并内化 BCR- 可溶性抗原复合物，经过对抗原的加工、处理后，以抗原肽 –MHC II 类分子复合物形式提呈给 $CD4^+T$ 细胞。

三、免疫调节

知识拓展 10-2
调节性 B 细胞

B 细胞通过产生 IL–6、IL–10、TNF–α 等细胞因子参与对 Mϕ、DC、NK 细胞、T 细胞等多种免疫细胞功能的调节。近年来发现有一群调节性 B 细胞（regulatory B cell，Breg），主要通过分泌 IL–10、TGF–β 、IL–35 等抑制性细胞因子和表达 FasL、CD1d 等表面调节分子而发挥负向免疫调节作用。

（李　群）

复习思考题

1. B 细胞的分化有什么特点？
2. 参与 B 细胞活化的主要表面分子有哪些？各发挥什么作用？
3. 简述 B 细胞的分类和功能。

新形态教材网

👤 学习目标　⬇ 教学课件　👤 本章小结　👥 开放性讨论　📝 自测题

第十一章
固有免疫细胞

关键词

固有免疫细胞	单核/巨噬细胞	树突状细胞	固有淋巴样细胞
NK 细胞	固有样淋巴细胞	NKT 细胞	γδT 细胞
B1 细胞	中性粒细胞	嗜酸性粒细胞	嗜碱性粒细胞
肥大细胞			

　　机体内存在一大类固有免疫细胞，它们是天然免疫应答的主要执行者。这些细胞种类多，分布广，与介导适应性免疫应答的 T、B 细胞的最大不同是缺少严格意义上的抗原识别受体，却能通过细胞表面的一些特殊受体识别病原微生物的一些共有结构，从而识别和区分"自己"与"非己"，对外来抗原性异物产生非特异性免疫应答，并参与适应性免疫应答的启动和效应过程。

思维导图

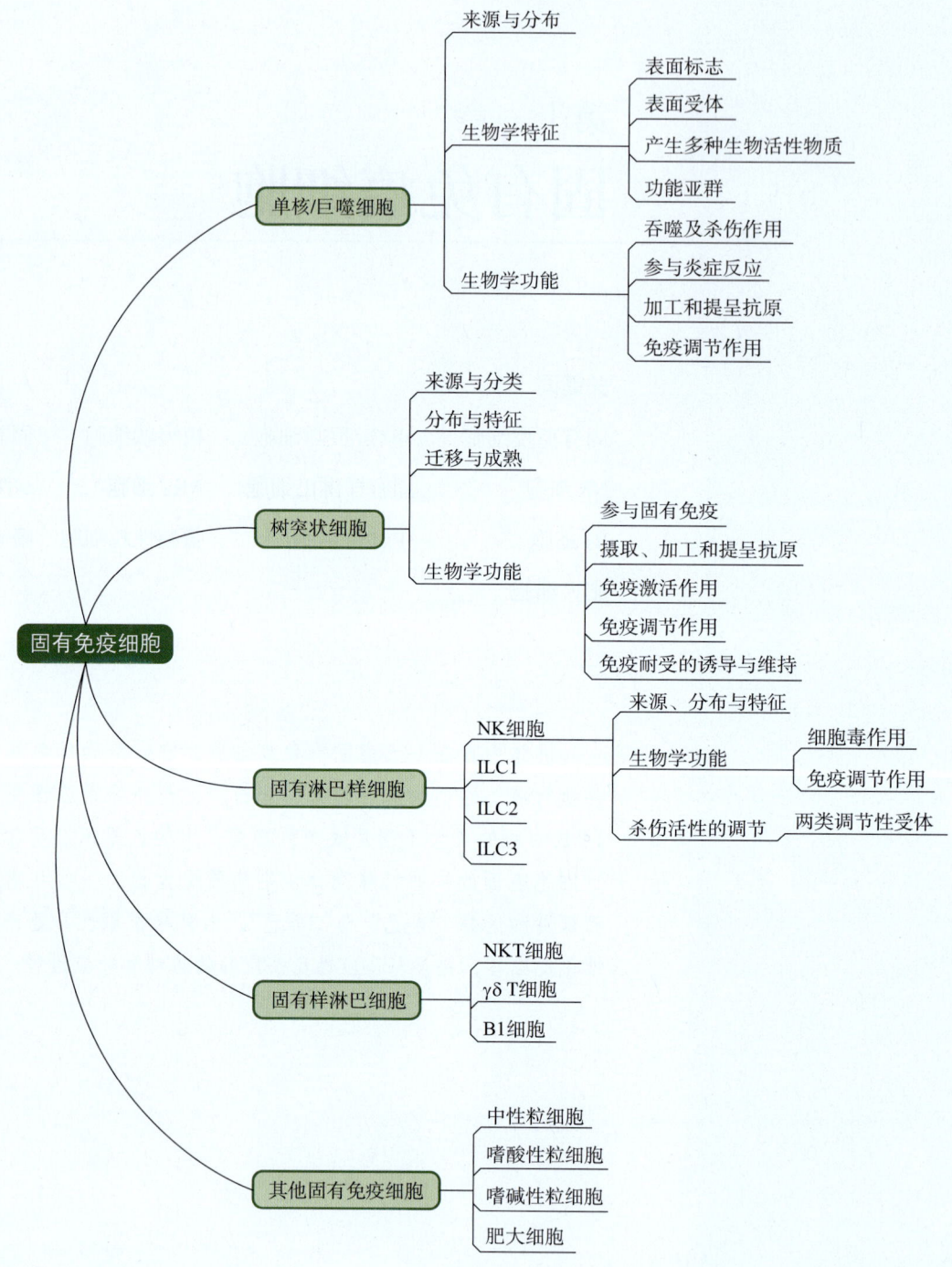

固有免疫细胞（innate immune cell）是指除 T 细胞（αβT 细胞）和 B 细胞（B2 细胞）之外的所有免疫细胞。主要包括单核 / 巨噬细胞、树突状细胞、固有淋巴样细胞（NK 细胞、ILC1、ILC2、ILC3）、固有样淋巴细胞（NKT 细胞、γδT 细胞、B1 细胞）、中性粒细胞、嗜酸性粒细胞、嗜碱性粒细胞和肥大细胞等（图 11-1）。固有免疫细胞与适应性免疫细胞的最重要的区别就在于它们不表达特异性抗原识别受体，但可通过细胞表面的一些特殊受体（如模式识别受体）识别和区分"自己"与"非己"，产生非特异性免疫保护作用，同时参与适应性免疫应答的启动和效应过程。

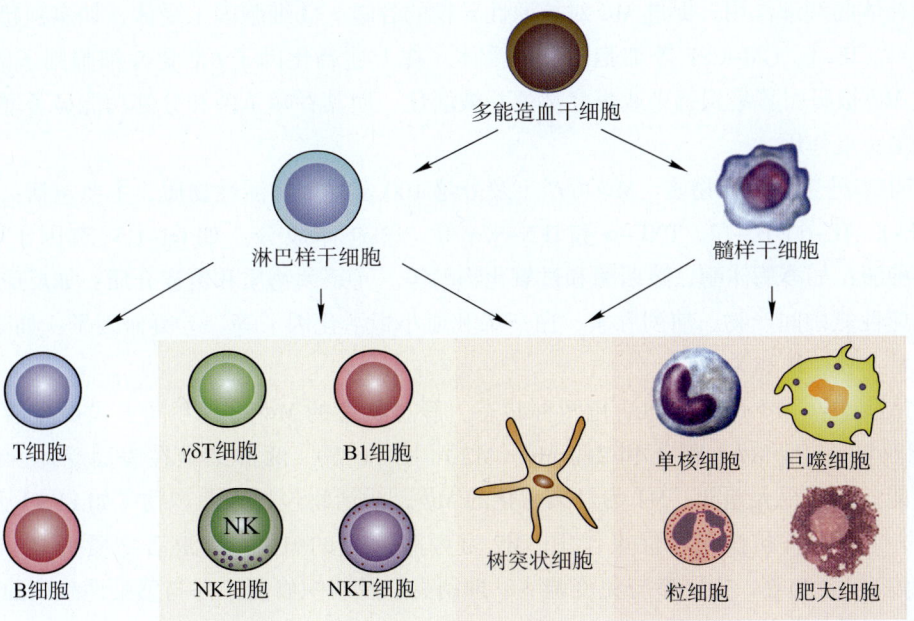

图 11-1　固有免疫细胞的来源
骨髓造血干细胞分化为淋巴样干细胞和髓样干细胞。部分固有免疫细胞（γδT 细胞、B1 细胞、NK 细胞、NKT 细胞）来源于淋巴样干细胞，部分固有免疫细胞（单核 / 巨噬细胞、中性粒细胞、嗜酸性粒细胞、嗜碱性粒细胞和肥大细胞）来源于髓样干细胞，树突状细胞可来源于髓样干细胞或淋巴样干细胞

第一节　单核 / 巨噬细胞

一、单核 / 巨噬细胞的来源、分布与特征

单核 / 巨噬细胞是指血液中的单核细胞（monocyte）和组织器官中的巨噬细胞（Mφ），它们均属于单核吞噬细胞系统（mononuclear phagocyte system，MPS）。

（一）来源与分布

单核 / 巨噬细胞由骨髓造血干细胞分化而来，在骨髓微环境及某些特定细胞因子的作用下，造血干细胞分化为前单核细胞，进而发育为单核细胞并进入血流成为外周血单核细胞。单核细胞在血液中短暂停留数小时至数日，随即移行至全身各组织器官并分化成熟为 Mφ，部分单核细胞还可分化为树突状细胞。

Mφ 寿命较长（可存活数月），由组织定居和单核来源两类细胞组成，定居在不同组织中的 Mφ 有不同的名称，如肝中的库普弗细胞、中枢神经系统中的小胶质细胞、骨组织中的破骨细胞和关节中的滑膜 A 型细胞等。

（二）生物学特征

1. **表面标志**　Mφ 表达多种表面标志，其特征性表达分子为 CD14，多数表面分子与其功能密切相关。如 MHC 分子、黏附分子（LFA-1、ICAM-1）和共刺激分子（CD80、CD86、CD40）等。这些分子参与 Mφ 的黏附，对抗原的摄取、提呈，以及提供 T 细胞活化信号。

2. **表面受体**　Mφ 表面具有多种受体：①模式识别受体（包括甘露糖受体、清道夫受体、Toll 样受体等），可介导 Mφ 吞噬及激活。②IgG Fc 受体（FcγR）和补体受体（C3bR/C4bR），借助抗体或补体的调理作用，促进 Mφ 对抗原性异物的吞噬。③细胞因子受体，如多种趋化因子受体及 IFN-γ、IL-1、GM-CSF 等细胞因子的受体。在上述趋化因子 / 活化性细胞因子的作用下，大量游走 Mφ 被吸引募集到感染或炎症部位并被活化，使其吞噬杀菌和分泌功能显著增强，有效发挥抗感染免疫作用。

3. **产生多种生物活性物质**　Mφ 可产生及分泌 100 多种生物活性物质，主要包括：①细胞因子：如 IL-1、IL-6、IL-12、TNF-α 和 IFN-γ/α 等。②补体成分：如 C1~C5、B 因子和 D 因子等。③多种酶：如溶酶体酶、溶菌酶和过氧化物酶等。④杀菌物质和炎症介质：如反应性氧中间产物、反应性氮中间产物、前列腺素、白三烯和血小板活化因子等。⑤凝血因子：如凝血酶原，凝血因子 V、Ⅶ、Ⅸ 和 X。

4. **功能亚群**　Mφ 有静息和活化两种状态。静息状态的 Mφ 通过不同方式被激活，分化为两个功能亚群：1 型 Mφ（M1）和 2 型 Mφ（M2）（图 11-2）。两群细胞在表面受体、细胞因子分泌及功能方面有很大差异。M1 为经典活化的 Mφ，激活物包括细菌产物（如 LPS）及 IFN-γ、TNF-α 等，主要发挥抗感染及促炎作用；M2 为旁路活化的 Mφ，其激活物质为 IL-4、IL-13、IL-10 及免疫复合物等，主要参与免疫调节、抑制炎症及组织修复，并与感染性疾病的慢性进展有关，而杀灭微生物能力很弱。

图 11-2　1 型巨噬细胞和 2 型巨噬细胞的形成
TLR 介导的信号或 IFN-γ 可诱导单核细胞向 M1 分化，而抑制向 M2 分化；IL-4、IL-13 可诱导单核细胞向 M2 分化，而抑制向 M1 分化。M1 具有强大吞噬杀菌能力，发挥抗感染、促炎作用；M2 杀菌能力较弱，主要发挥免疫调节、抑制炎症等作用

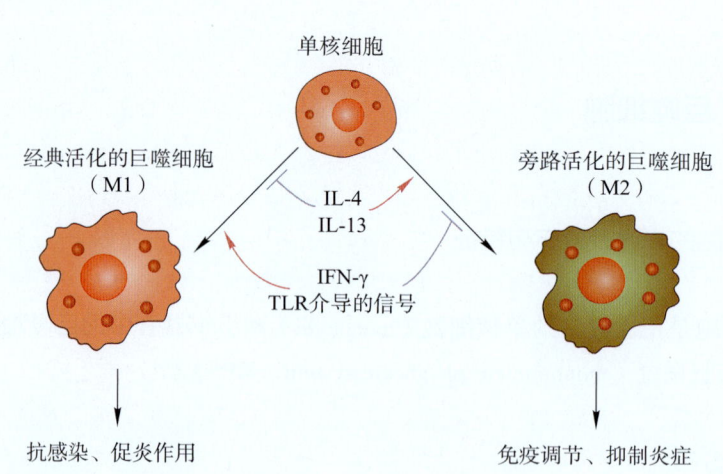

单核细胞

经典活化的巨噬细胞（M1）　　　　旁路活化的巨噬细胞（M2）

IL-4
IL-13

IFN-γ
TLR 介导的信号

抗感染、促炎作用　　　　　　　　免疫调节、抑制炎症

二、单核 / 巨噬细胞的生物学功能

（一）吞噬及杀伤作用

动画 11-1
巨噬细胞的结构和吞噬杀伤作用

Mφ 通过多种模式识别受体结合病原体表面相应配体（即病原体相关分子模式），从而促进对病原体的吞噬以发挥抗感染作用。Mφ 对病原体的吞噬杀伤过程见图 11-3。

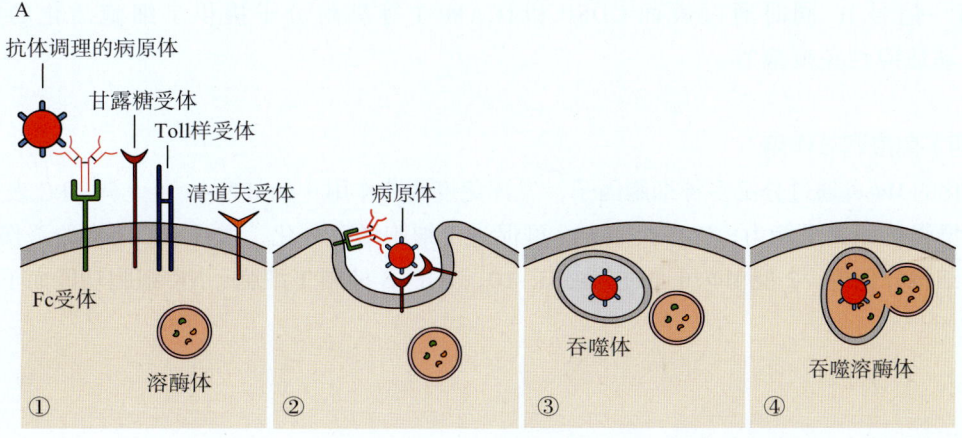

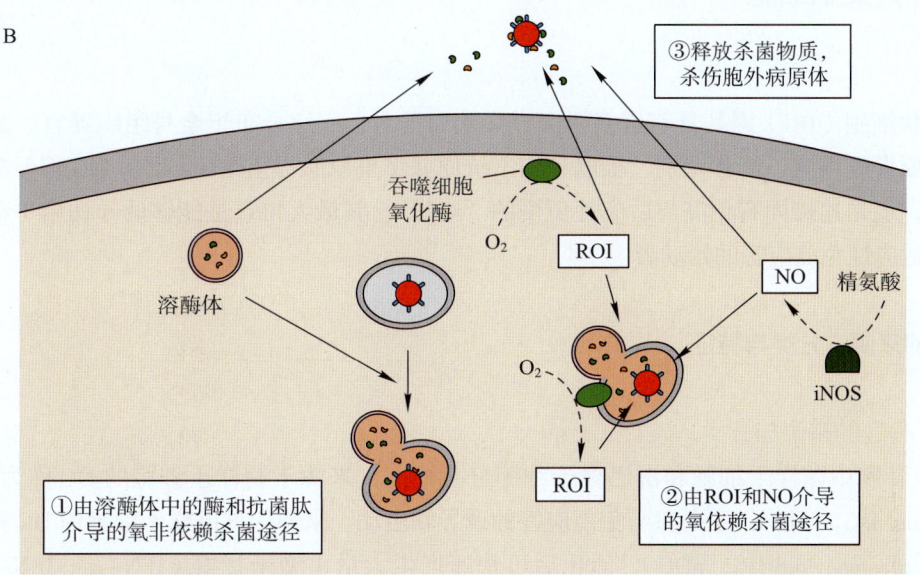

图 11-3　巨噬细胞的吞噬及杀伤作用

A. 吞噬杀菌过程。①病原体与吞噬细胞表面受体结合；②吞噬细胞膜内陷包绕病原体；③病原体进入细胞内形成吞噬体；④溶酶体与吞噬体融合形成吞噬溶酶体。B. 三种杀菌方式。①氧非依赖杀菌途径。溶酶体中的酶（溶菌酶）及抗菌肽等杀菌；②氧依赖杀菌途径。产生反应性氧中间物（ROIs）和一氧化氮（NO）杀菌；③释放杀菌物质杀伤细胞外病原体

Mφ 具有抗肿瘤及抗病毒效应。当活化的 Mφ 与不能被吞噬的肿瘤细胞和被病毒感染的组织细胞结合时，可将胞内活性氧等和酶类物质释放至胞外，这些细胞毒性分子损伤和破坏肿瘤细胞或被病毒感染的细胞；活化的 Mφ 还可通过分泌大量 TNF-α 及 ADCC 效应，诱导肿瘤细胞或被病毒感染细胞发生凋亡，从而发挥抗肿瘤和抗病毒效应。

（二）参与炎症反应

感染部位产生的 MCP-1、GM-CSF 和 IFN-γ 等细胞因子可募集和活化 Mφ（M1），活化的 Mφ 可通过分泌促炎细胞因子（IL-1、TNF-α、IL-6 等）、趋化因子（MCP-1、IL-8 等）、其他炎性介质（前列腺素、白三烯）和多种补体成分等参与和促进炎症反应。Mφ 分泌的一系列胞外酶（如溶菌酶、胶原酶、尿激酶、弹性蛋白酶等）可使感染部位组织细胞发生损伤。但在组织损伤过程中，一些旁路活化的 Mφ（M2）则能抑制炎症反应，帮助组织修复。

（三）加工和提呈抗原

Mφ 属专职性抗原提呈细胞（APC），可将摄入的抗原加工处理为具有免疫原性的小分子肽段，并以抗原肽 -MHC Ⅱ类分子复合物形式表达于细胞表面，并提呈给 T 细胞（活

化的第一信号）；同时通过表面 CD80 和 ICAM-1 等黏附分子提供 T 细胞活化的第二信号，启动适应性免疫应答。

（四）免疫调节作用

微视频 11-1
单核/巨噬细胞的生物学功能

活化的 Mφ 可通过分泌多种细胞因子，发挥免疫调节作用，如 IFN-γ 可上调 APC 表达 MHC 分子，增强抗原提呈能力；IL-12、IL-18 可促进 T 细胞增殖分化，增强 NK 细胞的杀伤性，促进 Th1 细胞分化等。2 型 Mφ 可通过分泌 IL-10、TGF-β 抑制 T 细胞、NK 细胞功能而下调免疫应答。

第二节 树突状细胞

树突状细胞（DC）因其具有许多树突样突起而得名，广泛分布于全身组织器官，是体内最重要的抗原提呈细胞，能够识别、摄取和加工抗原并将抗原肽提呈给 T 细胞。DC 不但参与固有免疫应答，还是连接固有免疫与适应性免疫的"纽带"，其最大特点是能够诱导初始 T 细胞活化增殖，是适应性免疫应答的始动者。

一、DC 的来源、分类与特征

（一）DC 的来源与分类

DC 由骨髓中髓样干细胞和淋巴样干细胞分化而来，来源于髓样干细胞的 DC 称为经典 DC（conventional DC，cDC），主要参与免疫应答的诱导和启动。来源于淋巴样干细胞的 DC 称为浆细胞样 DC（plasmacytoid DC，pDC），活化后可快速产生大量 I 型干扰素（IFN-α、IFN-β），参与抗病毒固有免疫应答，在某些情况下也参与自身免疫病的发生发展。还有一个 DC 细胞亚群，由单核细胞分化而来，稳态情况下不常见，但在炎症时是主要的 DC 细胞亚群，称为单核细胞来源的 DC（monocyte-derived DC，moDC）。另有一类来源于间充质祖细胞的滤泡 DC（follicular DC，FDC），存在于淋巴滤泡，具有树突样特点，参与调控体液免疫，但不具有抗原加工提呈功能，不属于严格意义上 DC 的范畴。本节主要描述经典 DC。

科学发现 11-1
DC 的发现

（二）DC 的分布与特征

DC 广泛分布于全身各组织和器官（脑以外），但数量极少，外周血 DC 仅占单个核细胞的 1% 以下。根据经典 DC 组织分布的不同而有不同的名称，如表皮基底层和棘细胞之间的朗格汉斯细胞（Langerhans cell，LC）、器官结缔组织中的间质 DC（interstitial DC）、胸腺中的胸腺 DC（thymic DC）、外周免疫器官 T 细胞区的并指状 DC（interdigitating DC，IDC）等。

经典 DC 表面有多种表面分子和受体，包括与抗原提呈和 T 细胞活化有关的 MHC 分子、黏附分子（LFA-1 及 ICAM-1 等）和共刺激分子（CD80、CD86 和 CD40 等），模式识别受体（甘露糖受体、清道夫受体、Toll 样受体等）、抗体或补体受体和细胞因子受体。经典 DC 根据成熟状态，又分为未成熟 DC（immature DC）和成熟 DC（mature DC），两者在表面分子、表面受体及功能特性上有很大差异（表 11-1）。

表 11-1　未成熟 DC 和成熟 DC 的生物学特征

分类	表型特征	功能特点
未成熟 DC	高表达甘露糖受体、Toll 样受体、IgG Fc 受体	很强的摄取、加工和处理抗原能力
	低表达 MHC I / II 类分子、CD80、CD86 和 CD40 等共刺激分子及 ICAM-1 黏附分子	较弱的提呈抗原和激活初始 T 细胞能力
成熟 DC	低表达甘露糖受体、Toll 样受体、IgG Fc 受体	较弱的摄取、加工和处理抗原能力
	高表达 MHC I / II 类分子、CD80、CD86 和 CD40 等共刺激分子及 ICAM-1 黏附分子	高效提呈抗原和激活初始 T 细胞能力

二、DC 的迁移与成熟

DC 的一个重要特征是具有特殊的迁移（migration）能力，迁移过程也伴随着 DC 的成熟。DC 的迁移与成熟过程为：①从骨髓前体细胞分化而来的 DC 经血液进入多种实体器官及非淋巴的上皮组织，成为未成熟 DC，主要有分布于皮肤的、含特征性 Birbeck 颗粒的朗格汉斯细胞和分布于多种非免疫器官组织间质的间质 DC。②未成熟 DC 摄取抗原或受到某些刺激（主要是炎性刺激剂，如 LPS、IL-1β、TNF-α）后逐渐成熟，同时发生迁移，由外周组织（获取抗原信号）通过输入淋巴管或血液循环进入外周淋巴器官。③ DC 在迁移过程中逐渐成熟，在输入淋巴管和淋巴液中迁移的 DC 称为隐蔽细胞（veiled cell），而外周血 DC（peripheral blood DC）则包括迁移形式的 DC 和来自骨髓的 DC 前体，进入外周免疫器官的 DC 已分化为成熟 DC，即并指状 DC（图 11-4）。

微视频 11-2
DC 的迁移与成熟

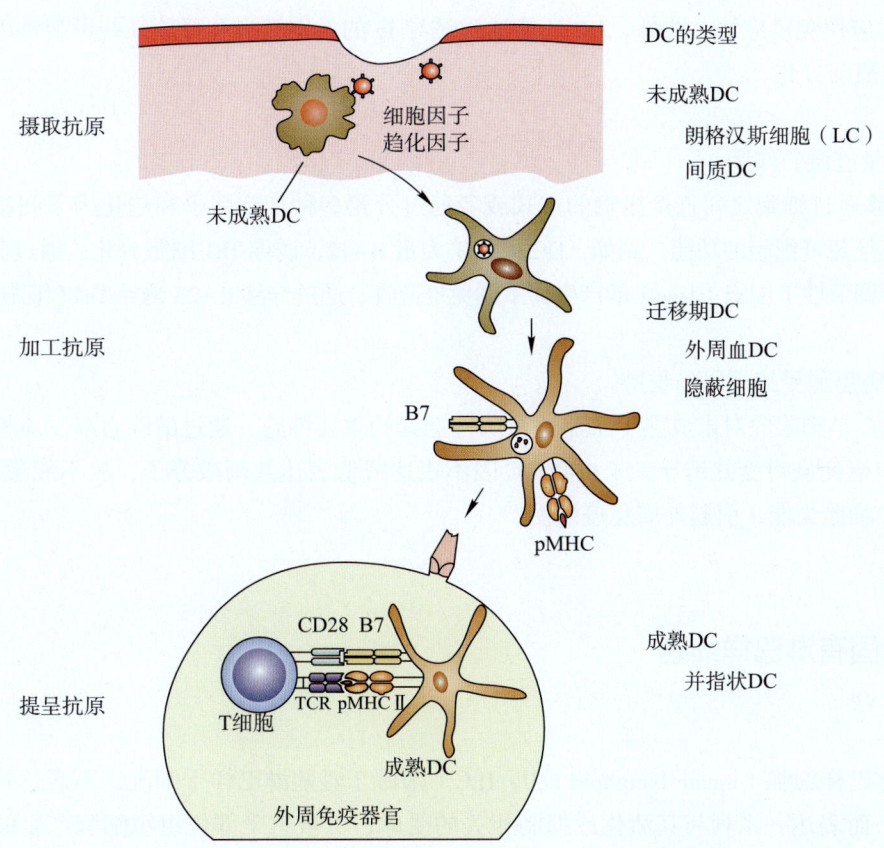

图 11-4　DC 的迁移和成熟示意图

从骨髓前体细胞分化的 DC 经血液进入非淋巴组织，成为未成熟 DC（朗格汉斯细胞和间质 DC）；未成熟 DC 在摄取抗原或受到细胞因子刺激后再次发生迁移（隐蔽细胞和外周血 DC），由非淋巴组织进入外周淋巴器官，DC 在迁移过程中逐渐成熟（并指状 DC）

动画 11-2
DC 的成熟及迁移

DC 的成熟与否与其功能密切相关。未成熟 DC 具有较强的抗原摄取及加工功能，而抗原提呈能力较弱；成熟 DC 摄取、加工抗原的能力较弱，但抗原提呈能力强，可激活初始 T 细胞。

三、DC 的生物学功能

（一）参与固有免疫

在感染和组织损伤的情况下，未成熟 DC 向炎症部位迁移，摄取并清除抗原，同时释放大量的细胞因子和炎症因子。DC 产生的 IL-12 能激活 NK、NKT 细胞，使其产生大量的 IFN-γ，从而激活 Mφ 等多种固有免疫细胞，激发固有免疫应答。在此过程中，DC 自身活化并向淋巴组织迁移，最终发育为成熟 DC。

（二）摄取、加工和提呈抗原

DC 是体内功能最强的抗原提呈细胞。DC 可通过表面的模式识别受体及 Fc 受体，识别多种病原微生物或抗原 - 抗体复合物，通过吞饮作用、吞噬作用、受体介导的内吞作用等方式摄取抗原；加工、处理抗原后，将抗原信息以抗原肽 -MHC Ⅱ类分子复合物形式表达在细胞表面，并提呈给 CD4+ T 细胞，从而有效地激活初始 T 细胞，将固有免疫和适应性免疫有机地联系起来。

（三）免疫激活作用

成熟 DC 可提供 T 细胞活化的三类信号：第一类信号为抗原刺激信号，即提供抗原肽 -MHC 分子复合物；第二类信号为共刺激信号，即提供 CD80、CD86、CD40 等共刺激分子；第三类信号为细胞因子信号，如分泌 IL-12、IL-18 和趋化因子等进一步诱导 T 细胞活化、增殖和分化，从而启动适应性免疫应答。此外，DC 还能通过诱导 Ig 的类别转换和释放某些可溶性因子等促进 B 细胞的增殖与分化。

（四）免疫调节作用

微视频 11-3
DC 的生物学功能

DC 能够通过细胞之间直接接触的方式或者通过分泌多种细胞因子和趋化因子间接作用的方式，调节其他免疫细胞的功能。例如，DC 可分泌大量 IL-12，诱导 Th1 细胞分化；通过分泌 IL-10、TGF-β 诱导调节性 T 细胞（Treg）的产生而下调免疫应答；通过分泌 IL-23 诱导 Th17 细胞分化。

（五）免疫耐受的诱导与维持

胸腺 DC 是胸腺内对未成熟 T 细胞进行阴性选择的重要细胞，通过清除自身反应性 T 细胞克隆，参与中枢免疫耐受的诱导。未成熟 DC 因不表达或低表达共刺激分子，故不能激活 T 细胞，反而诱导 T 细胞失能，引起外周免疫耐受。

第三节　固有淋巴样细胞

固有淋巴样细胞（innate lymphoid cell，ILC）来源于骨髓淋巴样干细胞，不表达特异性抗原识别受体，而表达一系列与其活化或抑制相关的受体，可被感染部位组织细胞产生的某些细胞因子或被某些病毒感染 / 肿瘤靶细胞表面相关配体激活，并通过分泌不同类型细胞因子参与抗感染免疫和过敏性炎症反应，或通过释放一系列细胞毒性介质使相应靶细胞裂解破坏。根据转录因子表达、细胞因子分泌及生物学功能的不同，可将固有淋巴样细胞分为自然杀伤细胞和 ILC1、ILC2、ILC3。

一、自然杀伤细胞

自然杀伤细胞（natural killer cell，NK 细胞）是具有直接杀伤效应的一类固有淋巴样细胞。在形态上，NK 细胞胞质中富含颗粒，又称大颗粒淋巴细胞（large granular lymphocyte，LGL）。

（一）NK 细胞的来源、分布与特征

NK 细胞来源于骨髓淋巴样干细胞，主要分布于骨髓、外周血（占淋巴细胞总数的 10%）、肝、脾和肺，在淋巴结和其他组织中也有少量存在。

NK 细胞不表达特异性抗原识别受体，但可表达多种表面标志，目前将 CD3⁻、CD19⁻、CD56⁺的固有淋巴样细胞认定为人 NK 细胞。

（二）NK 细胞的生物学功能

1. 细胞毒作用 NK 细胞可直接识别和杀伤肿瘤细胞与病毒感染细胞，也可借助细胞表面的 IgG Fc 受体（CD16）通过 ADCC 效应杀伤靶细胞，在机体抗肿瘤和早期抗病毒或胞内寄生菌感染中起重要作用。

临床聚焦 11-1
基于 NK 细胞的肿瘤治疗方案

NK 细胞杀伤靶细胞的作用机制与 CTL 相似，但其杀伤特点不同于 CTL，其特点是：无需抗原预先刺激，发挥作用快（4 h 内），非特异性而是针对所有异常细胞，无 MHC 限制性而是具备广谱杀伤作用。

2. 免疫调节作用 NK 细胞可被 IFN-α/β、IL-12、TNF-α 等细胞因子激活，活化后可分泌大量 IFN-γ、TNF-α、GM-CSF 和 IL-10 等细胞因子，发挥免疫调节作用。

（三）NK 细胞杀伤活性的调节

1. NK 细胞表面的调节性受体 正常情况下，NK 细胞只能识别和杀伤某些异常或病变的组织细胞（如病毒感染细胞、肿瘤细胞等），而对宿主正常组织细胞则无细胞毒作用，这一独特的识别功能与其表面表达的多种调节性受体有关。

微视频 11-4
NK 细胞杀伤活性的调节

（1）根据受体功能分类：根据受体介导的功能不同，NK 细胞表面调节性受体可分为功能截然相反的两类：

1）杀伤抑制受体（inhibitory receptor）：其胞质区含有 ITIM，与靶细胞表面相应配体结合后，转导抑制性信号，可抑制 NK 细胞产生杀伤作用。

动画 11-3
NK 细胞调节性受体的作用

2）杀伤活化受体（activating receptor）：其胞质区含有 ITAM，与靶细胞表面相应配体结合后，转导活化性信号，激发 NK 细胞产生杀伤作用。

（2）根据受体所识别的配体分类：根据受体所识别的配体不同，NK 细胞表面调节性受体可分为两类：

1）识别 MHC Ⅰ类分子的受体：其配体为经典 / 非经典 MHC Ⅰ类分子，包括杀伤细胞免疫球蛋白样受体和杀伤细胞凝集素样受体。①杀伤细胞免疫球蛋白样受体（killer immunoglobulin-like receptor，KIR）：是免疫球蛋白超家族（IgSF）成员，能识别经典 MHC I 类分子（HLA-A、B、C，主要是 HLA-C）。根据其胞膜外区 Ig 样结构域的多少，可将 KIR 分为 KIR2D 和 KIR3D 两个亚类。两个亚类中，胞质区氨基酸序列较长的用"L"表示（KIR2DL 和 KIR3DL），其胞质区含 ITIM，可转导抑制信号，是 NK 细胞表面的杀伤抑制受体；胞质区氨基酸序列较短的用"S"表示（KIR2DS 和 KIR3DS），它们本身不具信号转导功能，但可通过跨膜区带正电荷的氨基酸，与跨膜区带负电荷氨基酸、胞质区含 ITAM 的 DAP-12 同源二聚体分子非共价结合，而转导活化信号，因此是 NK 细胞表面的杀伤活化受体（图 11-5）。②杀伤细胞凝集素样受体（killer lectin-like receptor，KLR）：属于 C 型凝集素分子家族成员，其中，CD94/NKG2A 异二聚体胞质区含 ITIM，属于杀伤抑制受体；CD94/NKG2C 异二聚体胞质区较短，与胞质区含 ITAM 的 DAP12 非共价结合而获得转导活化信号的功能，因此 CD94/NKG2C 属于杀伤活化受体（图 11-5）。两种 KLR 均识别非经典 MHC I 类分子（HLA-E），但杀伤抑制受体与 MHC 分子结合的亲和力更大，故在生理状况下杀伤抑制受体的作用占优势。

2）识别非 MHC I 类分子配体的受体：包括 NKG2D 和天然细胞毒性受体。此类受体是具有自然细胞毒作用的受体，识别的配体通常是在病毒感染细胞和肿瘤细胞表面异常或高表达，而在正常组织细胞表面缺失或低表达的膜分子。NK 细胞可通过此类杀伤活化受体选择性杀伤病毒感染的靶细胞和肿瘤细胞，而不攻击正常组织细胞。① NKG2D：是 NK 细胞重要的杀伤活化受体，NKG2D 识别非 MHC I 类分子配体，其胞质区与含 ITAM 的 DAP10 非共价结合而获得转导活化信号的功能（图 11-5）。NKG2D 可识别 MHC I 类链相关分子 A/B（MHC class I chain-related molecules A/B，MIC A/B）。MIC A 和 MIC B 在乳腺癌、卵巢癌、结肠癌、胃癌等上皮来源的肿瘤细胞高表达，而在正常组织细胞表面缺失或低表达。因此，NK 细胞通过 NKG2D 主要识别和攻击上皮来源的肿瘤细胞。②天然细胞毒性受体（natural cytotoxicity receptor，NCR）：属杀伤活化受体，是 NK 细胞特有的表面标志，包括 NKp46、NKp30 和 NKp44，三者均为 Ig 超家族成员，但彼此无同源性。其中 NKp46 和 NKp30 胞质区与含 ITAM 的 CD3ζζ 同源二聚体非共价结合，而获得转导活化信号的功能；NKp44 是活化 NK 细胞的特异性标志，其胞质区与含 ITAM 的 DAP12

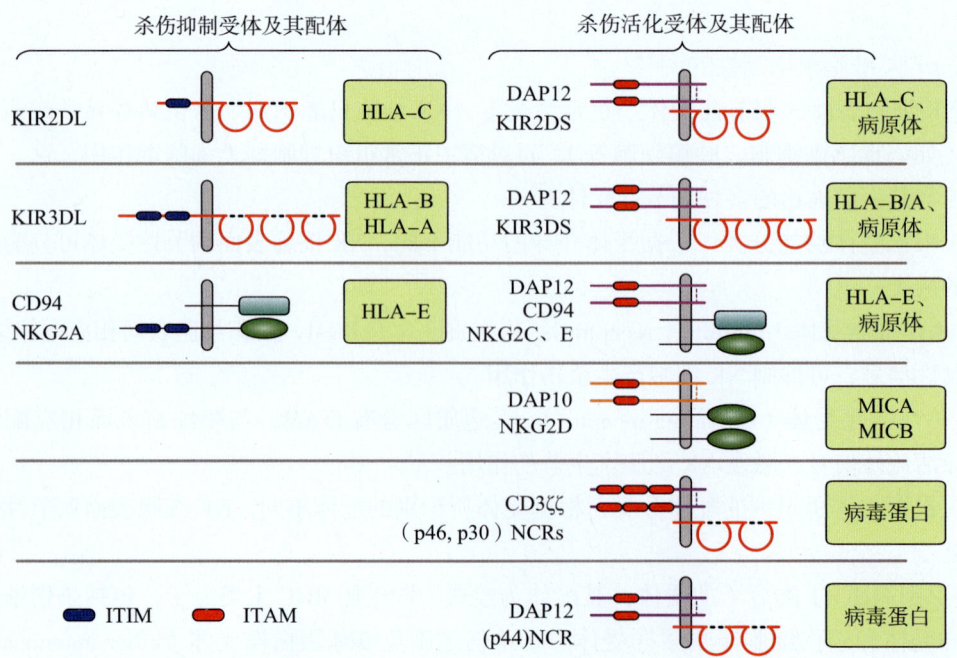

图 11-5 NK 细胞表面调节性受体及其配体
NK 细胞表面具有两类功能截然不同的受体：带有 ITIM 的受体为杀伤抑制受体，包括 KIR2DL、KIR3DL 和 CD94/NKG2A；带有 ITAM 的受体为杀伤活化受体，包括 KIR2DS、KIR3DS、CD94/NKG2C、NKG2D、NCR

非共价结合，而获得转导活化信号的功能（图 11-5）。NK 细胞可通过 NCR 结合流感病毒血凝素、人巨细胞病毒蛋白 PP65 及肿瘤细胞表面的硫酸肝素等，杀伤相应靶细胞。

2. NK 细胞对靶细胞的识别、活化及杀伤　NK 细胞的杀伤活化受体和杀伤抑制受体通常共表达于 NK 细胞表面，两者均可识别并结合表达于自身组织细胞表面的 MHC Ⅰ类分子。在生理条件下，NK 细胞杀伤抑制受体（KIR2DL、KIR3DL、CD94/NKG2A）的作用占主导地位，其与正常自身组织细胞表面 MHC Ⅰ类分子之间的亲和力显著高于杀伤活化受体，可抑制各种杀伤活化受体的作用，故 NK 细胞对自身正常组织细胞不能产生杀伤作用（图 11-6）。

在病理条件下，靶细胞（某些病毒感染细胞和肿瘤细胞）表面 MHC Ⅰ类分子表达下降或缺失，同时其表面某些可被 NK 细胞识别的非 MHC Ⅰ类分子配体表达增加。NK 细胞因靶细胞表面丧失正常表达的自身 MHC Ⅰ类分子而通过"迷失自我（missing-self）"识别模式使其杀伤抑制受体功能丧失；与此同时，NK 细胞可通过另一类杀伤活化受体（NKG2D、NCR）识别靶细胞表面异常或上调表达的非 MHC Ⅰ类分子配体通过"诱导自我（induced-self）"识别模式而被活化。活化的 NK 细胞通过释放穿孔素、颗粒酶、TNF-α 和表达 FasL 等作用方式杀伤病毒感染细胞和肿瘤细胞等靶细胞。

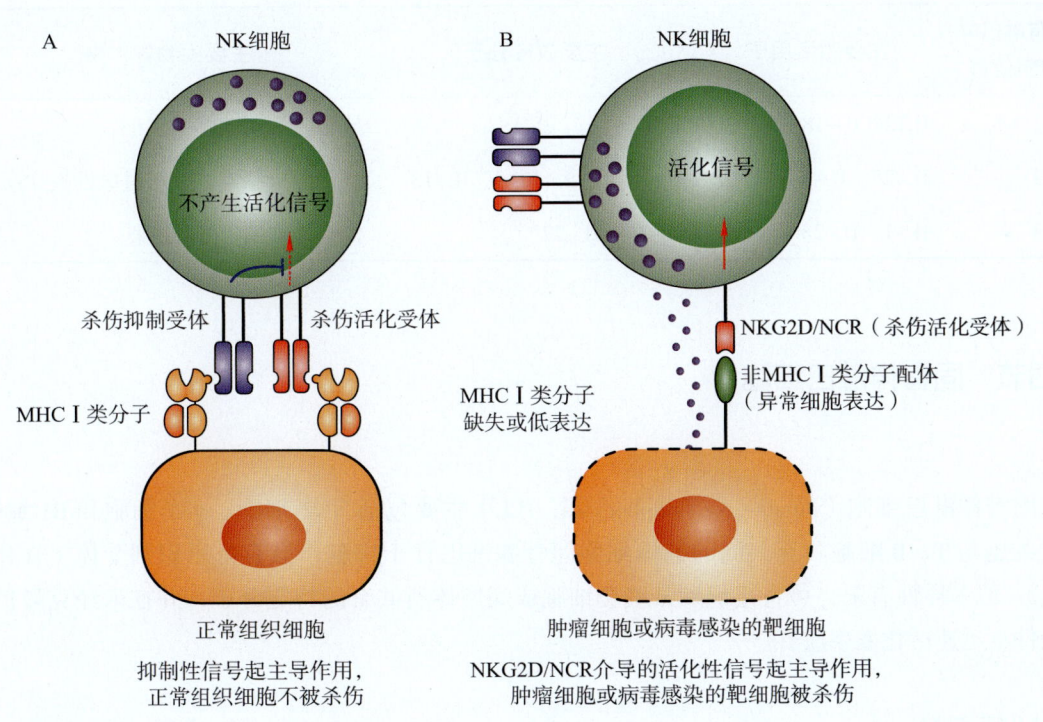

图 11-6　NK 细胞调节性受体的作用

A. 正常细胞 MHC Ⅰ类分子正常表达。NK 细胞的杀伤抑制受体作用占主导地位，导致对正常组织细胞不能产生杀伤作用。B. 肿瘤细胞或病毒感染细胞表面 MHC Ⅰ类分子表达下降或缺失。杀伤抑制受体丧失负调控作用，而杀伤活化受体可通过对异常细胞表面相应配体（非 MHC Ⅰ类分子）的识别而发挥杀伤作用

二、ILC1

ILC1 可通过表面活化相关受体接受巨噬细胞或树突状细胞产生的 IL-12、IL-18 等刺激而被激活，并通过分泌 IFN-γ 等 Th1 型细胞因子介导产生抗胞内病原菌感染的作用或参与肠道炎症反应。

三、ILC2

ILC2 可通过表面活化相关受体接受寄生虫感染或过敏性炎症部位上皮细胞产生的 IL-25、IL-33、胸腺基质淋巴细胞生成素（thymic stromal lymphopoietin，TSLP）等刺激而被激活，并通过分泌 IL-4、IL-5、IL-9、IL-13 等 Th2 型细胞因子介导产生抗寄生虫感染的作用或参与过敏性炎症反应。

四、ILC3

ILC3 可通过表面活化相关受体接受巨噬细胞或树突状细胞产生的 IL-1、IL-23 等刺激而被激活，并通过分泌 IL-17、IL-22 等介导产生抗胞外细菌 / 真菌感染的作用或肠道炎症反应。固有淋巴样细胞亚群及其主要生物学作用见表 11-2。

表 11-2　固有淋巴样细胞亚群及其主要生物学作用

固有淋巴样细胞亚群	主要激活因子	主要效应分子	主要生物学作用
ILC1	IL12、IL-18	IFN-γ	抗胞内病原菌感染
ILC2	IL-25、IL-33、TSLP	IL-4、IL-5、IL-9、IL-13	抗寄生虫感染、参与过敏性炎症反应
ILC3	IL-1、IL-23	IL-17、IL-22	抗胞外细菌 / 真菌感染

第四节　固有样淋巴细胞

固有样淋巴细胞（innate-like lymphocytes，ILL）主要包括 NKT 细胞、γδT 细胞和 B1 细胞。此类细胞与 T、B 细胞具有共同的前体细胞即骨髓淋巴样干细胞，虽有抗原识别受体（TCR 或 BCR），但多样性有限，可直接识别某些靶细胞或病原体所共有的特定分子，并在未经克隆扩增的条件下迅速活化发生应答。

一、NKT 细胞

自然杀伤 T 细胞（natural killer T cell，NKT 细胞）是一群细胞表面既有 T 细胞受体（TCR）又表达 NK 细胞表面标志（CD56⁺）的固有样淋巴细胞。NKT 细胞可在胸腺内或胸腺外（胚肝）分化发育，主要分布于骨髓、肝和胸腺，在脾、淋巴结和外周血中也有少量存在。NKT 细胞绝大多数为 CD4⁻CD8⁻，少数为 CD4⁺，其表面抗原识别受体（TCR）表达密度较低，约为外周血 T 细胞表达的 TCR 密度的 1/3，大多数为 TCRαβ 型，少数为 TCRγδ 型。

NKT 细胞 TCR 缺乏多样性，抗原识别谱窄，可识别不同靶细胞表面 CD1 分子提呈的脂质和糖脂类抗原，且不受 MHC 限制。NKT 细胞的主要生物学功能是：

1. 细胞毒作用　NKT 细胞可组成性表达 IL-12、IL-2 和 IFN-γ 等细胞因子的受体。在相应抗原或细胞因子的作用下，NKT 细胞活化，并通过分泌穿孔素使某些病毒、胞内寄生菌感染的靶细胞和肿瘤细胞发生溶解破坏；也可通过表达 FasL，经 Fas/FasL 途径使上述靶细胞发生凋亡。

2. 免疫调节作用　活化 NKT 细胞可分泌 IL-4 和 IFN-γ 等细胞因子。IL-4 可诱导 Th0 细胞向 Th2 细胞分化，参与体液免疫应答或诱导 B 细胞发生 IgE 类别转换，参与速发型超敏反应；IFN-γ 与 IL-12 协同作用，可使 Th0 细胞向 Th1 细胞分化，增强细胞免疫应答。此外，NKT 细胞还可分泌多种趋化性细胞因子，参与炎症反应。

二、γδT 细胞

γδT 细胞在胸腺中分化、发育，主要分布于肠道、呼吸道及泌尿生殖道等黏膜和皮下组织，具有杀伤靶细胞的功能。分布在不同黏膜和皮下组织中的 γδT 细胞可表达不同的 TCRγδ 以识别不同的抗原，但在同一组织中的 γδT 细胞只表达一种相同的 TCRγδ，因而具有相同的抗原识别特异性。由此可见，γδT 细胞的抗原受体缺乏多样性，同时其识别的抗原种类有限，主要是某些病原微生物感染细胞或突变细胞表达的共同抗原，如感染细胞表达的热休克蛋白、CD1 提呈的糖脂或磷脂类抗原和病毒蛋白等。它们对抗原的识别也与 αβT 细胞不同，即可直接识别某些完整的多肽抗原，不受 MHC 限制。部分 γδT 细胞可表达某些 NK 细胞样受体，介导其对靶细胞杀伤作用。

γδT 细胞的主要生物学功能有：①借助 TCRγδ 或 NK 细胞样受体对体内的异常细胞产生细胞毒作用，是皮肤黏膜局部早期抗病毒感染和抗肿瘤的重要效应细胞，其杀伤机制与 CD8⁺ CTL 基本相同。②活化 γδT 细胞还可通过分泌多种细胞因子（如 IL-17、IFN-γ 和 TNF-α 等）介导炎症反应或参与免疫调节。

动画 11-4
"无 TCR"

三、B1 细胞

B1 细胞主要分布于胸膜腔、腹膜腔和肠道固有层中，是一类具有自我更新能力的 $CD5^+mIgM^+B$ 细胞。B1 细胞表面 BCR 缺乏多样性，可直接识别结合某些病原体或变性自身成分所共有的抗原表位分子而迅速活化发生应答，产生以 IgM 为主的低亲和力抗体，在机体早期抗感染免疫和清除变性自身抗原中发挥作用。

第五节　其他固有免疫细胞

一、中性粒细胞

中性粒细胞（neutrophil）来源于骨髓髓样造血干细胞，产生速率高（约为 1×10^7 个 /min），但存活期短，为 2 ~ 3 天，占血液白细胞总数的 60% ~ 70%。

中性粒细胞表达多种受体，包括模式识别受体、FcγR、补体受体 C3bR/C4bR 和多种趋化因子受体。胞质中含有初级和次级两种颗粒，初级颗粒较大，即溶酶体颗粒，内含髓过氧化物酶

（myeloperoxidase，MPO）、酸性磷酸酶和溶菌酶；次级（特殊）颗粒较小，内含碱性磷酸酶、溶菌酶和防御素等。中性粒细胞还可释放多种炎症介质，如白三烯、嗜酸性粒细胞趋化因子、激肽酶原等。

中性粒细胞具有很强的趋化作用和吞噬杀菌功能。当病原体在局部引发感染时，中性粒细胞可迅速穿越毛细血管壁进入感染部位，借助模式识别受体对侵入的病原体进行识别并发挥吞噬作用，也可借助 FcγR 和补体受体的调理作用促进吞噬。中性粒细胞主要通过氧依赖、氧非依赖系统和巨噬细胞所不具备的 MPO 杀菌系统杀死吞噬入细胞内的病原体，并在大量溶酶体酶作用下分解病原体。对于未被吞噬的胞外病原体，中性粒细胞还可通过释放中性粒细胞胞外诱捕网（neutrophil extracellular trap，NET）杀伤病原体。在杀死被吞噬的病原体等异物后，中性粒细胞本身也死亡，死亡的中性粒细胞称为脓细胞。当中性粒细胞本身解体时，可释出各种溶酶体酶类物质，溶解周围组织形成脓肿，同时防止了局部的病原体在体内扩散。因此，中性粒细胞在抗病原体感染中起着十分重要的作用。

除抗感染作用之外，中性粒细胞可引起感染部位的炎症反应，并参与寄生虫感染引发的变态反应，从而引起免疫病理损害。

二、嗜酸性粒细胞

嗜酸性粒细胞（eosinophil）来源于骨髓髓样造血干细胞，占血液白细胞总数的 5%～6%，在血液中停留时间较短，仅为 6～8 h，进入结缔组织后可存活 8～12 天。嗜酸性粒细胞胞质内含粗大的嗜酸性颗粒，颗粒内含酸性磷酸酶类、阳离子蛋白、过氧化物酶等。嗜酸性粒细胞表面也有 FcγR、补体受体、趋化因子受体和模式识别受体。

嗜酸性粒细胞的主要生物学功能有：①抗寄生虫感染：嗜酸性粒细胞可借助于细胞表面的 Fc 受体和 C3 受体黏着于寄生虫表面，释放细胞溶酶体内所含的酶类（如过氧化物酶）等杀伤寄生虫。因此，在寄生虫感染和 I 型超敏反应发生过程中，常伴有嗜酸性粒细胞的增多。②促进炎症反应：在感染或过敏性炎症局部趋化因子和细胞因子的作用下，嗜酸性粒细胞从血液中被募集到炎症部位并激活，通过合成并分泌白三烯、血小板活化因子、IL-8 和 IL-5 等，促进局部炎症或过敏性炎症反应。

三、嗜碱性粒细胞和肥大细胞

嗜碱性粒细胞（basophil）来源于骨髓髓样造血干细胞，约占血液中白细胞总数的 0.2%，数量最少。嗜碱性粒细胞具有趋化作用，被招募到组织中后可存活 10～15 天。肥大细胞（mast cell）仅存在于黏膜和结缔组织中，而不存在于血液循环中。嗜碱性粒细胞和肥大细胞虽然形态特征及分布有所不同，但两者的功能非常相似，细胞表面均表达高亲和力 IgE Fc 受体（FcεR I）和过敏毒素受体（C3aR/C5aR），胞质内含有嗜碱性颗粒，颗粒内含有肝素、组胺和过敏性嗜酸性粒细胞趋化因子等介质。其免疫功能为：①介导超敏反应：这两类细胞的 IgE Fc 受体在变应原 –IgE 的作用下发生交联，激活细胞脱颗粒，介导 I 型超敏反应。②参与固有免疫：通过释放促炎细胞因子（IL-1、IL-4、TNF 等），发挥趋化和致炎反应作用。

（朱轶晴）

复习思考题

1. 哪些免疫细胞属于固有免疫细胞？
2. 试述单核 / 巨噬细胞的功能。
3. 试述树突状细胞的迁移和成熟过程及其主要生物学功能。
4. NK 细胞为何能区别正常组织细胞与病毒感染的细胞或肿瘤细胞？

新形态教材网

👤 学习目标　　⬇ 教学课件　　👤 本章小结　　👥 开放性讨论　　📝 自测题

第十二章
固有免疫应答

关键词

固有免疫应答　　　　　　模式识别　　　　　　模式识别受体

病原体相关分子模式　　　损伤相关分子模式　　泛特异性

　　由固有免疫系统承担的固有免疫应答是机体防御的第一道防线。当机体受到病原微生物等有害物质侵袭，机体内出现衰老、突变细胞时，固有免疫系统迅速启动固有免疫应答将其杀灭或清除。相比适应性免疫应答，固有免疫应答发生更早，对病原微生物的识别更广泛，并参与适应性免疫应答过程。本章揭示了固有免疫系统如何识别病原体并介导固有免疫应答的特点和生物学效应。

思维导图

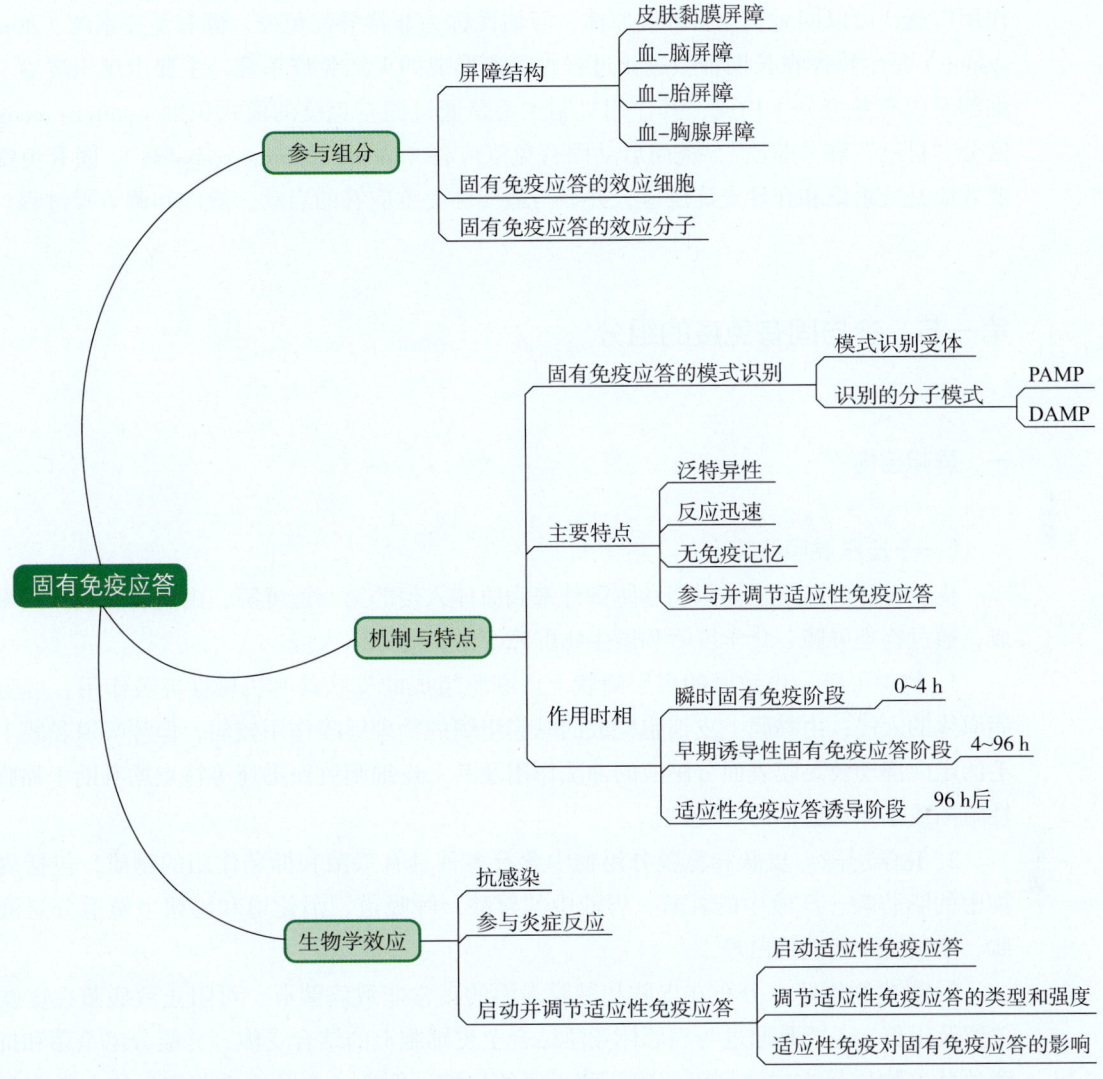

固有免疫应答

- 参与组分
  - 屏障结构
    - 皮肤黏膜屏障
    - 血−脑屏障
    - 血−胎屏障
    - 血−胸腺屏障
  - 固有免疫应答的效应细胞
  - 固有免疫应答的效应分子

- 机制与特点
  - 固有免疫应答的模式识别
    - 模式识别受体
    - 识别的分子模式
      - PAMP
      - DAMP
  - 主要特点
    - 泛特异性
    - 反应迅速
    - 无免疫记忆
    - 参与并调节适应性免疫应答
  - 作用时相
    - 瞬时固有免疫阶段　0~4 h
    - 早期诱导性固有免疫应答阶段　4~96 h
    - 适应性免疫应答诱导阶段　96 h后

- 生物学效应
  - 抗感染
  - 参与炎症反应
  - 启动并调节适应性免疫应答
    - 启动适应性免疫应答
    - 调节适应性免疫应答的类型和强度
    - 适应性免疫对固有免疫应答的影响

固有免疫是指生物在种系发生和进化过程中逐渐形成的天然免疫防御功能，是机体抵御病原微生物入侵的第一道防线。固有免疫是与生俱来的，可稳定遗传，因此又称天然免疫；因其作用广泛，可以同时识别多种病原体，习惯性称为非特异性免疫。固有免疫系统（innate immune system）是生物体在长期种系进化过程中逐渐形成的天然免疫系统，主要由组织屏障、固有免疫细胞及固有免疫分子构成，其作用机制主要是通过固有免疫的模式识别（pattern recognition）来区分"自己"和"非己"，进而启动固有免疫应答（innate immune response）。固有免疫应答的主要效应是抗感染和介导炎症反应，并参与适应性免疫应答的启动、效应和调节等过程。

第一节　参与固有免疫的组分

一、屏障结构

（一）皮肤黏膜屏障

微视频 12-1
固有免疫系统的组成

皮肤黏膜屏障是机体阻挡和防御外来病原体入侵的第一道屏障，由皮肤黏膜及其附属成分构成，通过物理屏障、化学屏障和微生物屏障等防止病原体入侵。

1. 物理屏障　由致密的多层鳞状上皮细胞组成的皮肤具有机械性屏蔽作用，可阻挡外源性病原体的入侵；由黏膜上皮细胞构成的黏膜组织的物理屏障作用较弱，但呼吸道黏膜上皮细胞纤毛的定向摆动及黏膜表面分泌液的冲洗作用及其上皮细胞更新迅速等特点均有助于黏膜组织机械性阻挡或排除病原体的入侵。

2. 化学屏障　皮肤和黏膜分泌物中含有多种具有杀菌和抑菌作用的物质，包括皮脂腺分泌物中的脂肪酸、汗液中的乳酸、胃液中的胃酸，呼吸道、消化道和泌尿生殖道分泌液中的抗菌肽、溶菌酶及乳铁蛋白等。

3. 微生物屏障　分布在皮肤和黏膜表面的正常非致病菌群，可阻止致病菌在皮肤和黏膜的停留及生长，主要是通过与病原体竞争结合上皮细胞上的结合受体，并能分泌杀菌和抑菌物质及竞争营养物质等方式达到阻挡病原菌入侵的目的。例如，大肠埃希菌产生的大肠菌素可杀伤某些厌氧菌和革兰氏阳性菌，唾液链球菌产生的 H_2O_2 可杀伤白喉棒状杆菌和脑膜炎奈瑟菌，皮脂腺内的丙酸杆菌可杀伤金黄色葡萄球菌等。此外，正常菌群还能促进免疫器官的发育并刺激其产生免疫应答，既能限制正常菌群自身过度增殖，又能对与正常菌群具有共同抗原表位的致病菌产生一定的抑制或杀伤效应。

（二）血-脑屏障

血-脑屏障（blood-brain barrier）由软脑膜、脉络丛毛细血管壁和包在壁外的星状胶质细胞形成的胶质膜共同组成，可阻挡病原体及其毒性代谢产物经血液进入脑组织或脑脊液。婴幼儿血-脑屏障发育不完善，较成年人易发生中枢神经系统感染疾病。

（三）血-胎屏障

血-胎屏障（blood-placenta barrier）由母体子宫内膜的基蜕膜和胎儿绒毛膜共同组成，能够有效防止母体内的病原体及其毒性代谢产物进入胎儿体内，但不妨碍母子间小分子营养物质的交换。妊娠前 3 个月，血 – 胎屏障尚未发育完善，若此时母体发生某些病原体（如风疹病毒、巨细胞病毒）感染，可导致胎儿流产、死胎或胎儿畸形等。

（四）血 – 胸腺屏障

血 – 胸腺屏障（blood-thymus barrier）由胸腺皮质的毛细血管及其周围结构共同构成，可阻止血液内一般抗原物质进入胸腺，以维持胸腺内环境的稳定，保证胸腺细胞的正常发育。

二、固有免疫应答的效应细胞

固有免疫细胞主要包括单核/巨噬细胞、中性粒细胞、树突状细胞、NK 细胞、固有淋巴样细胞（ILC）、NKT 细胞、γδT 细胞、B1 细胞、肥大细胞、嗜碱性粒细胞和嗜酸性粒细胞等（详见第十一章）。

三、固有免疫应答的效应分子

（一）补体

补体是参与固有免疫应答及适应性免疫应答的重要效应分子。补体激活后，形成的攻膜复合物及补体裂解片段，可通过裂解微生物及免疫调理、黏附、趋化及促炎等方式发挥效应。

（二）细胞因子

抗原可以通过多种方式作用于免疫细胞或非免疫细胞（如病毒感染的组织细胞）而产生细胞因子，这些细胞因子可通过趋化和激活巨噬细胞、NK 细胞及中性粒细胞，杀伤病原体或感染细胞，也可直接抑制病毒复制或诱导靶细胞死亡，或通过引发急性期反应发挥抗感染及清除抗原异物作用。

（三）溶菌酶

溶菌酶（lysozyme）是吞噬细胞产生的一种不耐热碱性蛋白质，主要分布在体液、外分泌液和吞噬细胞溶酶体中，能够裂解革兰氏阳性菌细胞壁的肽聚糖结构。革兰氏阴性菌由于在其肽聚糖外还有 LPS 和脂蛋白包裹，所以对溶菌酶不敏感，但在相应抗体或补体存在的条件下，也可被溶菌酶溶解破坏。

（四）抗菌肽

抗菌肽（antimicrobial peptide）是具有抗菌活性短肽的总称，具有抗细菌、抗真菌及抗病毒等作用。防御素（defensin）是一种富含精氨酸的阳离子抗菌肽，主要存在于人和哺乳动物的中性粒细胞中，对细菌、真菌和有包膜病毒具有广谱的直接杀伤活性。其机制是：①破坏细菌细胞膜的完整性，导致细胞内外物质交换失控，细菌死亡。②诱导病原体产生自溶酶，干扰 DNA 和蛋白质合成。③通过致炎和趋化作用增强吞噬细胞对病原体的吞噬杀伤作用。

（五）其他效应分子

参与固有免疫的其他效应分子还有乙型溶素、吞噬细胞杀菌素、一氧化氮、活性氧、C 反应蛋白和组蛋白等效应分子。

第二节　固有免疫应答的机制与特点

固有免疫细胞主要是通过其模式识别受体对病原体及其感染细胞、衰老损伤细胞及畸变肿瘤细胞的某些特定分子进行识别，产生非特异性免疫应答发挥免疫保护作用，同时也参与适应性免疫应答的启动、效应和调节过程。

一、固有免疫应答的模式识别

（一）固有免疫细胞的模式识别受体

微视频 12-2
固有免疫应答的模式
识别机制

模式识别受体（pattern recognition receptor，PRR）是指广泛存在于固有免疫细胞膜、胞内器室膜上、胞质和血液中的一类能够直接识别外来病原体及其产物或宿主畸变、衰老和凋亡细胞某些共有的特定模式分子结构的受体。PRR 所识别的分子是病原体赖以生存且变化较少的保守结构，即病原体相关分子模式（pathogen associated molecular pattern，PAMP）及损伤相关分子模式（damage-associated molecular pattern，DAMP），如细菌的脂多糖和病毒的双链 RNA。

知识拓展 12-1
2011 年诺贝尔生理
学或医学奖

PRR 的特点有：①有限多样性：因为 PRR 是由胚系基因编码，因此不具有类似于 TCR 或 BCR 的多样性。②非克隆表达：即同一类型细胞所表达的 PRR 具有相同特异性。③介导快速生物学反应：PRR 一旦与病原体结合，即可迅速激活效应细胞发挥作用。

根据模式识别受体的分布，可将其分为胞膜型 PRR、内体膜型 PRR、胞质型 PRR 和分泌型 PRR。胞膜型 PRR 主要包括：甘露糖受体（mannose receptor, MR）、清道夫受体（scavenger receptor，SR）和表达于细胞膜上的 Toll 样受体（TLR1、TLR2、TLR4 等）。内体膜型 PRR 主要包括存在于细胞内膜系统中的 Toll 样受体（TLR3、TLR7/TLR8 和 TLR9）。胞质型 PRR 主要包括：核苷酸结合寡聚结构域 1（nucleotide-binding oligomerization domain 1，NOD1）、NOD2 和视黄酸诱导基因蛋白（retinoic acid-inducible gene，RIG）。分泌型 PRR 主要包括：甘露糖结合凝集素、C 反应蛋白、脂多糖结合蛋白和胶原凝集素。

知识拓展 12-2
模式识别理论、模式
识别受体及其配体

（二）固有免疫细胞识别的模式分子

1. 病原体相关分子模式（PAMP）　是指存在于某些病原体或其产物上可被 PRR 识别、结合的特定分子。该类分子具有如下特征：①病原微生物所特有，宿主不产生。固有免疫细胞可通过 PRR 对 PAMP 识别，是区别"自己"与"非己"的物质基础。②同一种类微生物表达相同的 PAMP。该分子高度保守，即多种微生物可具有相似的 PAMP。③微生物生存或致病所必需。PAMP 种类有限，在病原微生物中广泛分布（表 12-1）。

2. 损伤相关模式分子（DAMP）　是指组织或细胞损伤而产生的内源性模式分子。感染、缺氧、应激、无菌性炎症、坏死或凋亡均可导致组织损伤，死亡或损伤细胞的胞内成分一旦释放到胞外或细胞外基质被降解，即可形成 DAMP。如热休克蛋白（heat shock protein，HSP）、高迁移率族蛋白 B1（HMGB1）、尿酸、肝癌来源生长因子（HDGF）等。这些物质可通过 Toll 样受体、RIG-1 样受体或 NOD 样受体等模式识别受体，诱导固有免疫应答，但同时也可诱导自身免疫或

表 12-1 模式识别受体及其识别的病原体相关分子模式

模式识别受体（PRR）	病原体相关分子模式（PAMP）	生物学活性
胞膜型 PRR		
甘露糖受体	细菌甘露糖、岩藻糖	吞噬作用
清道夫受体（CD36）	革兰氏阳性菌磷壁酸、革兰氏阴性菌脂多糖（LPS）	吞噬作用、清除 LPS 等
TLR2/TLR6 和 TLR2/TLR1	革兰氏阳性菌肽聚糖（PGN）、磷壁酸（LTA），细菌和支原体的脂蛋白、脂肽，酵母菌的酵母多糖、分枝杆菌胞壁组分、麻疹病毒血凝素蛋白、单纯疱疹病毒成分等	激活胞内信号 NF-κB、诱生黏附分子和炎症细胞因子
TLR4 与 CD14	革兰氏阴性菌脂多糖（LPS）、热休克蛋白（HSP）	诱生黏附分子和炎症细胞因子的表达
TLR5	革兰氏阴性菌的鞭毛蛋白	同上
内体膜型 PRR		
TLR3	病毒双链 RNA（dsRNA），合成 Poly（I：C）	同上
TLR7/TLR8	病毒或非病毒性单链 RNA（ssRNA）	同上
TLR9	细菌或病毒非甲基化 CpG DNA、疟原虫色素、单纯疱疹病毒 DNA	产生 Th1 型细胞因子，促进 NK 细胞的细胞毒活性
胞质型 PRR		
NOD1	革兰氏阴性菌细胞壁成分内消旋二氨基庚二酸	感知革兰氏阴性菌感染
NOD2	细菌胞壁酰二肽	感知革兰氏阳性、阴性菌感染
RIG	病毒双链 RNA（dsRNA）	诱导 I 型干扰素和炎性细胞因子产生
分泌型 PRR		
甘露糖结合凝集素（MBL）	微生物表面的甘露糖、岩藻糖和 N- 乙酰葡糖胺残基	调理作用、激活补体 MBL 途径
C 反应蛋白（CRP）	细菌胞壁磷酰胆碱	调理作用、激活补体
脂多糖结合蛋白（LBP）	革兰氏阴性菌脂多糖（LPS）	将 LPS 传递给 CD14
胶原凝集素	微生物表面甘露糖后果糖负极的寡糖	调节、激活补体凝集素途径

免疫耐受，在关节炎、动脉粥样硬化、肿瘤、系统性红斑狼疮等疾病的发生和发展过程中发挥重要作用。

　　某些情况下，固有免疫细胞可识别并清除死亡、突变、损伤及老化的细胞等。此外，固有免疫细胞例如巨噬细胞可通过表面的 Fc 受体或补体受体，通过结合抗体或补体，进而吞噬与抗体或补体结合的抗原或病原体片段，称为调理吞噬作用。

二、固有免疫应答的特点和作用时相

（一）固有免疫应答的主要特点

　　与适应性免疫应答相比，固有免疫应答具有以下特点（表 1-3）：

微视频 12-3
固有免疫应答的特点

1. 泛特异性　固有免疫细胞通过 PRR 直接识别病原体及其产物中的共同保守结构（PAMP），故具有泛特异性。

2. 反应迅速　固有免疫可在接触病原体及其产物的即刻或 96 h 内发挥作用。固有免疫细胞可通过趋化募集，迅速集结到病原体处发挥免疫效应，而不是通过克隆扩增、分化为效应细胞后再产生免疫效应，因此反应迅速。

3. 无免疫记忆　固有免疫细胞寿命较短，在其介导的免疫应答过程中通常不能产生免疫记忆细胞，因此固有免疫应答维持时间较短，一般不具有再次应答效应。

4. 启动、参与并调节适应性免疫应答　固有免疫细胞及分子参与适应性免疫应答的全过程，并能通过产生不同的细胞因子调控适应性免疫应答的类型。

（二）固有免疫应答的作用时相

1. 瞬时固有免疫阶段　发生于病原体感染 0 ~ 4 h 之内，主要包括：①皮肤黏膜的屏障作用。②突破屏障后的病原体可直接激活补体的替代途径和 MBL 途径而被补体系统裂解。③局部巨噬细胞（Mϕ）活化后产生的趋化因子和促炎细胞因子，驱使中性粒细胞进入感染局部对病原体产生吞噬杀伤作用。中性粒细胞是机体抗细菌和真菌感染的主要效应细胞，通常绝大多数病原体感染终止于此时相。

2. 早期诱导性固有免疫应答阶段　发生于感染后 4 ~ 96 h，主要是感染部位活化的 Mϕ 释放大量趋化因子和炎性介质，使局部血管扩张、通透性增强，炎症细胞浸润（包括巨噬细胞、NK 细胞、NKT 细胞、γδT 细胞及 B1 细胞等固有免疫应答细胞）的浸润、活化及效应，可进一步增强、扩大机体固有免疫应答和炎症反应。

3. 适应性免疫应答诱导阶段　在感染 96 h 后，接受病原体刺激的未成熟树突状细胞从局部感染组织迁移到外周免疫器官并发育成熟，可有效激活抗原特异性初始 T 细胞，启动适应性免疫应答。

第三节　固有免疫应答的生物学效应

微视频 12-4
固有免疫应答的意义

固有免疫是机体的第一道防线，通过识别"自己"和"非己"，抵御抗原异物入侵及清除异物；还可启动适应性免疫应答，并调节其类型和强度。此外，固有免疫也与肿瘤、超敏反应、移植排斥及自身免疫病等疾病的发生、发展密切相关。

一、抗感染

微视频 12-5
炎症反应

固有免疫是机体抗感染的第一道屏障，也是决定机体免于病原体伤害的主要因素。固有免疫系统的巨噬细胞、NK 细胞、中性粒细胞等固有免疫细胞及补体、细胞因子等固有免疫分子在体内广泛分布，并且能对病原体做出快速反应，在细菌、病毒、寄生虫感染的早期发挥重要作用。此外，固有免疫细胞及分子也参与适应性免疫应答抗感染的效应阶段。因此，固有免疫缺陷可致使机体发生多种感染性疾病。

二、参与炎症反应

固有免疫系统抗感染和清除组织损伤的主要方式就是早期急性炎症反应，表现为炎症细胞浸润和炎症因子释放。通常情况下，局部固有的细胞（如肥大细胞、巨噬细胞和内皮细胞）在 PAMP 或 DAMP 刺激下分泌细胞因子和小分子介质，使炎症部位血管发生可逆性变化，包括小动脉扩张、毛细血管和小静脉的通透性增加，引起炎症细胞和分子渗透到炎症局部，最初是大量的中性粒细胞浸润，随着炎症的进展，大量的外周血单核细胞进入组织成为巨噬细胞，发挥吞噬病原体、清除损伤细胞的作用。进入炎症部位最重要的因子是补体、抗体和急性期反应物。如果感染不被清除或组织损伤被延长，急性期炎症也会发展成慢性炎症，包括单核细胞和淋巴细胞的聚集、活化，最后导致包括血管形成和纤维化的组织重构。虽然固有免疫可能导致慢性炎症，但适应性免疫的参与也是炎症的另一因素，如 T 细胞产生的细胞因子可加重炎症反应。

知识拓展 12-3
炎性复合体的活化与作用

三、启动并调节适应性免疫应答

固有免疫细胞通过模式识别受体识别不同的病原体，其抗原提呈作用和分泌细胞因子的调节效应可启动适应性免疫应答，并影响适应性免疫应答的强度和类型，同时也参与免疫记忆的形成与维持。

（一）启动适应性免疫应答

固有免疫应答和抗原是 T、B 细胞增殖和分化的基础。固有免疫细胞（树突状细胞 / 巨噬细胞）通过 PRR 识别、摄取、加工处理抗原后，以抗原肽 –MHC 复合物形式提呈抗原信息给 T 细胞，提供激活 T 细胞的第一信号，该信号来源于抗原，以确保适应性免疫应答的特异性。活化的固有免疫细胞表达的共刺激分子（黏附分子）和分泌的细胞因子是刺激 T、B 细胞活化的第二信号，该信号可确保在病原体感染时才启动针对该病原体的适应性免疫应答（图 12-1）。

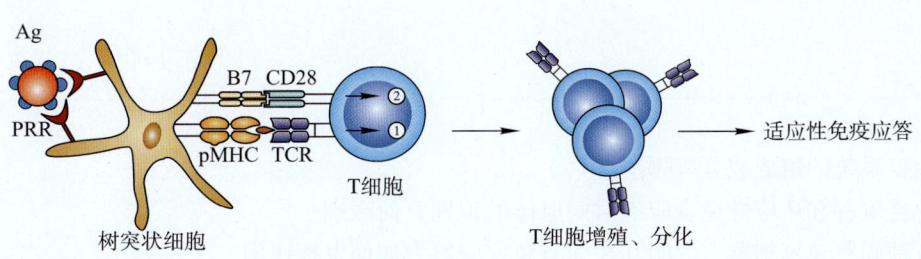

图 12-1　固有免疫启动适应性免疫应答
固有免疫细胞APC识别、摄取、加工处理抗原，并将抗原信息提呈给T细胞，同时固有免疫细胞表达的共刺激分子可进一步刺激T、B细胞活化，启动针对该病原体的适应性免疫应答

（二）调节适应性免疫应答的类型和强度

固有免疫细胞通过模式识别受体识别不同的病原体，产生不同种类的细胞因子，启动不同类型的适应性免疫应答，从而清除病原体。

1. 调节 Th1 或 Th2 细胞适应性免疫应答　①胞内病原体感染或肿瘤可诱导树突状细胞或巨噬细胞分泌 IL-12，活化的 NK 细胞分泌 IFN-γ，从而诱导 Th1 细胞分化，参与特异性细胞免疫应答。②某些寄生虫感染使树突状细胞或巨噬细胞产生 IL-10，以及诱导肥大细胞和 NKT 细胞分泌 IL-4，从而诱导初始 T 细胞分化为 Th2 细胞，参与特异性体液免疫应答。

2. 调节免疫应答的强度　活化 NK 细胞产生的 IFN-γ、IL-2、TNF、GM-CSF 等可促进 APC 表达 MHC 分子和抗原提呈，增强 T 细胞的功能，使机体适应性免疫应答能力增强，亦可抑制 B 细胞分化及产生抗体；固有免疫细胞产生的 TGF-β、活性氧可抑制免疫应答。

（三）适应性免疫应答对固有免疫应答的影响

当 APC 提供抗原信息启动适应性免疫应答后，活化的 T、B 细胞可以通过释放细胞因子、产生抗体进一步刺激或抑制固有免疫细胞或分子的作用，因此，适应性免疫应答与固有免疫应答既有区别又有联系（图 12-2）。生理条件下，固有免疫应答与适应性免疫应答相互依存，密切配合，共同完成宿主免疫防御、免疫监视和免疫自稳功能，产生对机体有益的免疫保护作用。

图 12-2　固有免疫应答与适应性免疫应答的关系
固有免疫应答与适应性免疫应答既有区别又有联系。固有免疫应答通过APC的抗原提呈作用启动适应性免疫应答，并通过产生不同的细胞因子影响适应性免疫应答的类型；固有免疫细胞和分子通过ADCC及调理吞噬作用协助适应性免疫应答。此外，活化的T、B细胞可以通过释放细胞因子、产生抗原-抗体复合物进一步刺激或抑制固有免疫细胞作用或因子释放

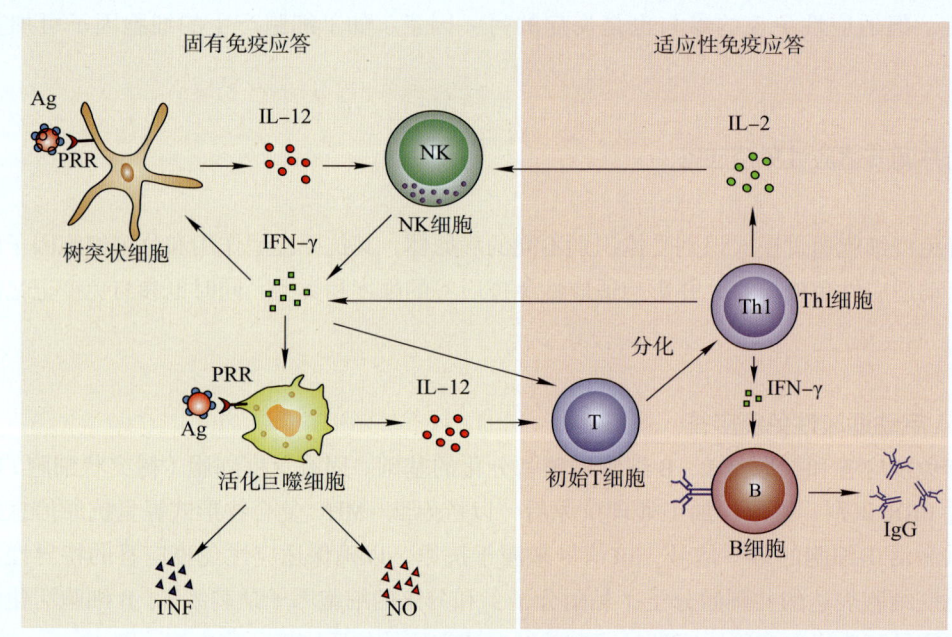

（任　欢）

思考题

1. 固有免疫系统的组成成分有哪些？
2. 固有免疫应答和适应性免疫应答对病原体的识别有何区别？
3. 列举 4 种固有免疫细胞，说明其在固有免疫应答中如何发挥作用。
4. 说明炎症反应的生物学意义。

新形态教材网

👤 学习目标　　📥 教学课件　　👤 本章小结　　👥 开放性讨论　　📝 自测题

第十三章
抗原的加工及提呈

关键词

抗原提呈细胞　　专职性抗原提呈细胞　　抗原的加工及提呈

MHC I 类分子途径　MHC II 类分子途径

　　在适应性免疫应答过程中，T 细胞和 B 细胞都能通过各自抗原受体识别抗原表位，与 B 细胞不同的是，T 细胞只能识别与 MHC 分子形成复合物的抗原肽，这一特点决定 T 细胞识别的抗原需要"预处理"，此即抗原的加工及提呈。能加工和提呈抗原的细胞称为抗原提呈细胞。本章将首先介绍抗原提呈细胞的种类和特点，然后对抗原加工和提呈的过程进行全面阐述，并为后续学习 T 细胞活化、T 细胞与抗原提呈细胞的相互作用奠定基础。

思维导图

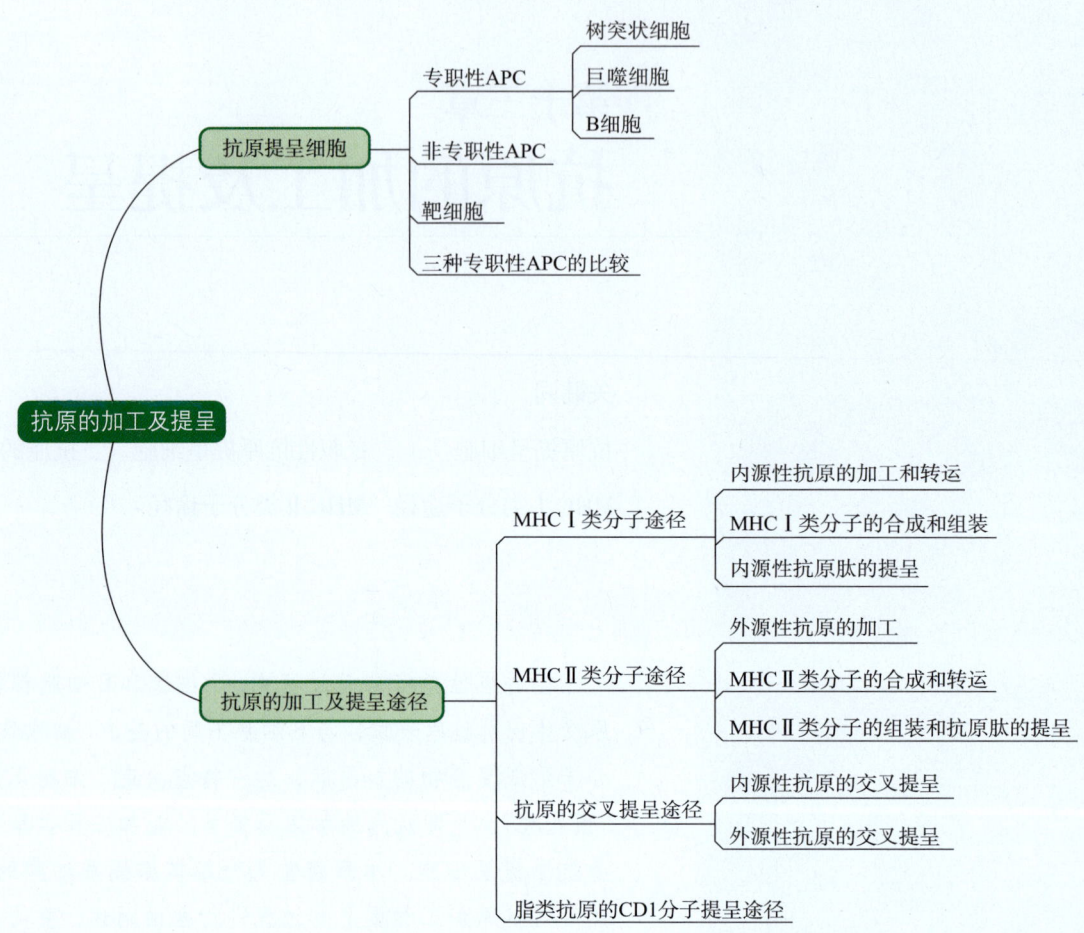

抗原的加工及提呈（antigen processing and presentation）是启动适应性免疫应答的基础，包括抗原加工和抗原提呈两个过程。抗原加工是指蛋白质抗原在细胞内被降解为小分子抗原肽，并与 MHC 分子结合形成抗原肽 –MHC 分子复合物，再将复合物转运到细胞表面的过程；抗原提呈则是指表达于细胞表面的抗原肽 –MHC 分子复合物被 T 细胞识别的过程。由于提呈抗原的细胞种类及抗原来源不同，抗原加工及提呈的途径也不尽相同。

第一节 抗原提呈细胞

抗原提呈细胞（APC）是指能够摄取、加工抗原，并将抗原信息以抗原肽 –MHC 分子复合物（pMHC）的形式提呈给 T 细胞的一类细胞，在适应性免疫应答中具有重要作用。

一、抗原提呈细胞的种类

体内有核细胞都表达 MHC Ⅰ 类和（或）Ⅱ 类分子，故均具有提呈抗原肽给 T 细胞的能力，但习惯上，将那些以抗原肽 –MHC Ⅰ 类分子复合物形式提呈给 CD8$^+$ T 细胞的称为靶细胞（target cell），而将以抗原肽 –MHC Ⅱ 类分子复合物形式提呈给 CD4$^+$ T 细胞的称为 APC。根据 APC 功能的差异，又可将其分为专职性 APC 和非专职性 APC 两大类。

（一）专职性 APC

专职性 APC（professional APC）组成性表达 MHC Ⅱ 类分子和 T 细胞活化所需的共刺激分子，具有显著的抗原摄取、加工和提呈功能，包括树突状细胞（DC）、单核 / 巨噬细胞和 B 细胞。

（二）非专职性 APC

非专职性 APC（non-professional APC）通常指一般情况下不表达或低表达 MHC Ⅱ 类分子，不具备抗原提呈功能，但在炎症过程中或某些细胞因子的作用下，可被诱导表达 MHC Ⅱ 类分子、共刺激分子和黏附分子，并能加工和提呈抗原的一类细胞。与专职性 APC 相比，非专职性 APC 加工和提呈抗原的能力较弱。非专职性 APC 包括成纤维细胞、内皮细胞，上皮细胞、间质细胞等，通常与炎症反应的发生和某些自身免疫病的发病机制有关。例如，甲状腺滤泡上皮细胞在某种条件下能表达 MHC Ⅱ 类分子及提呈甲状腺球蛋白抗原继而激活 Th 细胞，这与自身免疫性甲状腺炎的发病机制有关。

（三）靶细胞

所有有核细胞都表达 MHC Ⅰ 类分子，且能够降解、加工自身合成的（内源性）抗原并以抗原肽 –MHC Ⅰ 类分子复合物形式提呈给具有杀伤功能的 CD8$^+$ T 细胞，属广义的 APC。此类细胞通常因被胞内病原体感染而产生病原体抗原或因细胞发生突变而产生突变蛋白抗原，这些细胞在向 CD8$^+$ T 细胞提呈抗原肽的同时，自身可被 CD8$^+$ T 细胞识别、杀伤，故又称靶细胞。

二、三种专职性 APC

知识拓展 13-1
治疗性肿瘤疫苗——
provenge

（一）树突状细胞

经典 DC 表面表达多种模式识别受体及 Fc 受体，可识别多种病原微生物或抗原 - 抗体复合物；通过胞饮作用、吞噬作用及受体介导的内吞作用等方式摄取抗原，然后把抗原加工形成抗原肽，并以抗原肽 -MHC 分子复合物形式表达于细胞表面，提呈给初始 T 细胞，启动初始 T 细胞活化的第一信号。DC 是唯一能直接激活初始 T 细胞的专职性 APC。

（二）巨噬细胞

科学发现 13-1
树突状细胞之父

巨噬细胞表面表达多种模式识别受体和调理性受体，也通过胞饮作用、吞噬作用及受体介导的内吞作用等方式识别摄取抗原，以抗原肽 -MHC 分子复合物形式表达于细胞表面。然而巨噬细胞不能直接将抗原提呈给初始 T 细胞，而是在感染或损伤局部将抗原提呈给活化 T 细胞或效应 T 细胞，其抗原提呈功能明显弱于 DC。此外活化 T 细胞分泌的 IFN-γ 等细胞因子能正反馈增强巨噬细胞的功能，有利于其在细胞免疫中发挥更强大的作用。

（三）B 细胞

微视频 13-1
专职性 APC

B 细胞可借表面的 BCR 特异性结合可溶性抗原，并浓集、内化 BCR- 可溶性抗原复合物，或经胞饮作用摄取可溶性蛋白抗原；浓集抗原的效应使 B 细胞在抗原浓度极低时仍能够提呈抗原。可溶性抗原在 B 细胞内被加工成抗原肽，以抗原肽 -MHC Ⅱ类分子复合物的形式表达于细胞表面，并提呈给 CD4⁺Th 细胞。

上述三种 APC 提呈抗原的特点不完全相同（图 13-1）。

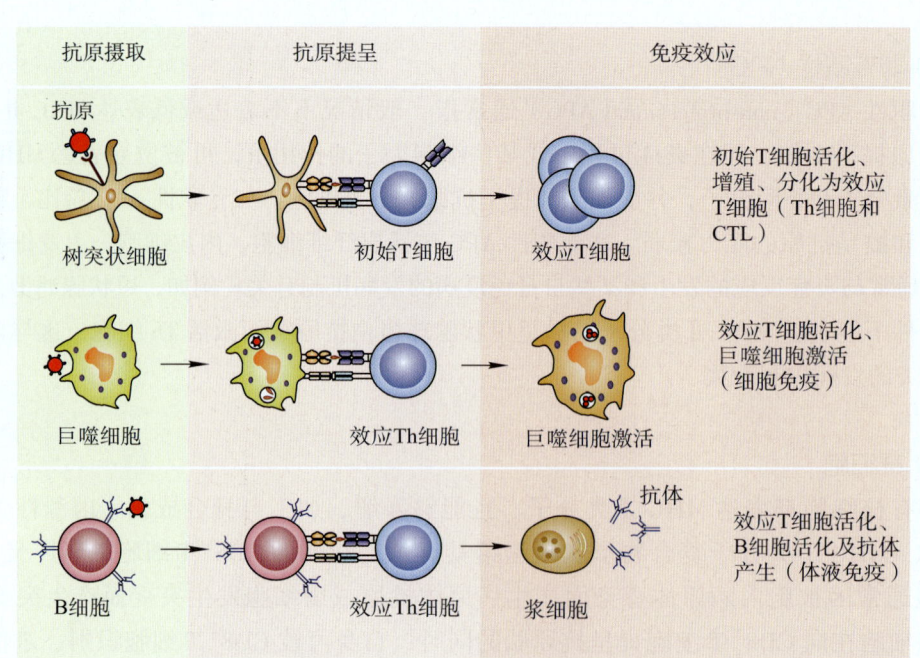

图 13-1 三种专职性 APC 抗原提呈及免疫效应的比较
DC 摄取、提呈抗原，诱导初始 T 细胞活化，启动细胞免疫应答；巨噬细胞主要向活化 T 细胞提呈抗原；B 细胞捕获、内吞、加工抗原，提呈给特异性 CD4⁺Th 细胞识别，在激活 Th 细胞的同时本身也受到 Th 细胞的辅助而分化为浆细胞并产生抗体

第二节　抗原的加工及提呈途径

T 细胞只能识别由 APC 加工、提呈的抗原肽 –MHC 分子复合物。APC 所加工和提呈的抗原按其来源不同可分为两大类（图 13–2）。①内源性抗原（endogenous antigen）：指靶细胞（广义的 APC）胞内合成的抗原，如病毒感染细胞合成的病毒蛋白、肿瘤细胞合成的肿瘤抗原和某些细胞内的自身抗原等。②外源性抗原（exogenous antigen）：指 APC 以各种方式所摄取的细胞、细菌和蛋白抗原等。

根据抗原的来源和性质的不同，APC 对抗原的加工和提呈可分为 4 条途径。① MHC Ⅰ类分子途径，亦称为内源性抗原提呈途径或胞质溶胶抗原提呈途径。② MHC Ⅱ类分子途径，亦称为外源性抗原提呈途径或溶酶体抗原提呈途径。③非经典的抗原提呈途径（MHC 分子对抗原的交叉提呈）。④脂类抗原的 CD1 分子提呈途径。MHC Ⅰ类分子途径和 MHC Ⅱ类分子途径是抗原加工和提呈的主要途径，两条途径的主要差异见表 13–1。

表 13–1　MHC Ⅰ类分子途径与 MHC Ⅱ类分子途径的比较

项目	MHC Ⅰ类分子途径	MHC Ⅱ类分子途径
抗原来源	内源性	外源性
抗原降解胞内定位	免疫蛋白酶体	MⅡC、溶酶体
MHC 分子与抗原肽结合部位	内质网腔	MⅡC
提呈抗原肽的 MHC 分子	MHC Ⅰ类分子	MHC Ⅱ类分子
伴侣分子	钙联蛋白、TAP	钙联蛋白、Ii 链
抗原提呈细胞	所有有核细胞	专职性 APC
识别及应答细胞	CD8⁺ T 细胞	CD4⁺ T 细胞

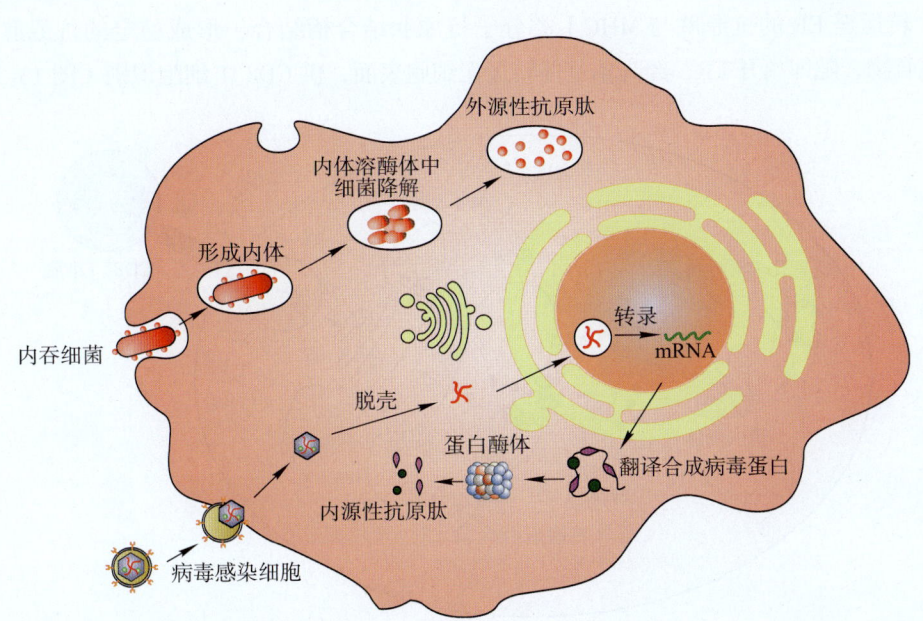

图 13-2　内源性抗原和外源性抗原的产生　细菌等抗原是来源于 APC 之外的，在 APC 胞质内消化降解的，因此属于外源性抗原；病毒感染细胞后，相关的病毒蛋白是在 APC 内新合成的，因此属于内源性抗原

一、MHC Ⅰ类分子途径

所有有核细胞（无论专职性 APC、非专职性 APC 或靶细胞）都表达 MHC Ⅰ类分子，故均可通过 MHC Ⅰ类分子途径将自身合成的内源性抗原提呈给 CD8⁺ T 细胞。

（一）内源性抗原的加工和转运

内源性抗原在多种酶和 ATP 的作用下与泛素（ubiquitin）结合，使内源性抗原解除折叠，以线形多肽链进入蛋白酶体（proteasome）。蛋白酶体是胞内一种大分子蛋白水解酶复合体，为中空的圆柱体结构。干扰素等可诱导细胞产生低分子量多肽（low molecular weight peptide，LMP），LMP 能取代蛋白酶体催化亚单位使蛋白酶体成为免疫蛋白酶体（immunoproteasome），主要负责将内源性蛋白抗原降解为 6～30 个氨基酸的抗原肽。

经免疫蛋白酶体降解的抗原肽需在内质网（endoplasmic reticulum，ER）腔内与新组装的 MHC Ⅰ类分子结合，这个过程依赖于 ER 表面的抗原加工相关转运体（transporter associated with antigen processing，TAP）。TAP 是由两个 6 次跨膜蛋白（TAP1/TAP2）组成的异二聚体，两者在 ER 膜上形成孔道。胞质中的抗原肽先与 TAP 结合，TAP 进而发生构象改变开放孔道，并以 ATP 依赖的方式主动转运抗原肽进入 ER 腔内。TAP 对含有 8～16 个氨基酸残基的肽段有较高的亲和力，因此可选择性地转运适合与 MHC Ⅰ类分子结合的肽段，同时 TAP 也能将 ER 中多余的抗原肽转运到胞质中。

动画 13-1
MHC Ⅰ类分子对内源性抗原的提呈作用

（二）MHC Ⅰ类分子的合成和组装

MHC Ⅰ类分子 α 链和 β2m 在 ER 中合成，其中 α 链合成后立即与伴侣蛋白（chaperonin）结合。伴侣蛋白包括钙联蛋白（calnexin）、钙网蛋白（calreticulin）、氧化还原酶 ERP57 和 TAP 相关蛋白（tapasin），共同参与 α 链的折叠及 α 链与 β2m 的组装，同时可以保护 α 链不被降解，介导新合成的 MHC Ⅰ类分子与 TAP 结合。

微视频 13-2
MHC Ⅰ类分子途径

（三）内源性抗原肽的提呈

MHC Ⅰ类分子 α 链的 α1 和 α2 功能区构成抗原肽结合槽，可结合含 8～16 个氨基酸残基的抗原肽。转运至 ER 的抗原肽与 MHC Ⅰ类分子抗原肽结合槽结合，形成稳定的抗原肽 -MHC Ⅰ类分子复合物，随即离开 ER，经高尔基体转运至细胞表面，供 CD8⁺ T 细胞识别（图 13-3）。

图 13-3 MHC Ⅰ类分子途径示意图
合成的完整抗原首先在胞质中降解成抗原肽，经 TAP 转运至内质网腔，与新组装的 MHC Ⅰ类分子结合形成抗原肽-MHC Ⅰ类分子复合物，经高尔基体转运至细胞膜上，提呈给 CD8⁺ T 细胞

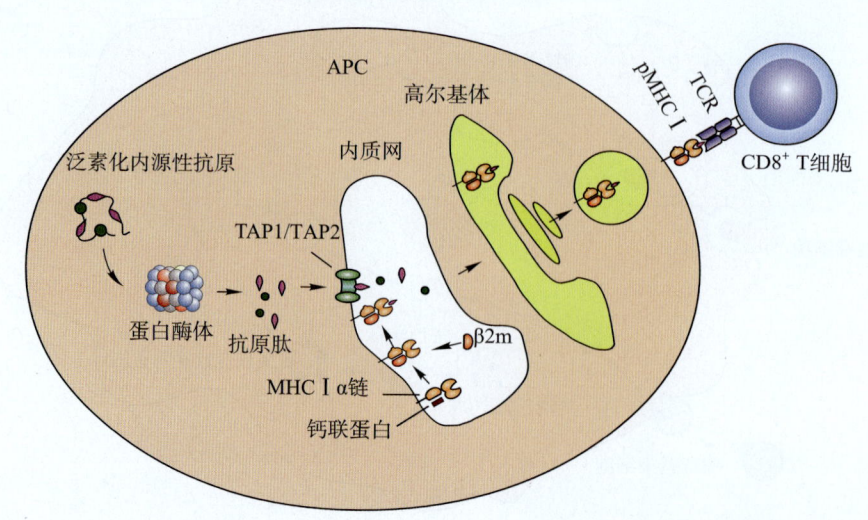

二、MHC Ⅱ类分子途径

专职性 APC 表达 MHC Ⅱ类分子，主要通过 MHC Ⅱ类分子途径将摄取的外源性抗原提呈给 CD4⁺ T 细胞。

（一）外源性抗原的加工

外源性抗原进入体内，被专职性 APC（DC、Mφ、B 细胞）识别和摄取，摄取方式包括胞饮作用、吞噬作用、受体介导的内吞作用等。

被专职性 APC 摄取的蛋白质抗原由胞膜包裹，在胞质内形成囊泡，也称内体（endosome），其可与溶酶体结合；摄取的细菌等颗粒性抗原在胞质内形成吞噬体（phagosome），吞噬体与溶酶体融合为吞噬溶酶体。内体溶酶体与吞噬溶酶体再与胞质中一种富含 MHC Ⅱ类分子的腔室（MHC class Ⅱ compartment，MⅡC）融合。MⅡC 实质上是一种富含 MHC Ⅱ类分子的溶酶体样细胞器。MⅡC 和溶酶体中含有多种酶类且为酸性环境，可将抗原降解为适合于 MHC Ⅱ类分子结合的含有 10～30 个氨基酸的短肽。因此，MⅡC 及溶酶体是外源性抗原加工处理的主要场所。

（二）MHC Ⅱ类分子的合成与转运

MHC Ⅱ类分子 α 链和 β 链在粗面内质网中合成并折叠成异二聚体，在粗面内质网膜上与恒定链（invariant chain，Ii，CD47）结合形成（αβIi）₃九聚体。Ii 的主要功能是：① 促进 MHC Ⅱ类分子 α 链与 β 链组装和折叠及二聚体形成。②阻止 MHC Ⅱ类分子在粗面内质网内与其他内源性多肽结合。③促进 MHC Ⅱ类分子转运到 MⅡC。（αβIi）₃九聚体经高尔基体从粗面内质网转运到 MⅡC，在 MⅡC 内 Ii 被降解，仅在 MHC Ⅱ类分子的抗原肽结合槽内留有一小片段，称为 MHC Ⅱ类分子相关的恒定链多肽（class Ⅱ associated invariant chain peptide，CLIP）。

动画 13-2
Ii 链在抗原提呈中的作用

（三）MHC Ⅱ类分子的组装和抗原肽的提呈

MHC Ⅱ类分子 α1 与 β1 功能区形成抗原肽结合槽，其两端为开放结构，与之结合的最适抗原肽含 13～18 个氨基酸。在 MⅡC 中，HLA-DM 分子（属非经典 MHC Ⅱ类分子）使 CLIP 与抗原肽结合槽解离，从而使抗原肽与 MHC Ⅱ类分子结合为抗原肽 -MHC Ⅱ类分子复合物，然后转运至细胞膜表面，供 CD4⁺ T 细胞识别（图 13-4）。

微视频 13-3
MHC Ⅱ类分子途径

三、抗原的交叉提呈途径

交叉提呈（cross-presentation）也称为交叉致敏（cross-priming），是指外源性抗原经 APC 摄取、加工后，通过 MHC Ⅰ类分子途径提呈给 CD8⁺ T 细胞；或内源性抗原通过 MHC Ⅱ类分子途径提呈给 CD4⁺ T 细胞。MHC 对抗原的交叉提呈属非经典的抗原提呈途径，参与机体对病毒（如疱疹病毒）、细菌（如李斯特菌）感染和大多数肿瘤的免疫应答，并不是抗原提呈的主要方式。

（一）内源性抗原的交叉提呈途径

内源性抗原的交叉提呈机制可能包括：①含有内源性抗原的细胞或凋亡小体被 APC 摄取，形成内体，后者与溶酶体融合，使内源性抗原按照外源性抗原提呈途径被加工、处理。②内源性

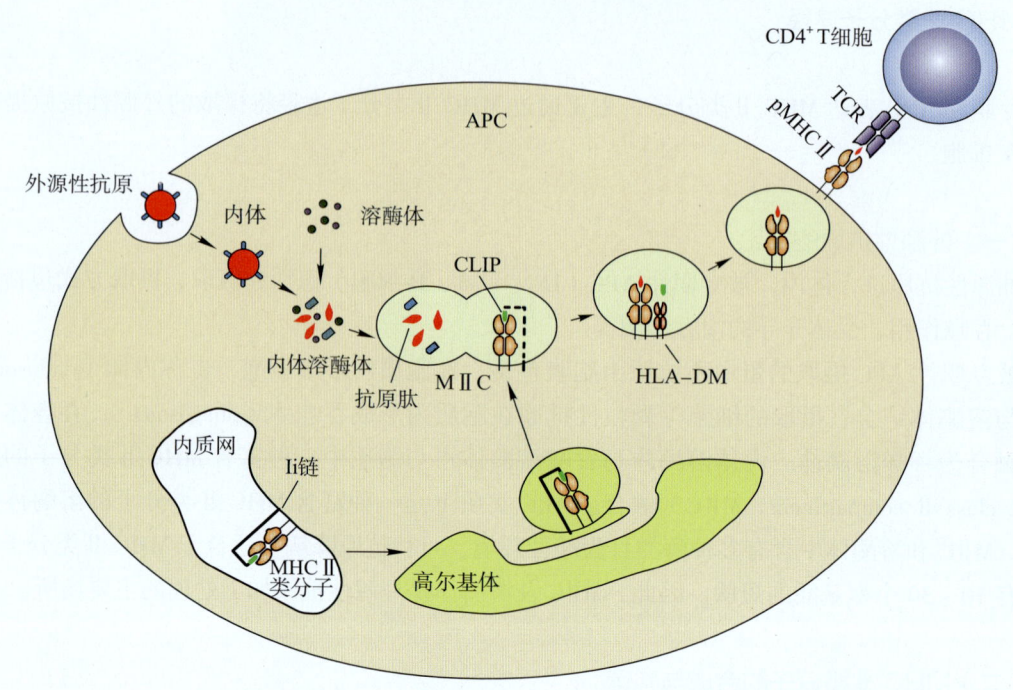

图 13-4 MHC II 类分子途径示意图

外源性抗原被APC识别摄取，在胞内形成内体，其可与溶酶体结合形成内体溶酶体，MHC II类分子合成后被高尔基体转运至内体溶酶体，形成MIIC，在MIIC中Ii链被降解，继而在HLA-DM的作用下，抗原多肽结合槽的CLIP被待提呈的抗原肽所置换，形成稳定的抗原肽-MHC II类分子复合物，然后转运至APC膜表面，提呈给CD4+T细胞

抗原肽被释放出细胞外，然后与细胞膜表面空载的 MHC II 类分子结合为复合物。③ ER 中 II 类分子与 Ii 链亲和力低，使 II 类分子肽结合槽不能被覆盖，ER 中内源性抗原肽与 II 类分子结合为复合物，移行至细胞表面并提呈给 CD4+ T 细胞。

（二）外源性抗原的交叉提呈途径

外源性抗原的交叉提呈机制可能包括：①某些外源性抗原从内体/吞噬溶酶体中逸出后进入胞质或者直接穿越细胞膜进入胞质，使外源性抗原按照内源性抗原提呈途径被加工处理；②溶酶体中形成的抗原肽通过胞吐作用被排出细胞外，然后与细胞膜表面的空载 MHC I 类分子结合而被提呈；③细胞表面的 MHC I 类分子可重新内吞进入内体/吞噬溶酶体，新合成的 MHC I 类分子可经 ER 和高尔基体进入内体/吞噬溶酶体，在内体/吞噬溶酶体中 MHC I 类分子直接与外源性抗原肽结合形成复合物而被提呈。

四、脂类抗原的 CD1 分子提呈途径

经典的 MHC I 类和 MHC II 类分子主要提呈蛋白类抗原，而一些脂类抗原主要由 CD1 分子提呈。CD1 分子在细胞 ER 中产生，其结构与 MHC I 类分子相似，由 α 链与 β2m 通过非共价键连接组成（图 13-5）。CD1 分子家族分为两类，I 类包括 CD1a、CD1b 和 CD1c 分子，II 类仅包括 CD1d 分子，CD1e 分子被认为是中间产物。CD1a、CD1b 和 CD1c 分子可将病原体来源的磷脂、糖脂及脂类抗原成分（如分枝杆菌胞壁成分）提呈给 T 细胞，这类 T 细胞表达的 TCR α β 通常具有多样性。CD1d 分子主要将自身脂类抗原（如鞘脂、二酰甘油）提呈给 CD1 限制的 T 细胞，即 NKT 细胞，这类 T 细胞表达的 TCR 多样性有限。CD1 分子介导的脂类抗原提呈途径在机体抵抗微生物感染和清除脂类抗原的免疫应答中起到重要作用。

临床聚焦 13-1
抗原提呈与相关疾病

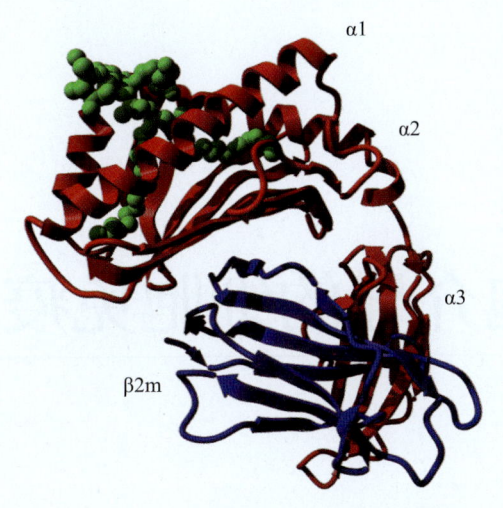

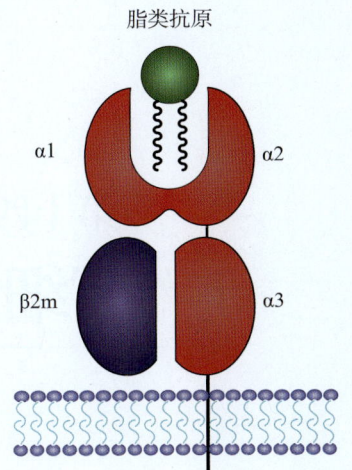

图 13-5　CD1 分子结构示意图

CD1 分子为 MHC I 类样分子，与 β2m 结合成复合物，具有抗原结合槽，可与脂类抗原的乙酰基团结合

（李　霞）

复习思考题

1. 简述抗原加工、抗原提呈的定义。
2. 简述抗原提呈细胞的定义、种类及功能。
3. 简述外源性抗原及内源性抗原的抗原提呈过程。

新形态教材网

👤 学习目标　　📥 教学课件　　📋 本章小结　　👥 开放性讨论　　📝 自测题

第十四章
T细胞介导的细胞免疫应答

关键词

抗原识别	免疫突触	MHC限制性	第一信号
第二信号	共刺激分子	失能	直接活化
间接活化	交叉提呈	Th1细胞	Th2细胞
Th17细胞	Tfh细胞	Treg	CTL
穿孔素	颗粒酶	活化T细胞转归	

　　适应性免疫包括细胞免疫和体液免疫两种类型。由T细胞介导的特异性免疫应答称为细胞免疫应答，在机体抗胞内病原体感染、抗肿瘤中发挥主要作用，与迟发型超敏反应、自身免疫病、器官移植排斥反应等免疫损伤有密切关系。掌握细胞免疫应答的过程，首先要了解T细胞是如何识别特异性抗原，识别抗原后的活化、增殖及效应过程和所需条件。只有了解这些过程中各种免疫细胞间或免疫细胞与靶细胞间的相互作用机制，才能揭开机体免疫应答的神秘面纱。

思维导图

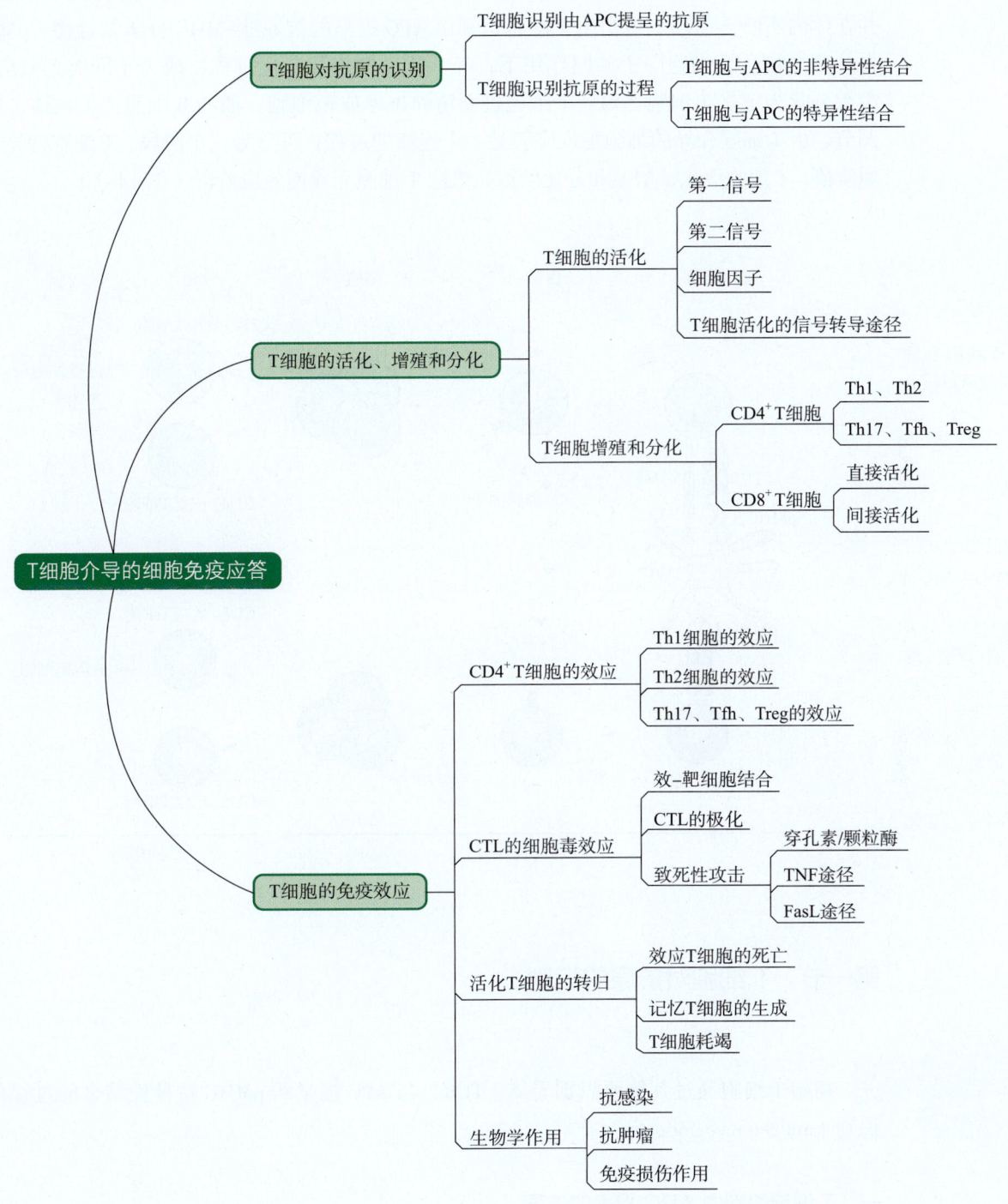

T细胞介导的细胞免疫应答

- T细胞对抗原的识别
  - T细胞识别由APC提呈的抗原
  - T细胞识别抗原的过程
    - T细胞与APC的非特异性结合
    - T细胞与APC的特异性结合

- T细胞的活化、增殖和分化
  - T细胞的活化
    - 第一信号
    - 第二信号
    - 细胞因子
    - T细胞活化的信号转导途径
  - T细胞增殖和分化
    - CD4⁺T细胞
      - Th1、Th2
      - Th17、Tfh、Treg
    - CD8⁺T细胞
      - 直接活化
      - 间接活化

- T细胞的免疫效应
  - CD4⁺T细胞的效应
    - Th1细胞的效应
    - Th2细胞的效应
    - Th17、Tfh、Treg的效应
  - CTL的细胞毒效应
    - 效-靶细胞结合
    - CTL的极化
    - 致死性攻击
      - 穿孔素/颗粒酶
      - TNF途径
      - FasL途径
  - 活化T细胞的转归
    - 效应T细胞的死亡
    - 记忆T细胞的生成
    - T细胞耗竭
  - 生物学作用
    - 抗感染
    - 抗肿瘤
    - 免疫损伤作用

T细胞介导的免疫应答又称细胞免疫应答（cellular immune response），由胸腺依赖性抗原（TD-Ag）引起。在胸腺中发育成熟的初始T细胞随血液循环定居于外周免疫器官胸腺依赖区，并在体内不断再循环。当初始T细胞识别由APC提呈的抗原肽-MHC分子复合物（pMHC）后，在共刺激信号及细胞因子共同作用下，经活化、增殖及分化过程，成为不同类型效应T细胞，少数分化为记忆T细胞。效应T细胞进而清除抗原或靶细胞、辅助B细胞产生抗体，参与免疫调节。由T细胞介导的细胞免疫应答是一个连续的过程，可分为三个阶段：T细胞特异性识别抗原阶段，T细胞活化、增殖和分化阶段，效应T细胞介导的效应阶段（图14-1）。

图14-1 T细胞介导的细胞免疫应答过程示意图
T细胞介导的细胞免疫应答可分为三个阶段。①识别抗原：初始CD4⁺/CD8⁺T细胞识别APC提呈的pMHC和共刺激分子。②T细胞活化、增殖和分化：活化T细胞在IL-2等细胞因子的作用下增殖，继而分化为不同类型的效应T细胞，少数分化为记忆T细胞。③细胞免疫效应：效应T细胞清除抗原靶细胞，同时介导迟发型超敏反应

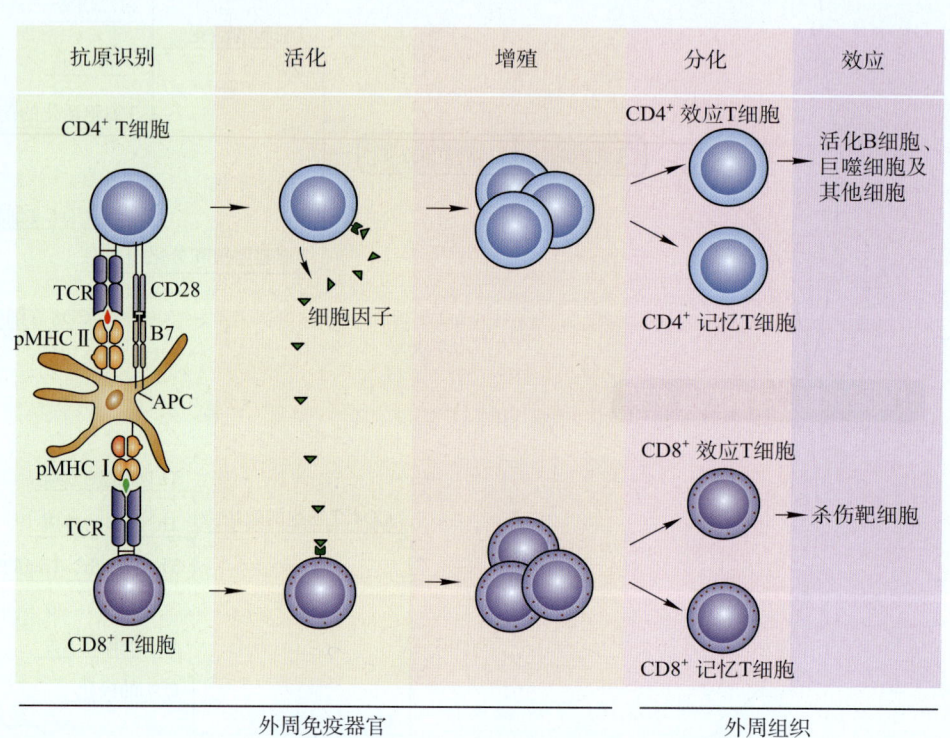

第一节 T细胞对抗原的识别

初始T细胞通过其抗原识别受体（TCR）与APC提呈的pMHC特异性结合的过程称为抗原识别（antigen recognition）。

一、T细胞识别由APC提呈的抗原

T细胞的TCR不能识别完整的蛋白质抗原，只能特异性识别经APC加工处理后的抗原肽-MHC分子复合物（pMHC），故具有双重识别的特点。T细胞的TCR在特异性结合抗原肽时，必须同时识别pMHC I / II复合物中的自身MHC分子，这一识别特性被称为MHC限制性（MHC restriction）。CD4⁺T细胞识别APC提呈的外源性抗原肽（pMHC II），CD8⁺T细胞则识别APC提呈的内源性抗原肽（pMHC I）（图14-2）。

微视频 14-1
MHC 限制性

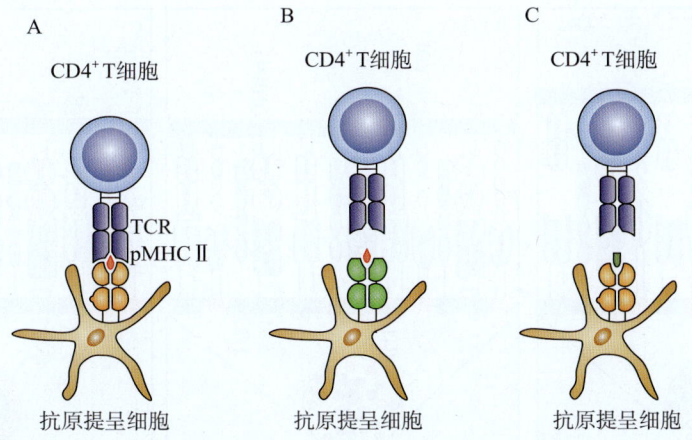

图 14-2　T 细胞识别抗原的 MHC 限制性示意图

T细胞通过TCR识别特异性抗原肽的同时需要识别自身MHC分子（MHC限制性），图中只有A图可以产生有效的抗原识别信号，而MHC分子的改变（B）和抗原肽的改变（C）均导致T细胞不能特异性识别抗原

二、T 细胞识别抗原的过程

（一）T 细胞与 APC 的非特异性结合

在器官组织中摄取了外源性抗原的 APC（如 DC），开始向外周免疫器官移行并不断成熟，且对摄取的抗原进行加工，以 pMHC Ⅱ 形式表达于细胞表面。DC 在外周免疫器官胸腺依赖区与初始 T 细胞相遇，两者通过其表面多种黏附分子间的相互作用，如 T 细胞的 LFA-1、CD2 分别与 APC 的 ICAM-1、LFA-3 相互作用，发生短暂的、可逆性、非特异性结合，有助于 T 细胞的 TCR 在 APC 表面分辨特异性 pMHC。如果 APC 表面不存在能被 TCR 所识别的特异性 pMHC，T 细胞即与 APC 分离，且仍定居于胸腺依赖区或重新进入淋巴细胞再循环。若 T 细胞能识别特异性 pMHC，则进入与 APC 特异性结合阶段。

（二）T 细胞与 APC 的特异性结合

T 细胞的 TCR 特异性识别 APC 表面的 pMHC 是 T 细胞活化的先决条件。当 TCR 与 APC（DC）表面相应 pMHC Ⅱ 特异性结合后，TCR 的特异性识别信号通过 CD3 分子向胞内传递，引起 T 细胞表面 LFA-1 表达增加及构型改变，与 APC 表面的 ICAM-1 的亲和力增高，导致 T 细胞与 APC 相互接触部位的 TCR-pMHC Ⅱ 及各种黏附分子流动并重新分布，形成一种特殊的环形结构，称为免疫突触（immunological synapse）（图 14-3）。免疫突触的形成是一种主动的瞬时性动态过程，TCR-pMHC 向中心移动形成中央束，外围是 CD28-B7 等共刺激分子对，最外层为 LFA-1-ICAM-1 等黏附分子对。免疫突触的形成提高了 TCR-pMHC 之间的亲和力，有助于维持和加强 T 细胞与 APC 的直接接触，并为 T 细胞的活化及增殖提供共刺激信号，是 T 细胞活化、增殖的必备条件。

T 细胞表面 CD4 和 CD8 是 TCR 的共受体，在 T 细胞与 APC 特异性结合后，CD4 和 CD8 可分别识别、结合 APC 表面的 MHC Ⅱ 类分子或靶细胞表面的 MHC Ⅰ 类分子，增强 TCR 与 pMHC 结合的亲和力，辅助 TCR 的信号转导（图 14-4），提高 T 细胞对抗原刺激的敏感性。

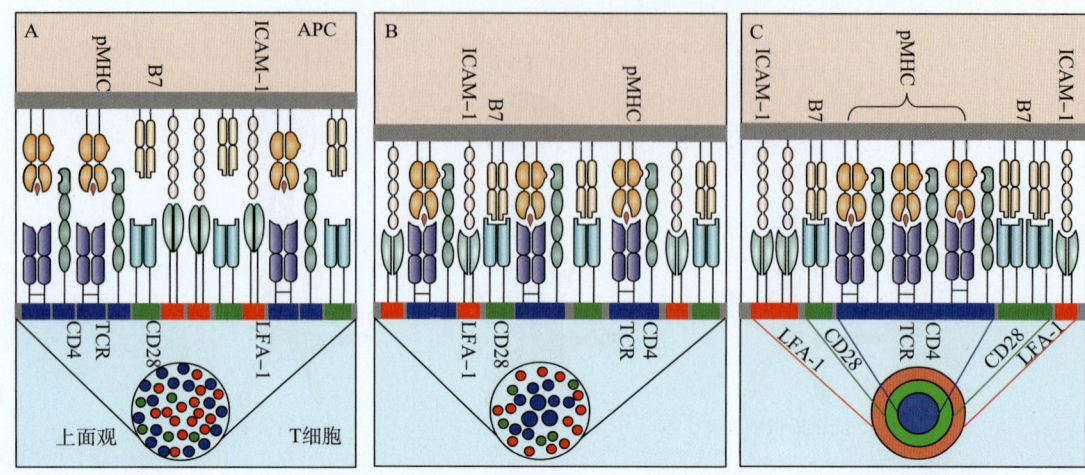

图 14-3 T 细胞与 APC 结合及免疫突触的形成

T 细胞结合 APC 可分为三个阶段。A. 最初为非特异性结合，主要由细胞间黏附分子完成（如 LFA-1 与 ICAM-1 结合），为特异性结合提供条件。B. TCR 特异性识别 APC 提呈的 pMHC，并形成亲和力更高的黏附，同时 TCR-pMHC 向中央移动并聚集成簇，而黏附分子向周围移动。C. T 细胞与 APC 的接触面形成免疫突触，多个 TCR 分子与 pMHC II 位于突触的中心，CD28-B7 和 LFA-1 等黏附分子在其外围呈环状排列

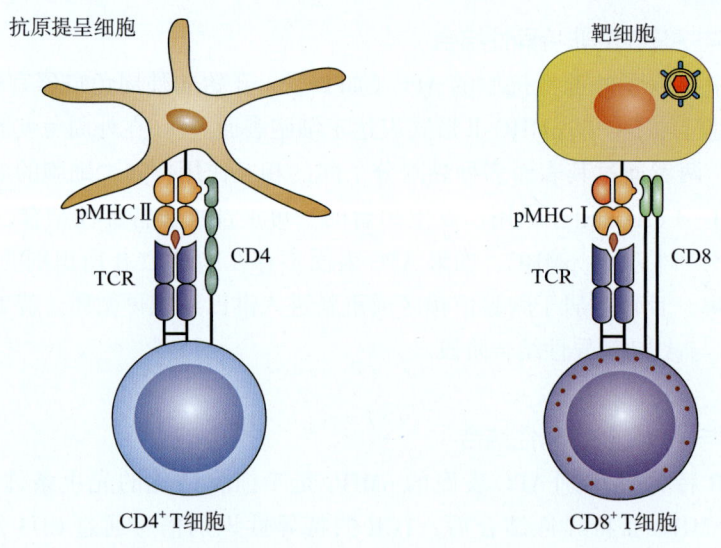

图 14-4 TCR 共受体（CD4、CD8）的作用示意图

CD4 与 MHC II 类分子 β2 功能区结合，CD8 与 MHC I 类分子 α3 功能区结合，均增强相应 T 细胞与抗原提呈细胞的黏附，并辅助 T 细胞抗原信号转导

第二节 T 细胞的活化、增殖和分化

一、T 细胞的活化

T 细胞的完全活化有赖于双信号和细胞因子的作用。APC 向 T 细胞提呈抗原的同时，也提供了 T 细胞活化的第一信号（抗原刺激信号）和第二信号（共刺激信号）。但是这些信号在初始 Th 细胞、初始 Tc 细胞、效应细胞和记忆细胞的活化之间稍有不同。

（一）T细胞活化的第一信号

T细胞活化的第一信号来自APC提呈的pMHC，与TCR–CD3的相互作用。APC将pMHC提呈给T细胞，TCR特异性识别pMHC中的抗原肽，导致CD3与共受体（CD4或CD8）的胞质段相互作用，激活与胞质段尾部相连的蛋白酪氨酸激酶，使CD3胞质段ITAM中的酪氨酸磷酸化，启动激酶活化的信号转导分子级联反应，最终通过激活转录因子，引起多种膜分子和细胞活化相关基因的激活和转录，使T细胞初步活化。与T细胞接触的APC也被活化，其表面共刺激分子表达增加。

（二）T细胞活化的第二信号

第二信号来自APC与T细胞表面多对共刺激分子的相互作用，如B7（CD80、CD86）与CD28，ICOSL与ICOS，4-1BBL与4-1BB，OX40L与OX40等。第二信号通过启动T细胞中一系列信号途径，诱导其表达多种细胞因子和细胞因子受体，使T细胞完全活化（图14-5）。

T细胞活化过程中，如缺乏第二信号，仅第一信号非但不能有效激活T细胞，反而使T细胞失能（anergy）（图14-5），这是机体维持自身耐受的重要机制。据此，诱导或阻断T细胞失能可成为干预某些免疫病理过程（移植排斥反应、自身免疫病、肿瘤等）的有效策略。

CD28/B7（CD80、CD86）是为T细胞活化提供第二信号的最重要的正性共刺激分子对，可促进IL-2基因转录，稳定IL-2 mRNA，使CD4$^+$T细胞合成、分泌大量IL-2，从而促进T细胞的增殖及分化。

CTLA-4是共抑制分子。CTLA-4的结构与CD28高度同源，其配体也是B7（CD80、CD86）。CTLA-4在T细胞活化24 h后诱导性表达，与B7的亲和力比CD28高20~100倍，与CD28竞争性结合B7，启动抑制信号，从而抑制T细胞的活化。活化T细胞通过表达高水平CTLA-4启动活化抑制信号，是一种自我调节和保护机制。此外，PD-L1与T细胞表面的PD-1结合，也发挥抑制作用，调节活化T细胞，产生适度免疫应答和效应，并及时终止免疫应答。

动画 14-1
T细胞活化双信号

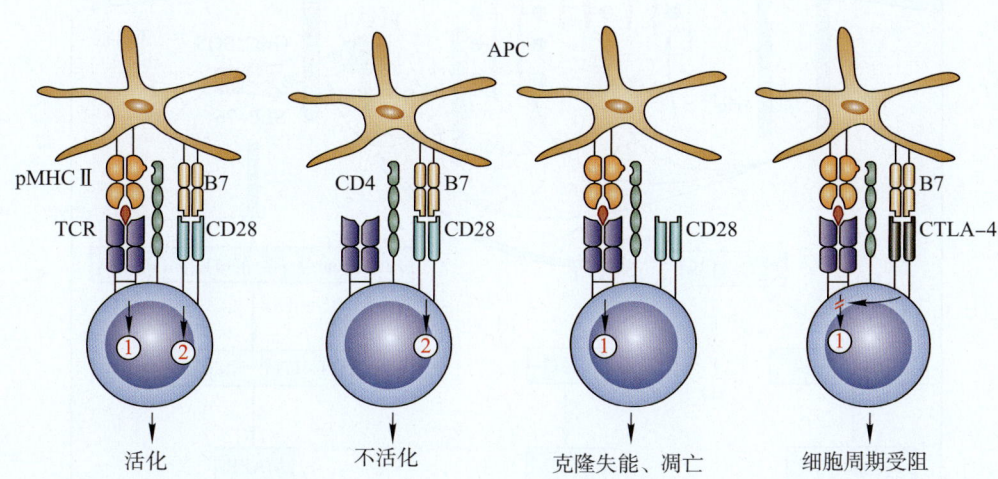

图14-5　T细胞活化的双信号示意图

T细胞活化需要抗原信号（第一信号，①）和共刺激信号（第二信号，②）。抗原信号由APC提呈的pMHC与TCR相互作用产生；共刺激信号由APC与T细胞间的共刺激分子以配体–受体方式的配对结合而产生，两者缺一不可。在共刺激分子中，CD28与B7是最关键的一对。CTLA可与CD28竞争性结合B7，启动抑制信号，抑制T细胞的活化

（三）细胞因子促进 T 细胞增殖和分化

除了上述第一、二信号之外，初始 T 细胞的充分活化、增殖分化为效应细胞，还有赖于多种细胞因子（IL-1、IL-2、IL-4、IL-6、IL-10、IL-12、IL-15 和 IFN-γ 等）的参与。活化 T 细胞产生大量的 IL-2，以自分泌的方式与 T 细胞表面 IL-2R 结合，与活化 APC 产生的细胞因子（如 IL-1、IL-6、IL-12 等）共同促进 T 细胞的增殖和分化。

（四）T 细胞活化的信号转导途径

知识拓展 14-1
T 细胞活化的信号转导途径

TCR 识别的抗原信号需要活化胞质内多种蛋白酪氨酸激酶（PTK），最重要的是 p56^{Lck} 和 ZAP70，继而通过蛋白激酶 C（PLC-γ1）和 Ras-MAP 激酶等多个信号分子引发级联反应，导致 NFAT、NF-κB、AP-1 等转录因子被激活并进入细胞核，启动 IL-2 等细胞因子基因转录，最终使 T 细胞活化、增殖（图 14-6）。

二、T 细胞增殖和分化

活化 T 细胞在多种细胞因子的作用下增殖，其中 IL-2 是最重要的促增殖因子。静止的 T 细胞仅表达低亲和力的 IL-2R（βγ），对 IL-2 反应性很低；活化 T 细胞表达高亲和力的 IL-2R

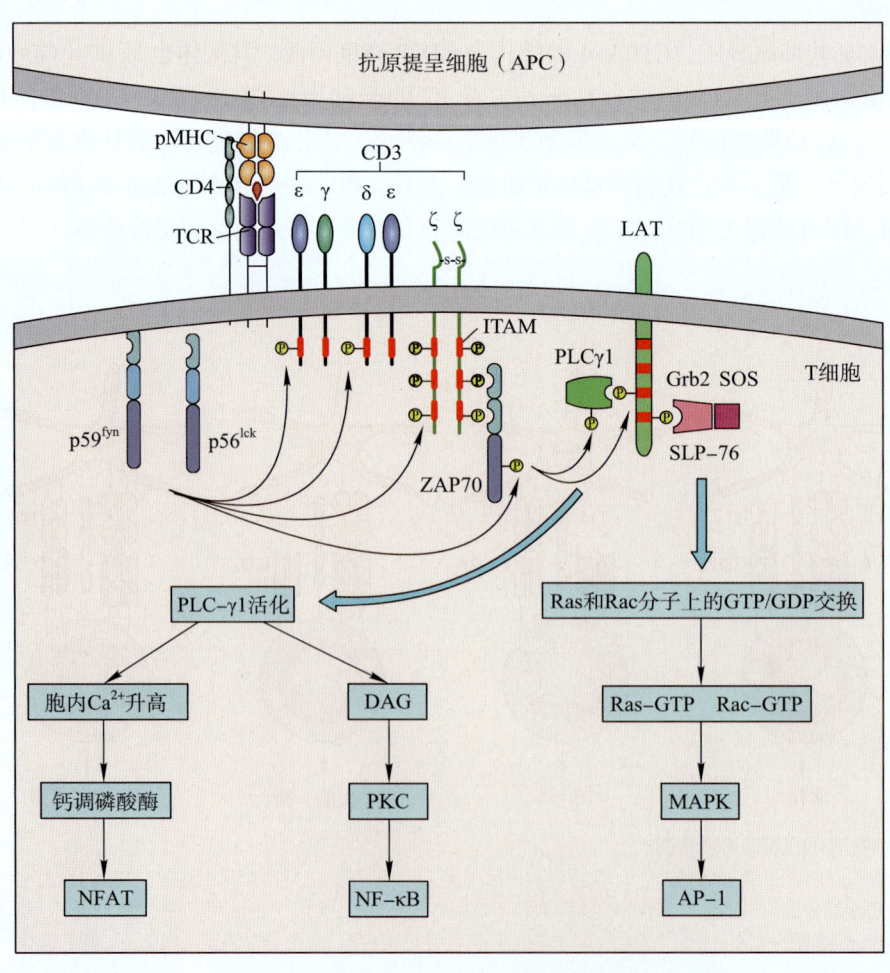

图 14-6　T 细胞活化的信号转导途径示意图
T 细胞抗原识别信号经 CD3 分子转导，募集并活化细胞膜内侧的 ZAP70 和 p56^{Lck} 等 PTK，在接头蛋白 LAT 的参与下，活化 PLC-γ1 和多种 MAPK，经过复杂的级联反应导致 NF-κB、NFAT、AP-1 等转录因子被激活并进入细胞核，启动并增强 IL-2 等细胞因子基因转录，最终使 T 细胞活化并增殖

（αβγ），对低水平 IL-2 也有很高的反应性。活化 T 细胞通过自分泌和旁分泌 IL-2，作用于高亲和力的 IL-2R（图 14-7），T 细胞迅速发生有丝分裂、克隆扩增，进一步在不同细胞因子的作用下分化为效应 T 细胞，发挥不同的免疫效应，如 Th 细胞辅助 B 细胞产生抗体，CTL 杀伤肿瘤细胞或病毒感染的靶细胞等。

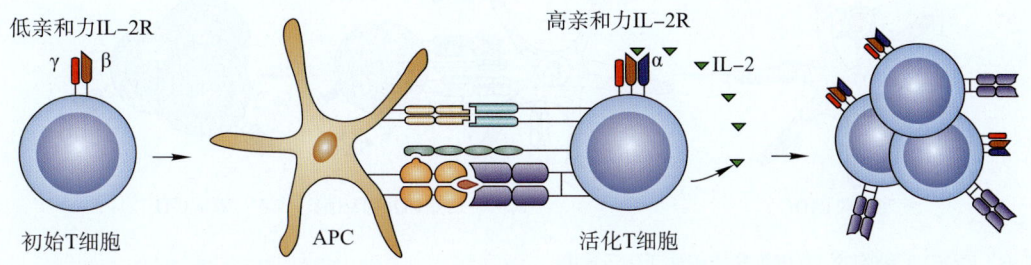

图 14-7　活化 T 细胞表达高亲和力 IL-2 受体
初始 T 细胞仅表达低亲和力的 IL-2R（βγ），APC 提供的抗原和共刺激双信号激活 T 细胞自分泌 IL-2，活化 T 细胞高表达 IL-2Rα 链，与 IL-2R（βγ）组成高亲和力 IL-2R（αβγ），活化 T 细胞增殖分化为效应 T 细胞

（一）CD4⁺ T 细胞的分化

初始 CD4⁺ T 细胞（Th0）接受双信号进入活化状态，在局部微环境中受不同细胞因子的调控而向 Th1 细胞、Th2 细胞、Th17 细胞等亚群分化，介导不同类型的免疫应答（见图 9-6）。

1. Th1 细胞分化　当胞内病原体感染（如病毒、结核分枝杆菌、利什曼原虫）时，首先启动固有免疫，活化的 Mφ 和 NK 细胞产生 IL-12、IFN-γ 等细胞因子，与 Th0 细胞表面的细胞因子受体结合，活化转录因子 T-bet，完成 Th1 细胞分化。活化的 Th1 细胞分泌 IL-2 和 IFN-γ 等 Th1 型细胞因子，主要介导细胞免疫应答。

2. Th2 细胞分化　变应原、胞外病原体（大多数细菌、寄生虫）感染活化 pDC、肥大细胞、嗜酸性粒细胞等固有免疫细胞，分泌以 IL-4 为主的细胞因子，活化转录因子 GATA-3，诱导 Th0 细胞向 Th2 细胞分化，主要辅助体液免疫应答。

3. Th17 细胞分化　各种胞外病原体及真菌感染，刺激 DC 分泌 TGF-β、IL-6、IL-23 等炎症性细胞因子，诱导 Th0 细胞表达转录因子 RORγt，向 Th17 细胞分化。Th17 细胞主要分泌 IL-17，刺激多种细胞参与机体的免疫防御，也参与自身免疫病的发生。

4. iTreg 分化　TGF-β 可诱导 Th0 细胞表达转录因子 Foxp3，向 iTreg 分化，通过分泌 IL-10、TGF-β 或细胞直接接触等方式发挥免疫抑制和免疫调节作用，在维持自身免疫耐受中发挥重要作用。

5. Tfh 细胞分化　生发中心活化的 B 细胞表达 ICOSL，与 Th 细胞的 ICOS 结合，IL-21 等诱导 Th0 细胞表达转录因子 Bcl6，分化为 Tfh 细胞。Tfh 细胞表达 CXCR5，辅助 B 细胞产生抗体。

部分活化的 Th 细胞还可分化为记忆 T 细胞，在再次免疫应答中起重要作用。

（二）CD8⁺ T 细胞的分化

初始 CD8⁺ T 细胞只有活化和分化为效应 CTL，才能对肿瘤细胞或病毒感染的靶细胞产生特异性细胞毒作用。根据是否需要 Th 细胞辅助，初始 CD8⁺ T 细胞的活化可分为 Th 细胞非依赖性活化（直接活化）和 Th 细胞依赖性活化（间接活化）两种方式。

1. CD8⁺ T 细胞的 Th 细胞非依赖性活化　被病毒感染的成熟 DC 高表达 B7 等共刺激分子，

微视频 14-2
CD4⁺ T 细胞亚群及功能

微视频 14-3
Th 细胞的活化与分化

直接向初始 CD8$^+$ T 细胞提呈 pMHC I（第一信号）和足够强度的共刺激信号（第二信号），刺激 CD8$^+$ T 细胞活化。活化的 CD8$^+$ T 细胞高表达 IL-2R 和自分泌 IL-2，从而诱导 CD8$^+$ T 细胞增殖、分化为效应 CTL，此过程无需 Th 细胞的辅助（图 14-8）。

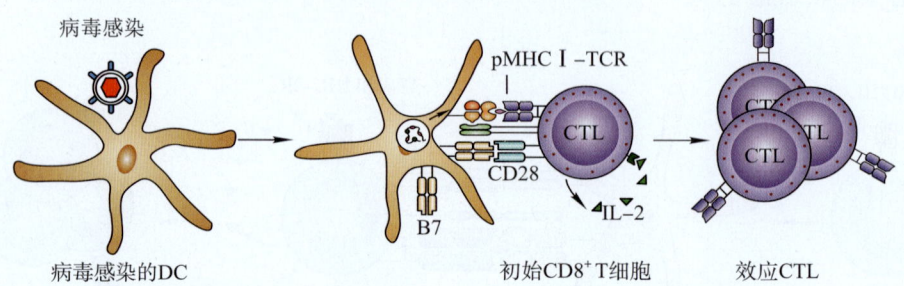

图 14-8　CD8$^+$ T 细胞的 Th 细胞非依赖性活化示意图
初始 CD8$^+$ T 细胞通过其 TCR 与 DC 提呈的 pMHC I 结合获得特异性抗原识别信号，通过 CD28 与 DC 表面的 B7 结合获得共刺激信号；活化的 CD8$^+$ T 细胞高表达 IL-2R 和自分泌 IL-2，并进一步活化、增殖、分化为效应 CTL

2. CD8$^+$ T 细胞的 Th 细胞依赖性活化　当 APC 低表达或不表达共刺激分子时，初始 CD8$^+$ T 细胞的活化、增殖及分化依赖于 CD4$^+$ Th1 细胞的辅助，分为以下两种情况：

（1）低表达共刺激分子的 APC 对 CD8$^+$ T 细胞的活化：如果病毒感染的 APC 低表达共刺激分子（B7），初始 CD8$^+$ T 细胞识别 APC 提呈的 pMHC I 获得第一信号并表达 IL-2R，但因不能获得足够强度共刺激信号而无法活化。CD4$^+$ Th1 细胞不仅可识别同一 APC 提呈的 pMHC II，而且其表面 CD28 可与 APC 表面低表达的 B7 结合而活化，因为 Th1 细胞活化所需的共刺激信号强度明显低于初始 CD8$^+$ T 细胞。在活化 Th1 细胞产生的 IL-2 诱导下，CD8$^+$ T 细胞活化、增殖、分化为效应 CTL（图 14-9A）。

（2）不表达共刺激分子的非专职性 APC 对 CD8$^+$ T 细胞的活化：病毒感染细胞和肿瘤细胞等非专职性 APC 不表达共刺激分子，不能活化初始 CD8$^+$ T 细胞，但这些靶细胞可被 DC 摄取，经抗原加工后形成 pMHC I 和 pMHC II，其中，pMHC I 被提呈给 CD8$^+$ T 细胞。DC 细胞摄取、处理外来抗原并经抗原肽-MHC I 类分子途径提呈给 CD8$^+$ T 细胞的现象称为交叉提呈（cross-presentation）。

在同一 DC 中所形成的 pMHC II 被提呈给 CD4$^+$ Th1 细胞。活化的 Th1 细胞表达 CD40L，与 DC 表面 CD40 相互作用，促进 DC 高表达 B7，向 CD8$^+$ T 细胞提呈共刺激信号。活化的 CD8$^+$ T 细胞高表达 IL-2R 和自分泌 IL-2，增殖、分化为效应 CTL（图 14-9B）。

值得注意的是，初始 CD8$^+$ T 细胞活化及分化为效应 CTL 的过程不仅需要抗原识别信号（pMHC I），而且需要共刺激信号和（或）Th1 细胞的辅助。但 CD8$^+$ T 细胞一旦分化为效应 CTL，只需识别靶细胞表面的特异性 pMHC I（如病毒感染细胞提呈的病毒特异性 pMHC I），即可杀伤靶细胞，而无需共刺激信号及 Th1 细胞的辅助。

知识拓展 14-2
CTL 介导的细胞免疫应
答过程

第三节　T 细胞的免疫效应

T 细胞在外周免疫器官活化、增殖，最终分化为效应 T 细胞。不同的效应 T 细胞亚群其免疫效应及机制也各异。

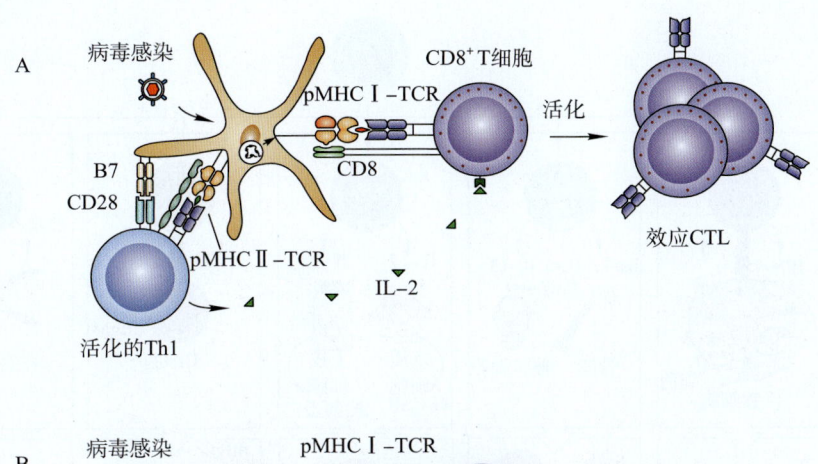

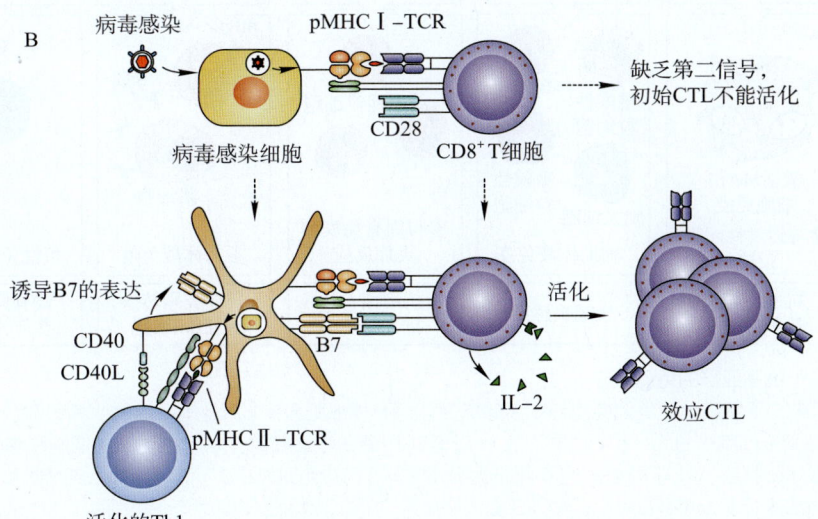

图 14-9　CD8+ T 细胞的 Th 细胞依赖性活化示意图

A. CD8+ T 细胞识别低表达 B7 分子的 APC 提呈的 pMHC I 获得第一信号。Th1 细胞识别 pMHC II 和低表达的 B7 而活化，分泌 IL-2 等细胞因子，辅助 CD8+ T 细胞活化、增殖、分化为效应 CTL。B. 病毒感染细胞被专职性 APC 摄取加工。将形成的 pMHC I 和 pMHC II 分别提呈给 CD8+ T 细胞和 CD4+ Th 细胞。活化的 CD4+ Th 细胞表达 CD40L 与 APC 的 CD40 相互作用，促进 APC 高表达 B7，并向 CD8+ T 细胞提呈 pMHC I 和共刺激信号。活化的 CD8+ T 细胞高表达 IL-2R 和自分泌 IL-2，进而增殖、分化为效应 CTL

一、CD4+ T 细胞的效应

CD4+ T 细胞亚群的免疫效应见图 14-10。

（一）Th1 细胞的效应

活化的 Th1 细胞可分泌多种细胞因子参与 T 细胞、B 细胞、NK 细胞、Mφ 的活化、增殖及分化，参与细胞免疫应答或免疫病理的发生，通过释放的细胞因子募集和活化单核 / 巨噬细胞和淋巴细胞，在抗原部位形成以单个核细胞浸润为主的炎症反应或迟发型超敏反应（DTH）。

1. Th1 细胞对巨噬细胞的作用　效应性 Th1 细胞通过活化 Mφ 及释放各种活性因子清除胞内寄生病原体。Th1 细胞通过多种途径作用于 Mφ。①激活 Mφ：Th1 通过表达 CD40L 与 Mφ 表面 CD40 结合，产生 IFN-γ 等细胞因子，激活 Mφ，增强其吞噬和杀伤胞内菌。②诱生和募集 Mφ：Th1 细胞产生 IL-3 和 GM-CSF，促进骨髓造血干细胞分化为单核细胞；Th1 产生 TNF-α、LTα 和单核细胞趋化蛋白 -1（MCP-1）等，促进单核细胞黏附于血管内皮细胞，穿越血管壁趋化到局部组织。③促进炎症反应：激活单核 / 巨噬细胞分泌 IL-1、IL-6、血小板激活因子和前列腺素等炎性介质，诱发急性炎症反应。

2. Th1 细胞对中性粒细胞的作用　Th1 细胞产生 LTα 和 TNF-α 活化中性粒细胞，增强其吞噬和杀伤病原体的能力；也可以促进中性粒细胞等与血管内皮细胞黏附，进而迁移和外渗至局部

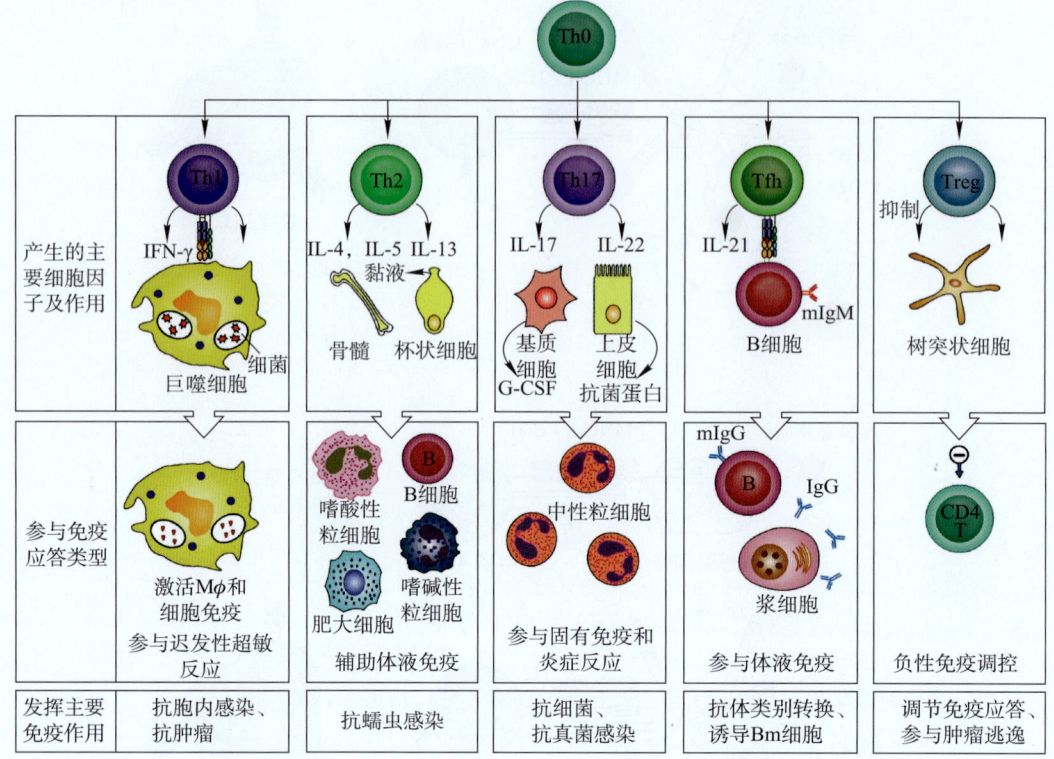

图 14-10 CD4⁺ T 细胞亚群的免疫效应

不同亚群的 CD4⁺ 效应 T 细胞辅助其他免疫细胞清除病原体。Th1 细胞分泌 IFN-γ 等，活化巨噬细胞，使巨噬细胞更有效地清除病原体。Th2 细胞产生 IL－4、IL－5、IL－13 等，招募和激活嗜酸性粒细胞、肥大细胞和嗜碱性粒细胞，并促进黏膜杯状细胞分泌黏液，以消灭蠕虫。Th17 细胞分泌 IL－17 家族细胞因子，诱导局部上皮细胞和基质细胞产生趋化因子，将中性粒细胞招募到感染部位。Th17 细胞还产生 IL－22，激活上皮细胞产生抗菌肽。Tfh 细胞协助生发中心 B 细胞的激活，参与体液免疫。Treg 通常抑制 T 细胞活性，调节免疫应答，并参与肿瘤逃逸

组织引起炎症反应。

3. Th1 细胞对淋巴细胞的作用　Th1 细胞分泌 IL-2、TNF-β 和 IFN-γ 等细胞因子可促进 Th1、Th2、CTL 和 NK 细胞等的活化和增殖，扩大细胞免疫效应；分泌 IFN-γ 可促进 B 细胞的 Ig 类别转换，产生具有调理作用的抗体（IgG1 和 IgG3），通过调理作用增强 Mφ 对病原体的吞噬杀伤。

（二）Th2 细胞的效应

（1）Th2 细胞通过分泌 IL-4、IL-5、IL-10 和 IL-13 等细胞因子，以及表达 CD40L 与 B 细胞表面的 CD40 结合，促进 B 细胞增殖、分化为浆细胞，产生抗体，辅助体液免疫应答。

（2）Th2 细胞分泌的 IL-4 和 IL-5 等可诱导 IgE 的产生，活化肥大细胞、嗜碱性粒细胞和嗜酸性粒细胞，参与超敏反应及抗寄生虫感染。

（3）Th2 细胞可通过分泌 IL-4 和 IL-13，下调 Mφ 表达 FcγR，阻断 ADCC。还可以诱导 Mφ 分泌 TGF-β 和 IL-10 等抗炎细胞因子，参与组织修复和纤维化。

（三）Th17 细胞的效应

Th17 细胞在固有免疫中发挥重要作用。Th17 细胞分泌 IL-17、IL-22 和 IL-21 等，刺激上皮细胞、内皮细胞、成纤维细胞等分泌 IL-6、IL-1、TNF、GM-CSF 和趋化因子（CXCL1、

CXCL8、CXCL10）等多种细胞因子，诱导中性粒细胞参与炎症反应。

（1）Th17 细胞分泌 IL-17，刺激髓系细胞产生 G-CSF 和 GM-CSF 等，促进骨髓产生更多中性粒细胞。

（2）Th17 细胞通过 IL-17 诱导基质细胞和上皮细胞产生 IL-8 和 MCP-1 等趋化因子，招募中性粒细胞到感染部位，清除细菌和真菌，并介导炎症反应。但是过度活化的 Th17 可参与自身免疫病的发生。

（3）Th17 细胞还产生 IL-22，激活局部组织细胞产生抗菌肽，直接杀伤病原体，参与固有免疫。

（四）Tfh 细胞的效应

Tfh 细胞定居于淋巴滤泡生发中心，高表达 IL-21R、CD40L 和 ICOS。Tfh 细胞分泌 IL-21，通过表达的 CD40L 和 ICOS 与 B 细胞 CD40 和 ICOSL 相互作用，辅助 B 细胞在生发中心增殖及分化为浆细胞，促进抗体产生、抗体类别转换和抗体亲和力成熟。Tfh 细胞还促进记忆 B 细胞生存和体液免疫应答。

（五）Treg 的效应

Treg 分为天然 Treg（nTreg）和诱导性 Treg（iTreg），通过直接或间接方式抑制免疫细胞活化和增殖，调节适度的免疫应答，维持机体内环境稳定。Treg 的免疫抑制机制为：①通过与效应 T 细胞或 APC 直接接触，以颗粒酶 B 或穿孔素依赖的方式介导效应 T 细胞或 APC 裂解或凋亡，发挥免疫抑制效应。②Treg 通过释放抑制性细胞因子（IL-10、IL-35、TGF-β），抑制效应 T 细胞表达 IL-2 等细胞因子，从而下调免疫应答。③表达 CTLA-4 与 APC 表面的 B7 竞争性结合，下调 APC 的抗原提呈功能，抑制 T 细胞活化和增殖。④下调 APC 表达 CD80 和 CD86 等共刺激分子，抑制 DC 成熟，干扰 T 细胞活化。Treg 在维持机体自身稳定、防治自身反应性疾病和抑制排斥反应中发挥重要作用，并参与肿瘤的免疫逃逸。

二、CTL 的细胞毒效应

效应 CTL 的主要功能是杀伤靶细胞（肿瘤细胞、胞内病原体感染细胞）。CTL 的杀伤作用具有抗原特异性，即只杀伤携带特异性抗原的靶细胞，不会损伤正常组织细胞。此外，CTL 的杀伤作用具有高效性，即一个 CTL 在几小时内可连续杀伤数十个靶细胞。

（一）效 – 靶细胞结合

CD8+ T 细胞在外周免疫器官内活化、增殖、分化为效应 CTL，在趋化因子的作用下离开淋巴组织向感染或肿瘤部位聚集。效应 CTL 通过表面高表达黏附分子 LFA-1 与靶细胞表面的配体 ICAM-1 结合，使效 – 靶细胞接近。TCR 识别靶细胞表面的 pMHC Ⅰ，其抗原识别信号可增强 T 细胞与 APC 表面黏附分子的亲和力，形成免疫突触，使效 – 靶细胞更紧密结合，有利于 CTL 分泌的效应分子集中于效 – 靶细胞接触面，选择性杀伤靶细胞，而不影响邻近正常细胞。

（二）CTL 的极化

CTL 识别靶细胞表面 pMHC Ⅰ后，TCR 及共受体向效 – 靶细胞接触部位聚集，导致 CTL 的极化（polarization）。表现为细胞骨架系统（肌动蛋白、微管等）、高尔基体及胞质颗粒等向效-靶细胞接触部位重新排列和分布，保证CTL储存的胞质颗粒中的效应分子定向释放并能有效作用于所攻击的靶细胞。

（三）致死性攻击

效应CTL造成靶细胞的不可逆损伤，使之发生细胞裂解或细胞凋亡。此过程是Ca^{2+}依赖性的，历时约1 h或更长时间。CTL与NK细胞对靶细胞的杀伤机制相似，主要通过下列途径杀伤靶细胞（图14-11）。

1. 穿孔素/颗粒酶途径 效应CTL与靶细胞结合后，释放储存于胞质颗粒中的穿孔素（perforin）和颗粒酶（granzyme）而发挥直接杀伤效应。穿孔素的结构类似于补体C9，单体可插入靶细胞膜，在Ca^{2+}的存在下，聚合成多聚体，形成许多直径为5～20 nm的孔道，使水和电解质迅速进入胞内，导致靶细胞裂解死亡。另外，CTL释放的颗粒酶是一类丝氨酸蛋白酶，可循穿孔素所形成的"孔道"进入靶细胞，并激活凋亡相关的酶系统，导致靶细胞凋亡。

2. TNF途径 效应CTL分泌TNF-α，后者与靶细胞表面TNF受体（TNFR1）结合后，可形成TNFR1三聚体，使其胞质区的死亡结构域（death domain，DD）相聚成簇，继而募集胞质内TNF受体相关死亡结构域蛋白（TNF receptor-associated death domain protein，TRADD），并通过接头蛋白Fas相关死亡结构域蛋白（Fas-associated death domain protein，FADD）激活胱天蛋白酶（caspase）级联反应，最终导致靶细胞凋亡。

3. FasL途径 效应CTL高表达FasL，以三聚体形式与靶细胞表面的Fas（CD95）结合，在

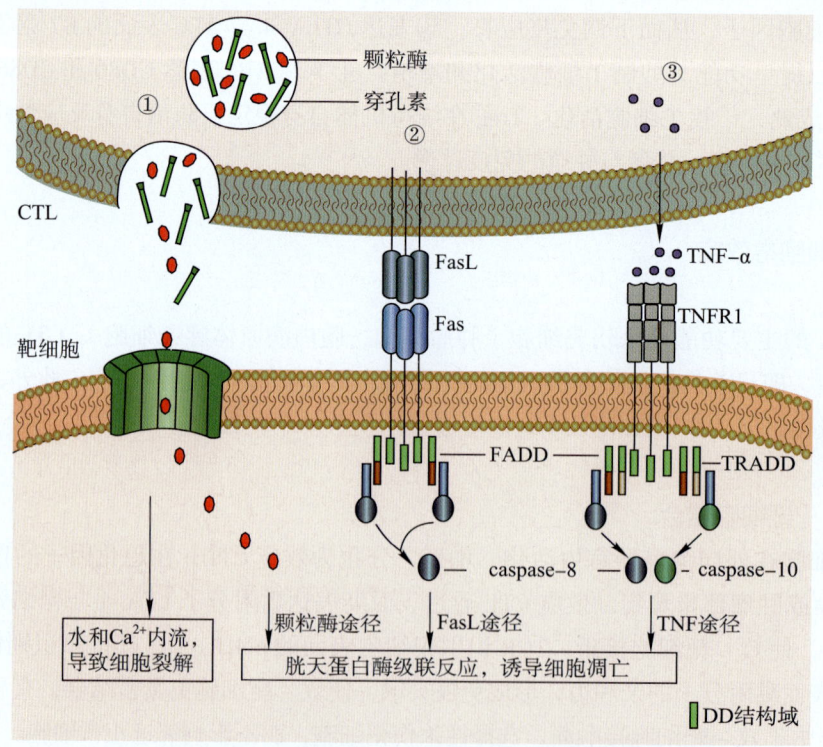

图14-11 CTL的杀伤效应机制示意图

CTL杀伤靶细胞的主要途径：①释放的穿孔素在靶细胞膜上形成"孔道"，使水和电解质进入细胞内，导致靶细胞裂解；释放的颗粒酶循穿孔素"孔道"进入靶细胞，通过激活凋亡相关的级联反应而导致靶细胞凋亡。②分泌的TNF-α与靶细胞表面TNF受体（TNFR1）结合，导致靶细胞凋亡。③高表达的FasL结合靶细胞上的Fas分子，导致靶细胞凋亡

靶细胞表面形成 Fas 三聚体，使其胞质区的死亡结构域（DD）相聚成簇，通过 FADD 激活胞内胱天蛋白酶 8（caspase-8）参与死亡信号转导途径，诱导靶细胞凋亡。

微视频 14-4
CTL 的细胞毒效应

此外，效应 CTL 分泌 IFN-γ，可抑制病毒复制，激活 Mφ、NK 细胞，诱导感染细胞表达 MHC Ⅰ类分子，从而提高靶细胞对 CTL 攻击的敏感性。

三、活化 T 细胞的转归

通常，机体针对特定抗原的适应性免疫应答具有时限性，随着抗原被清除，免疫系统重新进入稳态调节。因此，效应 T 细胞会经历凋亡或功能抑制，仅有少量记忆 T 细胞长期存活，维持免疫记忆，在相同抗原再次入侵时，迅速激活并产生有效的保护性免疫应答。若机体长期暴露于持续性抗原或慢性炎症环境中，T 细胞会经历功能性耗竭。表现为 T 细胞增殖能力下降、细胞因子分泌减少及共抑制分子表达增加，如 PD-1、CTLA-4 等，对慢性感染和肿瘤微环境中的免疫调节具有重要影响作用。

微视频 14-5
活化 T 细胞的转归

（一）效应 T 细胞的死亡

1. 活化诱导的细胞死亡（activation induced cell death，AICD）　是指免疫细胞在活化并发挥免疫效应后，通过自发的细胞凋亡机制被清除的过程。活化 T 细胞上调 Fas 的表达，与多种细胞表面的 FasL 结合，启动凋亡信号级联反应，导致细胞凋亡，最终被巨噬细胞识别清除（图 14-12A）。AICD 在维持免疫稳态中扮演关键角色，通过清除因抗原交叉反应而产生的自身反应性 T 细胞克隆，防止自身免疫病的发生，维持自身免疫耐受。

2. 受体依赖性细胞死亡　活化 T 淋巴细胞在免疫应答过程中高度表达多种受体，包括细胞因子受体、TCR 和共刺激分子，并依赖这些受体信号维持其存活。当病原体被清除后，随之而来的细胞因子缺乏、抗原耗竭和共刺激信号的减少引发"受体饥饿"，触发内源性线粒体凋亡途径（图 14-12B）。这种机制确保了效应 T 细胞在完成病原体清除任务后进行自我限制，防止过度免疫反应，维持免疫稳态。

（二）记忆 T 细胞的生成

初始 T 细胞受抗原刺激活化时，多数增殖分化为效应 T 细胞，清除抗原，少数分化为记忆 T 细胞（memory T cells，Tm）（图 14-12C）。记忆 T 细胞的生成是适应性免疫应答的核心特征，使免疫系统能对先前遇到的抗原产生更快速和强效的反应以维持免疫监视功能。

记忆 T 细胞（Tm）是具有特异性抗原记忆能力的长寿命 T 细胞，持续表达 CD44 和 CD45RO 等活化标志分子，同时高表达抗凋亡蛋白 Bcl-2，增强其存活能力。

（三）T 细胞耗竭

T 细胞耗竭（T cell exhaustion）是指长期暴露于慢性抗原刺激或持续性炎症环境中，活化 T 细胞逐渐丧失效应功能的状态。广泛见于持续性病毒感染、肿瘤微环境和自身免疫病中，其特征是 T 细胞的增殖能力、杀伤功能和细胞因子分泌显著减弱，同时伴随多种共抑制分子（如 PD-1、CTLA-4、TIM-3、LAG-3、TIGIT 等）的高表达（图 14-12D）。近年研究表明，耗竭 T 细胞并非完全丧失功能，其部分亚群仍具备一定的应答潜能，这为抗肿瘤免疫治疗提供了新的靶点。通过 PD-1/PD-L1 抑制剂联合 CAR-T 细胞疗法，能部分恢复 T 细胞功能，逆转其耗竭状态，

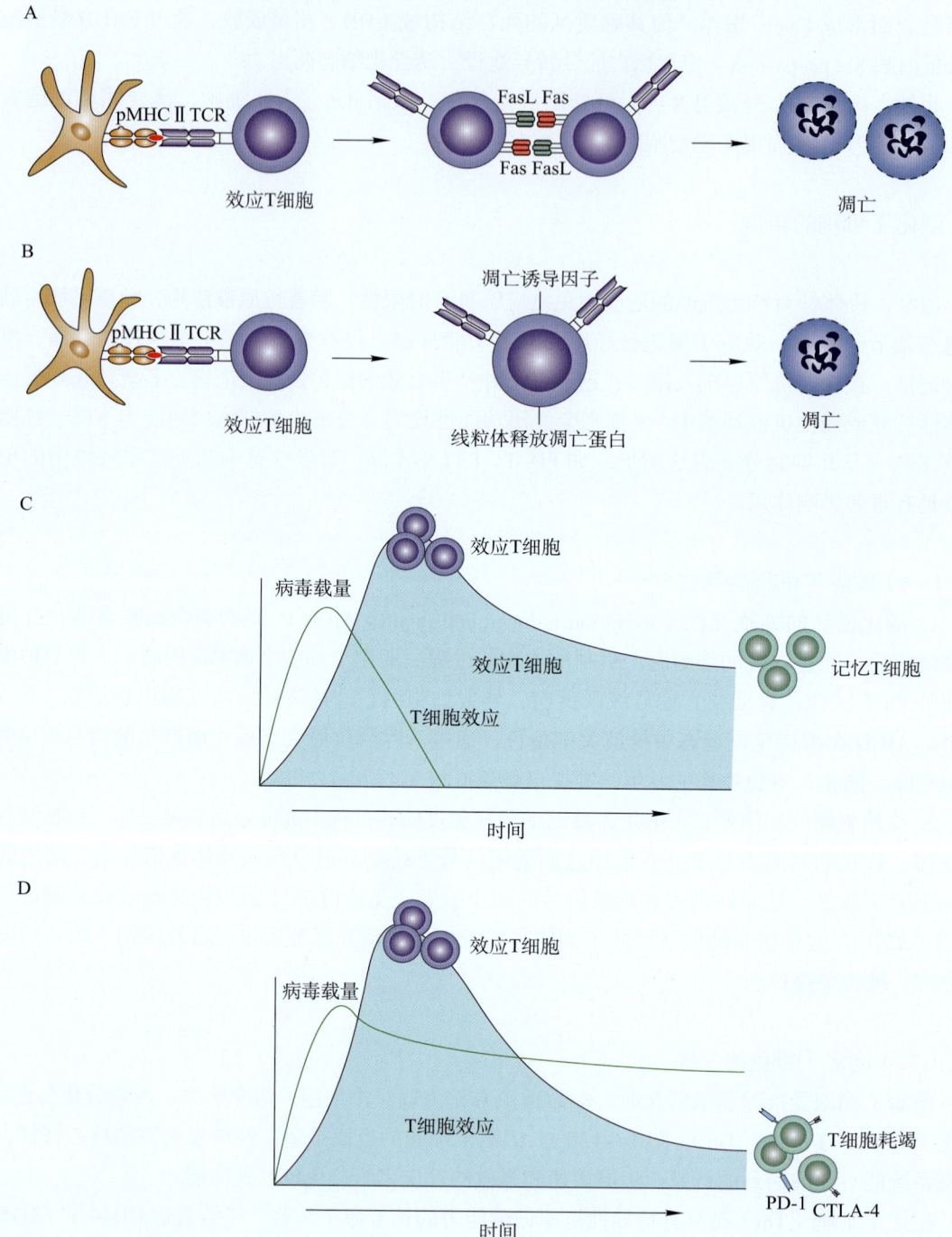

图 14-12　活化 T 细胞的凋亡和耗竭

A.活化 T 细胞上表达死亡受体及其配体（如 Fas 和 FasL）导致 T 细胞凋亡。B.T 细胞缺乏共刺激分子和细胞因子的情况下，其细胞内促凋亡蛋白过量，通过诱导线粒体释放凋亡介质而导致细胞凋亡。C.在急性病毒感染中，特异性 T 细胞增殖，分化为效应 T 细胞和记忆 T 细胞，并清除病毒。D.在一些慢性病毒感染中，CD8⁺ T 细胞产生初始反应后，开始表达共抑制分子如 PD-1 和 CTLA-4 并失活，导致病毒持续存在；这个过程被称为 T 细胞耗竭增强抗肿瘤免疫反应，提高肿瘤患者的治疗效果。

微视频 14-6
细胞免疫应答的基本过程

四、细胞免疫应答的生物学作用

（一）抗感染

T细胞介导的特异性细胞免疫效应是抗胞内寄生病原体感染的主要机制，如胞内寄生菌、病毒、真菌或寄生虫感染。

临床聚焦 14-1
CAR-T 细胞对肿瘤的治疗

（二）抗肿瘤

T细胞介导的特异性细胞免疫是机体抗肿瘤的主要机制，包括 CTL 对肿瘤细胞的特异性杀伤；TNF-α 等细胞因子对肿瘤细胞的直接作用；IL-2 或 IFN-γ 可激活 Mφ 或 NK 细胞，发挥对肿瘤细胞的细胞毒作用等。

科学发现 14-1
影响深远的免疫学论战

（三）免疫损伤作用

T细胞介导的细胞免疫效应与迟发型超敏反应、移植排斥反应密切相关，并参与某些自身免疫病的发生和发展。

（丁剑冰）

复习思考题

1. 试述 Th 细胞活化需要的双信号。
2. 什么是 MHC 限制性？T 细胞如何具有这一特性？
3. 什么是免疫突触？其对 T 细胞的活化有何意义？
4. 试述 Th1 细胞和 CTL 的免疫效应机制。
5. 简述活化 T 细胞的转归。

新形态教材网

👤 学习目标　💻 教学课件　📋 本章小结　👥 开放性讨论　📝 自测题

第十五章
B细胞介导的体液免疫应答

关键词

体液免疫应答	抗原刺激信号	共刺激信号	生发中心
体细胞高频突变	抗体亲和力成熟	受体编辑	抗体类别转换
浆细胞	记忆B细胞	初次应答	再次应答
TI-1抗原	TI-2抗原		

　　体液免疫应答与细胞免疫应答共同构成了机体对抗原的适应性免疫应答。体液免疫应答由B细胞介导，通过抗体介导免疫效应，在抗感染免疫（尤其是抗胞外寄生细菌感染）、超敏反应、自身免疫病中发挥重要作用。体液免疫应答的每一阶段，如B细胞对抗原的识别、B细胞活化的信号需求、B细胞分化所经历的变化及抗体所应对的抗原类型等，都有别于细胞免疫应答。通过前一章和本章的学习，我们将全面了解机体的适应性免疫应答。

思维导图

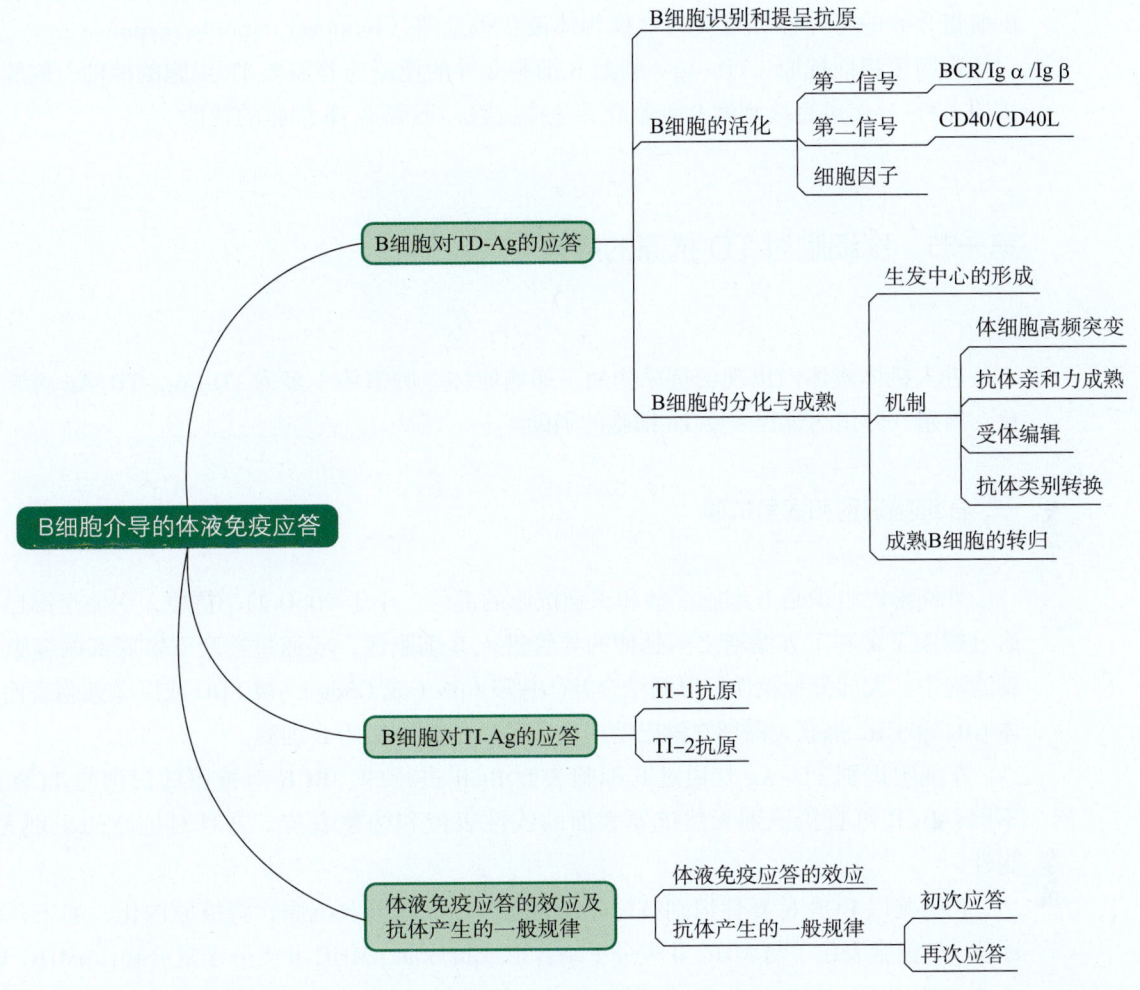

机体抗原特异性 B 细胞在对相应的抗原进行识别和提呈后，自身活化和成熟，最终转变为浆细胞，产生特异性抗体，由抗体对抗原性异物发挥免疫效应。抗体存在于体液中，因此 B 细胞介导的特异性免疫应答被称为体液免疫应答（humoral immune response）。

胸腺依赖性抗原（TD-Ag）刺激 B 细胞介导的免疫应答需要 Th 细胞的辅助；胸腺非依赖性抗原（TI-Ag）可直接刺激 B 细胞介导免疫应答，不需要 Th 细胞的辅助。

第一节　B 细胞对 TD 抗原的应答

进入机体或体内出现的抗原物质（如病原体、肿瘤等）多为 TD-Ag，TD-Ag 诱导 B 细胞活化、增殖、分化的过程需要 Th 细胞的辅助。

一、B 细胞识别和提呈抗原

外周淋巴组织是 B 细胞接触和识别抗原的部位。小于 70kD 的小抗原，引流至淋巴结，然后通过被膜下窦和下方滤泡之间延伸的导管进入 B 细胞区，或通过被膜下窦底部的缝隙直接扩散到滤泡中。大部分颗粒性抗原则结合补体片段 C3b（或 C3dg），被 FDC 或巨噬细胞表面的补体受体 CR1 和 CR2 捕获，滞留在淋巴滤泡内，随后传递给初始 B 细胞。

B 细胞识别 TD-Ag 是通过其细胞表面 BCR 进行的。BCR 对抗原的识别与 TCR 识别抗原不同：BCR 可直接识别天然抗原表面的线性表位和构象表位，并且对抗原的识别无 MHC 限制性。

B 细胞以 BCR 特异性识别抗原（B 细胞表位）并摄取抗原，将抗原内化、加工，形成的抗原肽（T 细胞表位）与 MHC Ⅱ类分子结合形成抗原肽 –MHC Ⅱ类分子复合物（pMHC Ⅱ），转运至 B 细胞表面，并提呈给 Th 细胞，形成 B 细胞与 Th 细胞的相互作用。在抗原浓度低时，B 细胞是最有效的 APC（图 15-1）。

二、B 细胞的活化、分化与成熟

（一）B 细胞的活化

B 细胞的活化及活化后的信号转导途径与 T 细胞相似，也需要双信号。

1. B 细胞活化的第一信号　B 细胞的特异性 BCR 直接识别被 FDC 或巨噬细胞等传递的天然抗原的 B 细胞表位，BCR 交联，产生的抗原刺激信号（第一信号）由 Igα/Igβ（CD79a/CD79b）传入 B 细胞内。BCR 共受体复合物（CD19-CD21-CD81）与附着于抗原表面的 C3d 结合，介导 BCR 与共受体复合物的交联，参与并增强 BCR 的抗原识别信号的转导（图 15-2）。

由于 BCR 的重链胞质区较短，不能传递信号，需经 BCR 复合物中的 Igα/Igβ 将信号转入 B 细胞内，最终激活 NF-κB 等转录因子，启动与 B 细胞活化、增殖相关基因的表达。

2. B 细胞活化的第二信号　初步活化的 B 细胞与 Tfh 细胞（活化 T 细胞向滤泡迁移成为 Tfh 细胞）相互靠近，并在滤泡边缘相互作用。B 细胞作为 APC 将 pMHC Ⅱ提呈给 Tfh 细胞，为 Tfh 细胞提供第一信号；B 细胞表面 B7 与 Tfh 细胞表面 CD28 相互作用，为 Tfh 细胞提供第二信号。

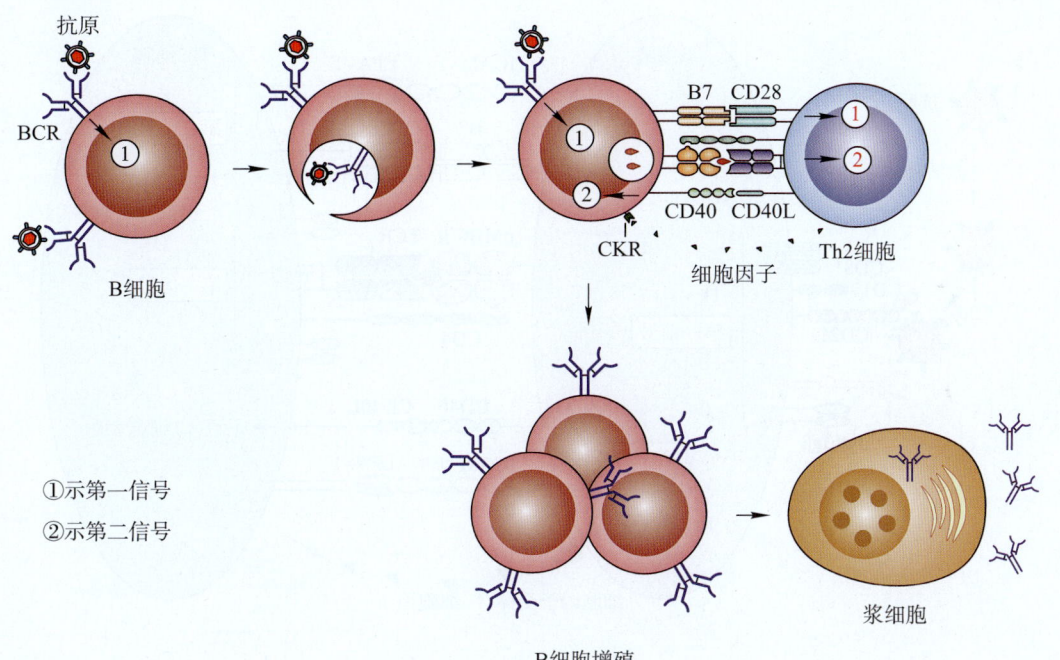

①示第一信号
②示第二信号

图 15-1　B 细胞对抗原的识别、加工及提呈示意图

B 细胞通过 BCR 识别抗原（B 细胞表位），将内化的抗原降解为抗原肽（T 细胞表位），形成 pMHC Ⅱ，并提呈给特异性 T 细胞；激活的 T 细胞辅助 B 细胞活化、增殖并分化为浆细胞，产生特异性抗体

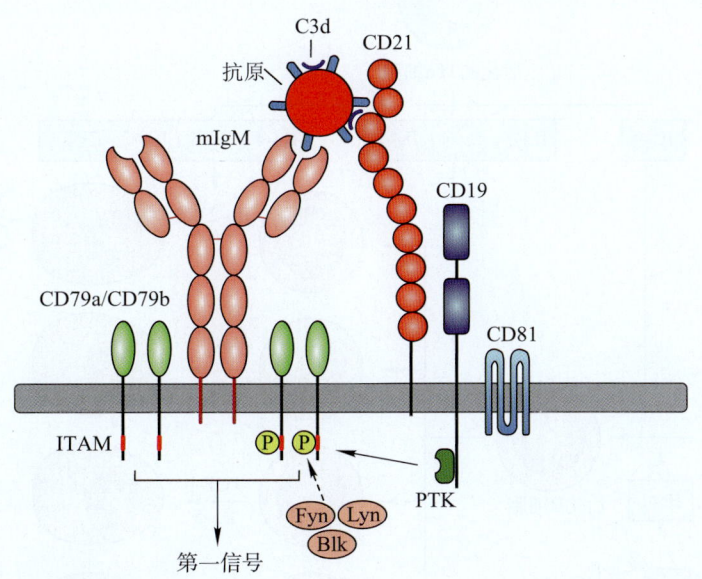

图 15-2　B 细胞活化的第一信号

B 细胞通过 BCR 识别抗原，并由 Igα/Igβ 转导第一信号；BCR 共受体复合物（CD19-CD21-CD81）与附着于抗原表面的 C3d 结合，介导 BCR 与共受体复合物的交联，从而加强 BCR 复合物转导的第一信号

Tfh 细胞活化后诱导性表达 CD40L，后者与 B 细胞表面 CD40 结合，使 B 细胞获得完全活化所必需的第二信号（共刺激信号）（图 15-3）。

　　3. 细胞因子的作用　活化的 B 细胞表达多种细胞因子受体，在活化 Tfh 细胞分泌的细胞因子的作用下大量增殖。细胞因子诱导的 B 细胞增殖是 B 细胞形成生发中心和继续分化的基础。例如，IL-4 促进 B 细胞激活，IL-2、IL-4、IL-5 促进 B 细胞增殖，IL-4、IL-5、IL-6 促进 B 细胞分化成浆细胞等。因此，细胞因子也称为 B 细胞活化的第三信号（图 15-4）。

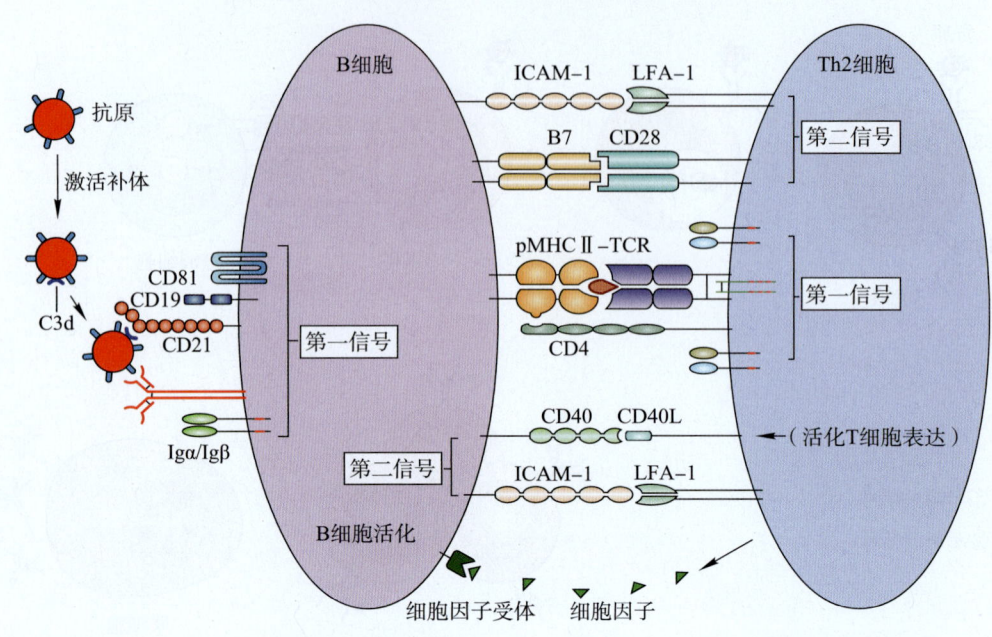

图 15-3 B 细胞与 Th 细胞间的相互作用及活化信号的产生

B细胞通过BCR摄取抗原并获得第一信号。B细胞将pMHCⅡ提呈给Th细胞，其表面B7与Th细胞表面CD28结合，使Th细胞被激活；激活的Tfh细胞表达CD40L，与B细胞表面CD40结合，为B细胞活化提供第二信号

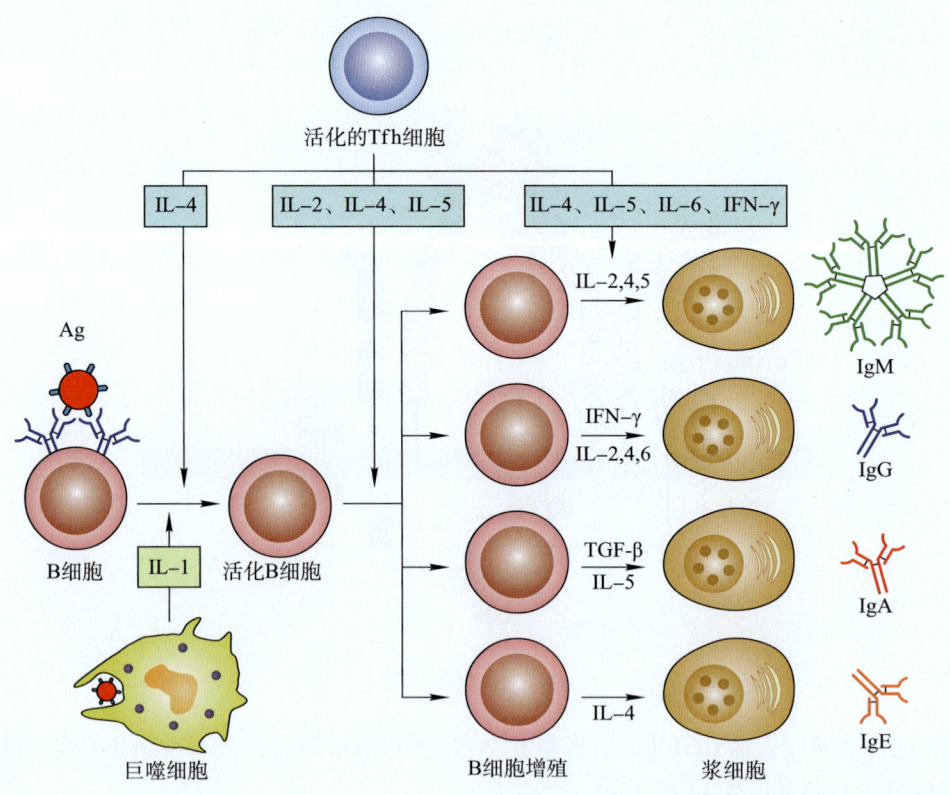

图 15-4 细胞因子对B细胞活化、增殖、分化的影响

巨噬细胞分泌的IL-1和Tfh细胞分泌的IL-4促进B细胞活化并表达多种细胞因子受体；Tfh细胞分泌的IL-2、IL-4、IL-5促进B细胞增殖；Tfh细胞分泌的IL-4、IL-5、IL-6等促进B细胞分化成浆细胞

（二）B 细胞的分化与成熟

B 细胞经双信号和细胞因子的刺激而完全活化后，在外周免疫器官将进入增殖和终末分化阶段。活化的 B 细胞一部分迁移至淋巴组织髓质，分化为短寿命的浆细胞，主要分泌低亲和力的 IgM 类抗体。

大部分活化的 B 细胞进入淋巴滤泡内增殖形成生发中心，并经历体细胞高频突变、Ig 亲和力成熟和类别转换，分化为浆细胞，主要分泌高亲和力的 IgG 类抗体。部分 B 细胞分化为记忆 B 细胞。

1. 生发中心的形成　血液循环中的 B 细胞穿过高内皮微静脉进入外周免疫器官。在副皮质区与滤泡区交界处，已识别抗原的 B 细胞与同一抗原激活的 Th 细胞相遇。B 细胞可诱导 Th 细胞分化成早期滤泡辅助性 T 细胞（follicular helper T cell，Tfh 细胞），并与早期 Tfh 细胞进入滤泡相互作用，使早期 Tfh 细胞分化成熟为效应 Tfh 细胞；Tfh 细胞辅助 B 细胞进一步活化，并大量增殖而形成生发中心（germinal center，GC），是 B 细胞对 TD 抗原应答的重要场所。迅速增殖的 B 细胞（即中心母细胞）分裂能力极强，但不表达 mIg。中心母细胞分裂增殖产生的子代细胞称为中心细胞（centrocyte），其分裂速度减慢或停止，表达 mIg。大量增殖的中心母细胞紧密聚集构成生发中心的暗区（dark zone），较慢增殖的中心细胞、Tfh 细胞及滤泡树突状细胞（follicular DC，FDC）等构成生发中心的亮区（light zone），未活化的 B 细胞被推至边缘形成冠状区（mantle zone）（图 15-5）。

生发中心为 B 细胞提供了终末分化和成熟的微环境，其中 FDC 和 Tfh 细胞发挥着主导作用：① FDC 表达的 Fc 受体和补体受体可使抗原及免疫复合物滞留于其表面，长期向 B 细胞提供抗原刺激信号。②进入滤泡的早期 Tfh 细胞表面的 ICOS 与生发中心 B 细胞表达的诱导性共刺激分子配体（ICOSL）结合，使早期 Tfh 细胞分化为效应 Tfh 细胞，通过分泌细胞因子（如 IL-21、IL-4）辅助 B 细胞进一步分化和成熟。

2. B 细胞分化及成熟的机制　B 细胞在 FDC 和 Tfh 细胞的协同作用下继续分化，只有表达

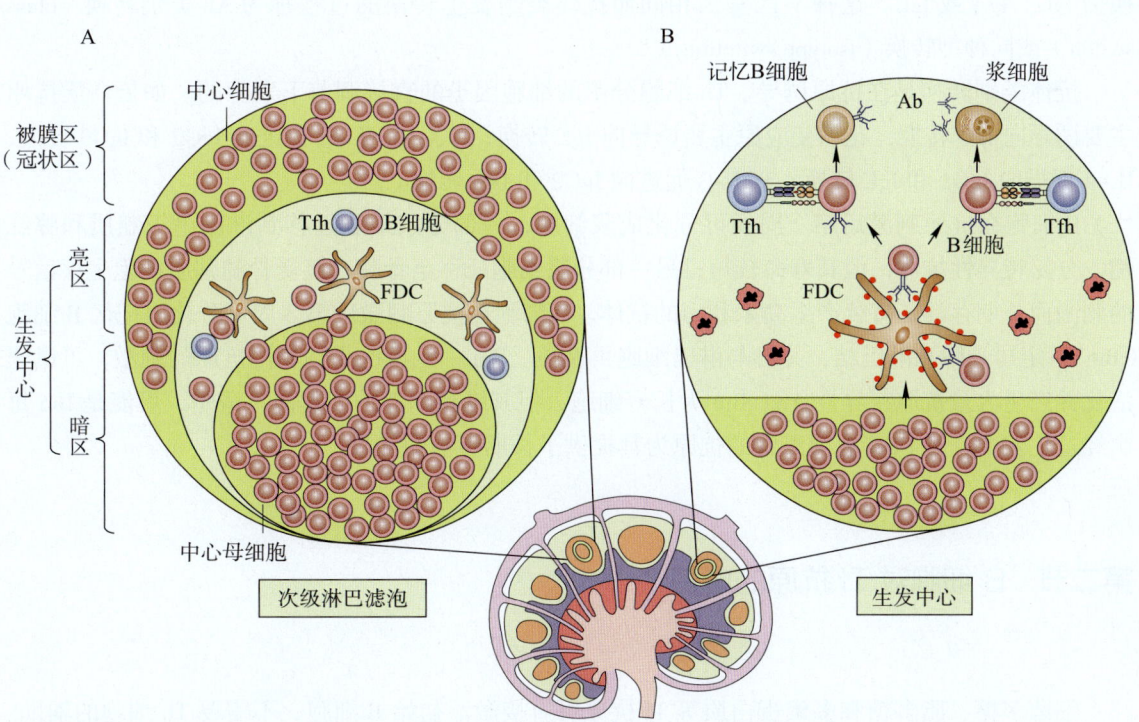

图 15-5　B 细胞生发中心的成熟

A. 大量增殖的中心母细胞紧密聚集构成生发中心的暗区，较慢增殖的中心细胞、Tfh 细胞及 FDC 等构成生发中心的亮区，未活化的 B 细胞被推至边缘形成冠状区。B. 生发中心 FDC 向 B 细胞提供抗原刺激信号，表达高亲和力 mIg 的 B 细胞继续分化发育，表达低亲和力 mIg 的 B 细胞则发生凋亡。B 细胞在效应 Tfh 细胞的辅助下，经历体细胞高频突变、Ig 亲和力成熟、受体编辑及 Ab 类别转换，最终分化为浆细胞或记忆 B 细胞

高亲和力 mIg 的 B 细胞才能继续分化发育，其余大多数中心细胞则发生凋亡。B 细胞在生发中心经历体细胞高频突变、Ig 亲和力成熟、受体编辑及 Ab 类别转换等过程，最终分化为产生高亲和力抗体的浆细胞或记忆 B 细胞。

（1）体细胞高频突变：在 FDC 表面滞留的抗原的再次刺激下，中心母细胞的 BCR（Ig）可变区（VH/VL）基因发生体细胞高频突变（somatic hypermutation）。每次细胞分裂约 50% 的 B 细胞会发生突变，V 区基因中约有 1/1 000 碱基对突变（一般体细胞自发突变的频率是 $1/10^7 \sim 1/10^{10}$）。体细胞高频突变进一步增加了已经进行了 Ig 基因重排而导致的 BCR 多样性和分泌抗体的多样性。

（2）抗体亲和力成熟：B 细胞经体细胞高频突变后进入亮区。其中大多数突变 B 细胞克隆中 BCR 亲和力降低甚至不表达 BCR，不能结合 FDC 表面的抗原而发生凋亡被清除；小部分突变 B 细胞克隆的 BCR 亲和力提高，表达抗凋亡蛋白而继续存活。生发中心 B 细胞经历反复的突变和选择，存活的 B 细胞会从亮区到暗区来回迁移。经抗原的反复选择（阳性选择），只有表达高亲和力 BCR 的 B 细胞克隆能够存活，并分化为产生高亲和力抗体的浆细胞和记忆细胞，这就是抗体亲和力成熟（affinity maturation）。

（3）受体编辑：在 B 细胞分化成熟的过程中，某些自身反应性 B 细胞可发生 BCR V 区基因二次重排，结果使其 BCR 被"修正"为只识别非己抗原，丧失了识别自身抗原的能力，从而维持机体的自身耐受性，此过程称为受体编辑（receptor editing）。

（4）抗体类别转换：B 细胞在 Ab 重链 V 区基因重排后，其子代细胞中的抗体重链 V 区基因保持不变（抗体特异性不变），但 C 区基因则会发生不同的重排，因而分泌的抗体类别由 IgM 转换为 IgG、IgA 或 IgE。这种 V 区基因相同而抗体类别发生转换的过程称为 Ab 类别转换（class switch）或同种型转换（isotype switching）。

抗体类别转换是在抗原诱导、Th 细胞分泌的细胞因子的直接调节下发生的。如蛋白质抗原主要诱导向 IgG 转换，花粉变应原主要诱导向 IgE 转换；IFN-γ、IL-21 促进向 IgG2 和 IgG3 转换，IL-4 促进向 IgG1 和 IgE 转换，TGF-β 促进向 IgG2 和 IgA 转换。

B 细胞在抗原刺激后第 2 周便可分化成浆细胞，一部分浆细胞迁移到淋巴组织髓质和脾红髓，分泌特异性抗体，但其寿命较短；另一部分浆细胞迁移至骨髓，接受骨髓基质细胞生存信号的刺激而长期存活，持续产生高亲和力的抗体。B 细胞在抗原刺激后第 3 周可分化成记忆 B 细胞（Bm），定居于脾和淋巴结，并参与淋巴细胞再循环。Bm 一旦再次受到相同抗原的刺激，可迅速活化并产生大量抗原特异性 Ab。Bm 为长寿细胞，但其维持存活的因素尚不清楚，可能是 Bm 每次经过生发中心时 FDC 表面滞留的抗原为其提供了长期存活的信号。

科学发现 15-1
Tfh-B 细胞间的"纠缠性"互作模式

动画 15-1
体液免疫应答的基本过程

第二节　B 细胞对 TI 抗原的应答

细菌多糖、脂多糖和多聚蛋白质等 TI 抗原可直接激活初始 B 细胞，不需要 Th 细胞的辅助。TI 抗原与 TD 抗原不同，主要激活边缘区 B 细胞和 B1 细胞，通常只产生 IgM 类抗体，不能诱导抗体亲和力成熟，也不能产生免疫记忆。根据 TI 抗原激活 B 细胞的方式，可分为 TI-1 抗原和 TI-2 抗原。

一、B 细胞对 TI-1 抗原的应答

TI-1 抗原又称 B 细胞丝裂原，为具有丝裂原性质的多克隆激活剂，如革兰氏阳性菌的磷壁酸、革兰氏阴性菌的脂多糖（LPS）等。不同剂量的 TI-1 抗原激活 B 细胞时结合的 B 细胞受体不同，激活的途径也不同。

1. 高剂量 TI-1 抗原　直接与 B 细胞的丝裂原受体结合而非特异性激活多克隆 B 细胞。例如，LPS 可与 LPS 结合蛋白结合，再与 B 细胞表面的 CD14 结合，从而启动 B 细胞的增殖和分化。

2. 低剂量 TI-1 抗原　通过与抗原特异性 BCR 结合而激活 B 细胞，只能激活少量表达特异性 BCR 的 B 细胞（图 15-6）。

成熟和不成熟的 B1 细胞均可被 TI-1 抗原激活，诱导产生低亲和力的 IgM。由于无需 Th 细胞的辅助，故机体对 TI-1 抗原刺激所产生的应答发生较早，在抵御某些胞外病原体感染的初期发挥重要作用。

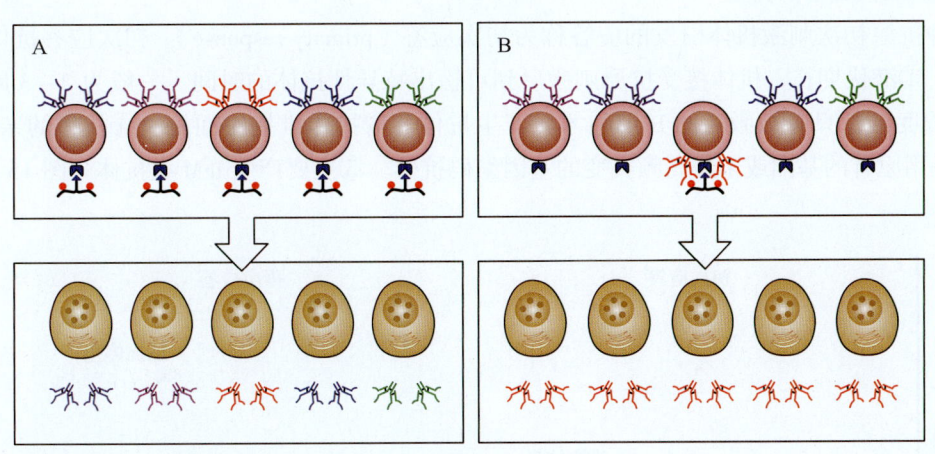

图 15-6　B 细胞对 TI-1 抗原的识别

A. 高剂量 TI-1 抗原结合 B 细胞丝裂原受体。使多克隆 B 细胞激活，发生非特异性应答。B. 低剂量 TI-1 抗原结合抗原特异性 BCR。激活少量表达特异性 BCR 的 B 细胞，发生 TI-1 抗原特异性应答

二、B 细胞对 TI-2 抗原的应答

TI-2 抗原多为细菌等的多糖和多聚化合物，如肺炎球菌多糖、细菌荚膜多糖、沙门菌多聚鞭毛等。其特点是具有高密度重复性的表位，可与抗原特异性 BCR 广泛交联，进而诱导 B 细胞的激活。TI-2 抗原表位密度在激活 B 细胞中起决定作用，密度太低，BCR 交联的程度过低，不足以激活 B 细胞；密度太高，则 BCR 过度交联，导致 B 细胞失能。TI-2 抗原可激活巨噬细胞和 DC，这些细胞分泌的细胞因子可刺激抗体类别转换，产生 IgG 类抗体。

TI-2 抗原只能激活成熟的 B1 细胞。由于人体 B1 细胞在 5 岁左右才能发育成熟，故婴幼儿通常缺乏对 TI-2 抗原的应答。

B1 细胞对 TI-2 抗原的应答在抵御胞外病原体感染的早期具有重要意义。由于大多数胞外细菌包被有荚膜多糖，能抵抗吞噬细胞的吞噬和杀伤。B1 细胞针对细菌表面荚膜多糖等 TI-2 抗原所产生的抗体可发挥调理作用，促进吞噬细胞的吞噬，同时也有利于巨噬细胞对抗原的提呈。

知识拓展 15-1
对 TI 抗原和 B 细胞亚群的重新理解

第三节　体液免疫应答的效应及抗体产生的一般规律

一、体液免疫应答的效应

B 细胞介导的体液免疫应答最主要的效应分子为特异性抗体。抗体与抗原特异性结合后，可通过中和作用、调理作用、激活补体、ADCC 和阻止病原体侵入局部黏膜等多种机制发挥免疫效应，以清除抗原性异物。特异性抗体介导的免疫效应主要清除胞外病原体。但在一定条件下，抗体也能引起超敏反应、自身免疫病等免疫病理效应（详见第四章）。

二、抗体产生的一般规律

（一）初次应答的特征

微视频 15-1
抗体产生的一般规律

某种抗原初次刺激机体引发的应答称为初次应答（primary response）。初次应答抗体产生的特点是：①潜伏期长，机体接受抗原刺激后到可检出特异性抗体的时间，一般为 2～3 周。②血清抗体浓度低，只有被激活的 B 细胞才能产生抗体。③抗体维持时间短。④抗体的亲和力低，B 细胞是用原有的基因或未经高频突变的基因编码抗体。⑤主要产生 IgM 类抗体（图 15-7）。

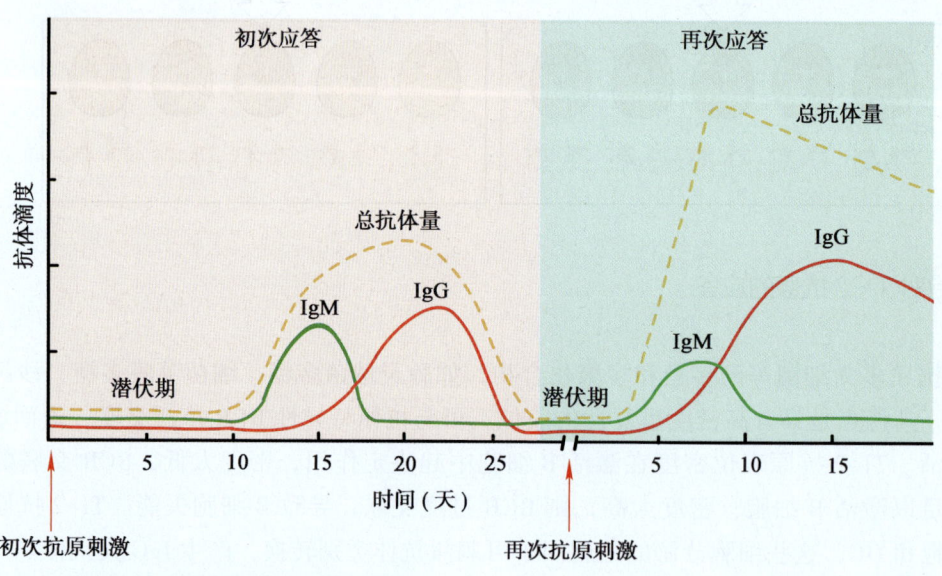

图 15-7　初次和再次免疫应答抗体产生的一般规律
初次免疫应答潜伏期长，以 IgM 为主，抗体维持时间短；再次免疫应答潜伏期短，以 IgG 为主，抗体维持时间长

（二）再次应答的特征

临床聚焦 15-1
抗体产生规律在传染病
预防与诊断中的意义

初次应答所形成的记忆 B 细胞再次接触相同抗原刺激后产生迅速、高效、持久的应答称为再次应答（secondary response）。再次应答抗体产生的特点是：①潜伏期短，可为初次应答潜伏期的一半时间。②血清抗体浓度高，可比初次应答高 10 倍以上。③抗体维持时间长，可持续 3 个

月以上。④抗体的亲和力高，只有经过高频突变，表达高亲和力 BCR 的记忆 B 细胞才能与抗原竞争性结合，随着抗原刺激次数的增加，抗体亲和力进行性的递增。⑤主要产生 IgG 类抗体。

（戴　军）

复习思考题

1. 试述 B 细胞活化需要的双信号。
2. 试述 B 细胞在生发中心的分化和成熟。
3. 初次应答和再次应答中抗体的产生有何特点？
4. 试比较 B 细胞对 TD、TI 抗原免疫应答的异同点。

新形态教材网

👤 学习目标　　⬇ 教学课件　　👤≡ 本章小结　　👥 开放性讨论　　✍ 自测题

第十六章
免疫耐受

关键词

免疫耐受	耐受原	免疫抑制	天然免疫耐受
获得性免疫耐受	低带耐受	高带耐受	中枢免疫耐受
外周免疫耐受	克隆清除	克隆失能	免疫忽视
受体编辑			

　　免疫系统对抗原性异物能产生特异性的细胞免疫应答和体液免疫应答以清除之，但又保持对自身组织抗原的特异性无应答以维持内环境的稳定。免疫系统对特定抗原的特异性无应答状态就是免疫耐受。对免疫耐受这一饶有兴趣的现象的探索和研究，有助于阐明免疫的根本问题，即机体如何识别"自己"和"非己"，也有助于阐明诸如自身免疫病和移植排斥反应等的临床发病机制。本章从概念入手，较为系统地介绍了免疫耐受的形成机制和临床意义。

思维导图

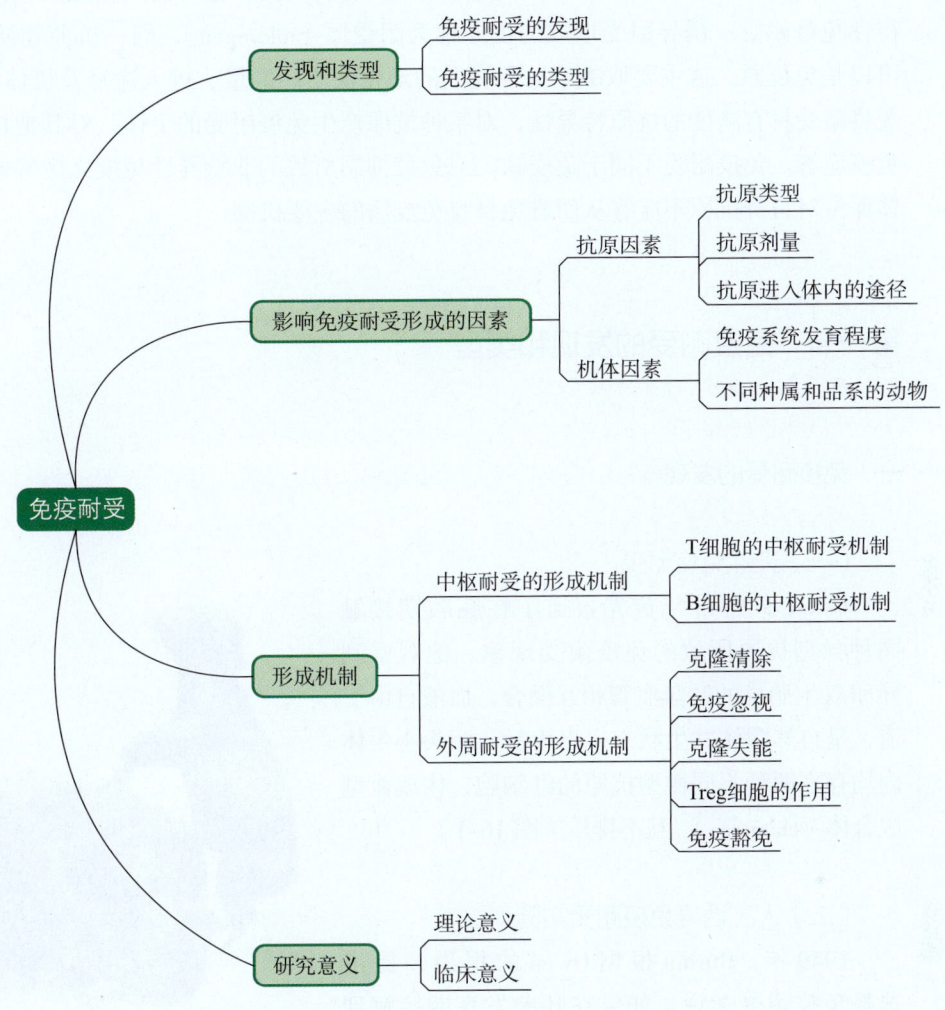

免疫耐受
- 发现和类型
  - 免疫耐受的发现
  - 免疫耐受的类型
- 影响免疫耐受形成的因素
  - 抗原因素
    - 抗原类型
    - 抗原剂量
    - 抗原进入体内的途径
  - 机体因素
    - 免疫系统发育程度
    - 不同种属和品系的动物
- 形成机制
  - 中枢耐受的形成机制
    - T细胞的中枢耐受机制
    - B细胞的中枢耐受机制
  - 外周耐受的形成机制
    - 克隆清除
    - 免疫忽视
    - 克隆失能
    - Treg细胞的作用
    - 免疫豁免
- 研究意义
  - 理论意义
  - 临床意义

免疫耐受（immunological tolerance）是指机体免疫系统对特定抗原所表现出的特异性免疫无应答。耐受可天然形成，如对机体自身组织的免疫耐受；也可后天接触某些特定抗原诱导形成获得性免疫耐受。诱导耐受形成的抗原称为耐受原（tolerogen），同一抗原物质可以是耐受原，也可以是免疫原，这主要取决于抗原物质的理化性质、剂量、进入途径及机体的遗传背景等因素。免疫耐受具有高度的抗原特异性，对某种抗原产生免疫耐受的个体，对其他抗原仍能产生良好的免疫应答。免疫耐受不同于免疫缺陷或免疫抑制所致的非特异性免疫无应答或低应答状态，是机体保持对自身抗原不应答从而避免自身免疫病的主要机制。

第一节　免疫耐受的发现和类型

一、免疫耐受的发现

（一）天然免疫耐受

Owen 于 1945 年首先报道了在胚胎期接触同种异型抗原所致的免疫耐受现象。他观察到异卵双生胎牛的胎盘血管相互融合，血液自由交流，呈自然联体共生状态。出生后，两头小牛体内均存在两种不同血型抗原的红细胞，构成血型嵌合体（chimeras），互不排斥（图 16-1）。

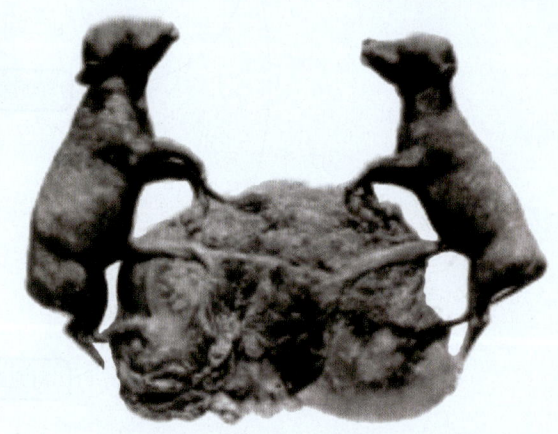

图 16-1　异卵双生胎牛天然免疫耐受（嵌合现象）
异卵双胎牛，呈自然联体共生，出生后，两头小牛体内均存在两种不同血型抗原的红细胞，互不排斥，构成血型嵌合体

（二）人工诱导免疫耐受实验

1949 年，Burnet 根据 Owen 的报道，提出选择免疫耐受学说：如果在胚胎发育期接触到外来细胞，出生后再遇相同外来细胞时，不应该产生针对外来细胞的抗体反应。

Medawar 等将 A 品系小鼠的组织（睾丸、肾和脾）细胞悬液注入胚胎期的 CBA 品系小鼠，在 CBA 品系小鼠出生 8 周后，移植 A 品系小鼠的皮肤，移植的皮肤在多数小鼠中能存活，不被排斥，类似于自体移植（图 16-2）。该实验采用人工诱导的方法证实了 Burnet 提出的免疫耐受学说，同时也证明了机体处于早期发育阶段尚未成熟时，可对外来细胞等"非己"抗原产生获得性免疫耐受。

动画 16-1
人工诱导免疫耐受实验

二、免疫耐受的类型

（一）天然免疫耐受和获得性免疫耐受

根据免疫耐受形成的特点和表现，可分为天然免疫耐受和获得性免疫耐受。天然免疫耐受是个体在胚胎发育期或新生期，未成熟的 T、B 细胞遭遇抗原刺激（不论是自身抗原或外来抗原）而形成免疫耐受；出生后如再遇相同抗原，免疫系统对其将产生不应答或低应答，并长期持续，

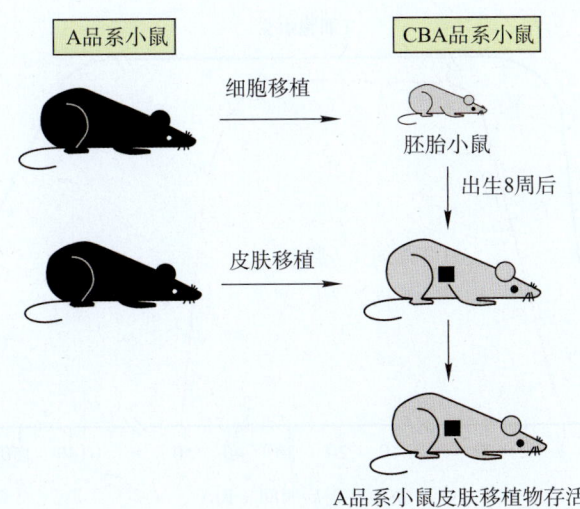

图16-2 人工诱导免疫耐受实验
小鼠胚胎期的免疫耐受诱导；A品系小鼠的组织细胞输给胚胎期的CBA品系小鼠，在CBA品系小鼠出生8周后，移植A品系小鼠的皮肤，此移植的皮肤能存活，不被排斥

不会轻易被打破。获得性免疫耐受是指原本具有应答能力的T、B细胞克隆，受多种因素的影响而丧失应答能力，产生对某种抗原的特异性无应答或低应答状态；这种耐受状态可持续一段时间，但会随诱导因素的消失而逐渐解除，重新恢复对相应抗原的免疫应答。

（二）中枢耐受和外周耐受

根据免疫耐受形成的时期和部位，可分为中枢耐受和外周耐受。中枢耐受（central tolerance）是指在胚胎期及出生后T、B细胞在中枢免疫器官发育的过程中，遇到自身抗原所形成的免疫耐受。外周耐受（peripheral tolerance）是指成熟的T、B细胞在外周淋巴器官中遇到外源性或内源性抗原而形成的免疫耐受。

第二节 影响免疫耐受形成的因素

获得性免疫耐受的形成受抗原和机体两方面因素的影响。

一、抗原因素

（一）抗原类型

大分子、颗粒性及蛋白质聚合物易被APC提呈而诱导T、B细胞应答，而小分子、可溶性、非聚合的单体蛋白质不易被APC提呈而易诱导T、B细胞耐受。

（二）抗原剂量

T、B细胞应答需要适量的抗原刺激，当抗原剂量过低时，不足以激活免疫应答细胞而易形成T细胞低带（low-zone）耐受；当抗原剂量过高时，则诱导免疫应答细胞凋亡或诱导抑制性T细胞活化，而易形成T、B细胞高带（high-zone）耐受（图16-3，表16-1）。TI抗原和TD抗原诱导T、B细胞耐受的剂量不同：TI抗原需要高剂量才能诱导B细胞耐受，而低剂量TD抗原可

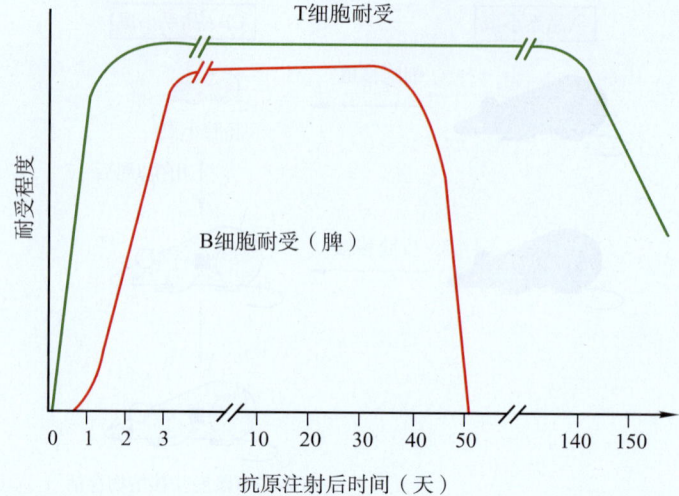

图 16-3　T、B 细胞免疫耐受的特点

诱导 T 细胞耐受与诱导 B 细胞耐受所需最小抗原（耐受原）剂量不同，其中 T 细胞需 10 μg，B 细胞需 1~10 mg

诱导 T 细胞耐受（低带耐受），高剂量 TD 抗原可同时诱导 T、B 细胞耐受（高带耐受）。一般而言，T 细胞耐受所需抗原剂量小，且发生快（24 h 内达高峰），持续数月至数年；而 B 细胞形成耐受不但需要抗原剂量大，且发生缓慢（1~2 周），持续时间短（数周）。

表 16-1　T、B 细胞免疫耐受的比较

项目	T 细胞耐受	B 细胞耐受
耐受形成	较易	较难
诱导抗原种类及剂量	TD（高、低剂量）	TD-Ag（高剂量）
		TI-Ag（高剂量）
耐受诱导期	较短（1~2 天）	较长（1~2 周）
耐受维持时间	较长（数月）	较短（数周）

（三）抗原进入机体的途径

抗原经静脉注射最易诱导免疫耐受，其次为腹腔注射、肌内注射，皮下和皮内注射最难诱导免疫耐受。口服抗原易在胃肠道诱导派尔集合淋巴结及小肠黏膜固有层 B 细胞产生分泌型 IgA，发挥局部黏膜免疫效应，但易致全身的免疫耐受。

此外，抗原的持续存在、抗原的表位特点、抗原的变异等均影响获得性免疫耐受的形成。

二、机体因素

（一）免疫系统发育阶段

免疫系统未发育成熟的胚胎期和新生期容易诱导形成免疫耐受，免疫系统成熟的成年期则较难诱导。成熟的免疫细胞耐受所需抗原量较未成熟免疫细胞耐受需要的抗原量高，单独使用抗原一般难以诱导耐受，但与免疫抑制措施联用则易诱导成功。刚离开胸腺的 T 细胞对耐受原的诱导较为敏感，而成熟 T 细胞致耐受所需的抗原量约是未成熟 T 细胞的 30 倍，因此多采用幼龄动物进行免疫耐受的诱导试验。

（二）种属和品系

免疫耐受诱导和维持的难易程度随动物种属、品系不同而异。例如，大鼠和小鼠对免疫耐受的诱导敏感，在胚胎期或新生期均易诱导成功；兔、有蹄类和灵长类通常只在胚胎期较易诱导产生耐受，甚至同种不同品系动物诱导产生耐受的难易程度也有很大差异。

第三节　免疫耐受的形成机制

免疫耐受的形成机制极为复杂，T、B 细胞的免疫耐受既可在中枢免疫器官形成，也可在外周免疫器官形成。

一、中枢耐受的形成机制

在中枢免疫器官（胸腺、骨髓）中，T、B 细胞处于未完全成熟阶段时，经历阴性选择过程而导致识别自身抗原的 T、B 细胞发生克隆清除（clone deletion），从而建立对自身抗原的中枢耐受。

1. T 细胞的中枢耐受　T 细胞在胸腺发育过程中，经历阳性选择过程发育为 CD4$^+$ 或 CD8$^+$ 单阳性胸腺细胞，并迁移至皮 – 髓质交界处。此类细胞若通过其表面 TCR–CD3 复合物和 CD4/CD8 分子与胸腺上皮细胞（TEC）或胸腺 DC 表面表达的自身抗原肽 –MHC Ⅱ/Ⅰ 类分子复合物呈高亲和力结合，可启动细胞程序性死亡（阴性选择），导致自身反应性 T 细胞的克隆清除，形成 T 细胞的中枢耐受。因此，出生后体内因缺乏自身抗原特异性 T 细胞而形成自身免疫耐受。

动画 16-2
T 细胞的中枢耐受

2. B 细胞的中枢耐受　B 细胞在骨髓内发育过程中，未成熟 B 细胞通过表面抗原受体（仅表达 mIgM）与骨髓微环境基质细胞表达的共同自身抗原结合。若 BCR 能与自身抗原呈高亲和力结合，BCR 的广泛交联产生抑制信号，可启动细胞程序性死亡，导致自身反应性 B 细胞的克隆清除，形成 B 细胞的中枢耐受。

骨髓中小部分自身反应性 B 细胞可能是通过其 Ig 重链或轻链 V 区基因的二次重排，改变了自身反应性 B 细胞 BCR 原有的自身抗原识别特异性，不再识别自身抗原，从而产生 B 细胞的中枢耐受，该过程被称为 B 细胞"受体编辑"（receptor editing）。

另外，未成熟 B 细胞表面 mIgM 若接触可溶性自身抗原，则启动胞内抑制信号，抑制 mIgM 继续表达，使自身抗原特异性 B 细胞不再产生应答，形成克隆失能（clone anergy）。

二、外周耐受的形成机制

T、B 细胞在中枢免疫器官发育过程中的阴性选择往往是不完全的，仍有相当数量的自身反应性 T、B 细胞克隆不能被有效清除，而输出至外周免疫器官。例如，识别胸腺基质细胞并不表达的组织特异性自身抗原的 T、B 细胞克隆。针对这些进入外周的自身反应性 T、B 细胞克隆，机体可通过下列多种机制抑制其反应性，从而维持自身免疫耐受，防止自身免疫应答的发生。

微视频 16-1
外周耐受的机制

1. 克隆清除　识别组织特异性自身抗原的自身反应性 T、B 细胞在外周也可发生克隆清除。导致自身反应性 T 细胞凋亡的机制主要为以下两种方式。①死亡配体及受体介导的凋亡方式。

当自身反应性 T 细胞在高水平抗原持续刺激下发生过度活化时，会上调死亡受体 Fas 及其配体 FasL 的表达，而 Fas 结合自身或邻近细胞表达的 FasL 后可能激活受体介导的细胞凋亡通路，引发细胞凋亡，常被称为活化诱导的细胞凋亡。②线粒体介导的凋亡方式。自身反应性 T 细胞识别自身抗原时若缺少共刺激信号和细胞因子的辅助作用，线粒体内的细胞色素 C 可能会泄露至胞质，激活胱天蛋白酶途径，引发细胞凋亡。生发中心内增殖的 B 细胞由于发生体细胞高频突变，可能会产生自身特异性 B 细胞并表达受体 Fas，通过与活化 T 细胞表达的 FasL 结合发生凋亡被克隆清除。

2. 免疫忽视　免疫系统对低浓度抗原或低亲和力抗原不发生免疫应答的现象称为免疫忽视（immunological ignorance）。这些处于免疫忽视状态的自身反应性 T 细胞，可因感染的病原体与自身抗原的分子模拟作用，使 APC 活化，而启动免疫应答，产生效应 T 细胞，损害相应自身组织细胞。

3. 克隆失能　T 细胞的活化需要双信号，仅有第一信号而缺乏第二信号时，T 细胞不能活化，处于无反应状态，这种无反应性称为克隆失能。进入外周的自身抗原特异性 T 细胞通常处于克隆失能状态，其原因可能是：由未成熟 DC（iDC）向 T 细胞提呈自身抗原肽 -MHC 分子复合物，产生第一信号，但 iDC 表面低表达共刺激分子，不能为 T 细胞活化提供有效的第二信号，T 细胞不能活化，而处于克隆失能状态。失能 T 细胞易发生凋亡及克隆清除。

4. Treg 的作用　Treg 包括自然 Treg（nTreg）和诱导性 Treg（iTreg），是一类具有负向免疫调节作用的 T 细胞。Treg 在外周免疫器官所发挥的抗原特异性或非特异性免疫抑制作用，对防止自身反应性 T 细胞的活化至关重要。nTreg 一般通过与自身反应性 T 细胞的直接接触发挥免疫抑制作用；iTreg 主要通过分泌 TGF-β 和 IL-10 等抑制性细胞因子而发挥免疫抑制效应，从而有助于维持免疫耐受。

5. 免疫豁免　某些特殊部位，如脑及眼的前房部位，由于存在生理屏障使该部位细胞不能穿越屏障进入淋巴循环及血液循环，免疫效应细胞亦不能进入该部位，这些隔离部位称为免疫豁免部位（immunological privileged site）。在免疫豁免部位表达的组织特异性抗原几乎无机会活化自身抗原反应性 T 细胞，即 T 细胞克隆处于免疫忽视状态。但在某些情况下（如感染、外伤），这些隐蔽的自身抗原一旦被释放，将会激活相应自身反应性 T 细胞而引起自身免疫应答。例如交感性眼炎患者，常因一只眼受外伤，其眼内蛋白质成分释出至局部淋巴结，活化自身反应性 T 细胞，产生效应 T 细胞。这些激活的效应 T 细胞及其产生的炎症因子会随血液循环进入健康眼而导致免疫损害，引发自身免疫性交感性眼炎。

动画 16-3
克隆失能

第四节　研究免疫耐受的意义

免疫耐受意义重大，本节简要介绍其在基础理论研究和临床医疗实践中的意义。

一、理论意义

免疫学理论研究的核心问题之一是免疫系统如何识别"自己"和"非己"，免疫耐受的形成涉及免疫细胞的识别、信号转导、基因表达及免疫细胞间相互作用等多方面、多层次的调节，是解析机体对"自己"耐受，而对"非己"产生特异性应答的关键，研究免疫耐受可促进免疫学基础理论的发展。

二、临床意义

　　免疫耐受参与机体正常生理活动，且与多种临床疾病的发生、发展及转归密切相关。例如，母胎关系就是一个天然的免疫耐受模型。自身免疫病是机体丧失了对自身抗原的生理性耐受，而慢性持续性感染和肿瘤的发生是机体对病原体抗原和肿瘤抗原产生了病理性耐受。因此，探讨免疫耐受的机制，诱导机体对自身抗原的无应答和低应答，重建对自身抗原的生理性耐受，可用于自身免疫病的防治。诱导机体恢复正常免疫应答，清除病原体和杀伤肿瘤细胞，打破病理性耐受，可用于慢性持续性感染和肿瘤的防治。在临床上，可通过口服变应原等方法诱导机体免疫耐受，用于超敏反应的防治。诱导器官移植受者 T、B 细胞对供者器官组织特异性抗原的特异性免疫耐受（但仍维持对其他外来抗原的应答），可降低器官移植排斥反应的发生。阻断由 CTLA-4 和 PD-1 等免疫负向调控分子构成的免疫检查点（immune checkpoint），可打破免疫耐受，如抗 CTLA-4 和抗 PD-1 抗体已被用于转移性黑色素瘤等疾病的治疗。

临床聚焦 16-1
造血干细胞移植治疗系统性红斑狼疮

知识拓展 16-1
建立免疫耐受的方法

知识拓展 16-2
终止免疫耐受的方法

（覃　明）

复习思考题

1. 免疫耐受、免疫应答、免疫抑制的主要区别是什么？
2. T、B 细胞免疫耐受的主要特征有哪些？
3. 简述免疫耐受的形成机制。

新形态教材网

👤 学习目标　　📥 教学课件　　📋 本章小结　　👥 开放性讨论　　📝 自测题

第十七章
免疫调节

关键词

免疫调节　　独特型网络调节　　抗原内影像　　抑制性受体交联

Treg　　M2型Mφ　　活化诱导的细胞死亡

　　免疫应答是多种细胞、多种分子参与的复杂过程。有效清除抗原性异物并维持内环境稳定，有赖于机体所具备的一整套严密的免疫调控机制，其中既有免疫系统内部的调控，也有神经内分泌系统对其的影响。本章将从分子水平、细胞水平和整体水平阐明机体对免疫应答各环节的调控及意义。

思维导图

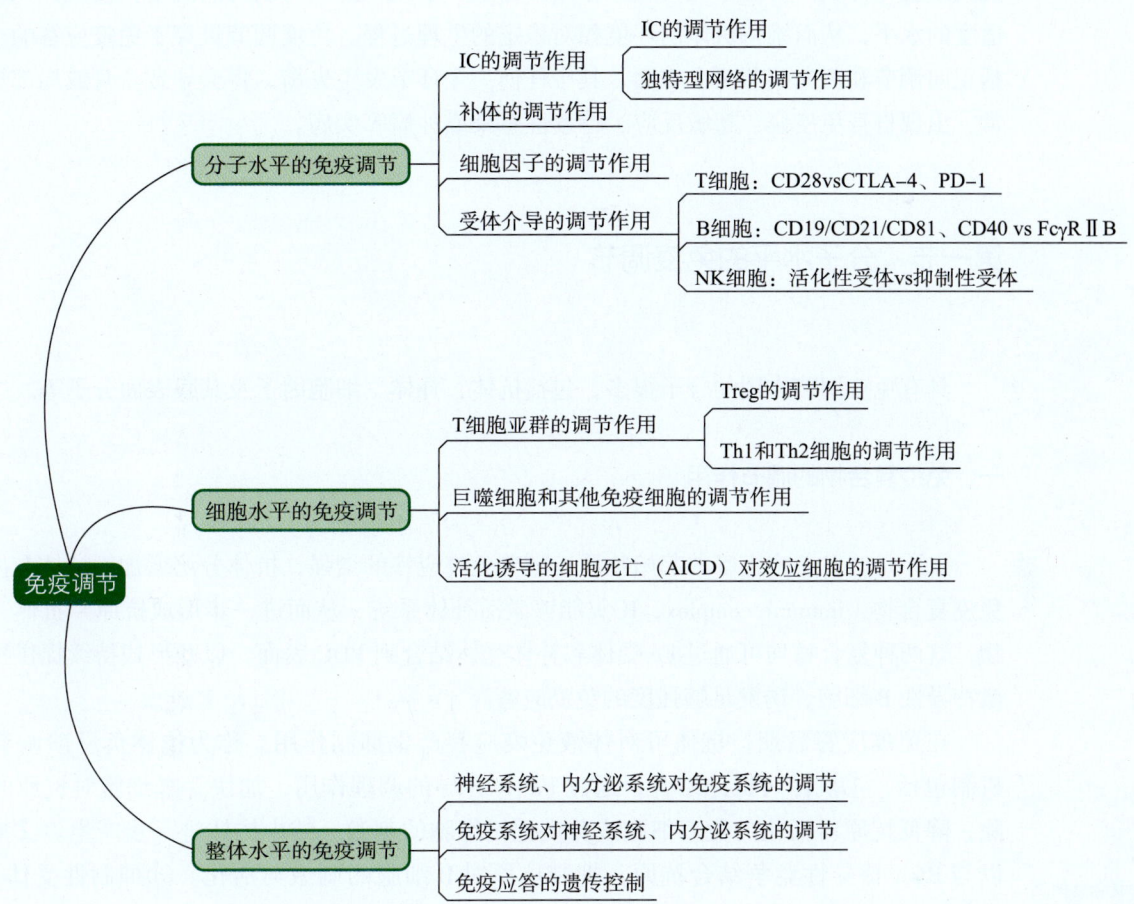

免疫调节

分子水平的免疫调节
- IC的调节作用
  - IC的调节作用
  - 独特型网络的调节作用
- 补体的调节作用
- 细胞因子的调节作用
- 受体介导的调节作用
  - T细胞：CD28vsCTLA-4、PD-1
  - B细胞：CD19/CD21/CD81、CD40 vs FcγR Ⅱ B
  - NK细胞：活化性受体vs抑制性受体

细胞水平的免疫调节
- T细胞亚群的调节作用
  - Treg的调节作用
  - Th1和Th2细胞的调节作用
- 巨噬细胞和其他免疫细胞的调节作用
- 活化诱导的细胞死亡（AICD）对效应细胞的调节作用

整体水平的免疫调节
- 神经系统、内分泌系统对免疫系统的调节
- 免疫系统对神经系统、内分泌系统的调节
- 免疫应答的遗传控制

免疫调节（immune regulation）是指免疫应答过程中免疫细胞间、免疫细胞与免疫分子间及免疫系统与神经内分泌系统的相互作用，构成一个相互协调与制约的网络，使机体免疫应答处于适度的水平，从而维持机体内环境相对稳定的生理过程。免疫调节贯穿于免疫应答的全过程，包括正向调节和负向调节两个方面，其中任何一个环节发生失衡，将会导致全身或局部免疫功能异常，出现自身免疫病、超敏反应、持续性感染或肿瘤等疾病。

第一节　分子水平的免疫调节

具有免疫调节作用的分子很多，包括抗体、补体、细胞因子及其膜表面分子等。

一、免疫复合物的调节作用

抗原是诱发免疫应答的起始物质，随着免疫应答的增强，抗体分泌增加，抗体与抗原形成的免疫复合物（immune complex，IC）能够激活补体系统，从而进一步形成抗原 – 抗体 – 补体复合物，这两种复合物均可通过 Fc 受体和补体受体结合到 FDC 表面，以此形式持续提供抗原信息刺激特异性 B 细胞，诱发足够强度的免疫应答。

在免疫应答后期，抗体可对体液免疫应答产生抑制作用，称为抗体负反馈调节作用。其机制包括：①抗体与抗原结合，通过 FcγR 介导的调理作用，加快吞噬细胞对抗原的吞噬和清除，降低抗原对活化的免疫细胞或免疫记忆细胞的刺激，减少抗体进一步产生。② IgG 抗体可以与 BCR 特异性竞争结合抗原，抑制抗原对 B 细胞的刺激与活化。③抑制性受体交联效应。IC 可以通过其抗原表位与 BCR 结合，抗体的 Fc 段与同一 B 细胞表面的 FcγR Ⅱ B 结合，该受体胞内的 ITIM 将会产生抑制信号，导致 B 细胞增殖分化和抗体产生的终止。

动画 17-1
抗体和免疫复合物的调节作用

二、补体的调节作用

补体活化后产生的某些活性片段具有上调免疫应答的效应。例如：① C3d、iC3b、C3dg 及 C3b–Ag–Ab 复合物等可与 B 细胞表面的 CR2（CD21）结合，促进 B 细胞的活化（详见第十五章）。②黏附于病原体表面的 C3b、C4b 和 iC3b 可与中性粒细胞或 Mφ 表面的相应受体 CR1、CR3 或 CR4 结合，通过免疫调理作用促进吞噬细胞对病原体的吞噬作用，并提高 Mφ 的抗原提呈效率。

正常情况下，补体系统存在精密的负反馈调节机制，严格控制补体活化的强度和持续时间，防止补体的过度消耗，也可避免补体对自身组织和细胞的损伤。有关补体调节蛋白及其功能详见第五章。

三、细胞因子的调节作用

免疫应答过程中，免疫细胞可产生多种促炎细胞因子（如 IL-1、IL-6、TNF-α），启动和加速免疫应答；同时也产生多种抑炎细胞因子（如 IL-10、TGF-β），抑制多种免疫细胞（单核 / 巨噬细胞、T 细胞、B 细胞等）的激活、增殖、分化和功能，对免疫应答发挥负调节作用。

四、受体介导的调节作用

免疫细胞膜表面表达多种不同的受体，包括活化性受体及抑制性受体。其中，活化性受体通过其胞内段的 ITAM 基序，向细胞内传递活化信号，正向促进免疫细胞的活化与增殖；抑制性受体通过其胞内段的 ITIM 基序，向细胞内传递抑制信号，负向调控免疫细胞的活化与增殖。

（一）T 细胞表面受体介导的调节作用

免疫应答早期，T 细胞通过表达共刺激分子（如 CD28）而促进 T 细胞活化；免疫应答后期，T 细胞表面的共抑制分子（如 CTLA-4）表达上调，通过负调控作用使免疫应答恢复至生理水平。

1. CD28 vs CTLA-4　CTLA-4 与 CD28 分子高度同源，两者均能与 B7 分子结合，但 CD28 胞内段含 ITAM，提供 T 细胞激活的共刺激信号，而 CTLA-4 胞内段含 ITIM，启动 T 细胞抑制性信号。CTLA-4 在 T 细胞激活后才开始表达，随其细胞活化水平升高而逐渐升高。由于 CTLA-4 与 B7 的亲和力显著高于 CD28，导致 T 细胞活化 24 h 已基本取代 CD28 与 B7 结合，因此，在 T 细胞活化后期，CTLA-4 的负调节作用逐渐占主导地位，最终使免疫应答恢复至静止状态（图 17-1）。

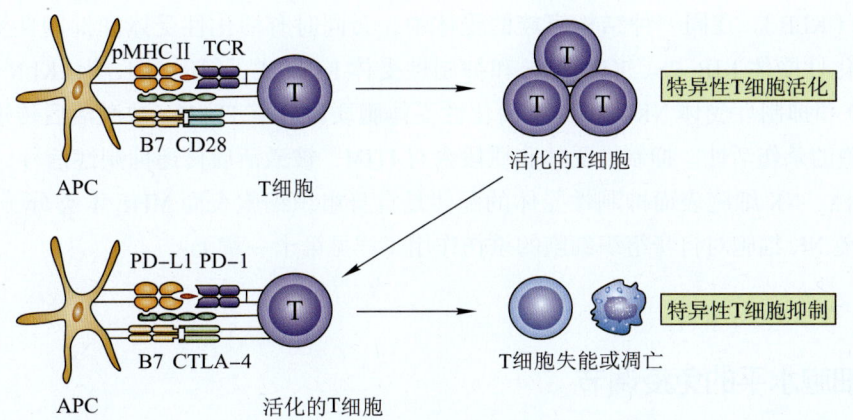

图 17-1　共刺激分子/共抑制分子对 T 细胞的调节作用
T 细胞活化后 24 h，表面 CTLA-4 已基本取代 CD28 与 APC 表面 B7 结合；活化 T 细胞表面的 PD-1 结合 APC 表面的 PD-L1。因此，在 T 细胞活化后期，负向调节作用逐渐占主导地位

2. PD-1　表达于活化的 T 细胞、B 细胞、髓系细胞表面，其胞内段含 ITIM。PD-1 的配体为 PD-L1（B7-H1）和 PD-L2（B7-DC），属于 B7 家族成员，可组成性表达于 T 细胞、B 细胞、Mφ 和 DC 等。因此，PD-1 比 CTLA-4 具有更广泛的免疫调节作用。PD-1 与 PD-L1 结合，可抑制 T 细胞增殖并促进抑制性细胞因子 IL-10 的产生，从而在免疫应答起始和效应阶段均发挥抑制作用，防止过强的免疫损伤和自身免疫病的发生，有利于维持免疫自稳。

（二）B 细胞表面受体介导的调节作用

B 细胞共受体 CD19/CD21/CD81 和共刺激分子 CD40 在促进 B 细胞活化的过程中发挥了重要的作用。B 细胞表面的 IgG Fc 受体（FcγRⅡB，即 CD32B）是 B 细胞表面的抑制性受体，其胞内段含 ITIM，通过受体交联可启动抑制性信号。其机制为：抗体 IgG Fab 段与抗原表位结合，其

Fc 段与 B 细胞表面 FcγR Ⅱ B 结合，从而产生 FcR 和 BCR 交联，启动 FcγR Ⅱ B 相关的抑制性信号，抑制 B 细胞活化和抗体的产生，此即抑制性受体交联（图 17-2）。

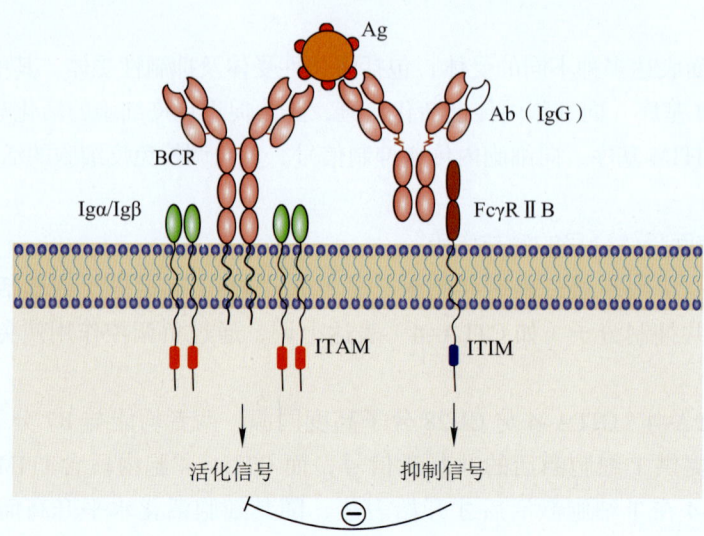

图 17-2 抑制性受体 FcγR Ⅱ B 对 B 细胞的负向调节
FcγR 和 BCR 通过与同一抗原表面的表位结合，形成抑制性受体交联，启动 FcγR Ⅱ B 相关的抑制性信号，抑制 B 细胞活化和抗体的产生

（三）NK 细胞表面受体介导的调节作用

NK 细胞表面受体按结构分为两大类，即杀伤细胞免疫球蛋白样受体（KIR）和杀伤细胞凝集素样受体（KLR）。在同一种结构家族的受体中，会同时有活化性受体和抑制性受体。例如，KIR 中有活化性受体 KIR-2S、KIR-3DS 和抑制性受体 KIR-2L、KIR-3DL 等；KLR 中有活化性受体 NKG2D 和抑制性受体 NKG2A 等。活化性受体胞质段含有 ITAM，被激活后传递活化信号，促进 NK 细胞的杀伤活性。抑制性受体胞质段含有 ITIM，被激活后传递抑制性信号，抑制 NK 细胞的杀伤活性。NK 细胞表面抑制性受体的配体是自身组织细胞表面 MHC Ⅰ类分子，可通过抑制效应而避免 NK 细胞对自身组织细胞的杀伤作用（详见第十一章）。

微视频 17-1
抑制性受体介导的调节作用

第二节 细胞水平的免疫调节

免疫细胞可通过相互之间的直接接触或分泌细胞因子对免疫应答进行直接或间接的调控，从而维持机体内环境的稳定。

一、T 细胞亚群的调节作用

（一）调节性 T 细胞的调节作用

调节性 T 细胞（Treg）可下调免疫应答，在维持自身免疫耐受，防治自身免疫病、肿瘤发生，以及抑制免疫排斥反应中发挥重要作用。Treg 的免疫抑制机制为：①通过与效应 T 细胞直接接触，发挥免疫抑制效应，如以颗粒酶 B 或穿孔素依赖的方式介导效应 T 细胞或 APC 裂解或凋亡。②通过释放抑制性细胞因子（IL-10、IL-35、TGF-β），抑制效应 T 细胞表达 IL-2

及其他细胞因子，从而发挥免疫抑制效应。③ Treg 高表达 IL-2Rα 链（CD25），竞争性消耗 IL-2，导致 T 细胞凋亡。④通过与 APC 直接接触，下调 APC 表达 B7 等共刺激分子，干扰 T 细胞活化。另外，Treg 高表达 CTLA-4，后者通过与 DC 表面的 B7 分子结合，诱导 DC 产生吲哚胺 2,3- 双加氧酶（IDO），IDO 可降解 T 细胞活化所必需的色氨酸，直接抑制 T 细胞，或通过诱导 Treg 发挥免疫调节作用。⑤ Treg 产生环腺苷酸（cAMP）可干扰效应 T 细胞代谢，降低其活性（图 17-3）。

临床聚焦 17-1
Treg 异常与自身免疫病

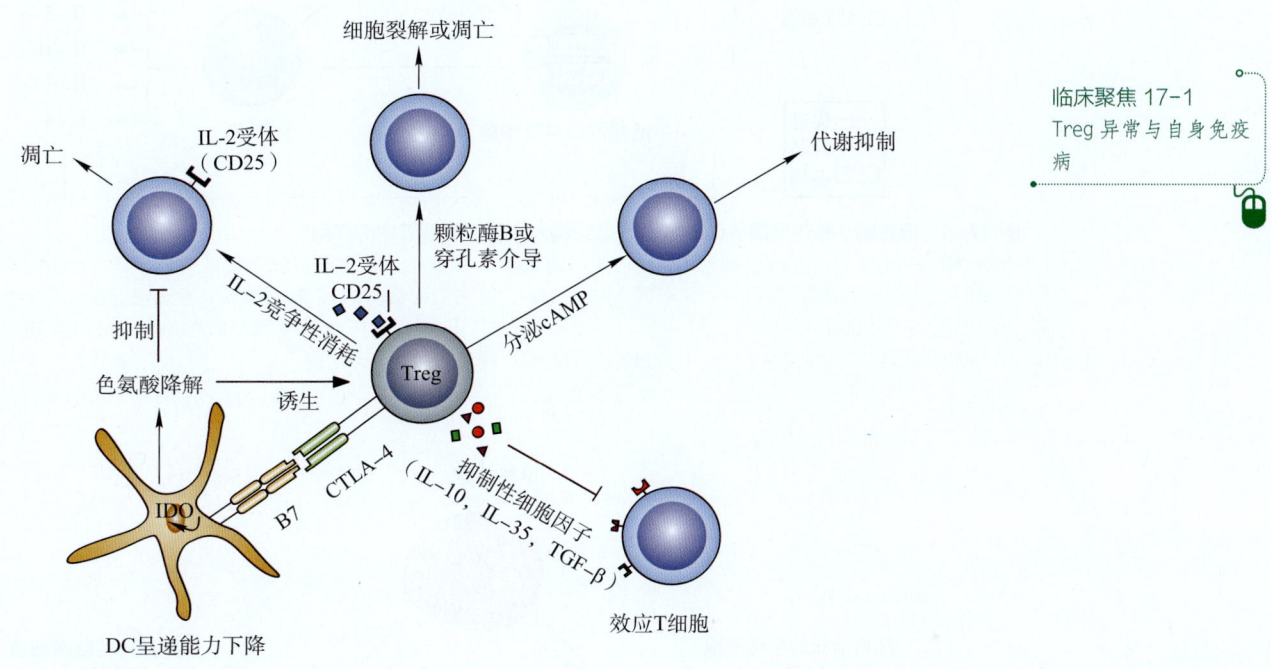

图 17-3 Treg 的免疫抑制效应示意图
Treg 通过接触抑制或释放抑制性细胞因子，作用于效应 T 细胞和 APC，抑制其增殖、分化或导致其裂解、凋亡，从而实现对免疫应答的有效调控

微视频 17-2
T 细胞亚群的免疫调节作用

（二）Th1 细胞和 Th2 细胞的调节作用

Th1 细胞和 Th2 细胞是两种重要的效应性 CD4$^+$ T 细胞。它们可通过分泌不同类型的细胞因子激活 / 抑制相应转录因子介导产生免疫调节作用。

如 Th1 细胞产生的 IFN-γ 可活化 CD4$^+$ T 细胞，使胞内 T-bet（Th1 型转录因子）上调表达，而 GATA-3（Th2 型转录因子）下调表达，促进 IFN-γ 基因转录，而抑制 IL-4 基因转录，从而导致 CD4$^+$ T 细胞分化为 Th1 细胞，并分泌 IFN-γ、IL-2 及 TNF-α 等 Th1 型细胞因子。反之，Th2 产生的 IL-4 可活化 CD4$^+$ T 细胞，上调胞内 GATA-3，下调 T-bet，促进 IL-4 基因转录，抑制 IFN-γ 基因转录，从而促使 CD4$^+$ T 细胞分化为 Th2 细胞，并分泌 IL-4、IL-5、IL-10 和 IL-13 等 Th2 型细胞因子。体内形成的这种 Th1 和 Th2 细胞间的相互抑制及平衡是维持机体自身稳定的重要机制（图 17-5）。

临床聚焦 17-2
Th1 细胞和 Th2 细胞平衡失调导致感染

二、巨噬细胞和其他免疫细胞的调节作用

巨噬细胞是一个异质性细胞群。在局部微环境中不同类型细胞因子的诱导下，巨噬细胞可发

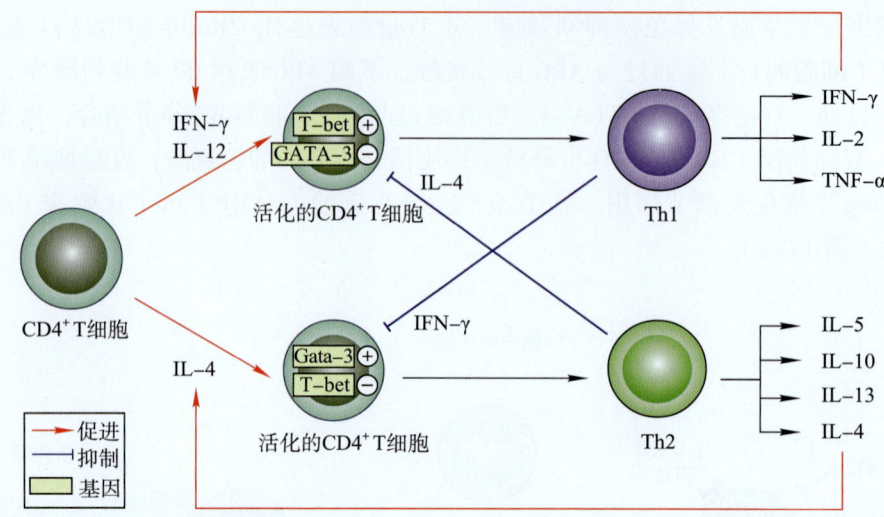

图 17-4　细胞因子和转录因子在 Th1、Th2 细胞分化及相互调节中的作用

IFN-γ 和 IL-12 使 Th0 细胞上调表达 T-bet，下调表达 GATA-3，促进 Th1 细胞形成并分泌 IFN-γ 等细胞因子；IL-4 则使 Th0 细胞上调表达 GATA-3，下调表达 T-bet，促进 Th2 细胞形成并分泌 IL-4 等细胞因子。IFN-γ 进一步促使 Th0 细胞向 Th1 细胞方向分化，并抑制 Th2 细胞的形成；IL-4 则进一步促使 Th0 细胞向 Th2 细胞方向分化，并抑制 Th1 细胞的形成，从而实现 Th1、Th2 细胞之间的相互调节

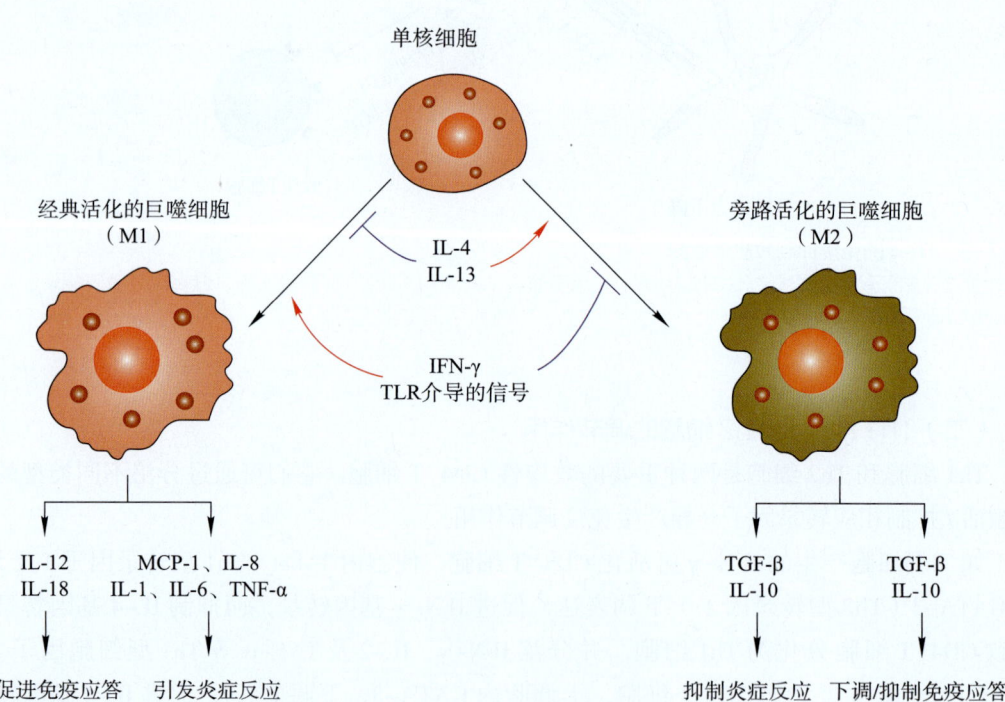

图 17-5　M1 和 M2 细胞通过分泌不同类型细胞因子介导产生的免疫调节作用

IFN-γ 可诱导单核细胞分化为 M1 细胞而抑制 M2 细胞形成，M1 细胞具有强大的吞噬杀菌作用，可通过释放趋化因子和促炎细胞因子引发炎症反应，分泌 IL-12、IL-18 等细胞因子参与/促进免疫应答；IL-4 和 IL-13 可诱导单核细胞分化为 M2 细胞而抑制 M1 细胞形成，M2 细胞合成分泌 IL-10、TGF-β、PDGF、FGF 等细胞因子，抑制炎症/免疫应答作用或参与损伤组织的修复和纤维化

育分化为 1 型巨噬细胞（M1）和 2 型巨噬细胞（M2）两个亚群。① M1 细胞（经典活化的巨噬细胞）：由 IFN-γ 等细胞因子诱导单核细胞发育分化而成，可通过合成分泌 MCP-1、IL-8 等趋化因子和 IL-1、IL-6、TNF-α 等促炎细胞因子引发炎症反应；可提呈抗原并通过合成分泌 IL-12 和 IL-18 等细胞因子参与或促进适应性免疫应答。② M2 细胞（旁路活化的巨噬细胞）：由 IL-4 和 IL-13 诱导单核细胞发育分化而成，仅有较弱的抗原提呈能力，主要通过合成分泌 IL-10 和 TGF-β 介导产生抑制炎症反应和免疫应答等负向调节作用（图 17-5）。

此外，还有其他多种免疫细胞如 Breg、调节性树突状细胞、NK、NKT 和 γδT 细胞等也具有免疫调节活性。

知识拓展 17-1
B 细胞、DC 和 NK 细胞的免疫调节作用

三、活化诱导的细胞死亡对效应细胞的调节作用

活化诱导的细胞死亡（activation-induced cell death，AICD）是指受抗原刺激而活化的效应 T 细胞在发挥免疫应答效应之后而诱导产生的一种自发性细胞主动死亡（即凋亡），从而降低免疫应答的强度，并逐渐恢复自稳状态，这是一种针对抗原特异性淋巴细胞克隆扩增的生理性反馈调节机制。

AICD 的启动主要由细胞表面表达的 Fas 和 FasL 介导。活化 T 细胞在抗原的持续刺激下不断提高活化水平，并高表达 Fas 和 FasL，通过 T 细胞间的相互作用，启动细胞内凋亡信号途径。一方面，活化 T 细胞表面高表达 Fas，与自身表达的 FasL 或脱落的 FasL 结合，导致 Fas+ T 细胞自身发生凋亡（自杀）；另一方面，活化 T 细胞表面 Fas 与邻近 T 细胞表面 FasL 结合，导致 Fas+ T 细胞凋亡（他杀）（图 17-6）。

动画 17-2
活化诱导的细胞凋亡

除 T 细胞外，其他的免疫细胞如 B 细胞也可通过 AICD 而凋亡，以控制体液免疫应答。

临床聚焦 17-3
AICD 失效与自身免疫性淋巴细胞增生综合征（ALPS）

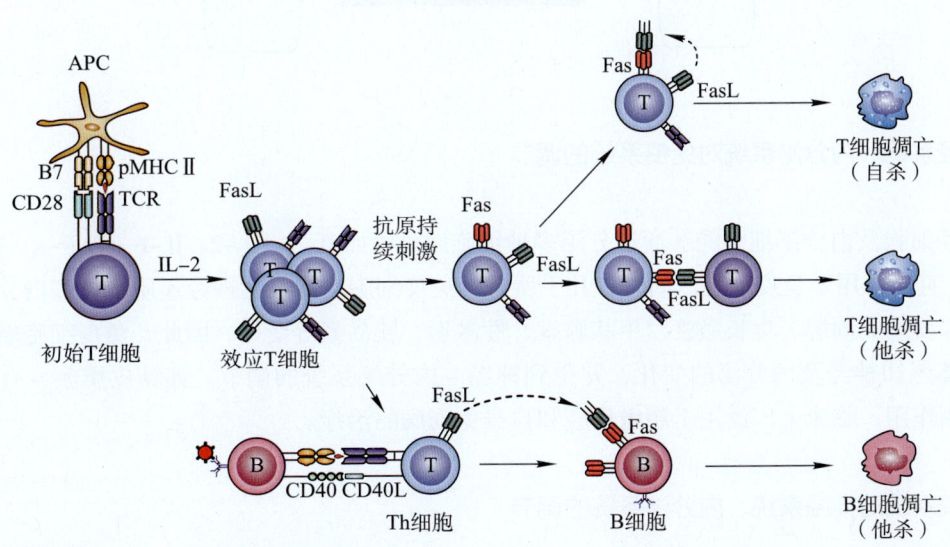

图 17-6 AICD 介导 Fas+ T 细胞和 B 细胞凋亡
活化的效应 T 细胞表面高表达 Fas 和 FasL，T 细胞自身 Fas 与 FasL 的结合（自杀）和 T 细胞通过 Fas 与邻近 T 细胞表面的 FasL 相互作用（他杀），导致 Fas+ T 细胞凋亡，使免疫应答强度逐渐减弱。活化的 B 细胞高表达 Fas，与 T 细胞表面脱落的 FasL 结合，导致 B 细胞凋亡（他杀）

第三节　整体水平的免疫调节

　　整体水平的免疫调节涉及神经系统－内分泌系统－免疫系统之间的广泛联系，构成相互协调的调节网络，神经内分泌系统和免疫系统调节网络是通过神经递质、内分泌激素、细胞因子及其各自的受体相互作用实现的（图 17-7）。例如，精神紧张、心理压力和内分泌失调等可影响免疫功能状态，甚至可加速免疫相关疾病的进程。

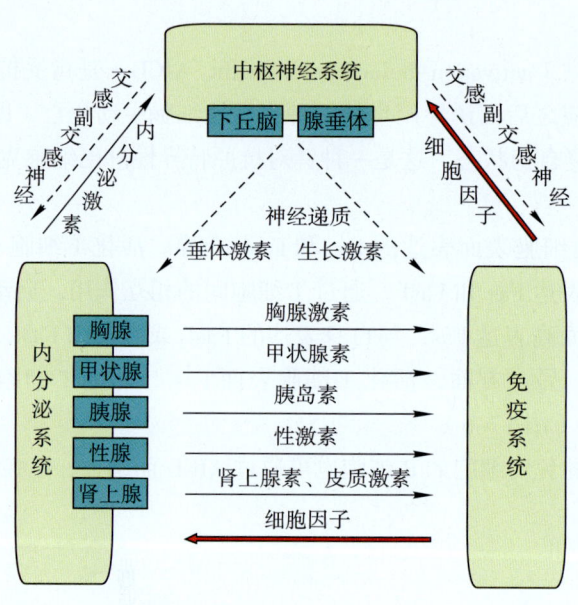

图 17-7　神经－内分泌－免疫调节网络
通过神经递质、内分泌激素、细胞因子实现神经系统－内分泌系统－免疫系统间整体水平的免疫调节

一、神经系统、内分泌系统对免疫系统的调节

　　神经细胞及内分泌细胞能够通过分泌多种细胞因子（如 IL-1、IL-2、IL-6、TNF-α、TGF-β、IFN 等）直接作用于免疫细胞。同时，几乎所有的免疫细胞均能表达神经递质受体和内分泌激素受体，如皮质类固醇、生长激素、甲状腺素、性激素、胰岛素等受体，因此，免疫细胞能够通过表面受体感知神经及内分泌的变化，并受到神经－内分泌系统的调节。如糖皮质激素有明显的免疫抑制作用，临床上广泛用于超敏反应和自身免疫病的治疗。

二、免疫系统对神经系统、内分泌系统的调节

　　免疫细胞可以通过分泌 IL-1、IL-6、TNF-α 等细胞因子作用于神经元或内分泌细胞，如 IL-2 可抑制乙酰胆碱（ACh）的释放；同时免疫细胞也可以通过分泌激素或神经肽（如促肾上腺皮质激素、促甲状腺激素、生长激素、脑啡肽等）调控神经－内分泌系统。另外，小胶质细胞是中枢神经系统脑组织内的固有免疫细胞，占脑组织细胞总数的 10%～20%，负责神经系统的免疫监视与调控。

三、免疫应答的遗传控制

不同个体接受某一特定抗原刺激后，是否发生免疫应答及应答强度存在明显的差异，这表明免疫应答受遗传控制。例如，人群接种基因工程乙肝疫苗后，5%～10% 的个体不能够有效地产生保护性抗体，表现为弱应答和无应答，研究发现，MHC 多态性导致个体免疫应答的差异是引起这种现象的主要原因。由于 T 细胞识别的抗原是与 MHC Ⅰ 类或 Ⅱ 类分子结合的抗原肽（即抗原肽–MHC 分子复合物），因此 MHC 分子的多态性决定了个体免疫系统提呈抗原的能力，也同时制约着 T 细胞的活化。不同个体所携带的 MHC 等位基因类型不同，导致不同个体之间对同一抗原有无应答及产生免疫应答的强度有较大差异（详见第七章）。

（郭振红）

复习思考题

1. 图示 T 细胞亚群对免疫应答的调节作用。
2. AICD 可以通过哪些途径完成？为什么 AICD 主要对免疫效应功能产生抑制作用？
3. 试分析哪些免疫调节具有抗原特异性？
4. 试分析哪些免疫调节功能主要作用在免疫应答的起始阶段？

新形态教材网

👤 学习目标　　⬇ 教学课件　　📋 本章小结　　👥 开放性讨论　　📝 自测题

第十八章
超敏反应

关键词

超敏反应	Ⅰ型超敏反应	Ⅱ型超敏反应	Ⅲ型超敏反应
Ⅳ型超敏反应	过敏反应	变应原	特应性个体
过敏性休克	脱敏疗法	新生儿溶血症	血清病
Arthus反应	结核菌素试验		

　　免疫是一把"双刃剑"。适宜的免疫应答可帮助机体抵御清除抗原性异物、维持免疫稳态和保护机体健康。超敏反应是已被某些抗原致敏的机体再次接触相同抗原时，通过抗体、免疫复合物或（和）细胞介导的异常适应性免疫应答，使机体发生生理功能紊乱和（或）组织细胞损伤，并导致临床疾病发生。了解超敏反应的分类、主要参与成分、发病机制、临床常见疾病及防治原则，对于超敏反应相关疾病的诊断和防治具有临床指导意义和实际应用价值。

思维导图

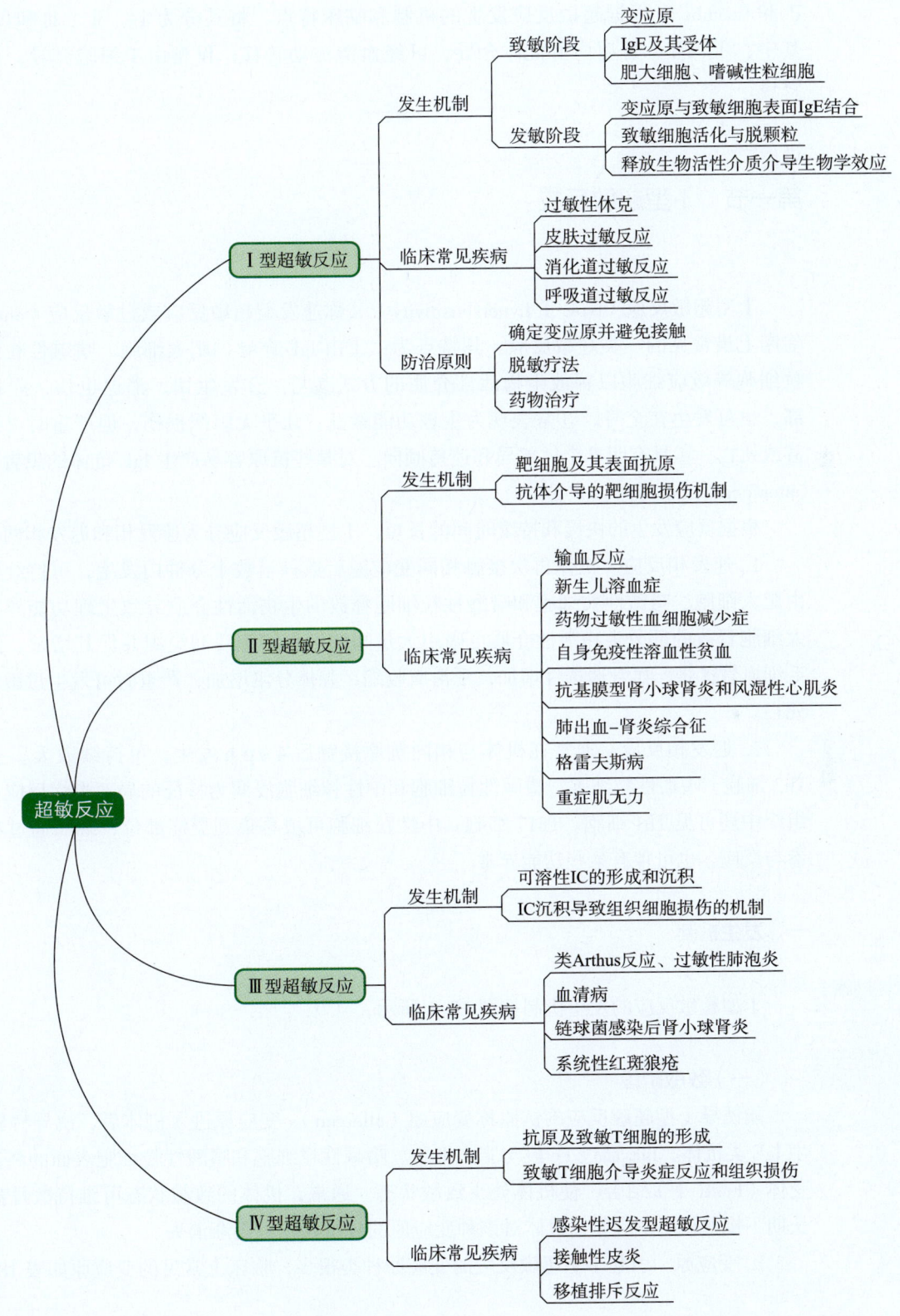

超敏反应（hypersensitivity）是指已被某些抗原致敏的机体再次接触相同抗原时，所发生的以机体生理功能紊乱和（或）组织细胞损伤为主的异常适应性免疫应答，并导致临床疾病。Gell P. 和 Coombs R. 根据超敏反应发生的机制和临床特点，将其分为 Ⅰ、Ⅱ、Ⅲ 和 Ⅳ 型超敏反应。其中，Ⅰ、Ⅱ、Ⅲ 型均由抗体介导，可经血清被动转移；Ⅳ 型由 T 细胞介导，可经细胞被动转移。

第一节　Ⅰ型超敏反应

Ⅰ 型超敏反应（type Ⅰ hypersensitivity）又称速发型超敏反应或过敏反应（anaphylaxis），是临床上最常见的一类超敏反应。其特点为：①由 IgE 介导，肥大细胞、嗜碱性粒细胞、嗜酸性粒细胞等效应细胞以释放生物活性介质的方式参与。②发生快，消退也快，症状可出现在局部，也可发生在全身。③常表现为生理功能紊乱，几乎无组织损伤，但严重时可致过敏性休克甚或死亡。④具有明显个体差异和遗传倾向。对某些抗原容易产生 IgE 抗体的患者称特应性个体（atopic individual）。

根据反应发生的快慢和持续时间的长短，Ⅰ型超敏反应分为速发相和迟发相两种类型。

1. 速发相反应　机体再次接触相同变应原后数秒至数十分钟内发生，可持续数小时。主要由肥大细胞、嗜碱性粒细胞和嗜酸性粒细胞释放的生物活性介质导致生理功能异常。此外，肥大细胞释放的部分生物活性介质可吸引大量嗜酸性粒细胞浸润组织并促其增殖、活化。表现为毛细血管扩张，血管通透性增加，平滑肌收缩，腺体分泌增加，严重时可发生过敏性休克，甚至死亡。

2. 迟发相反应　通常在机体与相同抗原接触后 4~6 h 发生，可持续数天。主要表现为以Th2 细胞、嗜酸性粒细胞、嗜碱性粒细胞和中性粒细胞浸润为特征的局部炎症反应。在部分反应组织中还可见 Th1 细胞、Th17 细胞。中性粒细胞可被募集到炎症部位，继而通过释放炎症介质参与反应。也可伴有某些功能异常。

一、发生机制

动画 18-1
Ⅰ型超敏反应的发生机制

Ⅰ 型超敏反应的发生机制如图 18-1 所示。

（一）致敏阶段

能诱导 Ⅰ 型超敏反应的抗原称变应原（allergen）。变应原进入机体后，诱导特异性 B 细胞产生 IgE 类抗体。IgE 通过 Fc 段与肥大细胞、嗜碱性粒细胞和嗜酸性粒细胞表面的高亲和力 IgE Fc 受体（FcεR Ⅰ）结合，使机体处于致敏状态。通常，机体的致敏状态可维持数月甚至更长。若长期不接触相同变应原，机体对该种变应原的致敏状态可逐渐消失。

1. 变应原　引起 Ⅰ 型超敏反应的变应原种类很多，临床上常见的变应原如表 18-1 所示。

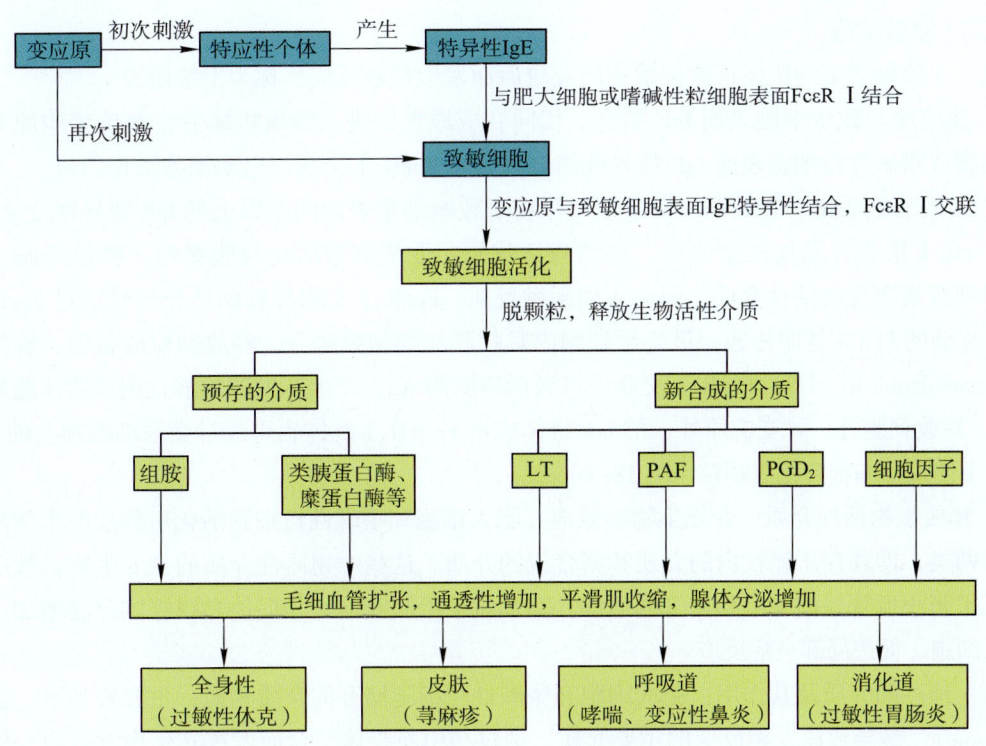

图 18-1 Ⅰ型超敏反应发生机制示意图

变应原进入机体后可刺激特应性个体产生IgE类抗体，IgE Fc段与肥大细胞和嗜碱性粒细胞表面 FcεRⅠ结合使机体致敏；相同变应原再次进入机体，可与吸附于致敏细胞（肥大细胞和嗜碱性粒细胞）表面的IgE结合，导致细胞脱颗粒、释放及合成生物活性介质，出现血管扩张、通透性增加、平滑肌收缩、腺体分泌增加等病理反应，诱发过敏性休克、荨麻疹、变应性鼻炎等临床病症

表 18-1 临床上常见的变应原

种　类	常见变应原
吸入性或经皮注入性变应原	植物花粉、动物皮屑、螨类的碎片或排泄物、昆虫的毒液及酶类、真菌孢子和菌丝、化学物质、粉尘、生活用品的纤维等
食物类变应原	蛋、奶、肉、鱼、虾、蟹、贝等海产品，真菌类食物，以及食物添加剂（染料、香料等）、防腐剂、调味剂和保鲜剂等
药品类变应原	青霉素、磺胺、普鲁卡因、阿司匹林、有机碘化合物等，这些药物是半抗原，进入机体与某种蛋白质结合后获得免疫原性，成为变应原
动物血清	抗毒素（破伤风抗毒素、白喉抗毒素等）

2. IgE 及其受体　变应原诱导机体产生的IgE抗体，又称变应素（allergin），是引起Ⅰ型超敏反应的关键物质。正常人血清IgE抗体含量很低，而Ⅰ型超敏反应患者血清IgE抗体含量可高于正常人1 000 ~ 10 000倍。IgE抗体主要由鼻咽、扁桃体、气管和胃肠道黏膜下固有层淋巴组织中的B细胞产生，这些部位也是变应原容易入侵的部位。结合IgE的受体有两种：FcεRⅠ和FcεRⅡ。前者为高亲和力受体，主要高表达于肥大细胞和嗜碱性粒细胞，FcεRⅠ可增加细胞对低浓度特定抗原的敏感性（图18-2）。FcεRⅡ（CD23）广泛分布于嗜酸性粒细胞、B细胞、活化T细胞、单核细胞和血小板等，与IgE结合后可调节其合成、降解及稳态维持。

3. 参与细胞　参与Ⅰ型超敏反应的细胞主要是肥大细胞、嗜碱性粒细胞和嗜酸性粒细胞，此外还有Th2细胞、Tfh细胞和ILC2。表面结合有特异性IgE的细胞又称致敏细胞。

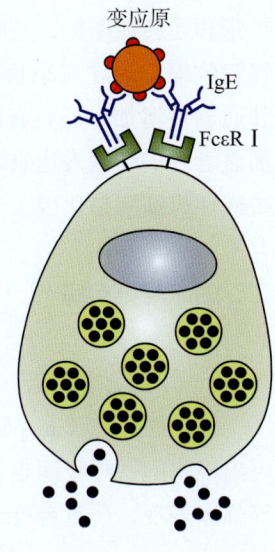

图 18-2 多价变应原与IgE 结合介导FcεRⅠ交联示意图

变应原初次刺激产生IgE抗体，IgE通过Fc段与肥大细胞和嗜碱性粒细胞等细胞的FcεRⅠ结合，使细胞致敏。当相同多价变应原再次刺激时，能与结合于致敏细胞表面两个以上IgE的Fab段结合，导致FcεRⅠ聚集并发生构型改变，启动激活信号，促使细胞脱颗粒，释放生物活性介质

（二）发敏阶段

已处于致敏状态的机体再次接触相同变应原而发生超敏反应，称为发敏阶段。

1. 变应原与致敏细胞表面 IgE 结合　相同变应原再次进入致敏机体后，多价变应原与致敏肥大细胞或嗜碱性粒细胞表面 IgE 特异性结合，介导 FcεR I 交联，启动细胞活化信号。

2. 致敏细胞活化与脱颗粒　变应原与存在于致敏细胞表面两个以上的 IgE 特异性交叉结合，导致 FcεR I 聚集并发生构型改变，启动激活信号，促使细胞活化及脱颗粒，释放组胺、白三烯、前列腺素等生物活性介质，引起 I 型超敏反应。FcεR I 交联导致的活化信号通过 FcεR I 的 β 链和 γ 链的 ITAM 基序传递，最终导致胞内颗粒膜与细胞膜融合，释放颗粒内容物，称为脱颗粒（degranulation）；另外，FcεR I 交联还可激活磷脂酶 A2，产生花生四烯酸代谢产物（脂质活性介质），释放到胞外。除变应原外，抗 IgE 抗体或抗 FcεR I 抗体也可通过交联细胞膜上的 IgE 或 FcεR I 使致敏细胞活化脱颗粒（图 18-2）。

3. 释放生物活性介质，介导生物学效应　肥大细胞和嗜碱性粒细胞活化后释放的生物活性介质包括两类，即预存于颗粒内的介质和新合成的介质。这些生物活性介质的主要生物学效应表现为：①扩张小血管并增加毛细血管通透性。②刺激平滑肌收缩。③促使黏膜腺体分泌增加。④趋化炎性细胞，促进局部炎症反应。

（1）预存的介质及其作用：肥大细胞和嗜碱性粒细胞储存的介质相似，主要有如下。①组胺（histamine）：是导致速发相反应的主要介质，通过与组胺受体结合而发挥其生物学效应，使小血管扩张、毛细血管通透性增加、平滑肌收缩、黏膜腺体分泌增加。组胺作用时间短暂，很快被组胺酶灭活。②类胰蛋白酶、糜蛋白酶和羧肽酶等多种酶：使支气管分泌黏液，降解血管壁基膜，产生补体裂解片段，参与组织损伤或重塑等。③嗜酸性粒细胞颗粒：储存的物质与前两者有所不同，包括嗜酸性粒细胞阳离子蛋白、主要碱性蛋白和过氧化物酶等，主要参与组织破坏或重塑；此外，胞质中的半乳凝素 -10 可活化炎症小体，促进炎症和 Th 细胞反应。

（2）新合成的介质及其作用：活化的肥大细胞、嗜碱性粒细胞和嗜酸性粒细胞可新合成多种介质，主要有白三烯（leukotriene，LT）、前列腺素 D₂（prostaglandin D₂，PGD₂）、血小板活化因子（platelet activating factor，PAF）及多种细胞因子。

① LT：是花生四烯酸经脂氧合酶途径形成的产物，通常由 LTC4、LTD4 和 LTE4 混合组成，是引起迟发相反应的主要介质，主要作用是使支气管平滑肌强烈而持久地收缩，也可使毛细血管扩张、通透性增加，促进黏膜腺体分泌。② PGD₂：主要作用是刺激支气管平滑肌收缩，使血管扩张和通透性增加，并趋化中性粒细胞。③ PAF：在迟发相反应中起重要作用，能够直接刺激支气管收缩，诱导血小板凝聚、活化并释放组胺、5- 羟色胺等血管活性胺类，促进毛细血管扩张和通透性增加，还具有活化炎性细胞作用。④细胞因子：IL-1 和 TNF-α 参与全身超敏反应，增加血管内皮细胞表达黏附分子；IL-4 和 IL-13 促进 B 细胞产生 IgE；IL-8、RANTES、MIP-1α 和嗜酸性粒细胞趋化因子（eotaxin）等可趋化白细胞。

微视频 18-1
I 型超敏反应的发生机制

二、临床常见疾病

（一）过敏性休克

微视频 18-2
青霉素过敏性休克

过敏性休克（anaphylactic shock）为全身超敏反应。常见于再次注射某些药物或抗毒素血清。可出现胸闷、呼吸困难、面色苍白、出冷汗、手足发凉、脉搏细速、血压下降、意识障碍或昏迷等临床表现，严重者可致死亡。

1. **药物过敏性休克**　以青霉素过敏性休克较为常见。青霉素相对分子质量较小，通常无免疫原性，但其降解产物（青霉噻唑酸或青霉烯酸等）与组织蛋白结合为青霉噻唑蛋白或青霉烯酸蛋白（完全抗原），可刺激机体产生 IgE 而致敏。若再次接触青霉素，即可能发生过敏性休克。青霉素制剂中的大分子杂质也可能成为变应原。青霉素在弱碱性环境中，易形成青霉烯酸，因此使用青霉素应现配现用，放置 2 h 后不宜使用。少数情况下，初次注射青霉素也可以发生过敏性休克，其原因可能是：①吸入空气中的青霉素降解产物或青霉菌孢子。②曾使用过青霉素污染的注射器或其他医疗器材。

2. **血清过敏性休克**　又称血清过敏症，临床上应用动物免疫血清（如破伤风抗毒素、白喉抗毒素）进行治疗或紧急预防时，可引发过敏性休克。这可能与患者曾经注射过相同的动物血清制剂，机体已处于致敏状态有关。严重的血清过敏性休克可导致死亡。此外，临床使用蛋白质或多肽类生物制剂如疫苗、抗蛇毒制品和细胞因子等也易引起过敏反应。

动画 18-2
豚鼠过敏反应

（二）皮肤过敏反应

皮肤过敏反应主要表现为皮肤荨麻疹、湿疹和血管性水肿等，多由药物、食物或吸入性变应原（如羽毛、花粉、油漆）诱发，也可由某些肠道寄生虫感染或物理性因素（如寒冷）引发。

（三）消化道过敏反应

食用动物蛋白（如鱼、虾、蛋、奶等）或服用某些药物后，可发生胃肠道过敏症，出现恶心、呕吐、腹痛、腹泻等症状，严重时可出现过敏性休克。研究发现，患者胃肠道黏膜表面分泌型 IgA 含量明显减少和蛋白质水解酶缺乏可能与消化道过敏反应的发生有关。目前，针对食物的不良反应包括由 IgE 介导的食物过敏、非 IgE 介导的食物过敏（如乳糜泄）、特异体质和食物不耐受。

微视频 18-3
Ⅰ型超敏反应的临床
常见疾病

（四）呼吸道过敏反应

最常见的呼吸道过敏反应是支气管哮喘和过敏性鼻炎，可因吸入花粉、细菌、动物皮毛和尘螨等抗原物质引发。支气管哮喘患者表现为支气管平滑肌痉挛、黏液分泌增多、气道过敏性炎症。其急性发作属速发相反应，48 h 后进入迟发相，可出现典型的气道炎症表现。

知识拓展 18-1
"卫生假说"与Ⅰ型超
敏反应

三、防治原则

（一）确定变应原并避免接触

1. **询问过敏史**　通过询问过敏史寻找可疑的变应原，明确变应原后应避免与之接触。

2. **检出变应原**　临床上常用变应原检测试剂盒检测患者血清变应原特异性 IgE 帮助明确变应原。此外，可通过皮肤试验检测变应原。皮肤试验是将容易引起超敏反应的药物、生物制品或其他可疑变应原经稀释后（青霉素 200～500 U/mL、抗毒素血清 1∶100、花粉 1∶10 000、尘螨 1∶100 000），取 0.1 mL 在受试者前臂内侧做皮内注射，15～20 min 后观察结果。如注射部位局部出现红晕、水肿，风团直径大于 1 cm，或虽无水肿，但注射处有痒感或全身有不适者，为阳性反应。青霉素皮肤试验阳性者应忌用青霉素，抗毒素血清皮肤试验阳性者可进行脱敏注射法。初次使用青霉素未发生超敏反应者，在间断不超过 3 天内再次使用同一批号的青霉素注射时，可免做皮肤试验；超过 3 天者或使用不同批号的青霉素时，必须再次进行皮肤试验。现在医院为谨慎起见，一般超过 24 h 即重新做皮肤试验。

（二）脱敏疗法

1. 异种免疫血清脱敏注射法　对抗毒素皮肤试验阳性者，可通过小剂量、短间隔（20~30 min）多次注射进行脱敏治疗。

2. 特异性变应原脱敏疗法　某些患者的变应原虽已确定，但又难以避免与之接触，可考虑应用低剂量变应原，反复多次皮下注射或舌下含服等进行脱敏治疗。

（三）药物治疗

1. 抑制生物活性介质合成和释放的药物　①肾上腺素、异丙肾上腺素、前列腺素 E 及甲基黄嘌呤和氨茶碱等药物均可抑制生物活性介质的释放。②阿司匹林可抑制前列腺素 D_2 合成。③色甘酸钠可阻止致敏细胞脱颗粒释放生物活性介质。

临床聚焦 18-1
奥马珠单抗

2. 生物活性介质拮抗药物　①氯苯那敏、苯海拉明、赛庚啶、异丙嗪等抗组胺药，具有拮抗组胺作用。②阿司匹林可拮抗缓激肽。③多根皮苷酊磷酸盐可拮抗白三烯，孟鲁司特和扎鲁司特可作为白三烯受体拮抗剂发挥抑制作用。

3. 改善效应器官反应性的药物　①肾上腺素、麻黄碱等可解除支气管平滑肌痉挛，减少腺体分泌，升高血压，对救治过敏性休克有重要意义。②葡萄糖酸钙、氯化钙、维生素 C 等具有解痉、降低毛细血管通透性、减轻皮肤及黏膜炎症反应等作用。此外，鉴于 IgE 在超敏反应及细胞因子在 IgE 产生中发挥重要作用，临床上已有多种单克隆抗体用于 I 型超敏反应的生物治疗，如人源化抗 IgE 单克隆抗体奥马珠单抗（omalizumab）和全人源化 IL-4Rα 单位的单克隆抗体度普利尤单抗（dupilumab）等。

知识拓展 18-2
免疫新疗法治疗 I 型
超敏反应

第二节　II 型超敏反应

II 型超敏反应（type II hypersensitivity）又称细胞溶解型或细胞毒型超敏反应，是 IgG 或 IgM 类抗体与靶细胞表面相应抗原结合，激活补体系统，并在巨噬细胞和中性粒细胞的参与下，引起以细胞溶解或组织损伤为主的病理性免疫反应。II 型超敏反应的特点主要有：①介导的抗体主要为 IgG 或 IgM 类抗体。②补体、巨噬细胞（Mφ）、中性粒细胞和 NK 细胞等参与靶细胞免疫损伤作用。③靶细胞主要是血细胞或某些自身组织细胞。

动画 18-3
II 型超敏反应的发生
机制

一、发生机制

II 型超敏反应的发生机制如图 18-3 所示。

（一）靶细胞及其表面抗原

1. 靶细胞　人体正常组织细胞、改变的自身组织细胞、结合了外来抗原或半抗原的自身组织细胞及输入的外源性细胞等，均可成为 II 型超敏反应中被攻击杀伤的靶细胞。

2. 靶细胞表面的抗原　①同种异型抗原（如 ABO 血型抗原、Rh 抗原、HLA 等）。②修饰的

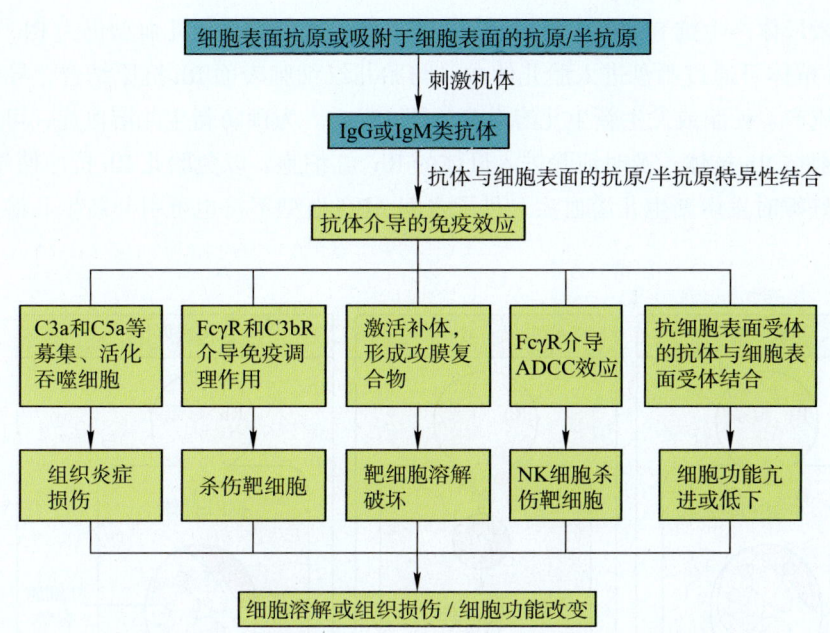

图 18-3　Ⅱ型超敏反应发生机制示意图
细胞表面抗原或吸附的抗原刺激机体产生特异性 IgM 或 IgG 类抗体。IgM 或 IgG 抗体与靶细胞表面的相应抗原结合，可通过多种方式造成靶细胞损伤；通过调理作用增强吞噬细胞对靶细胞的吞噬杀伤功能；ADCC 效应杀伤靶细胞；激活补体经典途径，破坏靶细胞等，最终导致组织细胞溶解破坏和炎症反应

自身抗原（如感染、理化因素、药物等所致变性的自身抗原）。③异嗜性抗原（如链球菌与人体肾、心肌等组织之间存在交叉抗原）。④吸附于组织细胞表面的外来抗原或半抗原（包括某些药物）或抗原 – 抗体复合物。

（二）抗体介导的靶细胞损伤机制

参与Ⅱ型超敏反应的抗体主要是 IgG（IgG1、IgG2 或 IgG3）和 IgM 类抗体。上述抗体与相应靶细胞表面的抗原结合后，在补体、吞噬细胞和 NK 细胞的参与下，通过以下作用机制破坏靶细胞：①IgG 或 IgM 与靶细胞表面抗原结合后，可通过经典途径激活补体，溶解靶细胞；吸附于靶细胞表面的补体裂解片段 C3b 与吞噬细胞表面 C3bR 结合，可通过调理作用介导吞噬细胞吞噬、杀伤靶细胞；补体活化片段 C3a 和 C5a 等募集吞噬细胞到炎症部位，通过结合细胞表面相应受体使细胞活化释放生物活性介质，包括反应性活性氧和溶酶体酶等导致炎症损伤。②IgG 与靶细胞特异性结合后，通过其 Fc 段与吞噬细胞（中性粒细胞、Mφ）或 NK 细胞表面的 FcγR 结合，经调理吞噬或 ADCC 效应，介导吞噬细胞或 NK 细胞杀伤靶细胞。③某些抗细胞表面受体的自身抗体与细胞表面相应受体结合，可导致靶细胞功能亢进或低下，但无细胞损伤。

二、临床常见疾病

（一）输血反应

输血反应多发生于 ABO 血型不符的输血。例如，将 A 型供血者的血液误输给 B 型受血者，由于 A 型供血者红细胞表面存在 A 抗原，而 B 型受血者血清中含有天然抗 A 抗体，两者结合后激活补体的经典途径，导致红细胞溶解，可出现溶血、血红蛋白尿等现象，严重者可导致死亡。临床疾病治疗中因反复输血可导致抗血小板或白细胞抗体产生，亦可导致非溶血性输血反应。

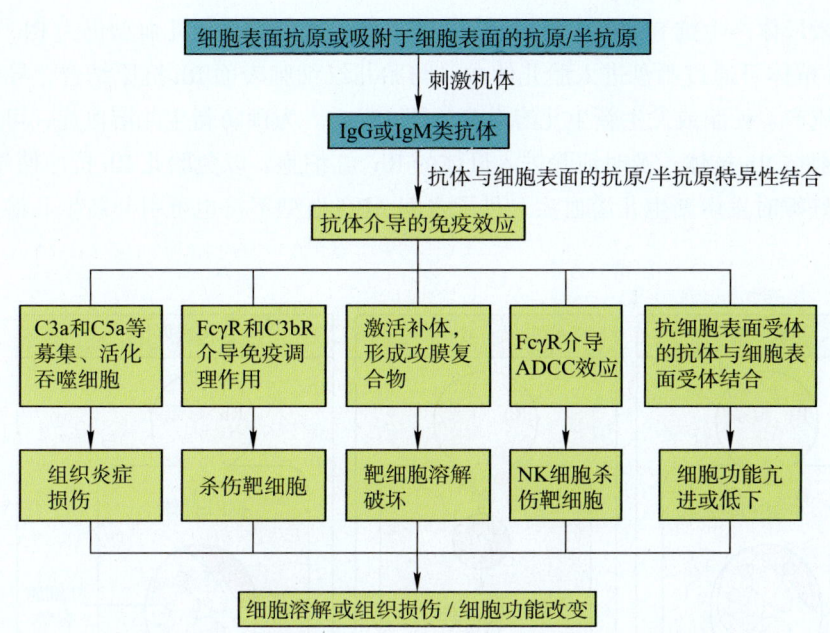

动画 18-4
输血反应

（二）新生儿溶血症

新生儿溶血症多见于母亲为 Rh⁻ 而胎儿为 Rh⁺ 的情况。第一胎分娩过程中，胎儿 Rh⁺ 红细胞

可进入母体并刺激母体产生抗 Rh 抗体（IgG 类）；若母体再次妊娠且胎儿血型仍为 Rh⁺ 时，则母体内 IgG 类抗 Rh 抗体可通过胎盘进入胎儿体内，与胎儿红细胞表面 Rh 抗原结合，导致胎儿红细胞溶解，引起流产、死胎或发生新生儿溶血症（图 18-4）。为预防新生儿溶血症，可于初产后 72 h 内给母体注射抗 Rh 抗体，及时清除进入母体的 Rh⁺ 红细胞，以免胎儿 Rh 抗原使母体致敏，可有效预防再次妊娠时发生新生儿溶血症。母子之间 ABO 血型不符也可引起新生儿溶血症，但症状相对较轻。

动画 18-5
新生儿溶血症

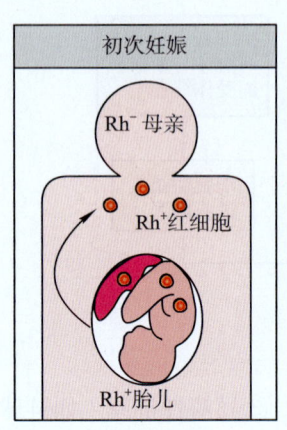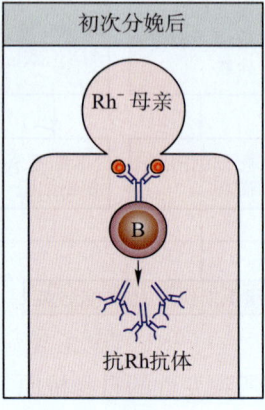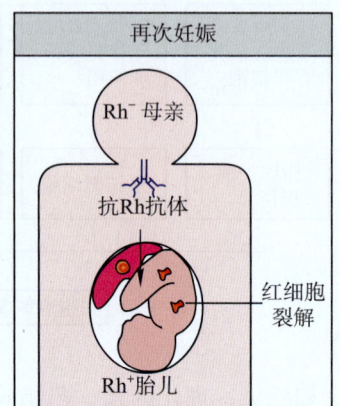

图 18-4　母体与胎儿 Rh 血型不符所致新生儿溶血症

新生儿溶血症发生机制：Rh⁻ 母亲（第一胎）妊娠 Rh⁺ 胎儿时，分娩过程中胎儿 Rh⁺ 红细胞进入母体后可刺激母体产生 IgG 类抗 Rh 抗体；母体再次妊娠而胎儿仍为 Rh⁺ 时，母体内抗 Rh 抗体可经由胎盘进入胎儿体内并与胎儿 Rh⁺ 红细胞结合，通过经典途径激活补体系统，最终导致胎儿红细胞溶解

（三）药物过敏性血细胞减少症

药物过敏性血细胞减少症由使用某些药物所致。如青霉素、磺胺、氨基比林、奎尼丁、非那西丁、氯丙嗪等药物可发生药物过敏性溶血性贫血、粒细胞减少症和血小板减少性紫癜。

（四）自身免疫性溶血性贫血

自身免疫性溶血性贫血可能与遗传因素有关，或因病毒感染、药物或酶类等作用于红细胞，使其免疫原性发生变化，产生自身免疫应答，并导致溶血性贫血。

（五）抗基膜型肾小球肾炎和风湿性心肌炎

乙型溶血性链球菌与人肾小球基膜有共同抗原，乙型溶血性链球菌感染所诱生的抗体可与肾小球基膜发生交叉反应，导致肾小球病变，发生抗基膜型肾小球肾炎。乙型溶血性链球菌蛋白质抗原与心肌细胞有共同抗原，抗链球菌抗体与心肌细胞发生交叉反应，则引起风湿性心肌炎。

（六）肺出血 - 肾炎综合征

肺出血 - 肾炎综合征又称 Goodpasture 综合征，因病毒（如 A2 型流感病毒）感染，或吸入有机溶剂造成肺组织损伤，诱导产生自身抗体。该抗体能与肺泡壁基膜和肾小球基膜发生反应。在患者的血清中可检出抗基膜抗体。

（七）格雷夫斯病

格雷夫斯病（Graves disease）属于刺激型超敏反应，患者体内存在一种抗 TSH 受体的自身抗体（IgG 类），能高亲和力结合 TSH 受体，刺激甲状腺细胞持续分泌大量甲状腺素，导致甲状腺功能亢进。

（八）重症肌无力

重症肌无力（myasthenia gravis, MG）属于抑制型超敏反应，患者体内产生抗乙酰胆碱受体的自身抗体，该自身抗体与乙酰胆碱受体结合，干扰乙酰胆碱的作用，可使乙酰胆碱受体数量减少，从而导致重症肌无力。

> 微视频 18-4
> Ⅱ型超敏反应的临床常见疾病

第三节　Ⅲ型超敏反应

Ⅲ型超敏反应（type Ⅲ hypersensitivity）是由可溶性抗原和抗体结合形成中等大小的可溶性免疫复合物（immune complex, IC），在一定条件下沉积于局部或全身毛细血管基膜，激活补体，并在中性粒细胞、血小板、嗜碱性粒细胞等效应细胞的参与下，引起的以充血水肿、局部坏死和中性粒细胞浸润为主要特征的炎症反应和组织损伤，也称免疫复合物型或血管炎型超敏反应。参与Ⅲ型超敏反应的抗原种类较多，包括微生物及其代谢产物、吸入的动植物抗原、生物制剂如抗毒素血清、长期使用的药物及可溶性自身抗原等。

Ⅲ型超敏反应的特点包括：①抗体为 IgG、IgM。②中等大小可溶性免疫复合物的形成与沉积是诱发Ⅲ型超敏反应的关键。③以中性粒细胞浸润、释放溶酶体酶为主要损伤机制。④补体系统、中性粒细胞、嗜碱性粒细胞、血小板等参与反应，导致血管炎和组织损伤。

一、发生机制

存在于血液循环中的可溶性抗原与相应抗体（IgG、IgM）结合，可形成可溶性抗原 – 抗体复合物，即免疫复合物（IC）。正常情况下，IC 的形成有利于机体通过单核 / 巨噬细胞吞噬清除抗原性异物；但在某些情况下，可溶性 IC 不能被有效地清除，可沉积于毛细血管基膜引起炎症反应和组织损伤。

Ⅲ型超敏反应的发生机制如图 18-5 所示。

> 动画 18-6
> Ⅲ型超敏反应的发生机制

（一）可溶性免疫复合物的形成

可溶性免疫复合物在血液循环中形成后，其致病性在一定程度上与 IC 的大小、抗体的数量、亲和力及类别等因素相关。正常情况下，大分子 IC 可固定补体，易被单核 / 巨噬细胞吞噬清除；当抗原过量时，形成中等大小的可溶性 IC 易于沉积到毛细血管基膜，导致炎症和组织损伤。

（二）可溶性免疫复合物的沉积

可溶性免疫复合物在血管基膜上的沉积是引发Ⅲ型超敏反应的关键。影响可溶性 IC 沉积的因素包括如下。

1. 抗原的持续存在　①某些情况下，由于抗原物质持续存在（如反复感染、长期用药及自身抗原的长期存在等），可不断与相应抗体结合导致过量 IC 的形成，并较长时间滞留于血液循环中，

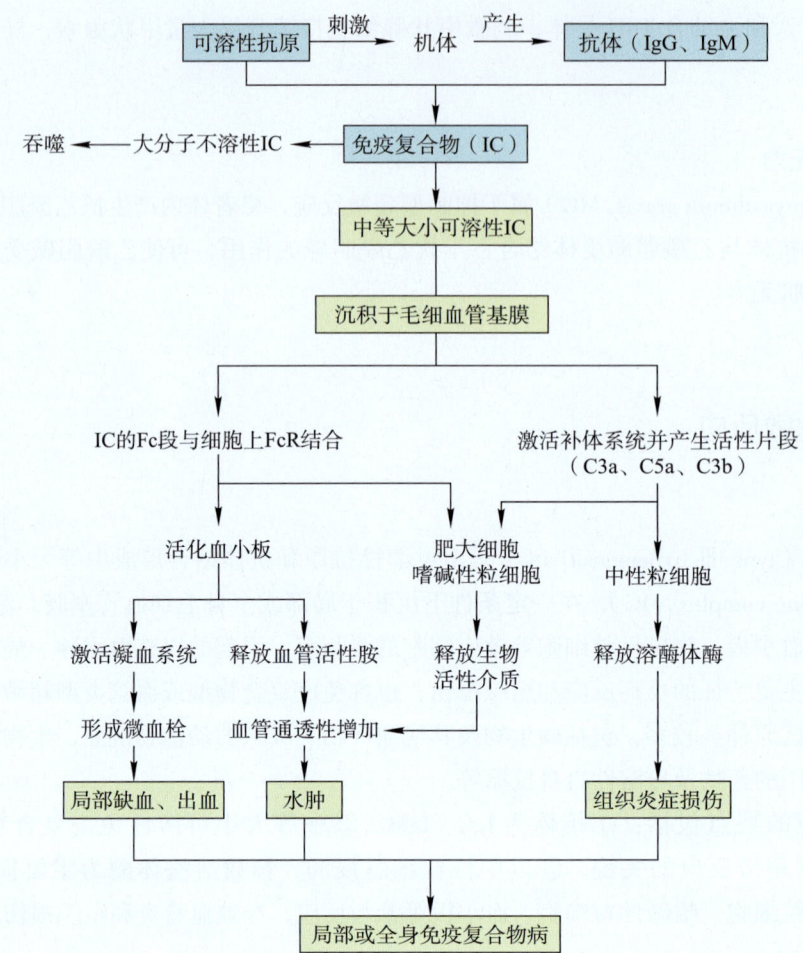

图 18-5　Ⅲ型超敏反应发生机制示意图
进入机体的可溶性抗原持续刺激机体产生 IgM、IgG 类抗体。抗原和抗体可形成可溶性免疫复合物（IC），在一定条件下，中等大小可溶性免疫复合物易于沉积到毛细血管基膜部位，通过激活补体系统导致血细胞裂解；活化血小板导致微血栓形成或刺激生物活性介质释放造成局部缺血、水肿；产生补体活性片段造成炎症损伤等，诱发局部或全身免疫复合物病

增加了 IC 沉积的机会。②吞噬细胞功能低下，补体、补体受体和 FcγR 缺陷，机体不能及时清除 IC，可能是中等大小可溶性 IC 在血液循环中持续存在引发Ⅲ型超敏反应的主要原因之一。

2. 抗原或抗体的理化特点　带电性、结合价、相互作用的亲和力等抗原或抗体的理化特点亦可影响 IC 的形成和沉积。例如，带正电荷的抗原形成的 IC（如 DNA- 抗 DNA 复合物），容易与带负电荷的肾小球基膜结合，引起严重而持久的组织损伤。

3. 血管通透性增强　①IC 可直接与血小板表面 FcR 结合，使之活化并释放组胺等血管活性胺类物质。②IC 可激活补体产生过敏毒素（C3a 和 C5a）和 C3b，使肥大细胞、嗜碱性粒细胞活化，释放组胺等血管活性胺类物质。上述高浓度血管活性胺类物质可使血管内皮细胞间隙增大，血管通透性增加，有助于 IC 向组织内沉积。

4. 局部组织学结构与血流动力学因素　可溶性 IC 易沉积于下列部位：血流缓慢的血管分叉处，血流量大而易产生涡流的部位（如动脉交叉口、脉络膜丛和眼睫状体等处），毛细管静水压较高的部位（如肾小球基膜和关节滑膜等处），毛细血管通透性增加的部位，血管内皮细胞表达特定受体（如 C3bR 或 FcR 等）的部位。

（三）IC 沉积导致组织细胞损伤的机制

1. 补体的作用　沉积于组织中的 IC 可通过经典途径激活补体系统，产生补体裂解片段 C3a 和 C5a。C3a 和 C5a 与肥大细胞或嗜碱性粒细胞上的 C3aR 和 C5aR 结合，使其释放组胺等活性介质，引起局部毛细血管通透性增加，渗出增多，出现水肿。

2. 中性粒细胞的作用　C5a 又可趋化中性粒细胞到沉积部位，后者在吞噬 IC 的同时，释放多种溶酶体酶，包括蛋白质水解酶、胶原酶和弹性纤维酶等，对血管及局部组织造成损伤。

3. 血小板和嗜碱性粒细胞的作用　肥大细胞或嗜碱性粒细胞活化后释放的 PAF，可使局部血小板集聚、激活，促进血栓形成，造成局部出血、坏死。血小板活化还可释放血管活性胺类物质，导致水肿进一步加重（图 18-6）。

微视频 18-5
Ⅲ型超敏反应的发生机制

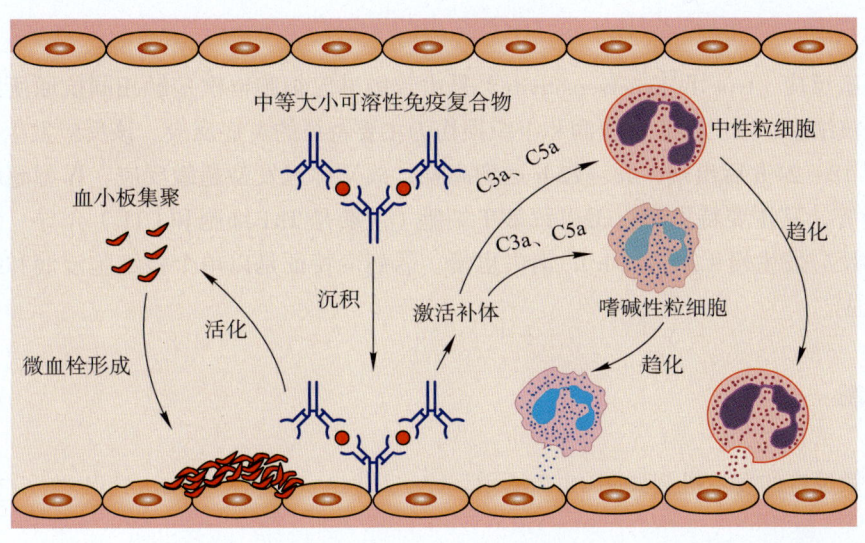

图 18-6　免疫复合物在血管壁沉积导致组织损伤示意图

中等大小可溶性 IC 沉积于血管基膜部位，通过经典途径激活补体系统，产生活性片段（C3a、C5a），导致局部血管通透性增加，造成局部渗出和水肿；趋化嗜碱性粒细胞并促进活性介质释放（如 PAF 等），活化血小板并激活凝血系统，在局部形成微血栓；还可趋化中性粒细胞，释放溶酶体酶和活性氧损伤邻近组织细胞

二、临床常见疾病

（一）局部免疫复合物病

1. 类 Arthus 反应　Arthus 反应又称实验性局部超敏反应，是指给家兔皮下多次注射马血清后，局部出现剧烈的炎症反应。其原理为：多次注射异种蛋白质刺激机体产生大量抗体，局部注射的抗原与过量抗体结合形成 IC，沉积于局部血管基膜，导致病理损伤。1 型糖尿病患者反复注射胰岛素后，皮肤局部出现的水肿、充血、出血和坏死等反应称类 Arthus 反应，注射狂犬病疫苗也可出现类似反应。

2. 敏性肺泡炎　在长期吸入真菌孢子或抗原性粉尘后，所形成的 IC 可沉积于肺泡间，导致局部免疫复合物病，又称过敏性肺泡炎。

（二）全身免疫复合物病

1. 血清病　初次大剂量注射抗毒素血清（马血清）后 1～2 周，患者出现发热、皮疹、淋巴结肿大、关节肿痛、一过性蛋白尿等临床症状。长期、大剂量使用青霉素、磺胺等药物也可出现类似症状。

2. 急性链球菌感染后肾小球肾炎　约占急性肾小球肾炎的 80%，常见于乙型溶血性链球菌等感染 2～3 周后。抗链球菌抗体与链球菌形成 IC，引起免疫复合物肾小球肾炎。免疫复合物肾小球肾炎也可于葡萄球菌、肺炎链球菌、乙型肝炎病毒和疟原虫感染后发生。此外，在链球菌感染后肾小球肾炎中，约 20% 由Ⅱ型超敏反应引起。

3. 系统性红斑狼疮（systemic lupus erythematosus，SLE） 其病因尚不明确，患者体内常出现多种自身抗体（如抗核抗体、抗 DNA 抗体等），其中抗 DNA 抗体可与血液循环中的 DNA 抗原结合形成可溶性 IC，反复沉积在肾小球、关节、皮肤和其他多种器官的毛细血管壁中，引起肾小球肾炎、皮肤红斑、关节炎和多部位的脉管炎。

第四节　Ⅳ型超敏反应

Ⅳ型超敏反应（type Ⅳ hypersensitivity）是由致敏淋巴细胞再次接触相同抗原所致的以单个核细胞（单核细胞、淋巴细胞）浸润和组织损伤为主要特征的炎症反应。该反应发生迟缓，一般在接触抗原 18～24 h 后出现，48～72 h 达到高峰，故又称迟发型超敏反应。Ⅳ型超敏反应属于细胞免疫应答，其主要特点是：①由致敏 T 细胞（主要是 Th1 细胞和 CTL）介导，无抗体和补体参与。②反应发生慢（24～72 h），消失也慢。③病变特征是以单个核细胞浸润和组织损伤为主的炎症反应。

一、发生机制

Ⅳ型超敏反应的发生机制如图 18-7 所示。

（一）抗原及致敏 T 细胞的形成

引起Ⅳ型超敏反应的抗原主要包括病毒、胞内寄生菌、寄生虫、细胞抗原及化学物质等。这类抗原经 APC 摄取、加工后，以抗原肽 –MHC Ⅰ/Ⅱ类分子复合物提呈给 T 细胞，促使 T 细胞活化、增殖并分化为特异性致敏 T 细胞（或称效应 T 细胞）。致敏 T 细胞主要包括 CD4⁺ Th1 细胞

图 18-7　Ⅳ型超敏反应发生机制示意图
病毒、胞内寄生菌、寄生虫等抗原刺激机体使 T 细胞活化、增殖，产生特异性致敏淋巴细胞（包括 CD4⁺ 和 CD8⁺ T 细胞）。当相同抗原再次刺激机体时，致敏 T 细胞能够识别 APC 或靶细胞表面 pMHC 而被活化。Th1 细胞可分泌大量细胞因子和趋化因子，引起单核/巨噬细胞浸润、局部渗出、水肿等一系列炎症损伤；CTL 可通过脱颗粒释放穿孔素和颗粒酶等，直接杀伤靶细胞或诱导靶细胞凋亡，造成组织细胞损伤

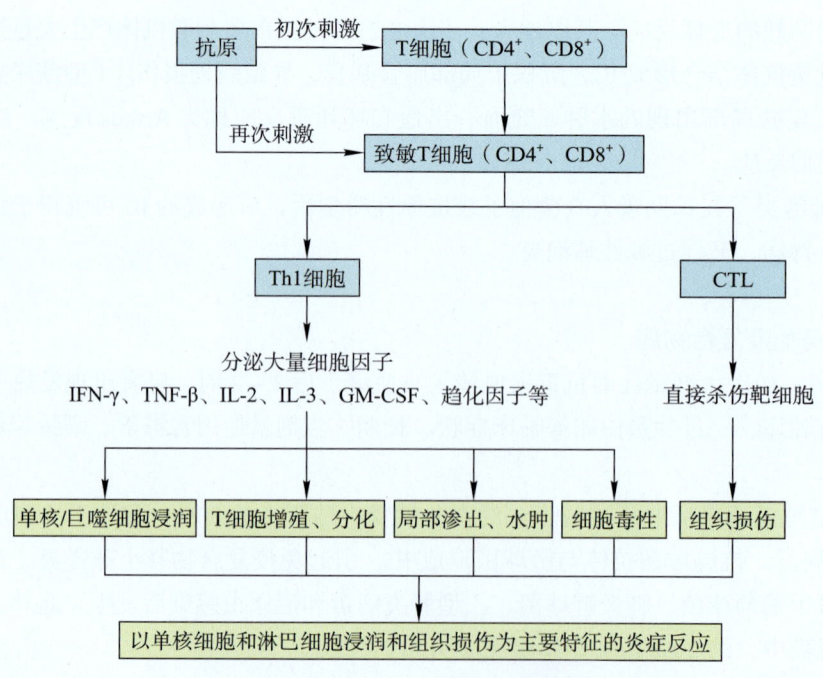

和 CD8⁺ CTL。在Ⅳ型超敏反应中，巨噬细胞不仅作为 APC 提呈抗原，同时也是一类重要的效应细胞。

微视频 18-6
Ⅳ型超敏反应的发生
机制

（二）致敏 T 细胞介导炎症反应和组织损伤

1. Th1 细胞介导的炎症损伤　致敏 Th1 细胞受相同抗原再次刺激后，可通过释放各种细胞因子和趋化因子（包括 IFN-γ、TNF-α/β、IL-2、IL-3、LT-α、GM-CSF 和 MCP-1），介导以单核细胞和淋巴细胞浸润为主的炎症反应，并造成组织损伤。例如，TNF-α 和 LT-α 可增加局部血管内皮细胞黏附分子的表达，有利于单个核细胞至抗原存在部位聚集，引起组织细胞损伤；MCP-1 趋化单个核细胞（淋巴细胞和巨噬细胞）到达抗原部位；IFN-γ 和 TNF-α 可使巨噬细胞活化，进一步释放促炎症细胞因子 IL-1 和 IL-6 等加重炎症反应；IL-2 有利于 CTL 活化、增殖。

2. CTL 介导的细胞毒作用　CTL 识别靶细胞表面抗原后被激活，通过释放穿孔素和颗粒酶等，溶解靶细胞；还可通过 Fas/FasL 途径，以及与 TNF-α/TNF-αR 结合诱导靶细胞凋亡。

近年来发现，被趋化到炎症部位的 Th17 细胞产生的 IL-17 也可通过招募单核细胞和中性粒细胞，参与组织细胞的损伤过程。

二、临床常见疾病

（一）感染性迟发型超敏反应

机体针对胞内寄生病原体产生的细胞免疫应答可诱发迟发型超敏反应，导致组织炎症性损伤。如肺结核患者对结核分枝杆菌产生迟发型超敏反应，可出现肺空洞、干酪样坏死。临床上广泛使用的结核菌素试验为典型的实验性感染性迟发型超敏反应。该试验是将结核分枝杆菌细胞壁的纯蛋白衍生物（purified protein derivative，PPD）注入受试者皮内，若局部出现 DTH 即为阳性反应，表明受试者对结核分枝杆菌具有细胞免疫力，也说明该个体曾经感染过结核分枝杆菌或接种过卡介苗。

（二）接触性皮炎

接触性皮炎是一种典型的皮肤局部Ⅳ型超敏反应。某些人与油漆、染料、化妆品、农药、塑料、某些化学药物等小分子化学物质接触后，这些小分子半抗原能与机体皮肤角质蛋白结合形成完全抗原，诱导机体产生致敏 T 细胞。当再次接触这些抗原时，可激活特异性 T 细胞，导致皮肤局部出现红肿、皮疹和水疱，严重者可发生剥脱性皮炎。

（三）移植排斥反应

进行同种异体组织器官移植时，由于供者与受者之间 HLA 抗原型别不同，移植后容易发生移植排斥反应，使移植的组织器官发生坏死、脱落。

（四）其他疾病

多发性硬化症、炎性肠病、银屑病、1 型糖尿病等疾病的发生、发展也与Ⅳ型超敏反应有关。

临床上遇到的超敏反应往往不是单一型，常为混合型。有的超敏反应可由多种免疫损伤机制诱发，如肾小球肾炎可由Ⅱ型和Ⅲ型超敏反应引起；又如系统性红斑狼疮（SLE）的发生与Ⅱ

微视频 18-7
四型超敏反应的比较

型、Ⅲ型、Ⅳ型超敏反应均有关，表现为以某一型损伤机制为主的混合型。而同一种抗原也可能诱发不同类型的超敏反应，如青霉素除诱发Ⅰ型超敏反应出现过敏性休克外，还可通过Ⅱ型、Ⅲ型、Ⅳ型超敏反应机制诱发不同病症。各型超敏反应的比较见表 18-2。

表 18-2　4 种类型超敏反应的比较

	Ⅰ型超敏反应	Ⅱ型超敏反应	Ⅲ型超敏反应	Ⅳ型超敏反应
免疫应答类型	速发型超敏反应或过敏反应	细胞溶解型或细胞毒型超敏反应	免疫复合物型或血管炎型超敏反应	迟发型超敏反应
	体液免疫	体液免疫	体液免疫	细胞免疫
参与反应的主要成分	IgE、肥大细胞、嗜碱性粒细胞、嗜酸性粒细胞	IgG、IgM、补体、巨噬细胞、中性粒细胞和 NK 细胞	IgG、IgM、补体、中性粒细胞、肥大细胞、嗜碱性粒细胞、血小板	致敏淋巴细胞、单核/巨噬细胞
发生机制	变应原与肥大细胞和嗜碱性粒细胞表面 IgE 结合，促使细胞释放生物活性介质，导致毛细血管扩张、通透性增加、平滑肌收缩、腺体分泌增加	抗体与靶细胞表面抗原结合后，在补体、吞噬细胞和 NK 细胞的参与下溶解靶细胞	中等大小可溶性免疫复合物形成并沉积于血管基膜，激活补体，吸引中性粒细胞、肥大细胞、嗜碱性粒细胞、血小板等，导致血管炎和组织损伤	致敏 T 细胞再次与抗原相遇，直接杀伤靶细胞或产生多种细胞因子，导致以单个核细胞浸润和组织损伤为主的炎症反应
临床常见疾病	过敏性休克、变应性鼻炎、支气管哮喘、消化道过敏反应、荨麻疹、湿疹等	输血反应、药物过敏性血细胞减少症、新生儿溶血症、自身免疫性溶血性贫血等	类 Arthus 反应、急性免疫复合物肾小球肾炎、血清病、系统性红斑狼疮	结核病、接触性皮炎、多发性硬化症、炎性肠病、银屑病、移植排斥反应等

（刘　平）

复习思考题

1. 青霉素导致的过敏性休克属于哪型超敏反应？简述其特点、发生机制及防治原则。
2. 简述新生儿溶血症的发生机制及预防措施。
3. 急性链球菌感染后肾小球肾炎属于哪型超敏反应？简述其致病机制。
4. 简述结核菌素试验的原理及其临床意义。
5. 简述四种类型超敏反应的异同。

新形态教材网

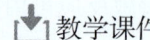 学习目标　　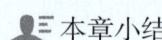 教学课件　　 本章小结　　开放性讨论　　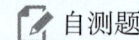 自测题

第十九章
自身免疫病

关键词

自身免疫　　　　　自身免疫病　　　　器官特异性自身免疫病

全身性自身免疫病　分子模拟　　　　　隐蔽抗原

表位扩展　　　　　系统性红斑狼疮　　自身免疫性血细胞减少症

毒性弥漫性甲状腺肿　重症肌无力　　　类风湿关节炎

1型糖尿病

　　免疫系统具有区分"自己"和"非己"的能力，对自身组织细胞及成分处于自身免疫耐受状态，不发生免疫应答，从而维持自身稳定。然而，在某些内因和外因诱发下，这种自身免疫耐受状态会被打破，产生自身免疫。持续迁延的自身免疫可造成自身组织细胞损伤或功能异常而导致自身免疫病。本章在概括性介绍自身免疫病的概念、特点和分类之后，重点阐释了自身免疫病的诱因及免疫损伤机制，并简要介绍了自身免疫病的防治原则。

思维导图

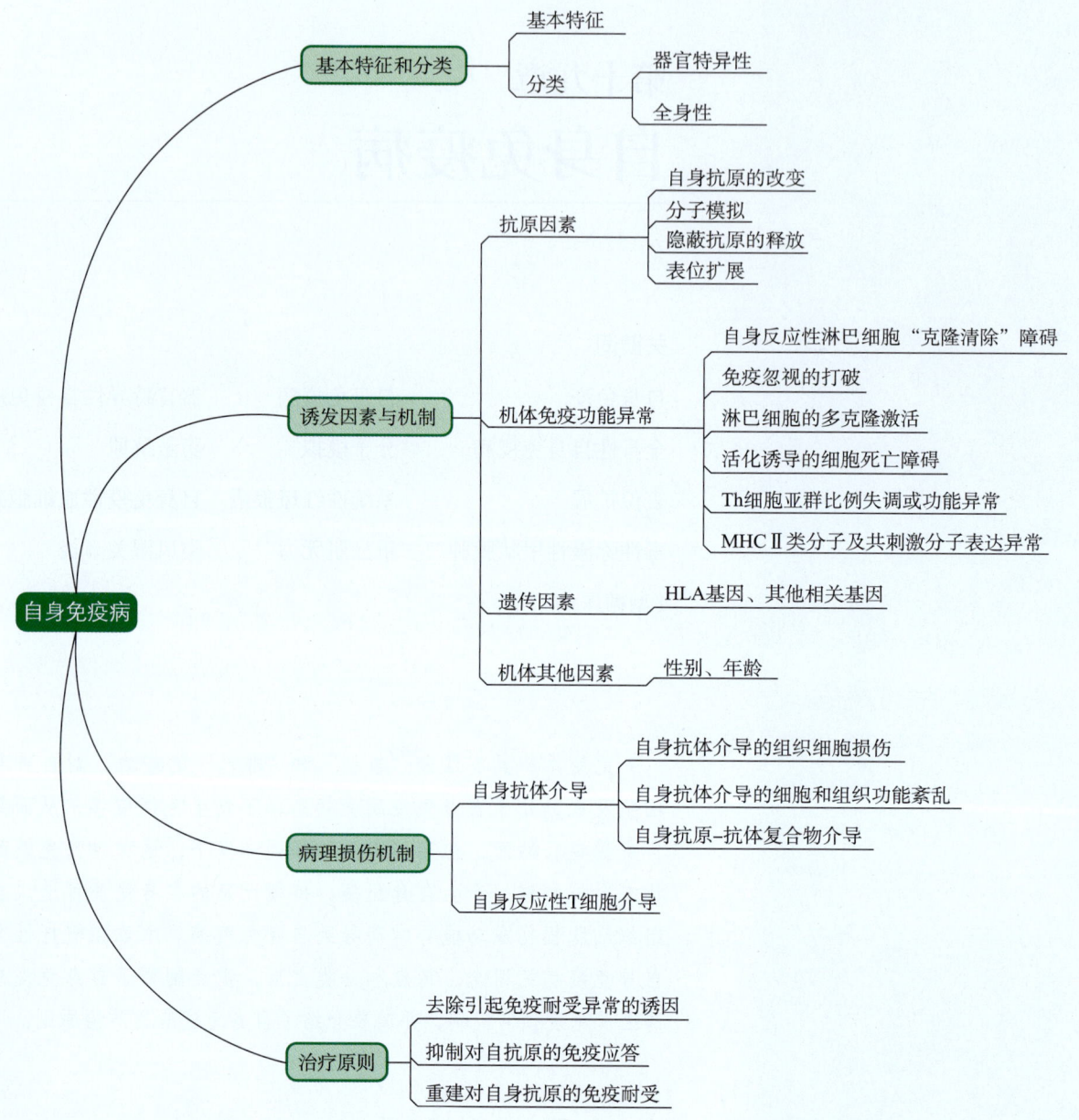

基本特征和分类
- 基本特征
- 分类
  - 器官特异性
  - 全身性

诱发因素与机制
- 抗原因素
  - 自身抗原的改变
  - 分子模拟
  - 隐蔽抗原的释放
  - 表位扩展
- 机体免疫功能异常
  - 自身反应性淋巴细胞"克隆清除"障碍
  - 免疫忽视的打破
  - 淋巴细胞的多克隆激活
  - 活化诱导的细胞死亡障碍
  - Th细胞亚群比例失调或功能异常
  - MHCⅡ类分子及共刺激分子表达异常
- 遗传因素
  - HLA基因、其他相关基因
- 机体其他因素
  - 性别、年龄

自身免疫病

病理损伤机制
- 自身抗体介导
  - 自身抗体介导的组织细胞损伤
  - 自身抗体介导的细胞和组织功能紊乱
  - 自身抗原-抗体复合物介导
- 自身反应性T细胞介导

治疗原则
- 去除引起免疫耐受异常的诱因
- 抑制对自抗原的免疫应答
- 重建对自身抗原的免疫耐受

免疫系统具有区分"自己"和"非己"的能力，通常对非己抗原能够发生免疫应答，而对正常自身组织成分则不产生免疫应答或仅产生微弱应答，即对自身抗原形成免疫耐受。某些情况下，当免疫耐受机制遭到破坏或失调，免疫系统可对自身抗原产生免疫应答（自身免疫），重者可导致自身免疫病。

自身免疫（autoimmunity）是指机体免疫系统对自身抗原发生免疫应答，产生自身抗体（autoantibody）或自身反应性 T/B 细胞（autoreactive T / B lymphocyte）的现象。正常情况下，一定程度的自身免疫有助于清除体内出现的损伤、衰老、畸变或凋亡的自身组织细胞和成分，具有维持机体生理平衡和自身稳定的作用。

知识拓展 19-1
生理性与病理性自身抗体

自身免疫病（autoimmune diseases，AID）是指自身免疫应答过强或持续时间过长，以致造成自身组织细胞损伤，并引起相应临床症状和体征的病理状态。

第一节　自身免疫病的基本特征和分类

一、自身免疫病的基本特征

自身免疫病的病因复杂，临床表现多样，但具有下述共同特征：①患者体内可检测到自身抗体和（或）自身反应性 T/B 细胞，且与自身组织的损伤和功能障碍相关。②病情转归与自身免疫应答的强度相关，应用免疫抑制剂治疗有效。③通过血清或淋巴细胞可被动转移疾病，应用自身抗原或自身抗体可复制出具有相似病理变化的动物模型。④易反复发作，慢性迁延。⑤有一定的遗传倾向。⑥女性发病率高于男性，老年人发病率较高。

二、自身免疫病的分类

自身免疫病的临床表现和发病原因复杂多样，尚无统一的分类标准，临床上通常根据自身抗原的分布和发病原因进行分类。

1. 器官特异性自身免疫病（organ specific AID）　是指自身抗原为某一器官的特定组分，病理损害和功能障碍一般局限于该器官。如桥本甲状腺炎（Hashimoto thyroiditis）、毒性弥漫性甲状腺肿（格雷夫斯病）和 1 型糖尿病（type 1 diabetes）等。

2. 全身性自身免疫病　又称系统性自身免疫病（systemic AID），自身抗原一般为多器官、组织的共有组分（如细胞核、线粒体等），故病变多累及多个系统和器官，引起多器官损害，表现出各种相关临床症状和体征。如系统性红斑狼疮患者的皮肤、肾和脑等部位均可发生病变。

第二节　自身免疫病的诱发因素与机制

自身免疫病的发生主要是由于机体自身免疫耐受被打破，产生自身反应性 T、B 细胞和自身抗体，引发异常自身免疫应答所致。诱发自身免疫病的因素很多，机制复杂，除个体遗传因素之外，与抗原、免疫调节功能异常等密切相关。

一、抗原因素

（一）自身抗原的改变

物理因素（如冷、热、电离辐射等）、化学因素（如药物等）或生物学因素（如细菌、病毒等）均可以改变自身抗原的性质，使机体免疫系统将其视为"异己"物质而引发自身免疫应答。例如，肺炎支原体感染可改变红细胞表面抗原性质，刺激机体产生抗红细胞抗体，此抗体与红细胞结合后可引起红细胞的破坏。类风湿关节炎患者体内存在变性的自身 IgG，变性后的自身 IgG 的隐蔽抗原表位暴露出来，可刺激机体产生针对此 IgG 的 IgM 类自身抗体，称为类风湿因子（RF）。RF 和变性 IgG 形成的免疫复合物可引发关节炎。

（二）分子模拟

某些外来抗原（如病原微生物）具有与人体正常组织细胞或细胞外成分相同或相似的抗原表位，机体针对外来抗原所产生的抗体也可与表达共同抗原表位的自身组织成分发生交叉反应，导致组织损伤，引发自身免疫病，这种现象被称为分子模拟（molecular mimicry）。例如，A 型溶血性链球菌细胞壁成分（如 M 蛋白）与人心瓣膜和肾小球基膜有相似表位，可引发风湿性心脏病和急性肾小球肾炎（图 19-1）；EB 病毒等编码的蛋白与髓磷脂碱性蛋白（MBP）有较高的同源性，病毒感染可引发多发性硬化（multiple sclerosis，MS）；柯萨奇病毒感染激发的免疫应答可攻击胰岛 B 细胞，引发糖尿病等。

（三）隔离部位抗原的释放

隐蔽抗原（veiled antigen）是指体内某些与免疫系统在解剖学位置上处于隔离状态的自身抗原，如精子、眼晶状体、髓磷脂碱性蛋白等，机体对此类抗原未能形成免疫耐受，即针对这些抗原的特异性淋巴细胞克隆未被清除。在手术、外伤或感染等情况下，若隔离屏障遭到破坏，这些隔离部位抗原释放入血液或淋巴系统，可激活相应的自身反应性淋巴细胞，引发自身免疫病。例如，眼外伤释放的隔离的抗原可刺激自身反应性 T 细胞活化，产生效应 Th1

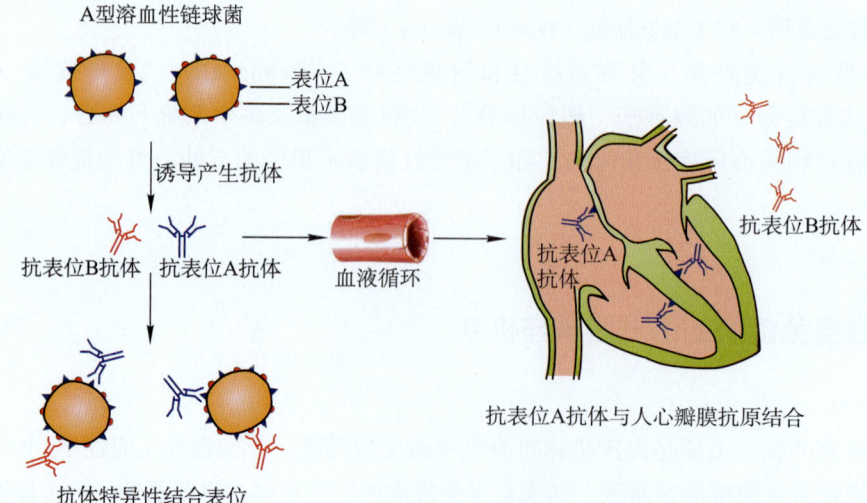

图 19-1　分子模拟导致自身免疫病示意图
A 型溶血性链球菌胞壁成分可刺激机体产生抗表位 A 和表位 B 的两种特异性抗体，共同参与抗感染免疫；抗表位 A 的特异性抗体除与细菌相应表位结合以外，也可与心肌间质共同抗原表位结合，发生交叉反应，引发自身免疫病（风湿性心脏病）

细胞和 CTL，导致健侧眼球自身免疫性交感性眼炎（图 19-2）。

（四）表位扩展

一个抗原可能存在多种表位，根据抗原表位刺激机体免疫应答的强弱，可将其分为：优势表位（dominant epitope）和隐蔽表位（cryptic epitope）。优势表位是指在一个抗原分子的众多表位中首先激发免疫应答的表位，又称原发性表位（primary epitope）。隐蔽表位是指在一个抗原分子的众多表位中后续刺激免疫应答的表位，通常其隐藏于抗原内部或密度较低，又称继发性表位（secondary epitope）。机体针对某一抗原的优势表位发生的免疫应答，往往尚不足以清除该抗原；随着免疫应答过程的持续，其存在的隐蔽表位也可相继刺激机体产生应答，此现象被称为表位扩展（epitope spreading）（图 19-3）。

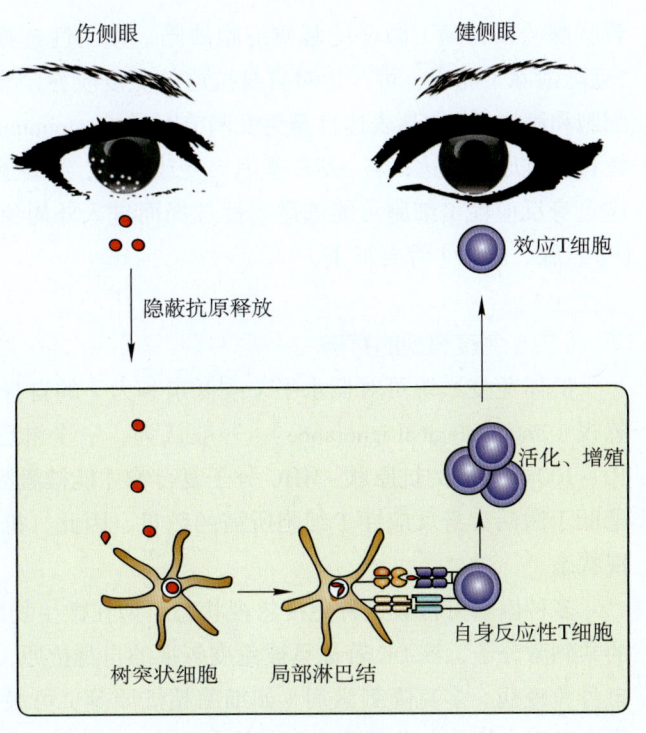

图 19-2　自身免疫性交感性眼炎的发生机制
眼外伤释放的隔离的抗原可刺激自身反应性T细胞活化，产生效应性Th1细胞和CTL，导致健侧眼球发生自身免疫性交感性眼炎

表位扩展是自身免疫病发生发展的机制之一。在诱导淋巴细胞中枢耐受过程中，针对自身抗原隐蔽表位的免疫细胞克隆有可能未经历阴性选择，成为逃逸至外周的自身反应性淋巴细胞克隆。在自身免疫病发生过程中，某些诱因或自身免疫应答造成的组织细胞凋亡或坏死，使含隐蔽表位的自身抗原被暴露或释放，从而致敏自身反应性淋巴细胞克隆。随着疾病的进程，机体相继扩大识别自身抗原表位（包括隐蔽表位）的范围，导致疾病迁延不愈并不断加重。表位扩展与系统性红斑狼疮、类风湿关节炎、多发性硬化和 1 型糖尿病等疾病的进展相关。例如，在系统性红斑狼疮患者体内可先发生对组蛋白 H1 的免疫应答，继而出现对 DNA 的免疫应答。

微视频 19-1
表位扩展与自身免疫病

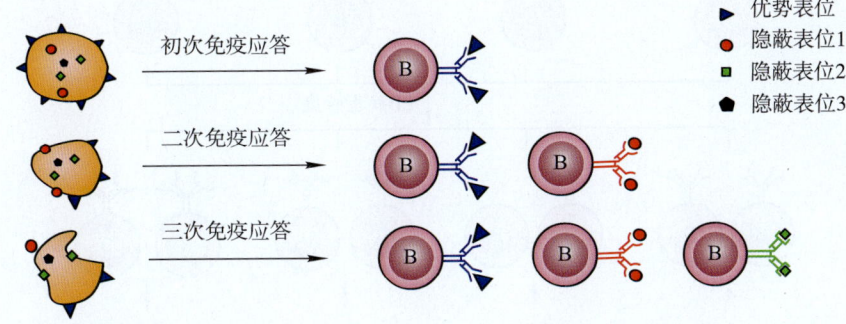

图 19-3　表位扩展示意图
某一抗原可存在优势表位和隐蔽表位等多个表位。其中，优势表位首先激发机体产生初次免疫应答；若抗原未被清除，抗原内部的隐蔽表位可逐渐暴露（或释放），相继刺激机体发生新一轮次的免疫应答

二、机体免疫功能异常

（一）自身反应性淋巴细胞"克隆清除"障碍

自身反应性 T、B 细胞分别在胸腺和骨髓中发育、成熟，并经历阴性选择而被"克隆清除"。

若胸腺（或骨髓）微环境基质细胞缺陷，则阴性选择难以进行，致使自身反应性T、B细胞的"克隆清除"障碍，可产生对自身抗原的免疫应答，导致自身免疫病。例如，正常胸腺髓质上皮细胞和髓样DC均高表达自身免疫调节因子（autoimmune regulator，AIRE），后者可调控组织特异性自身抗原的表达；若AIRE基因突变或缺失，导致胸腺基质细胞自身抗原表达降低或缺失，相应自身反应性T细胞可能逃避阴性选择而进入外周免疫系统，从而引发自身免疫性多内分泌腺（甲状腺、胰腺）综合征I。

（二）免疫忽视的打破

机体免疫系统可对低水平（或低亲和力）的自身抗原不发生免疫应答，此现象被称为免疫忽视（immunological ignorance）。一般认为，一个淋巴细胞需要识别并结合一个APC细胞表面10~100个相同的抗原肽–MHC分子复合物才能被激活；大多数自身抗原在细胞表面的抗原肽数量低于激活自身反应性T细胞所需的数量，因此，机体针对低水平表达的自身抗原处于免疫忽视状态。

多种因素可打破这种免疫忽视状态。如在微生物感染的情况下，DC可被激活并表达高水平的共刺激分子，该DC若提呈被免疫忽视的自身抗原，就可能激活自身反应性T细胞克隆，引发自身免疫病。多克隆刺激剂（如细菌超抗原等）可激活处于免疫忽视状态的T细胞，辅助B细胞产生自身抗体，进而导致自身免疫病发生。

（三）淋巴细胞的多克隆激活

某些病原微生物成分属超抗原或多克隆刺激剂，可多克隆激活大量淋巴细胞。如果自身反应性T、B细胞被激活，即可引发自身免疫病。某些革兰氏阴性细菌、多种病毒（如巨细胞病毒、EB病毒、HIV等）均是B细胞的多克隆刺激剂。如EB病毒感染所致传染性单核细胞增多症，患者体内除产生特异性抗病毒抗体外，还刺激机体产生抗淋巴细胞、抗红细胞、抗平滑肌和抗核蛋白等多种自身抗体（图19-4）。

图 19-4 多克隆刺激剂介导的自身免疫应答
EB病毒是B细胞的多克隆刺激剂，可非特异性激活多克隆B细胞（包括某些自身反应性B细胞），除产生多种抗病毒抗体外，还可产生自身抗体

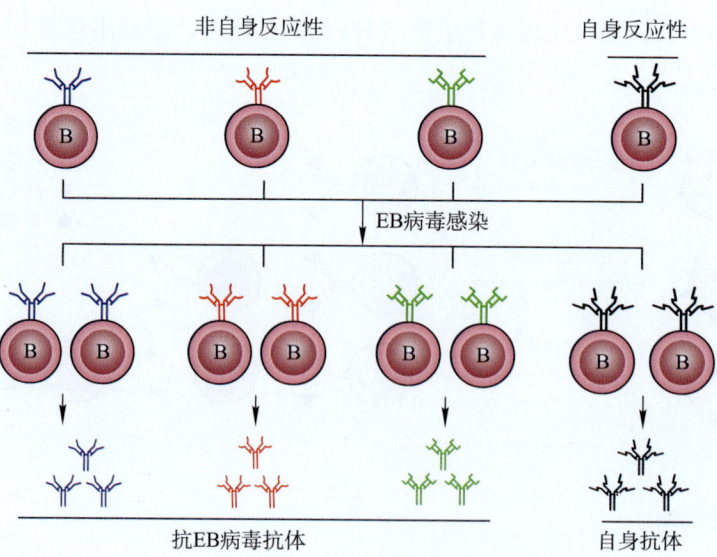

（四）活化诱导的细胞死亡障碍

活化诱导的细胞死亡（activation induced cell death，AICD）是指在适应性免疫应答过程中，被抗原特异性活化的 T、B 细胞高表达 Fas、FasL 等死亡相关分子，通过凋亡途径清除过度活化的淋巴细胞，进而适时限制抗原特异性淋巴细胞克隆的容量。AICD 相关基因缺陷时，细胞凋亡不足或缺陷，反馈调节难以奏效，使效应性淋巴细胞不能被有效清除而长期存在，易引发自身免疫病。如 *Fas* 或 *FasL* 基因突变的个体可发生系统性自身免疫综合征，其临床表现与系统性红斑狼疮类似。

（五）调节性免疫细胞功能异常

调节性免疫细胞是指具有负调控作用的一类免疫细胞，包括调节性 T 细胞（Treg）、调节性 B 细胞（Breg）等，这些细胞在维持机体的免疫耐受状态中发挥重要作用，其功能异常是自身免疫病发生的原因之一。例如，Treg 功能缺陷小鼠易发生自身免疫病（1 型糖尿病、甲状腺炎和胃炎等），将同品系正常小鼠的 Treg 过继输注给缺陷小鼠，可抑制其自身免疫病的发生。

（六）MHC Ⅱ类分子及共刺激分子表达异常

正常情况下，MHC Ⅱ类分子仅表达于 APC 及某些激活的免疫细胞表面，而其他正常组织细胞几乎不表达 MHC Ⅱ类分子。某些因素（如感染诱生的 IFN-γ）可使组织细胞异常表达 MHC Ⅱ类分子，从而可能将自身抗原提呈给 Th 细胞，使之活化产生异常免疫应答，导致自身免疫病。如 Graves 病的甲状腺上皮细胞、干燥综合征的唾液腺上皮细胞、风湿性心脏病的心瓣膜组织等，均可异常表达 MHC Ⅱ类分子，引起相应自身免疫病。

另外，某些组织细胞异常表达共刺激分子（如 B7、CD40L 等），也可激活自身反应性 T 细胞，引发自身免疫病。

三、遗传因素

自身免疫病的发生具有明显的遗传倾向。如：同卵双生子之间患同一自身免疫病的概率明显高于异卵双生子。

（一）自身免疫病的易感性与 HLA 基因相关

对大样本各种自身免疫病患者进行 HLA 型别群体研究，发现携带某种 HLA 等位基因或单倍体型的个体患特定自身免疫病的频率远高于该基因型阴性人群。例如，HLA-DR3 与重症肌无力、系统性红斑狼疮、1 型糖尿病、毒性弥漫性甲状腺肿关联，DR4 与类风湿关节炎、寻常型天疱疮、1 型糖尿病关联，B27 与强直性脊柱炎关联，DR2 与肺出血 - 肾炎综合征、多发性硬化关联，DR5 与桥本甲状腺炎关联等。

知识拓展 19-2
HLA 与自身免疫病关联的机制

（二）与自身免疫病发生相关的其他基因的突变或缺失

与自身免疫病发生相关的其他基因包括参与抗原清除（如补体组分）与抗原提呈的基因、参与信号转导的基因、共刺激分子基因、凋亡基因和细胞因子基因等。例如，补体成分 C1q 和（或）C4 基因缺陷的个体清除免疫复合物的能力明显减弱，体内免疫复合物的含量增加，易发生系统性红斑狼疮；DNA 酶基因缺陷的个体，清除凋亡颗粒的功能发生障碍，可能通过表位扩展的机制等引发系统性红斑狼疮。另外，调控 Treg 功能的关键转录因子 Foxp3 基因缺陷导致 Treg 数量和功能的减低，引起的 X 连锁多内分泌腺病肠病伴免疫失调综合征；自身免疫调节因子（AIRE）基因的缺陷导致的 I 型自身免疫性多内分泌腺病。

四、机体其他因素

（一）性别

一些自身免疫病的易感性与性激素相关。女性发生多发性硬化和系统性红斑狼疮的可能性比男性大 10～20 倍。系统性红斑狼疮患者的雌激素水平普遍升高，给系统性红斑狼疮小鼠应用雌激素可加重其病情。在妊娠时类风湿关节炎患者的病情通常减轻，分娩后有的个体会出现自身免疫病加重的情况。患自身免疫性甲状腺疾病的女性在产后易出现甲状腺功能减退。某些自身免疫病在男性多发，如患强直性脊柱炎（ankylosing spondylitis，AS）的男性约为女性的 3 倍。

（二）年龄

自身免疫病多发生于老年人，儿童发病非常少见。60 岁以上老年人中有 50% 以上可检出自身抗体。其原因可能是：老年人胸腺功能低下或衰老导致免疫系统功能紊乱，从而有利于自身免疫病的发生。

第三节　自身免疫病的病理损伤机制

自身免疫病是由自身抗体和（或）自身反应性淋巴细胞针对自身抗原产生异常免疫应答引起的疾病，其导致组织损伤的机制类似于 II、III、IV 型超敏反应。应指出的是，不同自身免疫病其发病和组织损伤的机制各异，II、III、IV 型超敏反应可先后或同时参与组织损伤的发生（表 19-1）。

表 19-1　常见的人类自身免疫病的免疫学因素与症状

疾病	自身抗原 / 靶点基因	免疫效应物质	主要临床症状
系统性自身免疫病			
系统性红斑狼疮（SLE）	DNA，核蛋白，血小板膜蛋白，核糖体等	抗 ANA、 抗 ENA、抗 dsDNA 抗体等	面部蝶形红斑，肾炎，关节炎
类风湿关节炎（RA）	关节滑膜组织，IgG/HLA-DRB1	类风湿因子 (RF)、抗瓜氨酸化蛋白抗体和自身反应性 T 细胞（auto-T）	多关节肿痛伴有晨僵，类风湿结节
系统性硬化症（SSc）	髓鞘伴随蛋白，脑苷脂，神经节苷脂，髓鞘碱性蛋白，脑组织，Sc1-70，着丝点，核仁	auto-T/抗 ANA、抗 Sc1-70、抗着丝点、抗 RNA 聚合酶 I / III 等抗体	雷诺现象，皮肤僵硬，间质性肺炎

续表

疾病	自身抗原 / 靶点基因	免疫效应物质	主要临床症状
急性炎症性脱髓鞘性多发性神经病（吉兰-巴雷综合征）	神经节苷脂	抗 GQ1b、抗 GD1a、抗 GM1、抗 GD1b 和抗 GT1a 等抗体	四肢无力，麻木，感觉异常，四肢疼痛
1 型糖尿病	胰岛 B 细胞，胰岛素，谷氨酸脱羧酶	抗胰岛细胞、抗胰岛素抗体和抗谷氨酸脱羧酶抗体	多尿，多饮，多食，体重减轻，血糖升高
器官特异性自身免疫病			
重症肌无力	乙酰胆碱受体	抗 AChR 抗体	全身呈波动性无力和易疲劳，上睑下垂
视神经脊髓炎谱系疾病	水通道蛋白 4	抗 AQP4 抗体	视力丧失，肌肉痉挛，四肢瘫痪和大小便失禁
风湿性心脏病	心瓣膜	链球菌感染，自身抗体，IC	心脏杂音，心力衰竭
IgA 肾病	IgA-纤维粘连蛋白 IC	IgA 多聚体 /IC，RF	无症状性血尿
自身免疫性溶血性贫血	红细胞膜蛋白及红细胞表面某些小分子药物（半抗原）	相应的自身抗体 IgG/IgM	贫血，黄疸，脾大

一、自身抗体介导的组织细胞损伤或功能紊乱

（一）自身抗体介导的组织细胞损伤

针对细胞表面抗原或细胞外基质抗原的自身抗体与靶抗原结合后，可通过补体依赖的细胞毒作用、调理吞噬作用及 ADCC 效应等导致细胞和组织损伤，其损伤机制同 II 型超敏反应。例如，自身抗体与血细胞表面相应自身抗原结合，通过激活补体经典途径发挥溶细胞效应和（或）调理作用，导致自身免疫性血细胞减少症（autoimmune cytopenia）（如自身免疫性溶血性贫血、特发性血小板减少性紫癜、自身免疫性中性粒细胞减少症等）（图 19-5）；针对肺和肾细胞外基质（基膜 IV 型胶原）的自身抗体可引起肺出血-肾炎综合征（Goodpasture syndrome）。

（二）自身抗体介导的细胞和组织功能紊乱

自身抗体与细胞表面特异性受体结合后，可通过多种机制导致相应受体的功能紊乱。

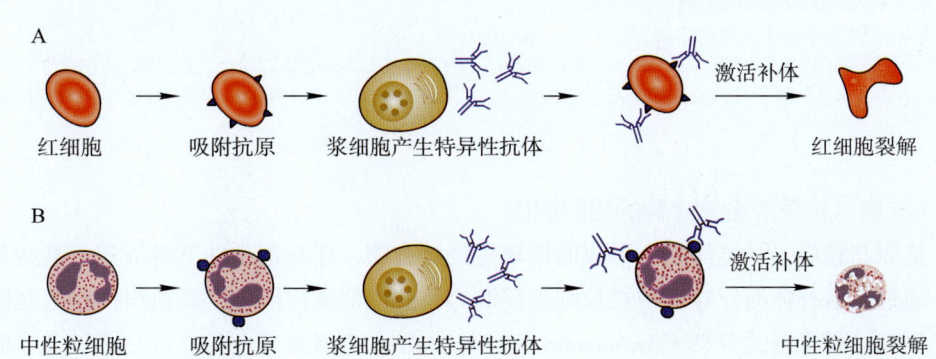

图 19-5 自身免疫性血细胞减少症的发生机制

一些小分子药物如青霉素、头孢菌素等，可吸附到血细胞膜表面，使其获得免疫原性，刺激机体产生相应自身抗体，引起药物相关的溶血性贫血（A）和中性粒细胞减少症（B）等疾病

A
红细胞 → 吸附抗原 → 浆细胞产生特异性抗体 → 激活补体 → 红细胞裂解

B
中性粒细胞 → 吸附抗原 → 浆细胞产生特异性抗体 → 激活补体 → 中性粒细胞裂解

动画 19-1
重症肌无力的发生机制

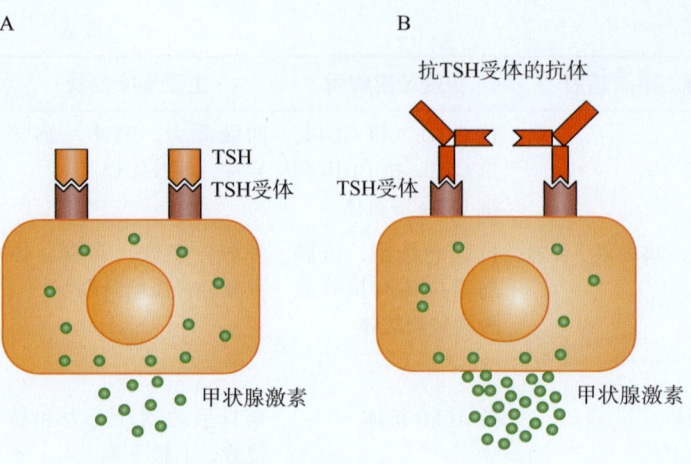

图 19-6　毒性弥漫性甲状腺肿发病机制示意图

A. 正常情况下，垂体分泌的TSH刺激甲状腺上皮细胞分泌甲状腺激素。B. 毒性弥漫性甲状腺肿患者体内存在抗TSH受体的抗体，该抗体可与TSH受体高亲和力持续结合，模拟TSH效应过度刺激甲状腺上皮细胞分泌甲状腺激素，引起甲状腺功能亢进

1. 模拟配体作用　自身抗体与其受体结合后，可模拟相应配体的作用，刺激靶细胞功能亢进。例如，毒性弥漫性甲状腺肿患者血清中存在针对促甲状腺激素（thyroid stimulating hormone，TSH）受体的自身抗体（IgG类抗体），该自身抗体可高亲和力持续结合于甲状腺上皮细胞膜上的TSH受体，模拟TSH效应，导致甲状腺上皮细胞持续分泌过量的甲状腺激素，引起甲状腺功能亢进（hyperthyroidism）（图19-6）。

2. 竞争性阻断效应　自身抗体与受体结合，可阻断天然配体与受体结合，或改变受体的结构，从而抑制受体的功能。例如，重症肌无力（MG）患者体内存在针对神经肌肉接头处骨骼肌膜表面乙酰胆碱受体（acetylcholine receptor，AChR）的自身抗体，后者与AChR结合，竞争性抑制乙酰胆碱的作用。

3. 介导受体内化与降解　自身抗体与受体结合后，可介导受体内化和降解，或通过激活补体系统而引发细胞损伤。例如，重症肌无力患者体内抗AChR的自身抗体与AChR结合后可促进AChR的内化和降解，从而降低肌肉细胞对运动神经元释放的乙酰胆碱的反应性，导致肌肉收缩无力等症状（图19-7）。

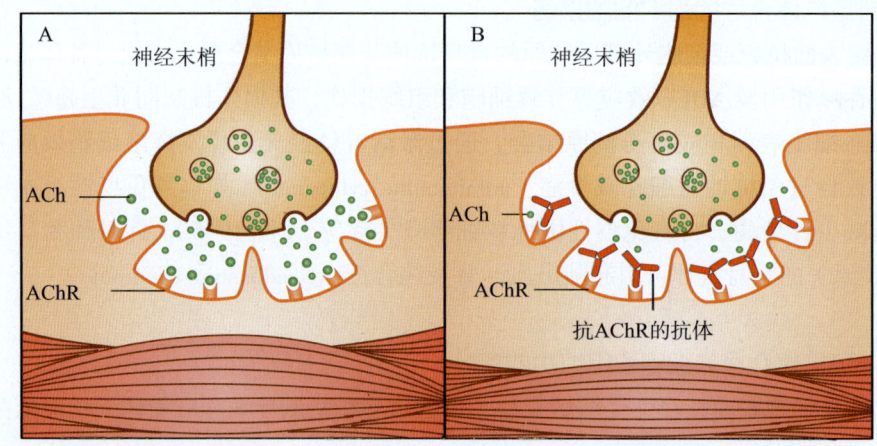

图 19-7　重症肌无力发病机制示意图

A. 正常情况下，神经冲动传导至运动终板，引起乙酰胆碱释放，与神经肌肉接头处乙酰胆碱受体（AChR）结合，导致肌膜离子通道开放和骨骼肌收缩。B. 重症肌无力患者体内存在抗AChR抗体，可与乙酰胆碱竞争结合AChR，阻断ACh与其受体结合，并加速受体内化与降解，导致功能性AChR数量减少，信号传递受阻，引起肌肉收缩障碍

（三）抗原 - 抗体复合物介导的组织损伤

自身抗原与相应自身抗体结合形成的循环免疫复合物，在一定条件下可沉积于某些部位的组织间隙，通过激活补体而介导以中性粒细胞浸润为主的局部炎症反应，其组织损伤机制同Ⅲ型超敏反应。例如，类风湿关节炎（rheumatoid arthritis，RA）患者血浆中存在的抗变性IgG的自身抗

体（RF）与变性 IgG 结合所形成的免疫复合物沉积于关节滑膜和血管壁，导致关节组织的损伤。系统性红斑狼疮（SLE）患者血浆中存在针对多种细胞核抗原的自身抗体（抗核抗体），后者与相应抗原结合形成免疫复合物，可沉积于肾、皮肤、关节和其他器官，引起肾小球肾炎等多器官、多系统病变。

临床聚焦 19-1
免疫复合物的危害

二、自身反应性 T 细胞介导的组织损伤

致敏的自身反应性 T 细胞与相应细胞表面自身抗原的结合，可引发炎症损伤，其损伤机制与Ⅳ型超敏反应相同。参与此型组织损伤的效应细胞主要为 $CD4^+$ Th1 细胞或 Th17 细胞和 $CD8^+$ CTL。

激活的 $CD4^+$ Th1 细胞或 Th17 细胞可释放多种细胞因子，形成以单核 / 巨噬细胞、淋巴细胞浸润为主的免疫损伤性炎症反应。例如，多发性硬化患者体内存在髓鞘碱性蛋白（MBP）特异性 $CD4^+$ Th1 细胞或 Th17 细胞，可浸润脑组织，引起中枢神经系统典型的炎症损伤。激活的自身反应性 $CD8^+$ CTL 与靶细胞结合，可直接杀伤靶细胞。例如，1 型糖尿病患者体内存在的自身反应性 $CD8^+$ CTL 可持续杀伤胰岛 B 细胞，致使胰岛素的分泌严重不足。

第四节　自身免疫病的治疗原则

自身免疫病的根本原因是自身免疫耐受异常所引起的对自身抗原产生的过强免疫应答，进而导致机体组织细胞的损伤或功能异常。因此，自身免疫病的治疗原则是通过不同的干预方法去除引起自身免疫耐受异常的因素，抑制对自身抗原产生的过强免疫应答，重建对自身抗原的特异性免疫耐受。随着免疫学研究的进展，自身免疫病的治疗有了很大的进展，特别是抗体类药物在自身免疫病治疗的临床应用，展现出独特的优势和疗效。

临床聚焦 19-2
常见的几种自身免疫病

一、去除引起免疫耐受异常的诱因

多种微生物可诱发自身免疫病，采用疫苗和抗生素控制微生物感染，尤其是微生物持续性感染，可降低某些自身免疫病的发生率。对能引发自身免疫病的药物，要谨慎使用。

二、抑制对自身抗原的免疫应答

（一）采用免疫抑制剂或调节剂

采用免疫抑制药以抑制对自身抗原的免疫应答是目前治疗自身免疫病的常用方法。常用的免疫抑制药有肾上腺皮质激素、环磷酰胺、甲氨蝶呤、环孢素、他克莫司（FK506）等。例如，皮质激素可通过抑制炎症反应而减轻自身免疫病的症状；环孢素和他克莫司能抑制 IL-2 等细胞因子的产生，进而抑制 T 细胞分化和增殖，从而对多种自身免疫病有明显疗效。

知识拓展 19-3
TNF-α 抑制剂在自身
免疫病治疗中的应用

（二）应用抗体类药物

1. 应用细胞因子或受体的抗体　利用抗促炎性细胞因子的单克隆抗体、抗细胞因子受体抗体或阻断剂，阻断细胞因子介导的炎症，治疗自身免疫病。如应用抗 IL-6 和抗 TNF-α 单克隆抗体治疗类风湿关节炎和 SLE；抗 IL-17 或 IL-17R 的抗体用于治疗银屑病，临床应用等均取得良好的治疗效果。

2. 清除 B 细胞的抗体　用 B 细胞抗原的抗体，清除自身反应性 B 细胞克隆或阻断其的活化，可抑制自身免疫应答。如，用抗 CD19 和 CD20 抗体清除体内 B 细胞，可快速降低机体产生抗体的水，治疗 SLE、类风湿关节炎、多发性硬化症和视神经脊髓炎谱系疾病等。

（三）细胞治疗

1. Treg 治疗　即通过转输具有免疫负调控作用的细胞，起到治疗自身免疫病的作用。例如，将体外培养和扩增或诱导的 Treg 回输给患者，利用 Treg 对自身反应性 T 细胞或 B 细胞等免疫细胞的抑制效应，对自身免疫病的急性发作具有显著的缓解作用。

2. CAR-T 细胞治疗　CAR-T 细胞在治疗某些 B 细胞来源的恶性肿瘤的成功应用，开辟了治疗自身免疫病的新途径，尤其是为治疗 B 细胞介导的自身免疫病提供了新手段。

3. 间充质干细胞治疗　间充质干细胞具有免疫调节的作用，可通过输注间充质干细胞（如脐带来源的间充质干细胞）治疗自身免疫病（如系统性红斑狼疮肾病）。

三、重建对自身抗原的免疫耐受

治疗自身免疫病的理想方法是重建已打破的自身免疫耐受。但由于免疫耐受维持和异常的详细机制尚不明确，尽管免疫学家已经做了很多尝试并在动物实验中取得一些进展，但目前临床应用效果尚不理想。重建免疫耐受的策略主要包括以下几个方面。

1. 异基因骨髓/造血干细胞移植　造血干细胞移植是一种治疗自身免疫病的有效方法，将外源的造血干细胞植入到患者体内，以替代患者自身免疫系统的免疫细胞，能够改善免疫功能，缓解患者的症状。

2. 口服自身抗原诱导免疫耐受　口服自身抗原是通过肠道相关淋巴组织诱导特异性免疫耐受，抑制自身免疫病的发生。例如，目前临床上尝试以口服重组胰岛素的方法，预防和治疗糖尿病；以口服 II 型胶原的方法，预防和治疗类风湿关节炎；通过口服耐受的方法治疗多发性脑硬化症（MS）、类风湿关节炎和眼葡萄膜炎也进入临床研究。

3. 模拟胸腺阴性选择诱导免疫耐受　胸腺基质细胞表达的自身组织特异性抗原是胸腺阴性选择中诱导自身反应性 T 细胞凋亡的关键分子。已尝试通过 DC 表达自身组织特异性抗原，模拟阴性选择清除自身反应性 T 细胞。如通过 DC 表达蛋白脂质蛋白或碱性少突神经胶质细胞糖蛋白多发性脑硬化症模型动物的免疫耐受，治疗疾病。

理论上，特异性免疫疗法是治疗自身免疫病的最佳方案。但由于自身免疫病的病因和发病机制极为复杂，迄今尚未完全阐明，目前所探索的疗法多处于实验研究阶段，仅少数方案用于临床。

（张利宁）

复习思考题

1. 自身免疫病的基本特征是什么？
2. 试述自身免疫病发生的相关因素。
3. 举例分析自身免疫病导致组织损伤的机制有哪些。
4. 简述自身免疫病的治疗原则。

新形态教材网

👤 学习目标　　⬇️ 教学课件　　👤 本章小结　　👥 开放性讨论　　✏️ 自测题

第二十章
免疫缺陷病

关键词

免疫缺陷病　　　　　　　原发性免疫缺陷病　　　　获得性免疫缺陷病

重症联合免疫缺陷病　　　获得性免疫缺陷综合征　　艾滋病

人类免疫缺陷病毒

　　免疫功能的发挥有赖于免疫系统各个组分的完整和有效。某种免疫细胞或免疫分子的缺失可导致相应免疫功能缺陷，并引发免疫缺陷病。免疫缺陷的发生有先天性原因，也有后天性损害，可表现为适应性免疫缺陷，或固有免疫缺陷。了解免疫缺陷病的原因、表现和发病机制，有助于免疫缺陷病的诊断及治疗，也有助于理解和巩固前面各章所学的免疫学知识。

思维导图

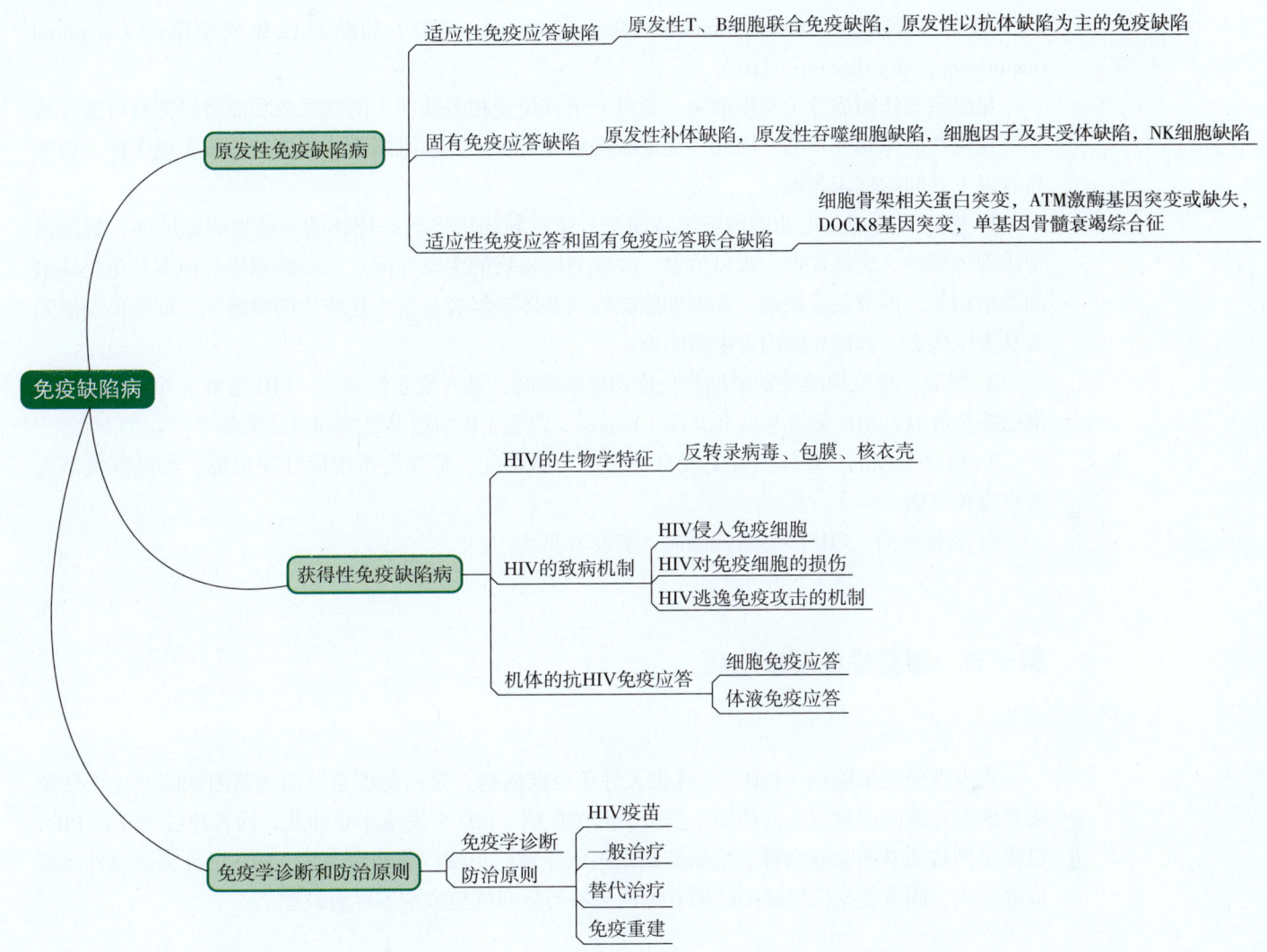

　　免疫缺陷病（immunodeficiency disease，IDD）是指由免疫系统先天发育不全或后天损伤导致的免疫功能降低或缺失所引起的临床综合征。根据病因不同，免疫缺陷病可分为两大类，即原发性免疫缺陷病（primary immunodeficiency disease，PID）和获得性免疫缺陷病（acquired immunodeficiency disease，AID）。

　　免疫系统任何成分（免疫细胞、免疫分子或免疫相关基因）的缺失或功能障碍都有可能导致相应免疫功能障碍或缺陷，因此，免疫缺陷病种类多，发病机制不尽相同，临床表现多样，但常具有以下共同的临床表现：

　　1. 感染　由于免疫功能的下降或缺失，免疫缺陷患者对病原体的易感性明显增强，感染通常表现为慢性、反复发作、难以治愈，并成为该疾病的主要死因。感染病原体的种类与免疫缺陷的类型相关，体液免疫缺陷、吞噬细胞缺陷或补体缺陷者易发生化脓性细菌感染，细胞免疫缺陷者易发生病毒、真菌和胞内寄生菌感染。

　　2. 肿瘤　免疫缺陷特别是细胞免疫功能缺陷时，易并发恶性肿瘤。PID 患者常并发白血病和淋巴系统肿瘤，AID 患者常见卡波西（Kaposi）肉瘤、B 细胞淋巴瘤和皮肤鳞癌等。

　　3. 自身免疫病　IDD 患者免疫自身稳定功能紊乱，常伴发系统性红斑狼疮、类风湿关节炎等自身免疫病。

　　4. 遗传倾向　PID 多有遗传倾向，多发于儿童。

第一节　原发性免疫缺陷病

　　原发性免疫缺陷病（PID）又称先天性免疫缺陷病，是由免疫系统遗传基因缺陷或先天性免疫系统发育障碍而导致免疫功能不全所引起的疾病。PID 多发生于婴幼儿，约有超过 350 种 PID，已确定的致病基因 450 余种。根据基因缺陷所导致的免疫应答缺陷类型，PID 可分为适应性免疫应答缺陷、固有免疫应答缺陷、固有免疫应答与适应性免疫应答联合缺陷。

一、适应性免疫应答缺陷

（一）原发性 T、B 细胞联合免疫缺陷

微视频 20-1
重症联合免疫缺陷

　　T、B 细胞联合免疫缺陷病（combined immunodeficiency disease，CID）是指 T、B 细胞缺乏或功能障碍的一类疾病。其中，重症联合免疫缺陷病（severe combined immunodeficiency disease，SCID）是一组常染色体或 X 连锁隐性遗传性疾病，多见于新生儿和婴幼儿，临床表现各异，但均出现胸腺体积变小、淋巴组织发育不全及血浆 Ig 缺乏，患儿常因严重感染而死亡。SCID 包括多种疾病，主要包括 T⁻B⁺ SCID、T⁻B⁻ SCID、嘌呤核苷酸磷酸化酶缺陷、CD3γ 缺陷、ZAP-70 缺陷等（图 20-1）。

　　1. T⁻B⁺ SCID　是指 T 细胞缺陷、B 细胞数量正常的重症联合免疫缺陷病。此病的发病机制各异，既有 X 连锁隐性遗传又有常染色体隐性遗传。其中最具特征性的为 X 连锁重症联合免疫缺陷病（X-SCID），约占 SCID 的 40%，多发于婴幼儿，发生机制为 γc 链基因突变、表达缺陷。γc 链为 IL-2、IL-4、IL-7 等细胞因子受体共有链，所以 γc 链缺陷会导致 IL-2 等细胞因子的信号转导受阻，使 T 细胞的增殖、分化发生障碍，NK 细胞发育停滞。X-SCID 患者的 T

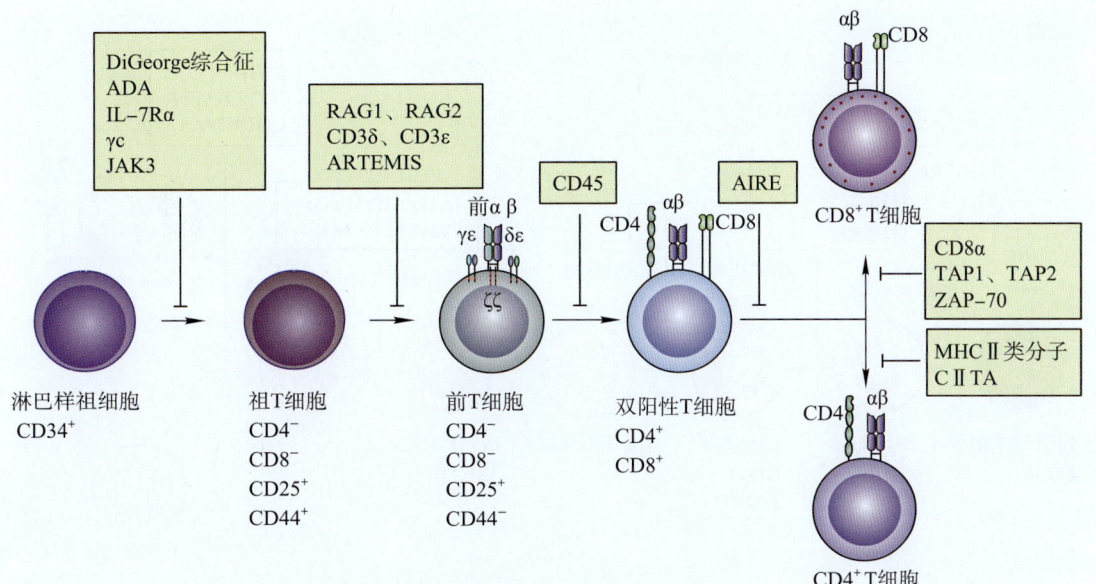

图 20-1　T 细胞发育过程与免疫缺陷病

在 T 细胞发育的不同阶段，与其发育相关的任一基因的缺失都会导致 T 细胞发育及功能障碍

细胞功能缺陷，B 细胞数量可正常，但由于缺乏 T 细胞的辅助，体液免疫功能缺陷。X-SCID 常因无法控制的反复感染而死亡。

2. T⁻B⁻ SCID　是指 T 细胞和 B 细胞均缺乏的重症联合免疫缺陷病。主要机制为重组活化基因（RAG1/2）、腺苷脱氨酶（ADA）等酶的基因缺陷及 TCR 和 BCR 基因重排机制缺陷。例如，ADA 缺陷导致腺苷酸和脱氧腺苷酸分解障碍，造成细胞内 dATP、dAMP 等淋巴毒性产物大量积聚，从而影响 T、B 细胞生长和发育。临床表现为循环淋巴细胞（T、B 细胞）极度减少，各种 Ig 缺乏，患者常因反复发生病毒、细菌和真菌感染而死亡。

动画 20-1
T 细胞成熟障碍

（二）原发性以抗体缺陷为主的免疫缺陷

原发性以抗体缺陷为主的免疫缺陷是一类以抗体生成或功能缺陷为特征的疾病，以血浆 Ig 减少或缺失为主要特征。Ig 的缺乏可以是某一类或亚类，也可以是多种或全部 Ig 的缺乏。其中，X 连锁无丙种球蛋白血症（X-linked agammaglobulinemia，XLA）是最常见的体液免疫缺陷为主的 PID，又称 Bruton 综合征。XLA 属 X 染色体隐性遗传，仅发生于男性婴幼儿，其发病机制在于 X 染色体上 Bruton 酪氨酸蛋白激酶（Btk）基因突变。Btk 是参与 B 细胞胞内活化信号转导的重要分子，其表达缺陷可使前 B 细胞不能发育成熟为 mIgM⁺ B 细胞（图 20-2）。XLA 患者血液和淋巴组织中 B 细胞极度减少甚至缺失，血清 Ig 减少或缺失，临床表现为反复、持久的化脓性细菌感染，但是患者的细胞免疫功能正常，对病毒、真菌、胞内寄生菌感染有抵抗力。

动画 20-2
B 细胞成熟障碍

二、固有免疫应答缺陷

（一）补体系统缺陷

补体系统中几乎所有的成分都有可能发生遗传缺失。补体固有成分缺失常伴发自身免疫病和反复的化脓性细菌感染，如 C1、C2 和 C4 的缺陷常发生 SLE，C3、H 因子和 I 因子的缺乏会增加发生化脓性细菌感染的概率，C5、C6、C7 和 C8 的缺失使患者易发生严重的奈瑟菌感染。

1. 遗传性血管神经性水肿（hereditary angioneurotic edema，HAE）　其发生是由于 C1 抑制物

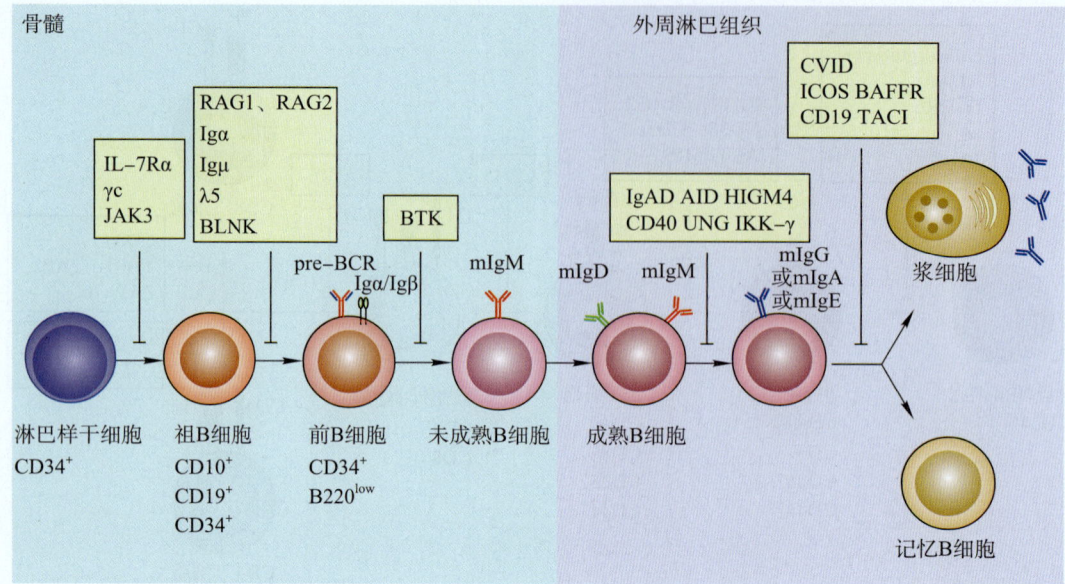

图20-2 B细胞发育过程与体液免疫缺陷
在B细胞发育的不同阶段，与其发育相关的任一基因的缺失都会导致B细胞发育及功能障碍

（C1 INH）基因缺陷，造成 C1 INH 的减少，使 C1s 持续活化，产生大量 C2b，释放血管活性肽、激肽，导致毛细血管扩张，通透性增加，出现反复发作的皮肤黏膜水肿。患者常在外伤、运动、感染等诱因的作用下，出现颜面部、头部和四肢皮下的水肿，严重者会发生黏膜和咽喉水肿，出现声音嘶哑、呼吸困难，甚至窒息死亡。

2. 阵发性睡眠性血红蛋白尿症（paroxysmal nocturnal hemoglobinuria，PNH） 其发病机制在于糖基化磷脂酰肌醇（glycosyl phosphatidylinositol，GPI）合成障碍，使补体调节蛋白 DAF 和 MIRL 无法锚定在红细胞膜上。DAF 和 MIRL 属于同源限制因子，可保护血细胞免受自身补体的攻击，GPI 的缺失会引发补体对红细胞的损伤。临床上呈阵发性、睡眠后血红蛋白尿发作加重。

（二）原发性吞噬细胞缺陷

原发性吞噬细胞缺陷指单核 / 巨噬细胞、中性粒细胞等吞噬细胞数目减少或迁移、黏附、吞噬杀伤等功能障碍，包括慢性肉芽肿病、遗传性粒细胞减少症和白细胞黏附分子缺陷症等疾病。

慢性肉芽肿病（chronic granulomatous disease，CGD）为最常见的原发性吞噬细胞功能缺陷，多数为 X 连锁隐性遗传，还有部分为常染色体隐性遗传。CGD 的发病机制在于吞噬细胞还原型烟酰胺腺嘌呤二核苷酸磷酸（NADPH）氧化酶相关基因发生突变，使吞噬细胞不能产生超氧阴离子、过氧化氢和单态氧离子，造成吞噬细胞杀伤能力障碍，过氧化氢酶阳性细菌和真菌等病原体在吞噬细胞内聚集，并随吞噬细胞游走播散至全身各处，造成慢性持续感染。临床上表现为反复严重的化脓性感染并在感染部位形成色素沉着性肉芽肿，常见肝、脾脓肿和淋巴结肿大。

（三）细胞因子及其受体缺陷

最具代表性的疾病是孟德尔遗传分枝杆菌易感病（Mendelian susceptibility to mycobacterial disease，MSMD）。MSMD 是由 IL-12/IL-23-IFN-γ 信号缺陷导致对分枝杆菌防御功能受损引起的罕见的 PID，主要易感低致病分枝杆菌。IFN-γ 信号在分枝杆菌的天然免疫中起重要作用，因此 IFN-γ 信号缺失可导致分枝杆菌反复感染。在生理条件下，IFN-γ 与 IL-23 及 IL-12 形成正反馈调节环路，这一环路任何基因缺陷都可影响 IFN-γ 的分泌。MSMD 常见的突变为 IFN-γ 受体、IL-23 受体、IL-12 受体及其下游的 STAT 基因等。

（四）NK 细胞缺陷

NK 细胞功能缺陷患者易发生病毒感染及恶性肿瘤，也会导致细胞免疫功能缺陷。

三、单基因或多基因突变导致的适应性免疫与固有免疫联合缺陷

（一）细胞骨架相关蛋白突变

Wiskott-Aldrich 综合征蛋白（WASp）是重要的细胞骨架蛋白，WASp 缺陷引起的代表性疾病为血小板减少症伴湿疹和免疫缺陷综合征（Wiskott-Aldrich 综合征），患者表现为多种免疫细胞运动受抑制。

（二）ATM 激酶基因突变或缺失

ATM 激酶是造血干细胞自我更新所必需的，ATM 激酶基因突变或缺失可导致全血细胞减少，患者常有体液免疫和细胞免疫功能低下。

（三）DOCK8 基因突变

胞质分裂因子 8（dedicator of cytokinesis 8，DOCK8）是非典型鸟嘌呤交换因子，在免疫细胞中高表达，DOCK8 促进免疫细胞迁移、增殖、吞噬及免疫突触形成等。临床上，DOCK8 免疫缺陷可引起多种免疫细胞联合缺陷。此外，DOCK8 免疫缺陷综合征可导致高 IgE 血症，故也被称为高 IgE 综合征。

（四）单基因骨髓衰竭综合征

单基因骨髓衰竭综合征的临床特征为全血细胞减少、先天性畸形及易患肿瘤，多数还表现为 T 细胞、B 细胞或 NK 细胞数量异常或功能缺陷，以及低免疫球蛋白血症等。

第二节　获得性免疫缺陷病

获得性免疫缺陷病（AID）是指继发于某些疾病或因使用药物而产生的免疫缺陷病。不同的病因对机体免疫功能的影响各不相同，可以表现为体液免疫缺陷、细胞免疫缺陷等。获得性免疫缺陷病的常见病因包括感染、恶性肿瘤、营养不良、医源性免疫缺陷等，如肝功能不全常伴有细胞免疫、体液免疫和吞噬细胞功能障碍；微量元素和维生素缺乏会引起 T、B 细胞数量和功能降低；医源性放射会造成全身淋巴组织萎缩，淋巴细胞减少。本节主要介绍由病毒引起的获得性免疫缺陷综合征的免疫学机制。

获得性免疫缺陷综合征（acquired immunodeficiency syndrome，AIDS）简称艾滋病，是人类免疫缺陷病毒（human immunodeficiency virus，HIV）感染机体后引起的一种以细胞免疫严重缺陷、机会性感染、恶性肿瘤和神经系统病变为特征的临床综合征。

一、HIV 的生物学特征

动画 20-3
HIV 的结构

HIV 是一种嗜免疫系统的反转录病毒，分为 HIV-1 和 HIV-2 两型，约 95% 的 AIDS 由 HIV-1 型引起。HIV 病毒外层是包膜，镶嵌有 gp120 和 gp41 两种糖蛋白构成的刺突，两者与病毒入侵细胞密切相关。*gp120* 基因易发生突变，有利于病毒逃避机体免疫系统的清除，给 AIDS 的治疗和疫苗的研制带来困难。包膜内衬有内膜蛋白 p17。核衣壳含有两条相同的 RNA、多种酶和衣壳蛋白（图 20-3）。

图 20-3 HIV 病毒结构示意图
HIV 病毒包膜为脂双层，镶嵌有 gp120 和 gp41 两种包膜蛋白。包膜内衬有内膜蛋白 p17。核衣壳含有两条相同的 RNA、衣壳蛋白、整合酶、反转录酶和蛋白酶等

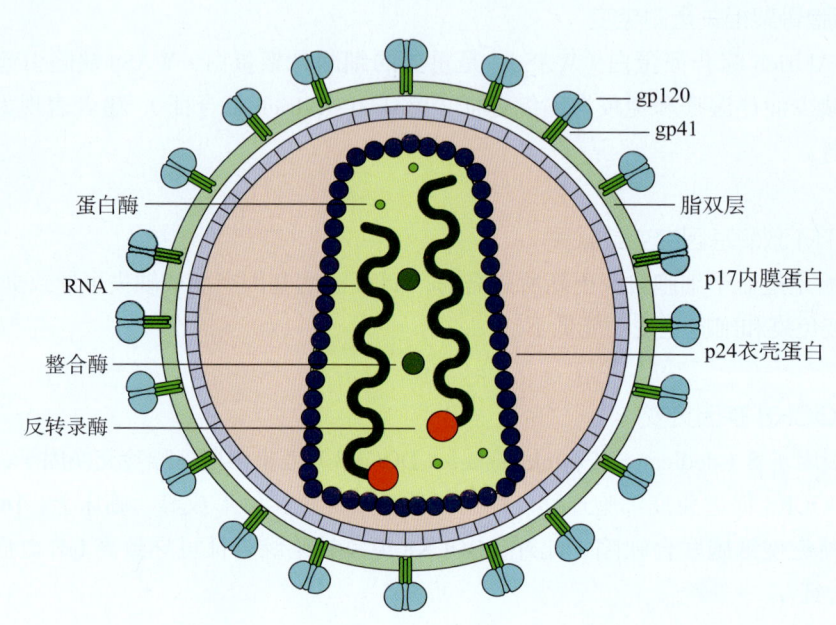

（图中标注：gp120、gp41、脂双层、p17内膜蛋白、p24衣壳蛋白、蛋白酶、RNA、整合酶、反转录酶）

二、HIV 的致病机制

（一）HIV 侵入靶细胞的机制

动画 20-4
HIV 入侵细胞的过程

① HIV 通过其包膜糖蛋白 gp120 与靶细胞表面 CD4 分子呈高亲和力结合，并导致 gp120 构象改变。② CD4-gp120 与共受体 CXCR4 或 CCR5 结合，形成 CD4-gp120-CXCR4（或 CCR5）三分子复合物。③ gp120 构象的改变，暴露出被其掩盖的 gp41，后者的 N 端疏水序列插入靶细胞膜，使 HIV 包膜与靶细胞膜融合，使病毒核衣壳进入靶细胞（图 20-4）。另外，靶细胞表面的趋化因子受体 CXCR4（T 细胞）或 CCR5（Mφ、DC）是 HIV 的共受体，对 HIV 侵入靶细胞具有辅助作用。

（二）HIV 损伤免疫细胞的机制

微视频 20-2
HIV 入侵靶细胞的机制

1. 对 CD4⁺ T 细胞的损伤 HIV 侵入免疫细胞后，通过直接或间接作用造成多种免疫细胞的损伤，其中，CD4⁺ T 细胞数量进行性减少和功能严重障碍是 AIDS 的主要特点。

（1）HIV 直接杀伤 CD4⁺ T 细胞：①病毒颗粒以出芽方式释放，导致 CD4⁺ T 细胞的膜损伤；②未整合的病毒 DNA 及核心蛋白在 CD4⁺ T 细胞内大量积聚，干扰细胞正常代谢，影响其生理功能；③感染 HIV 的 T 细胞表达 gp120，后者与邻近 T 细胞表面的 CD4 结合，引起多个细胞的融合，形成多核巨细胞，加速 CD4⁺ T 细胞死亡；④ HIV 感染骨髓 CD34⁺ 前体细胞和骨髓基质细胞，

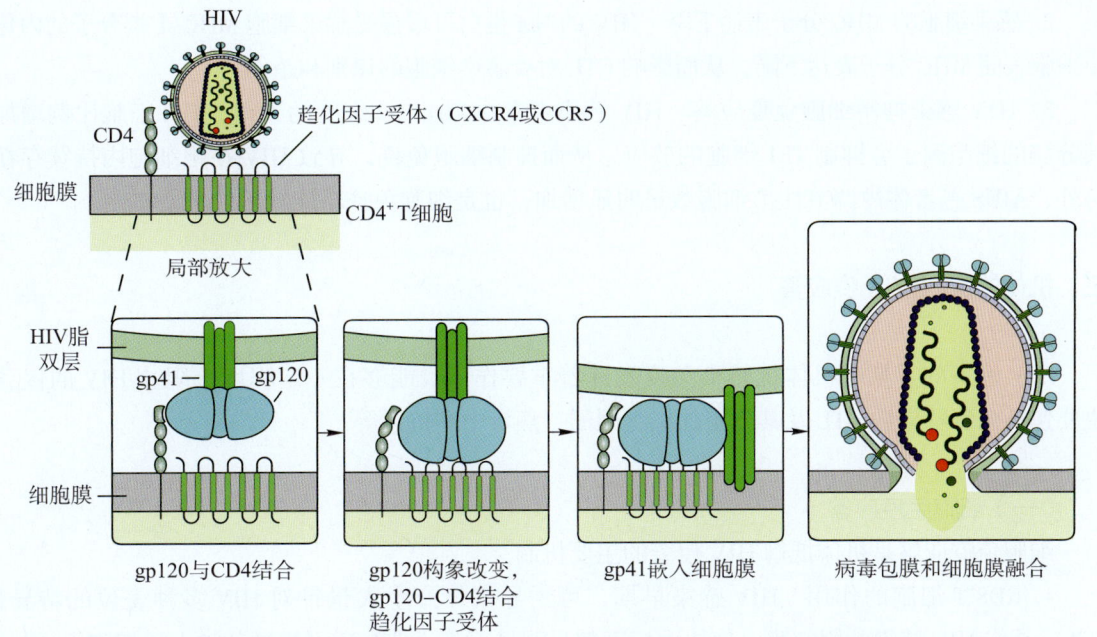

图 20-4　HIV 入侵 CD4⁺ T 细胞示意图
HIV 通过 gp120 与 CD4⁺ 细胞表面 CD4 分子结合；CD4-gp120 与 CXCR4（CCR5）结合；gp120 构象改变，暴露的 gp41 插入靶细胞膜，导致 HIV 包膜与靶细胞膜融合，病毒基因组进入靶细胞

导致造血细胞生成障碍。

（2）HIV 间接杀伤 $CD4^+$ T 细胞：① HIV 诱导机体产生的病毒特异性抗体可通过 ADCC 效应杀伤病毒感染的 $CD4^+$ T 细胞；②效应 CTL 特异性杀死 HIV 感染的 $CD4^+$T 细胞；③ HIV 编码产物有超抗原样作用，可使 $CD4^+$ T 细胞过度活化而死亡；④ gp120 与 CD4 分子交联后，可促使靶细胞表达 Fas 分子，通过 Fas/FasL 途径诱导 $CD4^+$ T 细胞凋亡。

2. 对 B 细胞的损伤　HIV 可引起 B 细胞多克隆活化，使 AIDS 患者产生多种自身抗体并伴有高丙种球蛋白血症。$CD4^+$ T 细胞的数量减少与功能障碍也会影响 B 细胞，导致 B 细胞功能紊乱，机体抗感染体液免疫功能下降。

3. 对巨噬细胞的损伤　Mϕ 表达 CD4 分子和 CCR5，对 HIV 易感。另外，Mϕ 还能通过吞噬其他感染细胞或 Fc 受体介导的内吞等方式感染 HIV。被感染 Mϕ 的功能及抗原提呈能力显著下降，不仅不能杀伤病原体，反而成为 HIV 的重要庇护所。

4. 对树突状细胞的损伤　DC 是 HIV 感染的重要靶细胞。DC 可通过树突状细胞特异性细胞间黏附分子 -3 结合非整合素因子（dentritic cell specific intracellular adhesion molecule-3 grabbing nonintegrin，DC-SIGN）高亲和力结合 gp120，使 HIV 以完整病毒颗粒形式进入 DC 内。在适当情况下，DC 可直接或间接地将 HIV 传递给 $CD4^+$ T 细胞，而使其感染。另外，淋巴结内的 FDC 表面可吸附大量 HIV，增加了 HIV 入侵 $CD4^+$ T 细胞和 Mϕ 的机会。

5. 对 NK 细胞的损伤　AIDS 患者体内 NK 细胞数量并不减少，但其分泌细胞因子（如 IL-2、IL-12）的能力及其对靶细胞的杀伤能力下降，这与 $CD4^+$ T 细胞数量减少、细胞因子分泌障碍有关。

微视频 20-3
HIV 对机体免疫功能的损伤作用

（三）HIV 逃逸免疫攻击的机制

机体免疫系统的损伤和免疫功能的缺陷是 HIV 免疫逃逸的主要机制，导致病毒在体内长期存活。

1. HIV 高突变和表位变异　HIV 基因组多个部分易发生变异，如 HIV 包膜蛋白 gp120 的编码基因就属于高突变基因，特别是其 V3 序列。V3 序列编码的部分是 HIV 入侵细胞的重要成分，也是产生免疫原性的重要组分，gp120 表位变异使 HIV 易于逃避免疫攻击。

2. 感染细胞的 MHC 分子表达下降　HIV 的 Nef 蛋白可增强受感染细胞 MHC I 类分子的内化，使细胞表面 MHC 分子表达下降，从而影响 CTL 对受感染细胞的识别和杀伤。

3. HIV 感染抑制细胞免疫应答　HIV 感染者存在 Th1/Th2 细胞的失衡，Th2 细胞比例增加，其分泌的细胞因子会抑制 Th1 细胞的效应，从而抑制细胞免疫，导致 HIV 在靶细胞内持续存在。另外，AIDS 患者体内调节性 T 细胞数量明显增加，也是细胞免疫功能缺陷的重要机制。

三、机体的抗 HIV 免疫应答

HIV 感染的早期，机体抗感染免疫发挥着重要作用，能够在一定程度上阻止 HIV 的侵袭，主要包括病毒特异性 CTL 及其分泌的细胞因子、病毒中和抗体等。

（一）细胞免疫应答

细胞免疫应答是机体抵御 HIV 侵袭的主要机制。

1. CD8$^+$T 细胞的作用　HIV 感染早期，可诱导机体产生大量针对 HIV 多种表位的特异性 CTL，杀伤 HIV 感染的靶细胞，使体内病毒数量明显下降。CTL 还可通过分泌大量细胞因子，抑制 HIV 的入侵和复制，如 RNATES、MIP-1α、MIP-1β，它们是 CCR5 的配体，可竞争性阻止 HIV 入侵靶细胞，但随着疾病的进展，HIV 特异性 CTL 及 CD4$^+$T 细胞数目均逐渐减少，对 HIV 复制的抑制作用也明显减弱。

2. CD4$^+$ T 细胞的作用　HIV 感染可刺激 CD4$^+$ Th1 细胞活化、分泌多种细胞因子（IL-2、IFN-γ），辅助体液免疫和激活 CTL，从而增强机体的抗病毒能力。研究表明，长时间无症状或经药物有效治疗的 AIDS 患者，体内存在大量特异性 CD4$^+$ T 细胞，并通过分泌 IL-2、IFN-γ，能够有效抑制 HIV 复制。

（二）体液免疫应答

临床聚焦 20-1
AIDS 的临床分期及免疫
学特征

HIV 感染 6~9 周后，机体可产生多种中和抗体。中和抗体主要是抗 gp120 和抗 gp41，主要通过 ADCC 效应清除 HIV 感染的靶细胞。另外，机体还能产生针对 p24 抗体、反转录酶等蛋白的抗体，其中抗 p24 抗体的消失与 CD4$^+$ T 细胞下降及 AIDS 病程相关联，但由于多数抗体的效价较低，再加上 HIV 抗原表位易突变的因素，这些抗体的免疫效应会逐渐丧失。

NK 细胞在 HIV 感染早期也发挥着重要作用，但随着病程的进展，其功能会逐步减弱。

第三节　免疫缺陷病的免疫学诊断和防治原则

一、免疫缺陷病的免疫学诊断

（一）PID 的诊断

体液免疫缺陷主要检测 B 细胞数量、功能及血清 Ig 的水平。T 细胞缺陷症的检测主要包括 T 细胞体内外功能试验、数量检测、亚群的比例检测等。评价单核/吞噬细胞的指标有白细胞计数、趋化功能检测、吞噬和杀伤试验等。补体的检测涉及面较广，包括总补体成分和单个组分的测定。

（二）AD 的诊断

AIDS 的免疫学诊断主要包括病毒抗原、抗病毒抗体、病毒滴度、免疫细胞的数量和功能。测定 HIV 核心抗原 p24 和抗 gp120、gp41 抗体可用于疾病分期、病程监测和血液筛查。定性和定量检测 HIV 核酸有助于疾病的诊断、HIV 遗传变异检测及耐药监测和抗病毒治疗的指导。$CD4^+$ T 细胞数量是反映 AIDS 免疫系统受损程度的最明确指标，所以 $CD4^+$ T 细胞计数是 AIDS 临床分期和预后判断的重要依据。

二、免疫缺陷病的防治原则

针对 AID，主要是积极防治原发性疾病，抑制导致免疫缺陷的诱发因素，预防感染，改善营养，加强疫苗接种，注意药物反应，做好隔离措施。

治疗 PID 的方法主要有一般治疗、替代治疗和免疫重建。①一般治疗：包括营养支持、隔离监护、精心护理和对症治疗。患者一旦出现发热或感染的症状，应持续使用适当的抗生素治疗。②替代治疗：是原发性免疫缺陷病的重要治疗手段，原则是缺什么补什么，此项治疗可暂缓疾病的临床症状。如静脉注射免疫球蛋白可缓解多种抗体缺陷病；细胞因子的替代治疗有助于调节 T 细胞的功能；对于存在腺苷脱氨酶（ADA）缺陷的患者，可以为其输注红细胞（其中富含 ADA）。③免疫重建：是将正常细胞或基因转输或移植入患者体内，从而持久地纠正其免疫缺陷。这类方法包括进行造血干细胞移植、胸腺组织移植和基因治疗等。

目前，治疗 HIV 多使用联合给药，如高效抗反转录病毒治疗，俗称"鸡尾酒"疗法。临床上用于治疗 HIV 感染的药物主要分为：①非核苷类反转录酶抑制剂；②核苷类反转录酶抑制剂；③病毒蛋白酶抑制剂；④病毒入胞抑制剂：包括融合抑制剂和 CCR5 拮抗剂；⑤整合酶抑制剂。

> 知识拓展 20-1
> HIV 疫苗的研究

鸡尾酒疗法常联合使用两种核苷类药联合一种非核苷类药或蛋白酶抑制剂。这种疗法能有效抑制病毒复制，延长患者存活时间，且降低传染风险。WHO 建议，HIV 感染者应早期接受抗病毒治疗。

对于预防 HIV 感染，目前尚无有效的 HIV 疫苗，其主要预防措施包括加强宣传教育，及时发现 HIV 感染者和携带者，控制并切断传播途径等。

> 临床聚焦 20-2
> AIDS 的鸡尾酒疗法

（金桂花）

复习思考题

1. 免疫缺陷病的共同临床特点有哪些？
2. 如何理解 X 连锁重症联合免疫缺陷病和 X 连锁无丙种球蛋白血症的发病机制？
3. 什么是 AIDS？简述 HIV 的致病机制。

新形态教材网

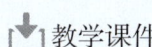 学习目标　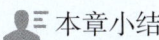 教学课件　 本章小结　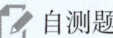 开放性讨论　📝 自测题

第二十一章
肿瘤免疫

关键词

肿瘤抗原	肿瘤特异性抗原	肿瘤相关抗原
胚胎抗原	肿瘤来源的损伤相关分子模式	免疫逃逸
肿瘤标志物	免疫检查点疗法	过继免疫细胞治疗
CAR–T 细胞治疗	TCR–T 细胞治疗	肿瘤疫苗

　　肿瘤是严重危害人类健康的重大疾病。肿瘤免疫研究内容包括肿瘤抗原及其免疫原性，肿瘤发生、发展与机体免疫的关系，应用免疫学原理和方法对肿瘤进行诊断、治疗和预防。本章简要介绍了肿瘤免疫学发展历史，阐述了肿瘤抗原分类及各类肿瘤抗原的主要特点，概括性介绍了机体的抗肿瘤免疫应答效应，肿瘤如何逃避免疫系统的攻击，如何利用免疫学原理和方法进行肿瘤的免疫诊断和免疫防治。

思维导图

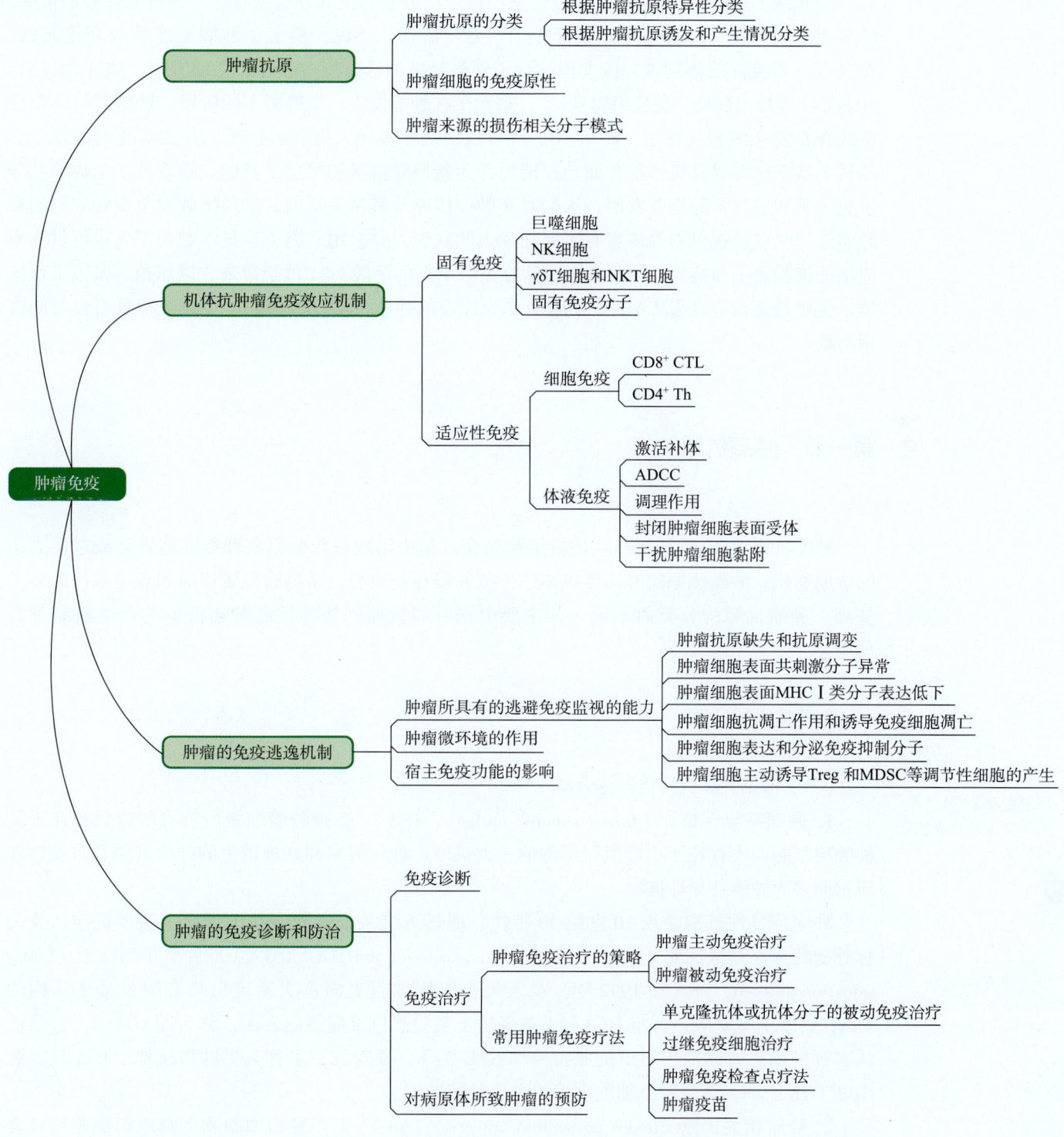

肿瘤免疫学（tumor immunology）是研究肿瘤抗原、机体抗肿瘤免疫应答及肿瘤的免疫逃逸、肿瘤的免疫诊断和免疫防治的科学。

20 世纪 50 年代，科学家利用近交系小鼠进行肿瘤移植的方法发现了肿瘤特异性移植抗原。60 年代，Thomas、Burnet 和 Good 等提出"免疫监视"学说，奠定了肿瘤免疫学的理论基础。70 年代，单克隆抗体问世，极大地推动了肿瘤免疫的诊断技术和肿瘤免疫治疗。80 年代以后，Schreiber 等提出肿瘤"免疫编辑理论"，揭示了在肿瘤发生、发展的不同阶段，肿瘤与机体免疫系统存在复杂的相互作用。90 年代，科学家发现了多种人类肿瘤抗原，并证实肿瘤抗原激活的树突状细胞可提高机体抗肿瘤免疫能力，为新型瘤苗研制奠定了基础。随着分子生物学、分子免疫学和遗传学的迅速发展，人们对于肿瘤抗原及其相关基因、机体抗肿瘤免疫效应机制和肿瘤逃逸免疫监视机制等内容有了更加深入的认识，并采用基因工程技术制备了大量可供临床应用的细胞因子和抗体，为肿瘤免疫治疗增添了新的手段。21 世纪以来，以瘤苗、基因工程抗体、免疫检查点疗法及 CAR-T 细胞治疗为代表的肿瘤主动性和被动性免疫治疗具有良好的应用前景。

第一节　肿瘤抗原

肿瘤抗原（tumor antigen）是指细胞癌变过程中出现的新抗原或肿瘤细胞异常或过度表达的抗原物质。肿瘤抗原能够诱导机体产生抗肿瘤免疫应答，是肿瘤免疫诊断和免疫防治的分子基础。肿瘤抗原的分类尚不统一，主要根据肿瘤抗原的特异性和肿瘤抗原的产生机制进行分类。

一、肿瘤抗原的分类

（一）根据肿瘤抗原特异性分类

科学发现 21-1
人类肿瘤特异性抗原的发现

1. 肿瘤特异性抗原（tumor specific antigen，TSA）　是指肿瘤细胞所特有的或只存在于某种肿瘤细胞而不存在于正常组织细胞的一类抗原。理化因素和病毒诱生的肿瘤抗原及自发性肿瘤抗原多为肿瘤特异性抗原。

肿瘤特异性抗原是在 20 世纪 50 年代，通过近交系小鼠肿瘤移植排斥实验所证实，故又称肿瘤特异性移植抗原（tumor specific transplantation antigen，TSTA）或肿瘤排斥抗原（tumor rejection antigen，TRA）。1992 年，在人黑色素瘤细胞表面首次鉴定出具有明显分子结构的 TSA，含 9 个氨基酸，可与 HLA-A1 共表达于某些黑色素瘤细胞表面，称为 MAGE-1。目前已从多种肿瘤患者体内扩增出抗原特异性 CTL 克隆，并发现了多种人类肿瘤抗原。TSA 只能被 CD8[+] CTL 识别，是诱发 T 细胞应答的主要肿瘤抗原。

2. 肿瘤相关抗原（tumor associated antigen，TAA）　是指肿瘤细胞和正常组织细胞均可表达的抗原物质，只是在细胞癌变时其表达量明显增高。此类抗原只表现出量的变化而无严格肿瘤特异性，胚胎抗原和过度表达的癌基因产物等均为此类抗原。此类抗原一般可被 B 细胞识别并产生相应抗体。

（二）根据肿瘤抗原诱发和产生情况分类

1. 化学或物理因素诱发的肿瘤抗原　化学致癌剂（如甲基胆蒽、二乙基亚硝胺等）或物理因素（如紫外线、X 线等）可随机诱发某些基因突变而导致肿瘤形成，表达相应的肿瘤抗原（如 MUM-1 抗原和 p53 等）。此类肿瘤抗原具有高度异质性，特异性高而免疫原性弱，即用同一化学致癌剂或物理方法诱发的肿瘤，在不同的宿主体内，甚至在同一宿主不同部位所诱发的肿瘤都具有互不相同的免疫原性。大多数人类肿瘤抗原不是此种抗原。

知识拓展 21-1
放射性物质对肿瘤的影响

2. 病毒诱发的肿瘤抗原　某些肿瘤病毒可将其 DNA 或 RNA 整合到宿主细胞基因组 DNA 中，从而诱导细胞癌变并表达相应突变基因的产物，即病毒诱发的肿瘤抗原。此类肿瘤抗原与理化因素诱发的肿瘤抗原不同，即由同一种病毒诱发的肿瘤，不论其来源或类型，均表达相同的肿瘤抗原。病毒诱发的肿瘤抗原免疫原性较强，可刺激机体产生免疫应答。此类肿瘤抗原由病毒基因编码，但又与病毒自身抗原有所区别，因此又被称为病毒相关的肿瘤抗原。EB 病毒诱发 B 细胞淋巴瘤和鼻咽癌表达的 EBNA-1 抗原，人乳头瘤病毒诱发宫颈癌表达的 E6 和 E7 抗原，人腺病毒诱发肿瘤表达的 EIA 抗原，以及 SV40 病毒转化细胞表达的 T 抗原等均属病毒相关肿瘤抗原。

3. 自发性肿瘤抗原　是指一些无明确诱发因素的肿瘤，大多数人类肿瘤属于自发性肿瘤。有些自发性肿瘤表达的抗原与理化因素诱发的肿瘤抗原类似，具有各自独特的肿瘤抗原特异性，很少或几乎完全没有交叉反应；有些自发性肿瘤则类似于病毒诱发的肿瘤，具有共同抗原。有些自发性肿瘤也可表达胚胎抗原或分化抗原，或异位或过度表达某些正常组织成分，如胃癌细胞可表达 ABO 血型抗原，腺癌细胞表面高表达人表皮生长因子受体等，这些正常组织成分不能激发免疫应答，但对肿瘤诊断和确定其组织来源具有一定的意义。

4. 胚胎抗原（embryonic antigen，EA）　是在胚胎发育阶段由胚胎组织产生的正常成分，在胚胎后期减少，出生后逐渐消失或极微量存在；当细胞癌变时，此类抗原可重新合成或大量表达。胚胎抗原有两种表达方式：一种是以分泌方式表达，如肝细胞癌变时产生的甲胎蛋白（alpha-fetoprotein，AFP）；另一种是以膜结合形式表达，此类胚胎抗原疏松地结合在细胞膜表面，易脱落，如结肠癌细胞产生的癌胚抗原（carcinoembryonic antigen，CEA）。AFP 和 CEA 是人类肿瘤中研究最为深入的两种胚胎抗原。此类抗原曾在胚胎期出现，宿主对之已形成免疫耐受性，因此不能诱导宿主免疫系统对其产生免疫应答。但胚胎抗原的检测可作为某些肿瘤临床免疫学诊断的指标。另一类胚胎抗原是出生后只在睾丸或卵巢等生殖母细胞中表达的抗原。因上述表达此类胚胎抗原的生殖细胞不表达 MHC I 类分子，故正常情况下不会被 CTL 杀伤。

5. 组织特异性分化抗原　是指细胞在特定分化阶段表达的抗原，不同来源或处于不同分化阶段的细胞可表达不同的分化抗原。某些特定组织中的肿瘤可高表达此类抗原，如卵巢癌患者的 CA125（carbohydrate antigen，CA），胰腺癌或结、直肠癌患者的 CA19-9，前列腺癌患者的前列腺特异性抗原（prostate-specific antigen，PSA），乳腺癌患者的 HER-2/neu 等。分化抗原的检测可作为某些肿瘤临床免疫学诊断或分型的指标。

二、肿瘤细胞的免疫原性

大多数肿瘤细胞表达肿瘤抗原的免疫原性比较弱，难以诱导机体产生针对这些肿瘤抗原的特异性免疫应答。CEA 本身免疫原性很弱，并且在胚胎期出现，很难诱导宿主免疫系统对肿瘤细胞产生免疫应答。通过氨基酸突变以改构 CEA，可提高 CEA 的免疫原性，如果将改构的 CEA 和高效的免疫佐剂合用，可诱导出较强的抗肿瘤免疫应答反应。肿瘤内的细胞（包括肿瘤细胞）死亡后也能释放出可诱导机体固有免疫反应的损伤相关分子模式（DAMP）和能够诱导机体产生适应性免疫应答的抗原。遗憾的是，在肿瘤患者体内，肿瘤来源的 DAMP 和抗原不足以诱导机体产生能够清除肿瘤细胞的强大免疫应答，这成为肿瘤形成的关键因素之一。肿瘤的恶性程度越高，其免疫原性往往越低。

三、肿瘤来源的损伤相关分子模式

肿瘤组织产生 DAMP 已得到确认，已发现和鉴定了多种 DAMP，如 HMGB1、胞外 ATP、MICA/B、CALR、HSP90 等，这些 DAMP 主要来自三条途径。①在肿瘤形成早期机体细胞突变后修复失败而死亡的细胞：这些 DAMP 在肿瘤形成早期发挥重要的抵抗作用；②慢性炎症部位浸润后死亡的炎性细胞：这些 DAMP 在肿瘤形成早期也会发挥抗肿瘤作用，但在瘤体形成后其诱发的抗肿瘤作用很有限，受此类 DAMP 诱导而浸润的部分炎性细胞甚至被肿瘤驯化而助纣为虐，促进肿瘤的发生发展；③在肿瘤形成后因为缺氧或营养缺乏而死亡的肿瘤细胞：尽管这些 DAMP 也可激发固有免疫应答，但此时机体处于严重的免疫抑制状态，且在肿瘤局部强大的免疫抑制微环境下，其激发机体产生固有免疫应答的抗肿瘤作用十分有限。

认识肿瘤来源 DAMP 及其作用，不仅有助于深入理解机体的抗肿瘤固有免疫应答机制，具有理论意义，还有助于建立更有效的肿瘤联合治疗策略，具有应用价值。如在解除机体免疫抑制状态的同时，可以发挥被其他疗法包括化学治疗或放射治疗等杀伤的机体细胞（包括肿瘤细胞）所释放的 DAMP 和抗原的免疫激活作用，联合多种免疫疗法，进一步提高肿瘤的治疗效果。

第二节　机体的抗肿瘤免疫效应机制

机体抗肿瘤免疫机制十分复杂，涉及固有免疫应答和适应性免疫应答两个方面。机体抗肿瘤免疫应答的产生及其强度不仅取决于肿瘤细胞免疫原性的强弱，还与宿主免疫功能和其他因素密切相关。

一、固有免疫的抗肿瘤免疫效应机制

固有免疫应答在肿瘤免疫过程中发挥着重要作用，固有免疫应答细胞主要包括 NK 细胞、巨噬细胞、$\gamma\delta T$ 细胞和 NKT 细胞等。

（一）NK 细胞的抗肿瘤作用

NK 细胞是执行机体免疫监视作用的重要效应细胞，无需抗原预先致敏，就可直接杀伤某些肿瘤细胞，也可通过 ADCC 效应定向杀伤 IgG 抗体特异性结合的肿瘤细胞。NK 细胞可被 IL-2 和 IFN-γ 等细胞因子激活，活化 NK 细胞对肿瘤细胞的杀伤作用显著增强。NK 细胞对肿

瘤细胞的识别机制与 CD8⁺ CTL 不同，但两者杀伤靶细胞的作用机制基本相同，即通过释放穿孔素、颗粒酶，表达 FasL 和分泌 TNF-β 使靶细胞溶解破坏和发生凋亡（图 21-1）。

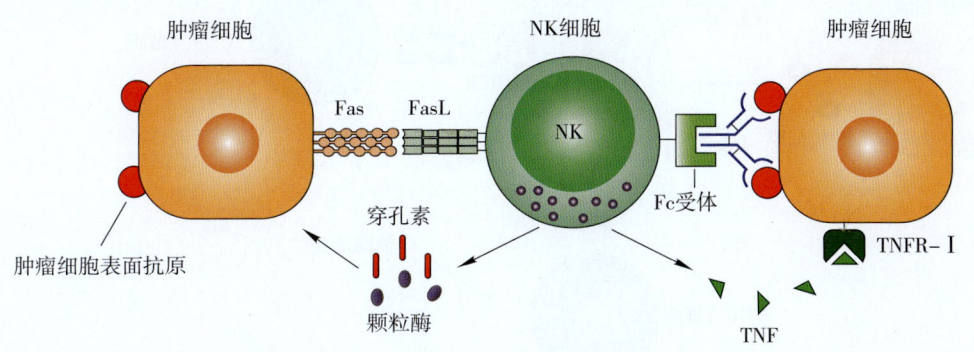

图 21-1 NK 细胞杀伤肿瘤细胞的机制示意图

NK 细胞可通过穿孔素-颗粒酶途径和 Fas-FasL 途径杀伤肿瘤细胞，NK 细胞也可通过 ADCC 效应或释放 TNF 等细胞因子杀伤肿瘤细胞

（二）巨噬细胞的抗肿瘤作用

巨噬细胞是专职抗原提呈细胞，也是非特异性杀伤肿瘤细胞的免疫效应细胞。静息状态的巨噬细胞不具杀瘤活性，它们被 IFN-γ、GM-CSF、IL-2 等细胞因子激活后，可通过以下作用机制发挥杀瘤效应：①活化巨噬细胞与肿瘤细胞融合，通过释放溶酶体酶杀伤肿瘤细胞；②活化巨噬细胞通过分泌活性氧、活性氮和蛋白水解酶等细胞毒性物质杀伤肿瘤细胞；③活化巨噬细胞通过分泌 TNF 诱导肿瘤细胞凋亡；④在肿瘤特异性抗体介导下，活化巨噬细胞也可通过 ADCC 效应和调理吞噬作用杀伤肿瘤细胞。

（三）γδT 细胞和 NKT 细胞的抗肿瘤作用

γδT 细胞和 NKT 细胞可直接杀伤某些肿瘤细胞，杀伤机制与 CTL 和 NK 细胞相似，也可分泌多种细胞毒性介质和细胞因子参与机体抗肿瘤免疫作用。

（四）固有免疫分子抗肿瘤作用

补体、TNF、IFN、IL 等都具有非特异性杀伤肿瘤细胞的作用，例如，补体可通过溶细胞作用杀伤肿瘤细胞，IL-2、IFN-γ 能够激活和增强 CTL、NK 细胞和巨噬细胞的杀瘤效果。

二、适应性免疫的抗肿瘤免疫效应机制

（一）细胞免疫的抗肿瘤免疫效应

T 细胞介导的细胞免疫应答在机体抗肿瘤免疫过程中起重要作用。体内参与抗肿瘤免疫作用的 T 细胞主要包括 CD4⁺ Th 细胞和 CD8⁺ CTL，其中 CD8⁺ CTL 在机体抗肿瘤免疫效应中起关键作用。

1. CTL 的抗肿瘤作用 肿瘤抗原特异性 CD8⁺ CTL 被相应肿瘤抗原激活、增殖、分化为效应 CTL 后，可特异性杀伤表达相应抗原的肿瘤细胞，发挥抗肿瘤免疫作用。其效应机制如下：①释放穿孔素和颗粒酶，使肿瘤细胞溶解和发生凋亡。②通过表达膜 FasL 和分泌 TNF-β 与肿瘤细胞表面相应受体，即 Fas 和 TNF-R 结合后，可通过激活胞内胱天蛋白酶系统，诱导靶细胞凋亡（图 21-2）。

2. Th 细胞的抗肿瘤作用 肿瘤抗原特异性 CD4⁺ Th 细胞被相应肿瘤抗原激活、增殖、分化

微视频 21-1
CTL 杀伤肿瘤细胞的机制

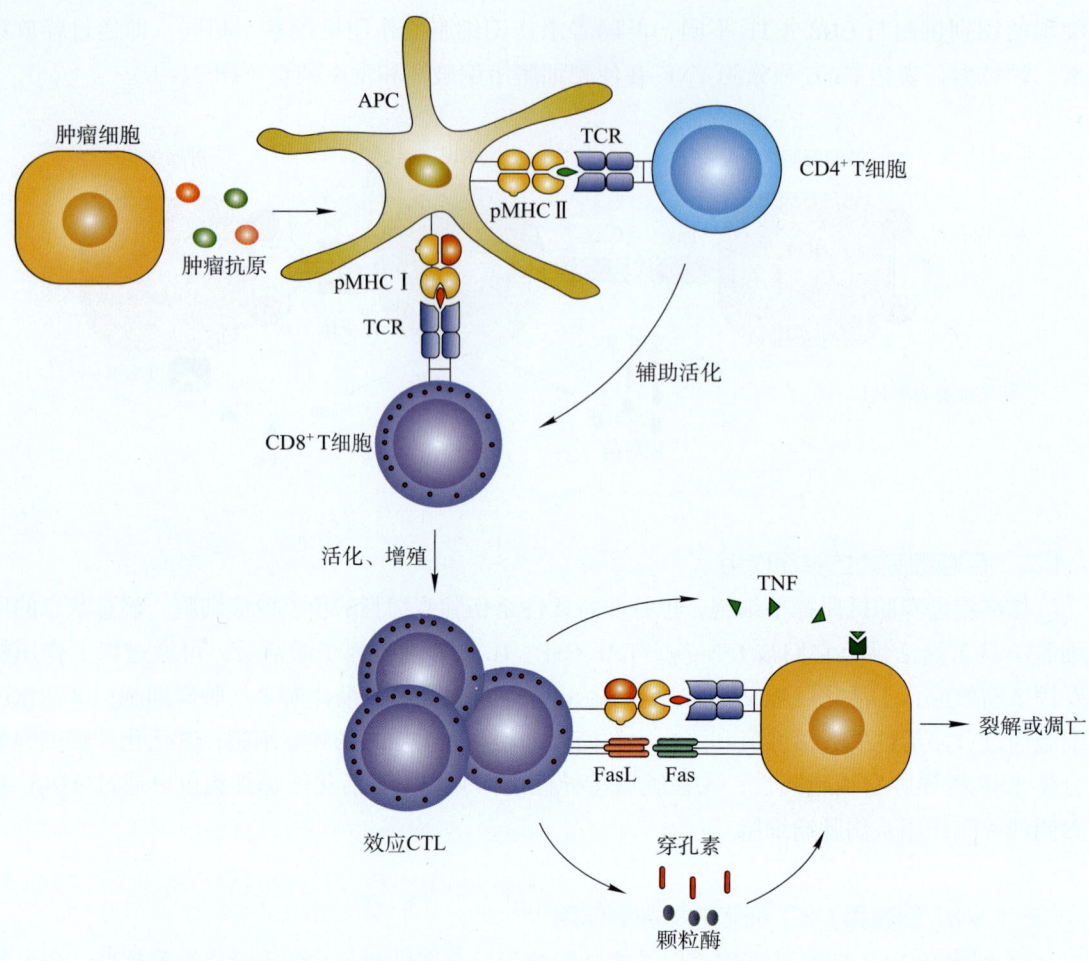

图 21-2 CTL 活化和杀伤肿瘤细胞的机制示意图

肿瘤细胞表面脱落的肿瘤抗原，经 APC 摄取、加工，以肿瘤抗原肽–MHC Ⅱ类/Ⅰ类分子复合物形式分别提呈给 CD4⁺ Th1 细胞和 CD8⁺ CTL。CTL 在 Th1 细胞辅助下活化，并通过下列机制杀伤肿瘤细胞：①通过释放穿孔素、颗粒酶，介导肿瘤细胞溶解或凋亡；②活化的 CTL 表达 FasL，与肿瘤细胞表面 Fas 结合，介导肿瘤细胞凋亡；③分泌 TNF-α、IFN-γ 等细胞因子，直接或间接杀伤肿瘤细胞

为效应 CD4⁺ Th 细胞后，可分泌 IL-2、IFN-γ 和 TNF-β 等多种细胞因子，增强巨噬细胞、NK 细胞和效应 CTL 对肿瘤细胞对杀伤作用；局部分泌高浓度 TNF-β，可直接诱导肿瘤细胞凋亡。

动画 21-1
T 细胞的抗肿瘤作用

（二）体液免疫的抗肿瘤免疫效应

肿瘤抗原可以诱导机体产生特异性抗体，理论上抗体可通过以下几种方式发挥作用（图 21-3）。

1. **激活补体系统溶解肿瘤细胞** 肿瘤特异性抗体（IgG1～3 或 IgM）与肿瘤细胞表面相应抗原表位结合后，可通过激活补体经典途径在肿瘤细胞表面形成攻膜复合物，使之溶解破坏，此即补体依赖的细胞毒作用（CDC）。

2. **抗体依赖性细胞介导的细胞毒作用** 肿瘤特异性 IgG 抗体与肿瘤细胞表面相应抗原结合后，可通过其 Fc 段与表面具有 FcγR 的效应细胞（如巨噬细胞、NK 细胞和中性粒细胞等）结合，发挥 ADCC 效应使肿瘤细胞溶解破坏。

动画 21-2
ADCC 效应

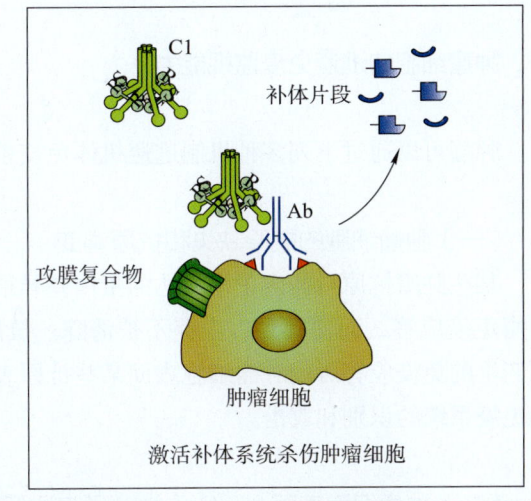

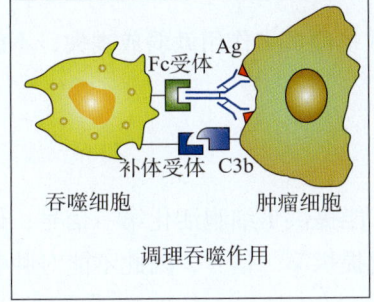

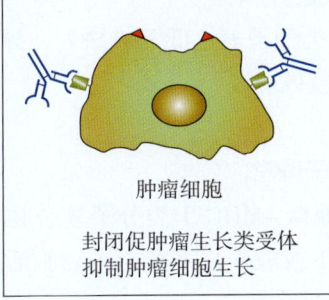

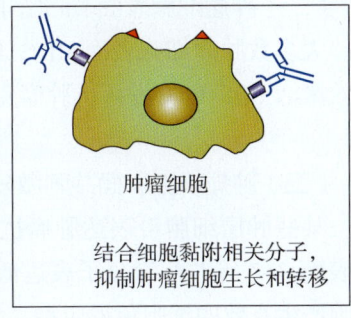

图 21-3 抗体在抗肿瘤免疫中的双重作用

抗体可通过激活补体、介导ADCC效应、介导调理作用，杀伤肿瘤细胞；肿瘤抗原特异性抗体还可封闭肿瘤细胞表面的生长类受体和细胞黏附相关分子，抑制肿瘤细胞的生长和转移

3. 抗体介导的调理吞噬作用 肿瘤特异性 IgG 抗体与游离状态的肿瘤细胞特异性结合后，可通过其 Fc 段与表面具有相应受体（FcγR）的吞噬细胞结合，增强和促进吞噬细胞对肿瘤细胞的吞噬和杀伤作用。

4. 抗体对肿瘤细胞表面某些受体的封闭作用 抗体可通过封闭肿瘤细胞表面某些受体而影响其功能。例如，抗转铁蛋白受体的抗体可通过阻断转铁蛋白与肿瘤细胞表面转铁蛋白受体结合，对肿瘤细胞的生长产生抑制作用。

5. 抗体对肿瘤细胞黏附作用的干扰 某些抗体可阻断肿瘤细胞与血管内皮细胞或其他细胞表面黏附分子间的相互作用，从而阻止肿瘤细胞生长、黏附和转移。

理论上，抗体有可能通过上述 5 种方式发挥抗肿瘤作用。但研究发现，在某些情况下肿瘤特异性抗体与肿瘤细胞结合后，非但不能杀伤肿瘤细胞，反而会干扰特异性细胞免疫应答对肿瘤细胞的杀伤作用，这种具有促进肿瘤生长作用的抗体被称为增强抗体（enhancing antibodies）。

动画 21-3
抗体封闭肿瘤细胞表面某些受体

第三节 肿瘤的免疫逃逸机制

机体免疫系统能够产生抗肿瘤免疫应答，但是许多肿瘤仍能在机体内进行性生长，这表明肿瘤具有逃避免疫监视和攻击的能力。体内突变细胞能否形成肿瘤及肿瘤的发生、发展取决于机体的抗肿瘤免疫功能和肿瘤细胞的免疫逃逸（tumor escape）作用。

微视频 21-2
肿瘤免疫逃逸的机制

一、肿瘤细胞的逃避免疫监视能力

肿瘤可以通过下列多种机制逃避机体免疫系统的免疫监视作用（图21-4）。

（一）肿瘤细胞的抗原缺失和抗原调变

某些肿瘤抗原与体内正常表达的蛋白差异很小，免疫原性微弱，无法诱导机体产生有效的抗肿瘤免疫应答，而使其得以生存不被清除。抗原调变（antigenic modulation）是指宿主对肿瘤抗原产生的免疫应答可使肿瘤细胞表面某些抗原表位减少或丢失的现象。此种作用可使肿瘤细胞逃逸免疫系统的识别和攻击。

（二）肿瘤细胞表面 MHC Ⅰ类分子表达低下

大多数肿瘤细胞表面 MHC Ⅰ类分子表达低下或缺失，导致抗原提呈作用微弱或丧失，不能有效激活 CD8+ CTL 发挥抗肿瘤免疫效应。

（三）肿瘤细胞表面共刺激分子异常

某些肿瘤细胞可表达肿瘤抗原肽-MHC Ⅰ类分子复合物，能提供 T 细胞活化第一信号；但其表面 B-7 等共刺激分子表达低下或缺失，不能为 T 细胞活化提供第二信号，因此不能对肿瘤细胞产生有效的细胞免疫应答。

（四）肿瘤细胞抗凋亡作用和诱导免疫细胞凋亡

肿瘤细胞可高表达 Bcl-2 等抗凋亡基因产物，而不表达或弱表达 Fas 及 Fas 相关信号分子，从而使其肿瘤细胞能够对抗免疫效应细胞通过表达 FasL 介导的杀伤作用。某些肿瘤细胞可表达 FasL，能诱导高表达 Fas 的肿瘤特异性 T 细胞发生凋亡。

图 21-4　肿瘤免疫逃逸机制示意图

肿瘤可以多种机制逃避机体免疫监视作用：①通过抗原缺失和抗原调变，逃逸免疫系统的识别和攻击。②肿瘤细胞表面 MHC Ⅰ类分子表达低下或缺失，不能有效激活肿瘤抗原特异性 CTL。③表达共刺激分子低下或缺失，不能为 T 细胞活化提供第二信号。④肿瘤细胞高表达 FasL，介导肿瘤特异性 CTL 凋亡。肿瘤细胞高表达 bcl-2 等抗凋亡基因产物，下调自身 Fas 的表达，有利于肿瘤细胞的生长。⑤肿瘤细胞可直接侵犯免疫系统，也可以直接或间接方式抑制免疫效应细胞

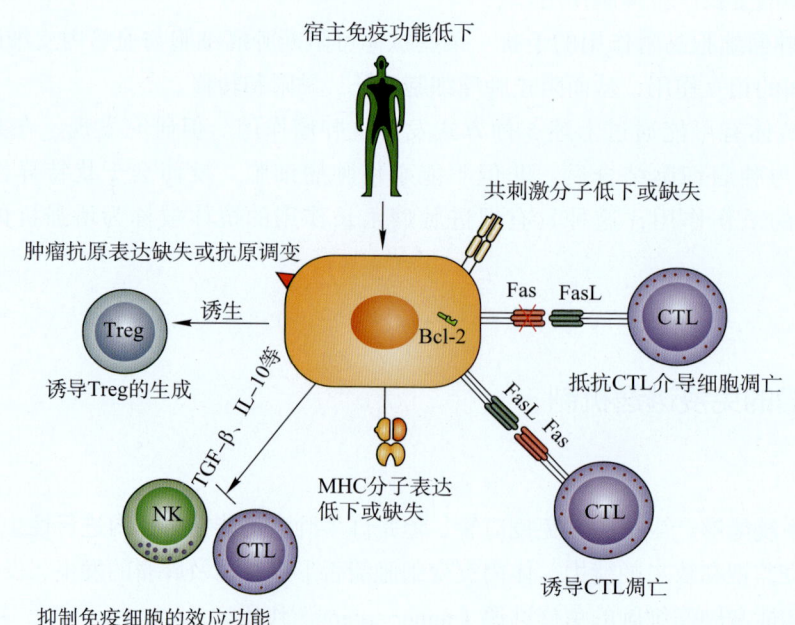

（五）肿瘤细胞表达和分泌免疫抑制分子

某些肿瘤细胞可通过分泌 TGF-β 和 IL-10 等抑制性细胞因子或 PGE_2 等抑制性介质，使机体免疫功能处于低下或抑制状态，导致肿瘤细胞"逃逸"。

（六）肿瘤细胞主动诱导 Treg 和 MDSC 等调节性细胞的产生

肿瘤细胞可主动诱导荷瘤机体产生 Treg 和 MDSC 等调节性细胞，抑制机体抗肿瘤免疫应答。巨噬细胞可以被肿瘤细胞分泌的某些物质驯化，成为免疫抑制性巨噬细胞，能促进肿瘤的发展。

二、肿瘤微环境的作用

肿瘤微环境是由肿瘤细胞及其所赖以生存的场所组成，肿瘤微环境内存在某些能够抑制肿瘤细胞生长、增殖的免疫效应细胞和分子，也有某些能够促进肿瘤细胞生长、增殖的免疫细胞，如调节性 T 细胞、肿瘤相关巨噬细胞、肿瘤相关纤维细胞、髓源性抑制细胞等免疫抑制细胞和免疫抑制分子。肿瘤的发生和转移与肿瘤细胞所处的微环境有着密切关系。

三、宿主免疫功能的影响

宿主免疫功能的高低也是肿瘤细胞能否实现免疫逃逸的关键。宿主由于某些原因处于免疫功能低下的状态，如长期服用免疫抑制药、HIV 感染、宿主抗原提呈细胞功能低下或缺陷等，都有助于肿瘤逃避宿主免疫系统的攻击。肿瘤也能导致宿主免疫功能低下或免疫抑制，从而进一步抑制宿主抗肿瘤免疫应答。

第四节　肿瘤的免疫诊断和防治

一、肿瘤的免疫诊断

通过生物化学和免疫学技术检测肿瘤抗原、抗肿瘤抗体或其他肿瘤标志物，可用于临床某些肿瘤的诊断及肿瘤状态的评估。肿瘤标志物是指在肿瘤发生、增殖和转移过程中，由肿瘤细胞本身所产生的或者是由机体对肿瘤细胞反应而产生的，能够反映肿瘤存在和生长的一类物质，包括蛋白质、激素、酶及癌基因产物等。目前最常用的肿瘤免疫诊断方法如下：① AFP 检测对原发性肝细胞性肝癌有诊断价值。② CEA 检测有助于直肠和结肠癌的诊断。③ CA19-9 检测有助于胰腺癌的诊断。④ CA125 检测有助于卵巢癌的诊断。⑤ CA15-3 检测有助于乳腺癌的诊断。⑥ PSA 检测有助于前列腺癌的诊断。

除上述血清或体液中的肿瘤标志物之外，对细胞表面肿瘤标志物的检测也在临床上得到应用：①采用单克隆抗体免疫组织化学或流式细胞仪检测分析淋巴瘤和白血病细胞表面 CD 分子表达情况，可对上述疾病进行诊断和临床组织分型；②将放射性核素（^{131}I）标记的肿瘤特异性抗体从静脉或腔内注入体内，可使放射性核素集中到肿瘤所在部位，借助 γ 照相机可以显示清晰的肿瘤影像，此种放射免疫显像法已试用于临床诊断，是一种有较好前景的肿瘤诊断技术。

临床聚焦 21-1
肿瘤标志物联合检测
在临床上的应用

二、肿瘤的免疫治疗

（一）肿瘤免疫治疗的策略

肿瘤的免疫疗法（tumor immunotherapy）是通过激发和增强机体免疫功能，以达到控制和杀伤肿瘤细胞的目的。免疫疗法是一种辅助治疗方法，只能清除少量播散的肿瘤细胞，对晚期的实体肿瘤疗效有限，通常与手术、化学、放射治疗等常规疗法联合应用。临床上先用常规疗法清除大量肿瘤细胞后，再用免疫疗法清除残存的肿瘤细胞，可提高肿瘤综合治疗的效果，并有助于防止肿瘤复发和转移。根据机体抗肿瘤免疫效应机制，肿瘤的免疫疗法主要分为肿瘤的主动免疫疗法和肿瘤的被动免疫疗法两类。

1. 主动免疫治疗　是利用肿瘤的免疫原性，采用各种有效的手段激活患者自身产生针对肿瘤的免疫应答，如肿瘤疫苗可激发机体自身产生特异性抗肿瘤免疫应答，被视为特异性主动免疫治疗。而细胞因子疗法及一些免疫调节剂如卡介苗、短小棒状杆菌等可非特异性地增强宿主的免疫功能、激活宿主的抗肿瘤免疫应答，也具有一定的抗肿瘤效果，严格意义上说也应该属于主动免疫治疗的范畴，可视为非特异性主动免疫治疗。

2. 被动免疫治疗　是给机体输注外源性免疫效应物质，包括抗体、免疫效应细胞等，由这些外源性的免疫效应物质在宿主体内发挥抗肿瘤作用。该疗法不依赖于宿主本身的免疫功能状态，可比较快速地发挥治疗作用。有些免疫治疗方法输注的外源性免疫效应物质既可激发宿主抗肿瘤免疫应答，又可直接作用于肿瘤细胞。比较特殊的是肿瘤的免疫检查点治疗，其通过抗体阻断免疫检查点分子的作用，以激活机体自身的免疫功能从而发挥抗肿瘤作用，对其归类存在争议，严格区分意义不大。

（二）常用肿瘤免疫疗法

1. 单克隆抗体或抗体样分子的被动免疫治疗　是一种快速且理论上非常具有特异性的方法，但不会形成长期免疫。应用基因工程抗体治疗肿瘤是肿瘤免疫治疗方面最令人瞩目的进展之一，疗效确切的多种基因工程抗体已广泛应用于临床，例如用于乳腺癌治疗的靶向抗原为人类表皮生长因子受体2（HER2）基因工程抗体，治疗B细胞淋巴瘤的靶向抗原为CD20基因工程抗体（表21-1）。抗体偶联某些能够直接杀伤肿瘤细胞的物质，如毒素、化学治疗药物、放射性核素等可望取得更佳疗效。此外，也已开发出靶向不同抗原的双特异性抗体及具有抗体样抗原结合位点的抗体单链可变区片段等用于肿瘤治疗。

表 21-1　部分批准上市的抗肿瘤基因工程抗体

单抗名 / 商品名	抗体作用靶点	适用范围
trastuzumab/Herceptin	HER2	HER2 高表达的乳腺癌、卵巢癌等
bevacizumab/Avastin	VEGF	进展期 / 转移性结直肠癌、胃癌、胰腺癌等
cetuximab/Erbitux	EGFR	EGFR 阳性的转移性结直肠癌、胃癌、鼻咽癌
rituximab/Rituxan	CD20	非霍奇金淋巴瘤、慢性淋巴细胞白血病
cemtuzumab/Mylotarg	CD33	CD33 阳性的急性粒细胞白血病

2. 过继免疫细胞治疗　将体外扩增和激活的免疫效应细胞包括肿瘤抗原特异性CTL、淋巴因子激活的杀伤细胞、细胞因子诱导的杀伤细胞、肿瘤浸润淋巴细胞、活化的单核/巨噬细胞、中性粒细胞NK细胞等过继回输入荷瘤宿主体内，具有一定的抗肿瘤效果。近年来，嵌合抗原受体T细胞（CAR-T细胞）治疗在白血病治疗中有效，其原理是将识别肿瘤相关抗原的单链抗体（ScFv）和T细胞活化基序相结合，通过基因转染使得T细胞对肿瘤细胞具有良好的靶向性或更强的杀伤活性。新研发的CAR含有共刺激分子胞内段，具备更好的T细胞活化作用。将抗原特异性TCR导入患者T细胞而制备的TCR工程T细胞（T-cell receptor-engineered T cell，TCR-T细胞）治疗在肿瘤治疗中得到成功应用。TCR-T细胞与人体中的天然T细胞颇为相似，它主要通过亲和力优化或纯天然的TCR来识别肿瘤MHC分子所提呈的抗原。这一过程依赖于TCR-CD3复合物向细胞内传递刺激信号。正因如此，TCR-T细胞不仅能够精准识别肿瘤表面的抗原，更能深入识别肿瘤内部成百上千个抗原，这一独特优势使TCR-T细胞治疗更适合应用于实体瘤治疗。

知识拓展21-2
CAR-T细胞治疗

3. 肿瘤免疫检查点疗法　某些肿瘤免疫疗法既可激发宿主免疫应答，又可作为外源性免疫效应物质直接作用于肿瘤细胞，不能简单地将其归类为肿瘤的主动免疫疗法和肿瘤的被动免疫疗法。

知识拓展21-3
TCR-T细胞治疗

由PD-1和CTLA-4等免疫抑制性分子构成的免疫检查点分子有助于防止过度应答导致的免疫损伤，但其不适当的活化也参与了肿瘤和慢性感染的病理发生。近年来，通过调控肿瘤微环境中抗肿瘤免疫应答关键的免疫检查点分子所进行的肿瘤免疫治疗取得了新的进展，针对PD-1、PD-L1和CTLA-4的系列抗体在临床肿瘤治疗中已取得良好效果（图21-5），另有大量靶向其他免疫抑制性受体的抗体和小分子药物正处于不同临床试验阶段，免疫检查点疗法被认为是肿瘤免

知识拓展21-4
肿瘤免疫检查点疗法

A

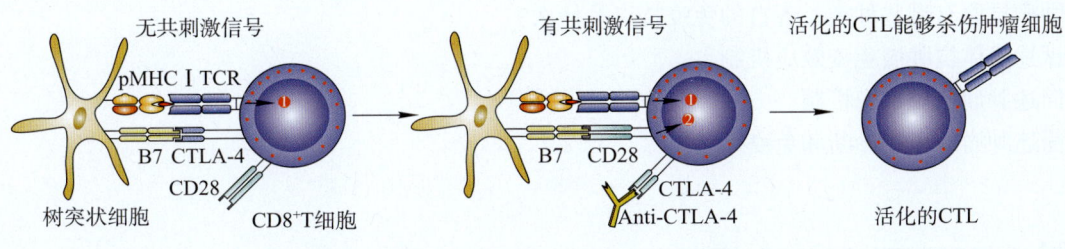

B

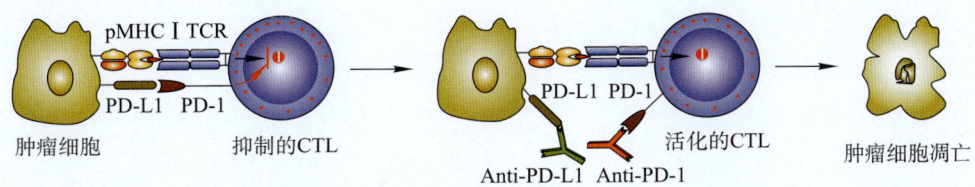

图21-5　免疫检查点阻断诱导机体抗肿瘤免疫应答反应

A. 抗肿瘤免疫应答的诱导。在淋巴结中，CD8⁺T细胞表面的CTLA-4与树突状细胞表面B7结合，可抑制CD8⁺T细胞的活化；CTLA-4抗体的应用，可阻断CTLA-4的负向免疫节作用，使共刺激分子CD28与B7结合，为CD8⁺T细胞提供共刺激信号，使CD8⁺T细胞成为活化的CTL，杀伤肿瘤细胞。B. CTL杀伤肿瘤细胞。在肿瘤部位，CTL其表面PD-1分子与肿瘤细胞表面PD-L1结合，可启动抑制信号通路，使CTL的杀伤活性被抑制。PD-1抗体或PD-L1抗体的应用，可阻断PD-1与PD-L1的结合，从而解除对CTL杀伤活性的抑制，而发挥抗肿瘤效应

疫疗法的里程碑事件。

4. 肿瘤疫苗　给荷瘤宿主注射具有免疫原性的肿瘤疫苗，有助于诱导机体抗肿瘤免疫应答。

（1）DC 瘤苗：考虑到 DC 具有很强的抗原加工与提呈能力，所以用已知的肿瘤抗原或肿瘤细胞甚至肿瘤组织的裂解物预先在体外致敏患者的 DC，然后将携带肿瘤抗原信息的 DC 瘤苗免疫荷瘤宿主，诱导有效的抗肿瘤免疫应答。

（2）基因修饰瘤苗：是将某些细胞因子基因、共刺激分子基因、MHC Ⅰ类抗原分子基因等转入肿瘤细胞后所制成的免疫原性增强的瘤苗。

（3）蛋白多肽瘤苗：是采用化学合成或基因重组的方法制备的肿瘤抗原多肽，或多肽与佐剂等的融合蛋白。

应用现代生物学技术，提取或合成肿瘤抗原多肽或其 mRNA，通过不同途径免疫患者，可实现对肿瘤患者的精准免疫治疗。

三、对病原体所致肿瘤的预防

病原体感染与肿瘤发生有关，如 HPV 感染与宫颈癌，HBV 或 HCV 感染与原发性肝癌等。制备相关的病原体疫苗或探索新的干预方式有可能预防上述肿瘤的发生。目前 HPV 疫苗已成功应用于宫颈癌的预防。

（宋文刚）

复习思考题

1. 肿瘤抗原有哪些种类？各自的免疫特点是什么？
2. 试述机体抗肿瘤免疫效应机制。
3. 简述肿瘤免疫逃逸机制。
4. 简述肿瘤的免疫诊断和免疫疗法。

新形态教材网

👤 学习目标　　📥 教学课件　　👤 本章小结　　👥 开放性讨论　　📝 自测题

第二十二章
移植免疫

关键词

移植　　　　　移植物　　　　供者　　　　　受者

移植抗原　　　移植排斥反应　　直接识别　　　间接识别

同种反应性 T 细胞　　　　　　宿主抗移植物反应

移植物抗宿主反应　　　　　　　超急性排斥反应

急性排斥反应　　　　　　　　　慢性排斥反应

器官移植是 20 世纪最重要的医学成就之一。随着组织配型技术、器官保存技术和外科手术方法的不断改进，以及高效免疫抑制药的陆续问世，移植术已成为治疗多种终末期疾病的有效手段。尽管如此，移植排斥反应仍然是器官移植无法绕开的关键问题。器官移植成功与否，在很大程度上取决于供－受者之间的组织相容性。移植免疫学作为医学免疫学的一个分支，主要研究移植排斥反应的发生机制及排斥反应的防治原则。对于这些问题的解答具有重要的临床应用价值。

思维导图

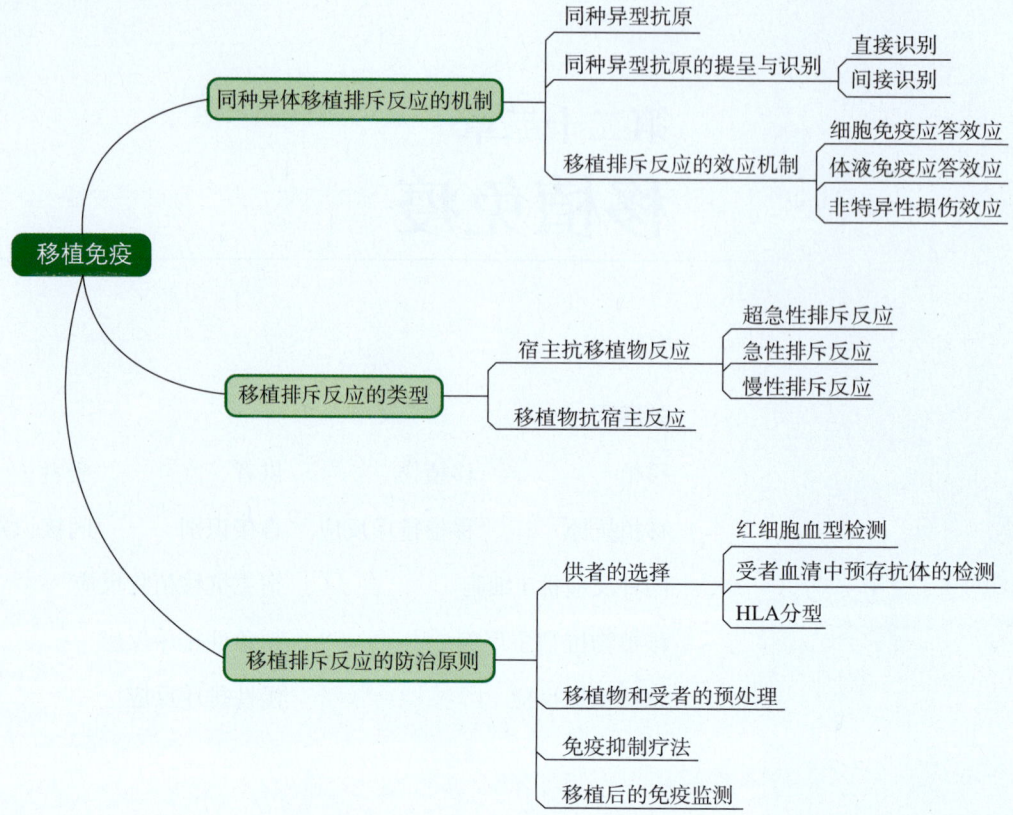

医学上应用异体或自体的正常细胞、组织或器官置换病变的或功能缺损的细胞、组织或器官，以维持和重建机体生理功能，这种治疗方法称为移植（transplantation）。根据移植物种类的不同，可分为细胞移植（如胰岛细胞移植）、组织移植（如角膜、皮肤移植）和器官移植（如肝、肾移植）；被移植的细胞、组织和器官称为移植物（graft），提供移植物的个体称为供者（donor），接受移植物的个体称为受者（recipient）。

根据移植物的来源和供受者间遗传背景的不同，可将移植分为以下4种类型（图22-1）。①自体移植（autologous transplantation）：指移植物取自受者自身，如烧伤后取患者自身健康皮肤移植到烧伤创面，移植后不发生排斥反应。②同系移植（isogenic transplantation）：也称为同基因移植，指遗传背景完全相同或基本相似个体间的移植，如同卵双胎或同系动物间的移植，移植后一般不发生排斥反应。③同种异体移植（allogeneic transplantation）：也称为同种异型移植，指同一种属内，遗传背景不同个体间的移植，移植后一般均发生排斥反应，其强弱取决于供、受者之间遗传背景差异的程度。④异种移植（xenogeneic transplantation 或 xeno-transplantation）：指不同种属个体间的移植，如将猪的心脏移植给人。由于异种动物间遗传背景差异较大，移植后可发生严重的排斥反应，包括超急性排斥反应。

目前，用于临床治疗的移植术主要是同种异体移植，本章主要介绍同种异体移植的相关内容。

微视频 22-1
移植的分类

知识拓展 22-1
异种器官移植

图 22-1　移植的类型
①自体移植。②同系移植，移植物来源于遗传基因与受者完全相同的供者。③同种异体移植，移植物来自同种但遗传基因型有差异的另一个体。④异种移植，移植物来源于异种动物

自体移植

同系移植　同种异体移植

异种移植

第一节　同种异体移植排斥反应的机制

在不使用免疫抑制药的情况下，同种异体间的器官移植一般均会发生排斥反应。其本质是受者 T 细胞介导的针对移植抗原的免疫应答，此类免疫应答是受者 T 细胞表面 TCR 识别移植物细胞表面同种异型抗原所引发。

一、同种异型抗原的概念与分类

引起移植排斥反应的抗原统称为移植抗原（transplantation antigen）或组织相容性抗原

（histocompatibility antigen）。同一种属不同个体之间，由不同等位基因编码的多态性产物，即为同种异型抗原（allogenic or allotypic antigen），均可作为组织相容性抗原而引起排斥反应，主要包括以下 3 类。

（一）主要组织相容性抗原

能引起快速而强烈排斥反应的同种异型抗原称为主要组织相容性抗原（MHC 抗原），人类 MHC 抗原即为 HLA 抗原。供、受者间 HLA 型别差异是介导强烈排斥反应的主要因素。

（二）次要组织相容性抗原

次要组织相容性抗原（minor histocompatibility antigen，mHA 抗原）表达于机体组织细胞表面，可引起较弱而缓慢的排斥反应。主要包括：①与性别相关的 mHA 抗原，即 Y 染色体基因编码产物，表达于精子、表皮细胞和脑细胞表面。②由常染色体编码的 mHA 抗原，如人类的 HA-1、HA-2、HA-4、HA-5 等，其中某些可表达于机体所有组织细胞，某些仅表达于造血细胞和白血病细胞。

单个 mH 抗原不符一般引起缓慢的排斥反应，但多个 mHA 抗原不符可能会引起类似于 MHC 抗原不符所致的快速而强烈的排斥反应。

（三）其他同种异型抗原

1. 人 ABO 血型抗原　主要表达于红细胞表面，也可表达于肝、肾等组织细胞和血管内皮细胞表面。供、受者间 ABO 血型不符可引起移植排斥反应，特别是受者血清中血型抗体可与供者移植物血管内皮细胞表面 ABO 抗原结合，通过激活补体而引起血管内皮细胞损伤和血管内凝血，从而导致超急性排斥反应的发生。

2. 组织特异性抗原　指特异性表达于某一器官、组织或细胞表面的抗原。如血管内皮细胞抗原和皮肤 SK 抗原等。不同组织特异性抗原的免疫原性不同，故同种异体器官移植后其排斥反应的强度各异，从强到弱依次为皮肤、肾、心、胰、肝等。

二、同种异型抗原的提呈与识别

T 细胞是识别同种异型抗原并介导移植排斥反应的关键细胞。受者 TCR 可通过直接识别和间接识别两种途径识别移植物组织细胞表面的同种异型抗原（图 22-2）。

（一）直接识别

1. 直接识别的基本过程　直接识别（direct recognition）是指受者同种反应性 T 细胞（alloreactive T cell）直接识别供者 APC 提呈的抗原肽 – 同种异型 MHC 分子复合物（pMHC），并产生免疫应答。其过程是：移植器官一旦与受者血管接通，移植物中残留的过客白细胞（passenger leukocyte），主要包括成熟的 DC、巨噬细胞等 APC 和淋巴细胞，即可从移植物向受者外周淋巴组织迁移，而受者 T 细胞可进入移植物中。由此，供者 APC 可与受者 T 细胞接触，前者直接将抗原肽 – 同种异型 MHC 分子复合物提呈给 CD8$^+$ T 细胞，后者活化、增殖、分化为效应 CTL，从而介导移植排斥反应。

2. 直接识别的机制　按照 MHC 限制性理论，T 细胞与 APC 间的相互作用，T 细胞识别抗原

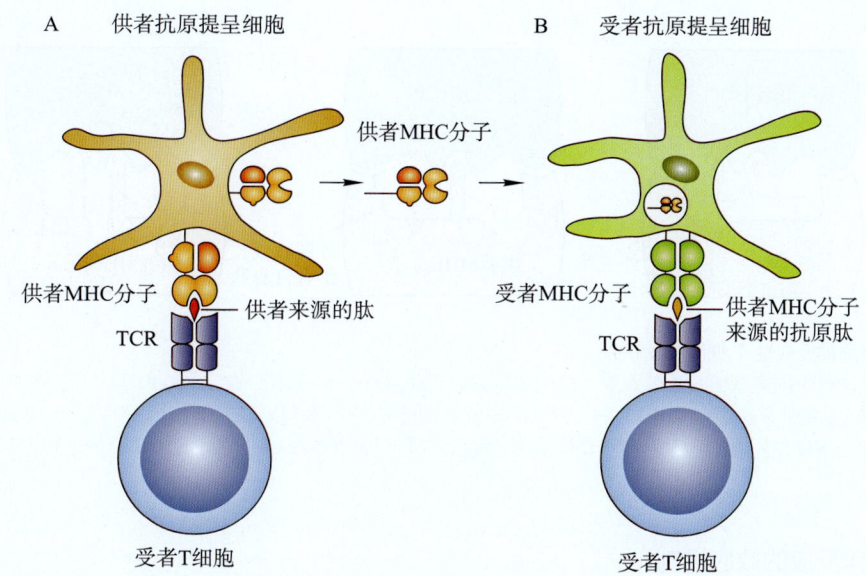

A　供者抗原提呈细胞　　　　　　　B　受者抗原提呈细胞

供者MHC分子

供者MHC分子

供者MHC分子　　供者来源的肽
TCR

受者MHC分子　　供者MHC分子
　　　　　　　　来源的抗原肽
TCR

受者T细胞　　　　　　　　　　　　受者T细胞

图22-2　同种异型抗原的直接识别和间接识别

A. 直接识别。受者T细胞的TCR识别由供者APC提呈的抗原肽－供者MHC分子复合物。B. 间接识别。受者T细胞的TCR识别由受者APC加工处理的供者MHC来源的抗原肽－受者MHC分子复合物

肽和 APC 表面自身 MHC 分子。若同种移植供者的 APC 与受者的 T 细胞间 MHC 型别不同，则不能发生相互作用。器官移植中，受者 T 细胞如何突破 MHC 限制性而直接识别供者 APC 表面的同种异型 MHC 分子，对这一问题，科学家提出了新的解释。

关于直接识别的确切机制尚不清楚，比较公认的观点为 TCR 交叉识别可能是直接识别的分子基础。TCR 与抗原肽 –MHC 分子复合物的相互作用，在 T 细胞与 APC 之间产生了一个由 TCR 的 CDR、抗原肽、MHC 的肽结合槽 α 螺旋三者而形成的界面。TCR 识别靶分子并非绝对专一，而是具有一定的简并性与包容性。

在直接识别中，受者同种反应性 T 细胞所识别的 pMHC 包括供者自身抗原肽 – 供者 MHC 分子复合物、外源性抗原肽 – 供者 MHC 分子复合物。另外，受者同种反应性 T 细胞可直接识别供者 APC 表面空载的高密度供者 MHC 分子。通过直接识别激活的 T 细胞以 CD8+ T 为主，其次是 CD4+ T 细胞（图 22-3）。由此可见，供者 APC 表面所表达的各种抗原肽 –MHC 分子复合物均可被受者同种反应性 T 细胞交叉识别，启动免疫应答，而发生移植排斥反应。某些情况下，受者同种反应性 T 细胞还可直接识别供者移植物组织细胞表面高表达的 MHC 分子。直接识别导致的排斥反应，在每一个体针对一般异源性抗原的 T 细胞克隆仅占总数的 1/100 000 ~ 1/10 000，而具有同种抗原反应性的 T 细胞克隆占 T 细胞库总数的 1% ~ 10%，反应强度大，在移植早期的急性排斥反应中发挥主要作用。

动画 22-1
同种异型抗原的直接识别

（二）间接识别

间接识别（indirect recognition）是指来源于供者移植物的同种异型抗原经受者 APC 加工、处理后，以供者抗原肽 – 受者 MHC Ⅱ类分子复合物形式提呈给 CD4+ T 细胞，诱导 Th 细胞形成。部分移植物 MHC 分子可被受者 APC 通过交叉抗原提呈活化 CD8+ T 细胞。间接识别机制与 T 细胞识别任何外源性抗原相同，移植物细胞表面的 MHC 分子是间接识别的主要靶分子（抗原肽），因此，供 – 受者之间 MHC 分子差异越大，其所致排斥反应亦越强烈。一般认为，间接识别机制在急性排斥反应中、晚期及慢性排斥反应中起重要作用。

动画 22-2
同种异型抗原的间接识别

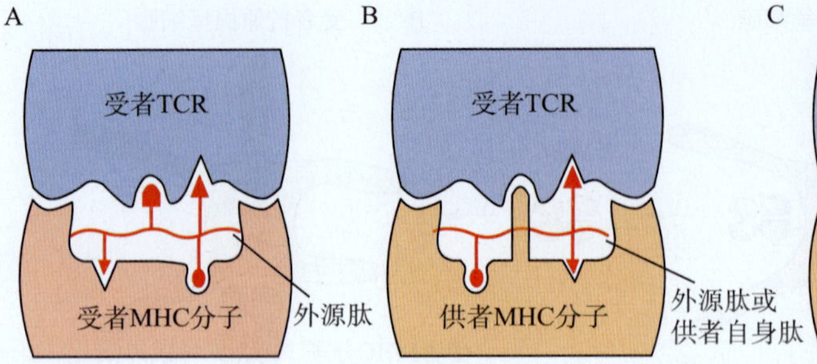

图 22-3　受者同种反应性 T 细胞交叉识别

同一受者的 TCR 可识别具有相同或相似复合结构的不同抗原肽–MHC 分子复合物（pMHC）。A. 正常免疫应答过程中，受者 TCR 特异性识别外来抗原肽–自身 MHC 分子形成的复合结构。B. 同种异体移植时，受者 TCR 可识别由供者 MHC 分子提呈的供者自身肽或外源肽。C. 同种异体移植时，受者 TCR 可识别供者 APC 表面空载的高密度供者 MHC 分子

三、移植排斥反应的效应机制

（一）细胞免疫应答效应

微视频 22-2
移植排斥反应的效应机制

T 细胞介导的细胞免疫应答在移植排斥反应中发挥主要作用，Th1、Th17 细胞及 CTL 等亚群均参与对移植物的损伤作用。①激活的 CD4$^+$ Th1 细胞通过释放 IL-2、IFN-γ 和 TNF-β 等炎性细胞因子，介导以单个核细胞（主要为 Th1 细胞和 Mφ）为主的细胞浸润，导致迟发型超敏反应性炎症，造成移植物组织损伤。②激活的 CD8$^+$ CTL 可直接杀伤移植物实质细胞和血管内皮细胞。③ Th17 细胞可通过分泌 IL-17，趋化中性粒细胞，促进局部组织产生趋化因子及炎症因子（如 IL-8、MCP-1、IL-6 等），从而加重局部炎性细胞浸润和移植物组织损伤。

（二）体液免疫应答效应

针对移植抗原的特异性 CD4$^+$ Th2 细胞活化后，可辅助 B 细胞活化，分化为浆细胞，分泌特异性抗体。抗体可通过调理作用、ADCC 效应等机制，促进巨噬细胞、NK 细胞等对移植物细胞的吞噬、杀伤；抗体可与移植抗原结合形成免疫复合物，激活补体，从而导致移植物血管内皮细胞损伤及血小板聚集，最终导致移植物损伤。

（三）非特异性损伤效应

适应性免疫应答是移植排斥反应及组织损伤的主要效应机制，但器官移植术中，许多因素可启动移植物的非特异性损伤，例如：①移植手术所致的移植器官的机械性损伤。②移植物从供者体内被摘取，并植入受者体内的过程中必然出现缺血和缺氧，可致组织损伤。③移植物植入供者体内并恢复血液循环的过程可通过缺血–再灌注损伤机制，产生大量氧自由基而损伤移植物组织细胞。上述各环节的综合效应诱导细胞应激并释放损伤相关分子模式（DAMP），激发炎性瀑布效应，最终导致移植物组织细胞损伤及死亡。

第二节　移植排斥反应的类型

移植排斥反应可分为宿主抗移植物反应和移植物抗宿主反应。

一、宿主抗移植物反应

宿主抗移植物反应（host versus graft reaction，HVGR）是指受者免疫系统识别移植物抗原并产生免疫应答，介导对移植物的排斥反应。根据排斥反应发生的快慢、强弱、机制和病理变化等特点，可分为超急性排斥反应、急性排斥反应和慢性排斥反应三类。

（一）超急性排斥反应

超急性排斥反应（hyperacute rejection）通常指移植物血液循环恢复后数分钟至24h内发生的不可逆排斥反应，主要由体液免疫介导。其机制是：受者体内预先存在的抗供者同种异型抗原（如 HLA 抗原、ABO 血型抗原、血小板抗原及血管内皮细胞抗原等）的抗体。移植术后，此类抗体可与移植物同种异型抗原结合，激活补体引起靶细胞破坏，或通过补体激活所产生的活性片段引起血管通透性增加和中性粒细胞浸润，导致毛细血管和小血管内皮细胞损伤、纤维蛋白沉积和大量血小板聚集，并形成血栓，从而使移植器官发生不可逆性缺血、变性和坏死。

超急性排斥反应可见于移植术前反复输血、多次妊娠、长期血液透析或再次移植的个体。应用免疫抑制药对治疗此类排斥反应效果不佳。确保供受者 ABO 血型相配和借助受者血清与供者淋巴细胞的交叉配型是预防超急性排斥反应的主要策略。超急性排斥反应一旦启动即难以控制，故应尽量避免其发生。

动画 22-3
超急性排斥反应

（二）急性排斥反应

急性排斥反应（acute rejection）是同种异体移植中最常见的排斥反应，一般发生在移植后数天至2周，80%～90%发生于术后1个月内。3个月后反应强度逐渐减弱，但1年内常反复发生。在早期临床症状不明显时，通过合理使用免疫抑制药治疗，此类排斥反应大多可获缓解。

急性排斥反应主要由细胞免疫应答介导，Th1 细胞、Th17 细胞、CTL、巨噬细胞和 NK 细胞等也参与急性排斥反应的组织损伤。

动画 22-4
急性排斥反应

（三）慢性排斥反应

慢性排斥反应（chronic rejection）多发生于移植术后数周、数月甚至数年，病程缓慢，常呈隐匿性。对免疫抑制疗法不敏感，从而成为影响移植物不能长期存活的主要原因。慢性排斥反应是多种损伤效应的综合表现，主要涉及免疫学机制和非免疫学机制。

1. 免疫学机制　慢性血管排斥反应（chronic vascular rejection，CVR）是其主要形式，表现为血管内皮细胞（VEC）损伤。体液免疫与细胞免疫均参与慢性排斥所致损伤。其主要机制为：① CD4$^+$ T 细胞间接识别 VEC 表面的 HLA 抗原而活化，Th1 细胞介导慢性迟发型超敏反应性炎症，Th2 细胞可辅助 B 细胞产生抗体，通过激活补体和 ADCC 效应损伤移植物的 VEC。②反复

科学发现 22-1
治疗肾移植后慢性排斥反应的新靶点

发作的急性排斥反应引起移植物 VEC 持续性轻微损伤，并持续分泌多种生长因子，导致血管平滑肌细胞增生、动脉硬化、血管壁炎性细胞浸润等病理改变。

2. 非免疫学机制 多种因素参与慢性排斥反应，例如，免疫抑制药的毒副作用，受者并发高血压、高脂血症、糖尿病、巨细胞病毒感染等，移植术后早期出现缺血 – 再灌注损伤等。病理表现为组织结构损伤、纤维增生和血管平滑肌细胞增生，导致移植器官功能进行性丧失。

动画 22-5
慢性排斥反应

二、移植物抗宿主反应

移植物抗宿主反应（graft versus host reaction，GVHR）是指存在于移植物（供者）中的淋巴细胞识别受者同种异型抗原而被活化，从而诱发针对受者的排斥反应。GVHR 常见于骨髓移植后。此外，胸腺、脾移植及新生儿接受大量输血时也可能发生。GVHR 的严重程度和发生率主要取决于供、受者间 HLA 分型的匹配程度，也与次要组织相容性抗原显著相关。

GVHR 的发生与下列因素有关：①受者与供者间 HLA 型别不符。②移植物中含有一定数量的成熟 T 细胞。③受者免疫功能低下（免疫缺陷或免疫功能被抑制）。

GVHR 发生的机制为：骨髓移植物中成熟 T 细胞被受者的组织相容性抗原（包括主要及次要组织相容性抗原）激活，增殖、分化为效应 T 细胞，随血液循环至受者全身，并对受者组织或器官发动免疫攻击而导致组织损伤。激活的供者 CD4$^+$ T 细胞产生 IL-2、IFN-γ、TNF-α 等细胞因子，可激活 CD8$^+$ CTL、巨噬细胞、NK 细胞等，直接或间接杀伤受者组织细胞。

急性 GVHR 主要引起皮肤、肝和胃肠道等多器官上皮细胞坏死，临床表现为皮疹、黄疸和腹泻等，严重者可引起皮肤和肠道黏膜剥落。由于受者抵抗力低下，易继发感染而死亡。慢性 GVHR 可引起皮肤病、血小板减少、一个或多个器官纤维化和萎缩，导致器官功能进行性丧失。

第三节　移植排斥反应的防治原则

防治移植排斥反应是器官移植术成败的关键，其主要原则是严格选择供者、抑制受者免疫应答、诱导移植免疫耐受及移植后免疫监测等。

一、供者的选择

微视频 22-3
移植排斥反应的防治
原则

器官移植成功与否主要取决于供、受者之间的组织相容性。因此，术前应尽量选择合适的供者，以降低同种异体移植物的免疫原性。

（一）红细胞血型检测
供、受者 ABO 血型抗原不符，会引起超急性排斥反应，因此应选择与受者 ABO 血型抗原一致的供者。

（二）受者血清中预存抗体的检测
为防止超急性排斥反应的发生，在 ABO 血型相同的基础上，取供者淋巴细胞和受者血清进行交叉细胞毒试验，检测受者血清中是否存在抗供者同种异型抗原的抗体。

（三）HLA 分型

HLA 是诱发移植排斥反应的主要同种异型抗原，因此，HLA 型别的匹配程度是决定供、受者间组织相容性及移植物能否存活的关键因素。一般而言，供、受者之间的 HLA-DR 对移植排斥最重要，其次为 HLA-B 和 HLA-A。

临床上，家系供、受者检测 HLA-B 和 HLA-A，非家系供、受者检测 HLA-A、HLA-B 和 HLA-DRB1，建议测定其他位点，如 HLA-C、DRB3、DRB4 和 DRB5 等。

二、移植物和受者的预处理

（一）移植物预处理

实质器官移植术前应充分灌洗移植物，以尽可能清除其中的过客白细胞，有助于预防 HVGR 的发生。同种骨髓移植中，可预先清除骨髓移植物中的 T 细胞，有助于预防 GVHD 的发生。

（二）受者预处理

实质器官移植时，供、受者间 ABO 血型物质不符可能导致超急性排斥反应。因此在某些情况下，有必要对受者进行预处理。常采用的方法是：术前给受者输注供者特异性血小板，借助血浆置换术去除受者体内天然抗 A 或抗 B 抗体，受者脾切除，免疫抑制疗法等。

三、免疫抑制疗法

由于 HLA 的高度多态性，同种器官移植术后一般均发生排斥反应。因此，免疫抑制成为预防和治疗排斥反应的常规疗法。

（一）免疫抑制药的应用

目前临床上防治移植排斥反应最有效的措施是给予免疫抑制药。

1. 化学类免疫抑制药　包括糖皮质激素、环孢素（cyclosporin A，CsA）、他克莫司、西罗莫司、环磷酰胺、FTY-720 等。其中 CsA 是目前临床上应用最广泛的，其主要作用机制是：直接或间接抑制 Th 细胞产生 IL-2 等细胞因子，并抑制活化 T 细胞表达 IL-2 受体。

2. 生物制剂　目前已用于临床的主要是抗免疫细胞膜抗原的抗体，如抗淋巴细胞球蛋白（ALG）、抗胸腺细胞球蛋白（ATG）、抗 CD3、抗 CD4、抗 CD8 单抗及抗高亲和力 IL-2R 单抗等。这些抗体与相应膜抗原结合后，借助补体依赖的细胞毒作用，分别清除体内的 T 细胞或胸腺细胞。

3. 中草药类免疫抑制药　某些中草药具有明显的免疫调节或免疫抑制作用，如雷公藤、冬虫夏草等已应用于治疗器官移植排斥反应。

（二）清除预存抗体

移植前对受者进行血浆置换术，去除受者血液内预存的抗红细胞 A、B 抗原的天然抗体及特异性抗体，以防止超急性排斥反应的发生。

（三）其他免疫抑制疗法

移植前，对受者进行脾切除、对移植物或受者淋巴结进行放射线照射等，可在一定程度上防治排斥反应。在 HLA 基因型不完全相同的骨髓移植中，可预先清除骨髓移植物中的 T 细胞，以预防或减轻 GVHR。

四、移植后的免疫监测

在临床上，器官移植术后的免疫监测十分重要，它不仅有助于对移植排斥反应进行早期诊断及鉴别诊断，而且有助于准确评估抗排斥药物的疗效，为合理选用免疫抑制药和采取其他相应防治措施提供依据。常用的免疫学检测指标包括：①淋巴细胞亚群数量、比例及功能测定。②某些免疫分子的测定（如血清中细胞因子、抗体、补体、可溶性 HLA 分子水平，细胞表面黏附分子、细胞因子受体表达水平等）。

临床聚焦 22-1
器官移植常见并发症

（永　胜）

复习思考题

1. 同种异体移植排斥反应的本质是什么？
2. 同种异型抗原的直接识别与间接识别的区别是什么？
3. 同种异体移植排斥反应的防治措施包括哪些？

新形态教材网

👤 学习目标　　⬇ 教学课件　　🖥 本章小结　　👥 开放性讨论　　📝 自测题

第二十三章
抗感染免疫

关键词

抗感染免疫	抗胞外菌免疫	抗胞内菌免疫
抗病毒免疫	抗寄生虫免疫	免疫逃逸

　　宿主免疫系统针对不同种类病原体感染有其共同的免疫应答特征，又有各自不同的抗感染免疫作用方式。固有免疫和适应性免疫系统互相协作，可将入侵的病原体有效清除。中性粒细胞、巨噬细胞、补体系统和胞外菌特异性 IgG 抗体是机体抗胞外菌感染的主要免疫细胞和分子；效应 Th1 细胞和效应 CTL 是机体抗胞内菌感染的主要免疫细胞；病毒感染细胞产生的 IFN、NK 细胞、效应 CTL、病毒特异性 IgG/SIgA 抗体是机体抗病毒感染的主要免疫细胞和分子。ILC2、嗜酸性粒细胞、效应 Th2 细胞和寄生虫特异性 IgE 参与抗胞外寄生虫感染。病原体在机体免疫压力下，也可进化出多种免疫逃逸策略使宿主和病原体处于博弈状态。

思维导图

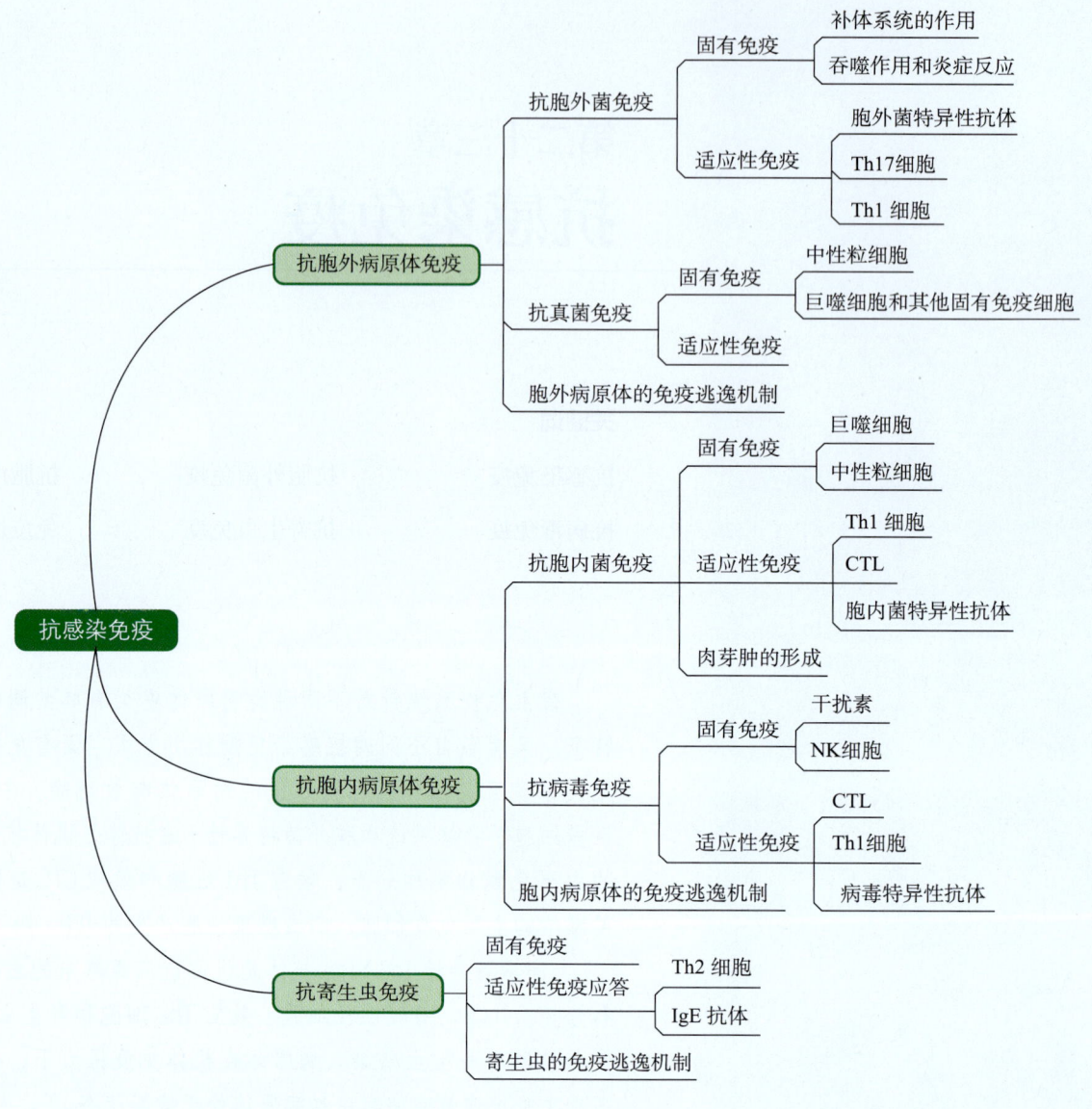

感染是指病原体侵入宿主体内后，通过与免疫系统的相互作用，引发的一系列病理变化过程。引起感染的病原体主要分为微生物和寄生虫两大类，其中微生物主要分为细菌、病毒和真菌，寄生虫主要分为原虫和蠕虫。免疫系统在感染过程中，通过识别和清除病原体，发挥免疫防御即抗感染免疫（anti-infection immunity）作用。虽然机体针对不同病原体的抗感染免疫机制各不相同，但具有以下共同特征：①固有免疫和适应性免疫通常分别在感染早期和感染后期发挥抗感染免疫作用；②机体抗感染免疫作用是在固有免疫和适应性免疫协同作用下完成的；③清除不同类型病原体依赖不同类型的抗感染免疫应答；④病原体可通过多种机制逃避免疫系统的识别和清除；⑤抗感染免疫应答效应也可能对机体产生有害的病理损伤。

因此，机体抗感染免疫可导致不同结局：①病原体被完全清除，机体获得免疫记忆；②某些病原体感染仅能诱导短暂免疫记忆，临床可出现反复或慢性感染；③某些病原体进入机体后无明显临床症状，但可产生不同程度的免疫记忆，即发生隐性感染。此外，因机体免疫功能异常和病原体的免疫逃逸，入侵的病原体可能无法被彻底清除，从而导致慢性感染或反复感染。

第一节 抗胞外病原体免疫

人类致病细菌大多为胞外病原体，可寄居在宿主细胞外的组织间隙和血液、淋巴液等体液中，真菌亦是常见的胞外病原体。多数寄生虫也属于胞外病原体（见本章第三节）。

一、抗胞外菌免疫

胞外菌（extracellular bacteria）是指在宿主细胞外增殖的细菌，可通过产生内毒素、外毒素等致病物质引发相关感染性疾病。宿主抗胞外菌感染的免疫应答可分为固有免疫应答和适应性免疫应答。胞外菌感染早期，可通过激活补体系统和引发局部炎症反应产生抗胞外菌感染的免疫作用。胞外菌感染中、晚期，可通过胞外菌特异性抗体与吞噬细胞协同作用产生调理作用，以及激活补体经典途径产生的溶菌和调理作用发挥抗胞外菌感染的免疫作用；效应 Th1/Th17 细胞可通过分泌 IFN-γ/IL-17 诱导吞噬细胞活化，增强机体抗胞外菌感染的免疫作用。

微视频 23-1
抗胞内菌免疫

（一）固有免疫

参与机体早期抗胞外菌感染的固有免疫细胞和分子主要包括组织屏障、吞噬细胞、ILC3、B1 细胞、补体系统和炎症相关细胞因子（图 23-1）。

1. 补体系统的作用　革兰氏阳性菌 / 革兰氏阴性菌通过细胞壁成分肽聚糖 / 脂多糖可直接激活补体旁路途径；活化中性粒细胞产生的 IL-1 等促炎细胞因子可刺激肝细胞合成分泌甘露糖结合凝集素（MBL），后者与病原菌表面甘露糖 / 岩藻糖残基结合可使补体 MBL 途径活化；B1 细胞接受胞外菌共有多糖抗原刺激后产生的 IgM 抗体与胞外菌结合后可激活补体经典途径；补体系统通过上述三条途径形成的攻膜复合物可使细菌裂解破坏，产生溶菌作用；补体裂解片段 C3b 等介导的非特异性调理作用可促进吞噬细胞对胞外菌的吞噬杀伤及清除作用；C5a 可趋化中性粒细胞促进感染部位发生炎症反应。

2. 吞噬作用和炎症反应　在胞外菌感染部位黏膜上皮细胞产生的 CXCL8（IL-8）、CCL2

（MCP-1）和 CCL4（MIP-1β）等趋化因子作用下，可将血液中的中性粒细胞、单核细胞及周围组织中的巨噬细胞招募到胞外菌感染部位，上述吞噬细胞对胞外菌的非特异吞噬效率较低，但宿主细胞通过其细胞膜表面受体结合胞外菌后，可高效率吞噬细菌，这些受体包括模式识别受体和调理性受体等，它们不仅使吞噬细胞以更高的效率吞噬细菌，还可激活吞噬细胞发挥杀菌活性。

活化的中性粒细胞和巨噬细胞不仅吞噬杀菌能力显著增强，还可通过合成分泌 IL-1、IL-6、TNF-α 等促炎细胞因子和其他炎症介质引发局部炎症反应；通过产生 IL-1、IL-23 等细胞因子激活 ILC3，后者分泌的 IL-17、IL-22 进一步诱导中性粒细胞的局部浸润；通过合成分泌 IL-8、MCP-1 和 MIP-1β 扩大或增强局部炎症反应有效杀伤清除病原菌发挥抗感染免疫作用。

（二）适应性免疫

B 细胞介导产生的适应性体液免疫应答是机体抗胞外菌感染的主要作用方式，胞外菌抗原特异性 Th17 细胞和 Th1 细胞介导产生的适应性细胞免疫应答在机体抗胞外菌感染过程中也发挥重要作用（图 23-1）。

1. 胞外菌特异性抗体　胞外菌或其产物特异性 B 细胞在 Tfh 细胞协助下，增殖分化为浆细胞后产生的相应抗体可介导如下抗感染免疫作用。

（1）中和作用：SIgA 与胞外菌特异性结合后，可阻止胞外菌对机体的入侵或感染；内/外毒素特异性 IgG 类抗体与胞外菌产生的内/外毒素特异性结合后，可产生中和作用使其丧失毒性。

（2）调理作用：IgG 类抗体与胞外菌结合后，在吞噬细胞参与下可产生促进吞噬杀伤的特异性调理作用。

（3）补体激活：IgG 类抗体与胞外菌结合形成的免疫复合物，可通过激活补体经典途径产生溶菌和 C3b 介导的调理作用发挥抗感染免疫作用。

2. Th17 细胞　胞外菌特异性 Th17 细胞主要通过分泌 IL-17 和 IL-22 发挥抗感染作用：

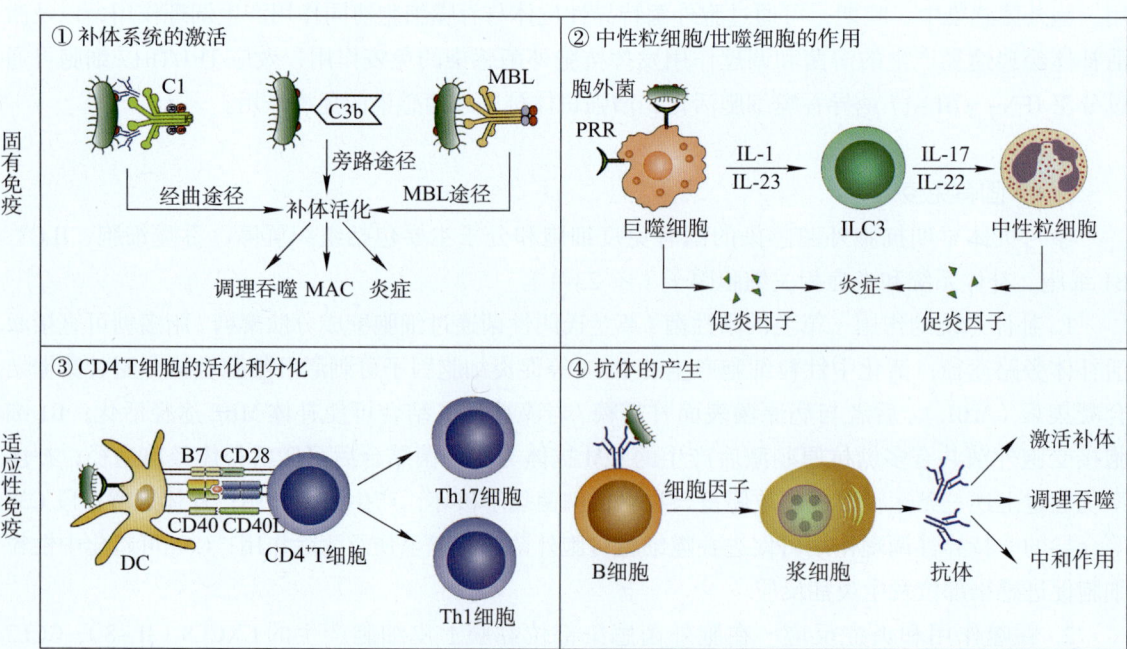

图 23-1　抗胞外菌感染的固有免疫和适应性免疫作用示意图
补体、抗胞外菌特异性抗体、Th17 细胞和 Th1 细胞产生的细胞因子及中性粒细胞是介导机体抗胞外菌感染的主要免疫细胞和分子

① IL-17 和 IL-22 诱导局部黏膜上皮细胞活化产生抗菌肽阻止胞外菌入侵；② IL-22 可促进黏膜上皮细胞脱落更新干扰胞外菌定植；③ IL-17 还可通过诱导局部黏膜基质细胞和上皮细胞活化，产生 G-CSF 和 IL-8 等细胞因子刺激骨髓产生大量中性粒细胞，并将其招募至感染部位使局部抗感染免疫作用显著增强。

3. Th1 细胞　胞外菌特异性 Th1 细胞可通过分泌 IL-3、GM-CSF、TNF-α、IFN-γ 等细胞因子分别促进单核细胞在感染部位分化发育为组织巨噬细胞，并使其活化和增强吞噬杀菌能力，有效发挥抗感染免疫保护作用。

二、抗真菌免疫

真菌（fungus）是一类能够进行无性或有性繁殖的具有细胞壁、细胞核和完整细胞器的真核细胞型微生物。真菌通常对健康人体没有危害，但免疫力低下的个体易被真菌感染，如卡氏肺胞菌（*Pneumocystis carinii*）是艾滋病患者常见的并发肺部感染的病原体。机体免疫系统可通过抗胞外菌感染的作用方式控制多数真菌感染；亦有真菌可在胞内寄生，机体则通过 Th1 细胞介导的免疫应答方式将其清除（见本章第二节）。

（一）固有免疫

中性粒细胞、巨噬细胞和 ILC3 是机体早期抗胞外真菌感染的主要免疫效应细胞（图 23-2）。

1. 中性粒细胞　对胞外感染的真菌具有强大的吞噬杀伤作用，还可通过释放活性氧、溶酶体酶和分泌防御素等抗菌肽直接杀伤破坏胞外感染的真菌。

2. 巨噬细胞和其他固有免疫细胞　巨噬细胞通过表面模式识别受体接受真菌酵母多糖或 β 葡聚糖刺激活化后，对其摄入的真菌产生较强的杀伤作用，并通过分泌趋化因子 IL-8 募集活化中性粒细胞发挥抗感染免疫作用；通过分泌 IL-1β 和 IL-23 诱导感染部位 ILC3 活化，后者产生的 IL-17 和 IL-22 可诱导局部上皮细胞产生抗菌肽和促进上皮细胞更新脱落从而影响真菌定植，并招募中性粒细胞到达真菌感染部位增强局部抗感染免疫作用。

（二）适应性免疫

在适应性免疫应答效应阶段，Th17 细胞是参与机体抗真菌感染的重要免疫效应细胞，其作用机制与抗胞外菌感染相似。经典 DC 通过表面 C 型凝集素样受体（CLR）接受真菌葡聚糖刺激活化后，可合成分泌 IL-6、IL-23 和 TGF-β 诱导 CD4+ 初始 T 细胞增殖分化为真菌特异性 Th17 细胞，继而通过合成分泌 IL-17 和 IL-22 等细胞因子介导产生与 ILC3 相同，但作用更为显著的抗真菌感染的免疫效应（图 23-2）。抗胞外真菌感染也可由 Th1 细胞介导，其机制与抗胞外菌免疫作用方式相似。

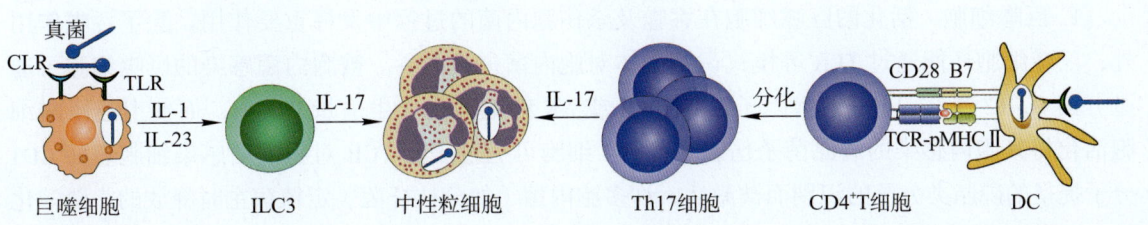

图 23-2　抗真菌感染的固有免疫和适应性免疫作用示意图
ILC3 和 Th17 细胞产生的细胞因子及中性粒细胞是介导机体抗胞外真菌感染的主要免疫细胞和分子

三、胞外病原体的免疫逃逸机制

在机体免疫压力下，某些胞外菌如肺炎链球菌、B 族链球菌、淋病奈瑟菌、葡萄球菌等可通过免疫逃逸（immune escape）机制，对抗补体、吞噬细胞和特异性抗体介导的杀菌作用（表 23-1）。此外，真菌也可通过不同的方式逃逸机体免疫防御功能，如粗球孢子菌胞外糖蛋白层能够阻碍中性粒细胞的吞噬，念珠菌细胞壁甘露聚糖可抑制中性粒细胞髓过氧化物酶的作用。

表 23-1　胞外菌的主要免疫逃逸机制

免疫逃逸机制	举例
抗原变异	淋病奈瑟菌、大肠埃希菌、鼠伤寒沙门菌
抑制补体激活	B 族链球菌
抵抗吞噬作用	肺炎链球菌、脑膜炎奈瑟菌
清除反应性氧中间物（ROI）	表达过氧化氢酶的细菌（如葡萄球菌等）
降解抗体	流感嗜血杆菌

第二节　抗胞内病原体免疫

胞内病原体主要包括胞内菌和病毒，它们必须进入宿主细胞内才能完成其自身复制、装配和后代病原体的释放，因此抗胞内病原体感染免疫的核心是特异性细胞免疫。部分寄生虫也属于胞内病原体（见本章第三节）。

一、抗胞内菌免疫

微视频 23-2
抗胞内菌免疫

胞内菌（intracellular bacteria）是指能在巨噬细胞和某些组织细胞内存活甚至繁殖的一类病原菌。胞内菌感染的靶细胞主要包括分布广泛的上皮细胞、内皮细胞和具有迁徙运动能力可携带胞内菌播散至全身的巨噬细胞。机体抗胞内菌感染效应主要依赖于巨噬细胞、中性粒细胞、ILC1、NK 细胞、γδT 细胞、效应 Th1 细胞和效应 CTL 等免疫细胞（图 23-3）。

（一）固有免疫

感染早期参与抗胞内菌感染的固有免疫细胞主要包括巨噬细胞、中性粒细胞、ILC1、NK 细胞和 γδT 细胞。

1. 巨噬细胞　活化的巨噬细胞在吞噬及杀伤胞内菌的过程中发挥重要作用。除了吞噬作用外，巨噬细胞还能通过 TLR 等模式识别受体对胞内菌进行内吞。被胞内菌感染的巨噬细胞可通过分泌 IL-12 和 IL-18 等细胞因子诱导 ILC1 或 NK 细胞活化产生适量 IFN-γ，而使上述巨噬细胞活化将其胞内感染的病原菌杀伤破坏；γδT 细胞可通过表面 TCR 对胞内菌感染细胞表面 CD1 分子提呈的磷脂类分子的识别而被激活，许多胞内菌（如分枝杆菌）定植宿主时释放的小磷酸化

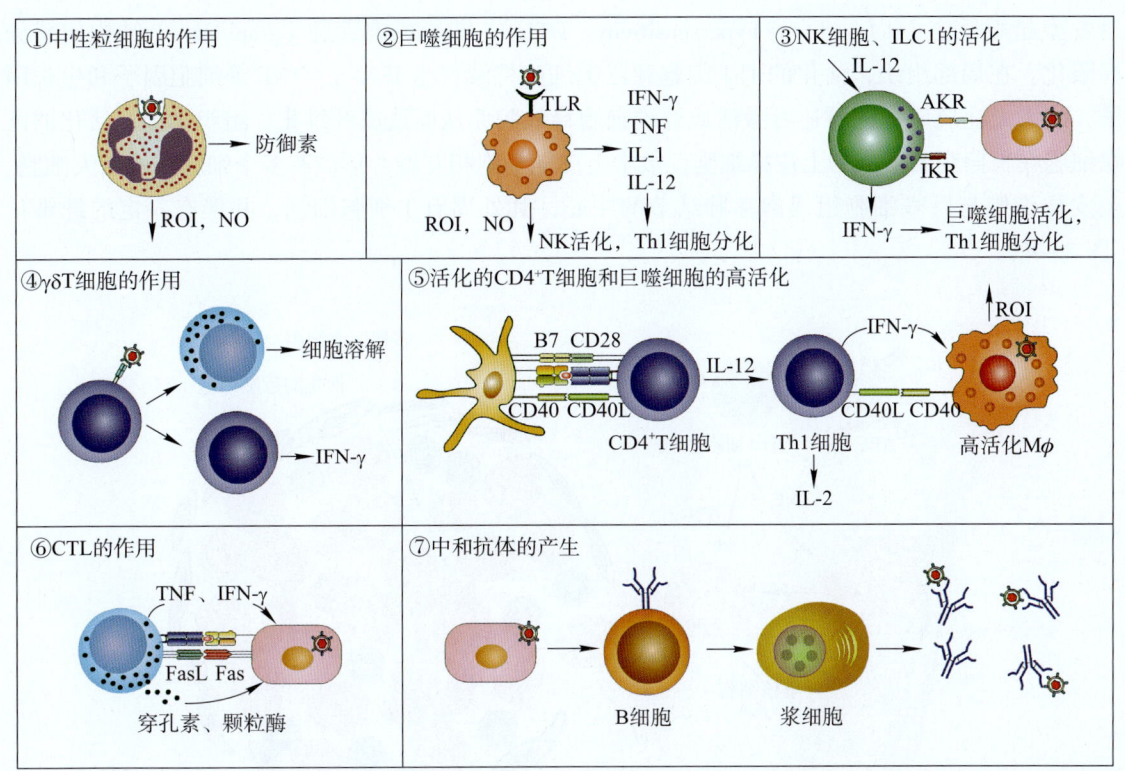

①中性粒细胞的作用

防御素

ROI，NO

②巨噬细胞的作用

TLR

IFN-γ
TNF
IL-1
IL-12

ROI，NO → NK活化，Th1细胞分化

③NK细胞、ILC1的活化

IL-12

AKR

IKR

IFN-γ → 巨噬细胞活化，Th1细胞分化

④γδT细胞的作用

细胞溶解

IFN-γ

⑤活化的CD4⁺T细胞和巨噬细胞的高活化

B7　CD28

CD40　CD40L

CD4⁺T细胞

IL-12

Th1细胞

IL-2

IFN-γ

↑ROI

CD40L　CD40

高活化Mφ

⑥CTL的作用

TNF、IFN-γ

FasL　Fas

穿孔素、颗粒酶

⑦中和抗体的产生

B细胞　→　浆细胞

图23-3　抗胞内菌感染的固有免疫和适应性免疫作用示意图

感染早期参与抗胞内菌感染的固有免疫细胞主要包括中性粒细胞、巨噬细胞、NK细胞、ILC1和γδT细胞；胞内菌抗原特异性效应Th1细胞和CTL是机体抗胞内菌感染的主要适应性免疫细胞

分子（如焦磷酸盐）也可激活 γδT 细胞，并释放 IFN-γ 诱导巨噬细胞活化发挥抗胞内菌感染的免疫作用。

2. 中性粒细胞　在胞内菌感染早期或从胞内释放后尚未进入宿主相关细胞前，中性粒细胞可通过分泌防御素等抗菌肽或通过释放 ROI、NO、溶酶体酶将胞内菌杀伤破坏。

（二）适应性免疫

胞内菌抗原特异性 Th1 细胞和 CTL 介导的适应性细胞免疫应答是机体抗胞内菌感染的主要作用方式，B 细胞介导的适应性体液免疫应答在机体抗胞内菌感染的过程中也发挥重要作用。

1. Th1 细胞　效应 Th1 细胞通过分泌 IFN-γ 可使巨噬细胞高度活化，产生大量 ROI、NO 和溶酶体酶等杀菌物质，对胞内菌产生强大杀伤破坏作用。效应 Th1 细胞产生的 IFN-γ 和 IL-2 等参与诱导 CD8⁺ CTL 活化形成效应细胞。

2. CTL　效应 CTL 与胞内菌感染的经典树突状细胞（cDC）或胞内菌感染组织细胞相互作用后，可通过释放穿孔素、颗粒酶，表达 FasL 和分泌 TNF 等细胞毒性介质，使上述已被胞内菌感染的细胞裂解破坏或发生凋亡导致胞内菌释放。

3. 胞内菌特异性抗体　在局部微环境中，因上述作用释放至胞外的胞内菌：①在胞内菌特异性抗体、补体系统、中性粒细胞参与或协同作用下，通过激活补体经典途径产生的溶菌作用而被溶解破坏；②被中性粒细胞吞噬杀伤；③由 IgG 抗体和补体裂解片段 C3b 等介导的调理吞噬作用将其杀伤破坏并从体内清除。

（三）肉芽肿的形成

当 Th1 型细胞因子激活的巨噬细胞并不能清除吞噬的胞内菌时，在感染组织部位会发生迟发型超敏反应（delayed type hypersensitivity，DTH），即形成肉芽肿（granuloma）结构使感染局限化。在局部组织，活化的Th1细胞和巨噬细胞持续产生IFN-γ、TNF等细胞因子和生长因子，放大炎症反应的同时还可激活成纤维细胞释放胶原从而造成纤维化。组织学上，活化的巨噬细胞在长期刺激下成为上皮样细胞，数个上皮样细胞相互融合形成有多个细胞核的巨大细胞。上皮样细胞与巨噬细胞组成肉芽肿结节的中心，其外周有T细胞围绕，并伴有一定的纤维化（图23-4）。

图 23-4 肉芽肿的形成示意图
Th1细胞产生的细胞因子促进单核细胞在局部组织分化为巨噬细胞，活化的巨噬细胞不足以清除胞内菌时，局部组织通过形成肉芽肿使感染局限化。肉芽肿包括上皮样活化的巨噬细胞、淋巴细胞和成纤维细胞等

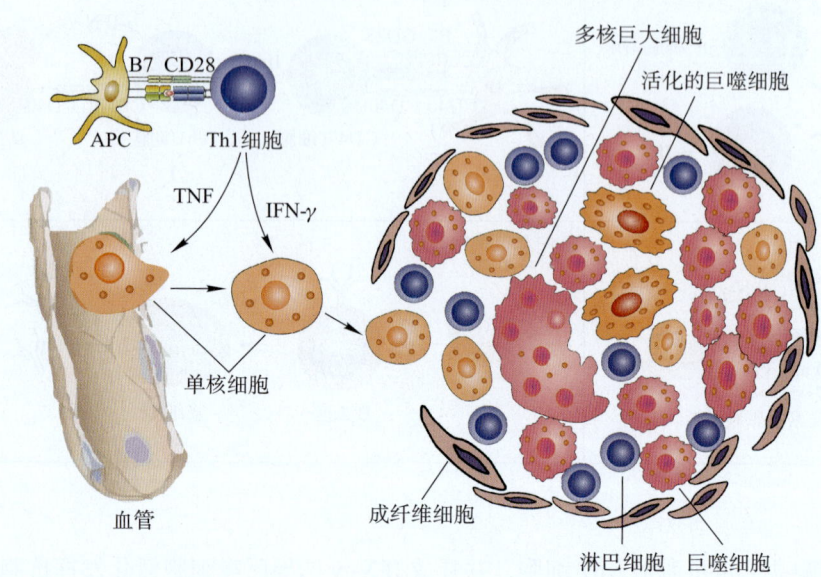

二、抗病毒免疫

微视频 23-3
抗病毒免疫

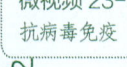

　　病毒（virus）是一类非细胞型微生物，无完整细胞结构，只含有一种类型核酸，严格细胞内寄生，并只能在一定种类的活细胞中增殖。干扰素是机体最重要的抗病毒免疫效应分子，NK细胞和效应CTL可通过相同的作用方式使靶细胞裂解破坏；在局部微环境中病毒特异性抗体、吞噬细胞和补体共同作用下，可将释放在胞外的病毒吞噬杀伤清除（图23-5）。

图 23-5 抗病毒感染的固有免疫和适应性免疫作用示意图
干扰素和NK细胞在机体早期抗病毒感染中发挥重要作用；Th1细胞可产生IL-2，促进CTL的活化增殖，效应CTL是机体抗病毒感染最主要适应性免疫细胞；病毒特异性抗体在病毒处于宿主易感细胞外时发挥抗病毒作用

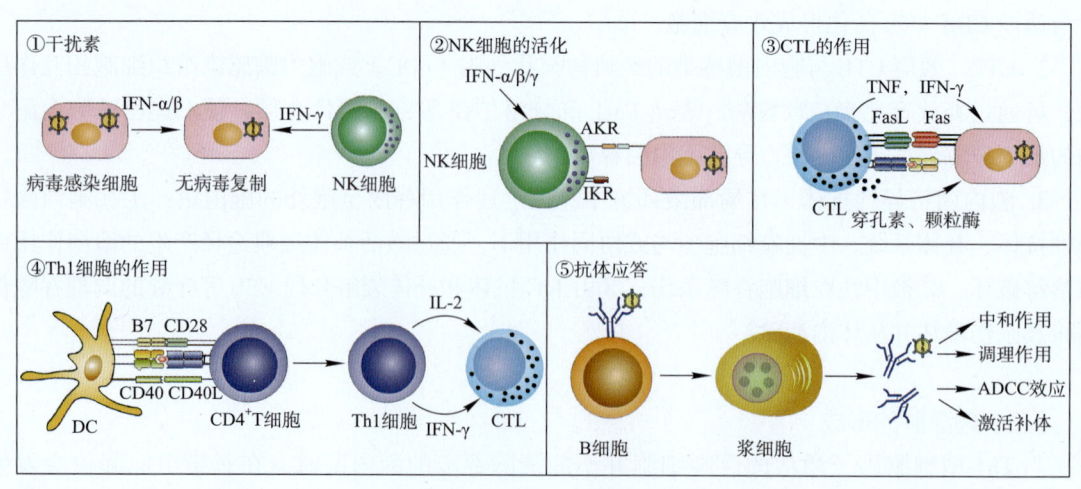

（一）固有免疫

1. 干扰素　是最重要的抗病毒免疫分子，包括Ⅰ型干扰素（IFN-α 和 IFN-β）、Ⅱ型干扰素（IFN-γ）和Ⅲ型干扰素（IFN-λ1、IFN-λ2 和 IFN-λ3）。干扰素抗病毒作用机制如下：①通过诱导体内相邻易感组织细胞产生抗病毒蛋白，干扰病毒核酸复制和病毒蛋白合成而对病毒感染和扩散起到抑制作用；②促进病毒感染细胞表面 MHC Ⅰ类分子表达，有助于 CTL 对病毒感染细胞的杀伤作用；③激活 NK 细胞产生 IFN-γ，增强机体抗病毒和抗肿瘤免疫保护作用；IFN-γ 可活化巨噬细胞，使其表达诱生型一氧化氮合酶（iNOS）从而生成 NO，后者进一步促进巨噬细胞产生 ROI 和 RNI，从而杀伤被吞噬的病毒。

> 知识拓展 23-1
> 我国乙型肝炎防治现状

2. NK 细胞　是具有免疫监视功能的固有免疫细胞，在机体早期抗病毒感染免疫过程中发挥重要作用。NK 细胞杀伤破坏病毒感染细胞作用机制简述如下：NK 细胞可因病毒感染细胞表面 MHC Ⅰ类分子表达缺失或下调，而异常或上调表达某些非 MHC Ⅰ类分子配体导致 NK 细胞活化。NK 细胞通过释放穿孔素、颗粒酶、TNF 和表达 FasL 等作用方式，杀伤破坏病毒感染细胞。活化 NK 细胞还可通过分泌 IFN-γ 诱导相邻易感细胞产生抗病毒蛋白，抑制病毒复制。NK 细胞表面具有 IgG Fc 受体，亦可通过 ADCC 效应杀伤破坏病毒感染的靶细胞产生抗病毒免疫保护作用。

（二）适应性免疫

病毒特异性效应 CTL 和病毒特异性抗体是机体抗病毒感染最主要的效应细胞和分子，病毒抗原特异性 Th1 细胞及某些固有免疫细胞和分子也参与机体抗病毒感染的免疫作用。

> 临床聚焦 23-1
> 急性甲型肝炎

1. CTL　病毒特异性 CTL 应答是抗病毒免疫的重要途径。效应 CTL 可通过脱颗粒释放穿孔素、颗粒酶，分泌 TNF 和高表达 FasL 等作用方式，使病毒感染细胞裂解破坏或发生凋亡导致病毒释放。效应 CTL 也可通过分泌 IFN-γ 等细胞因子诱导 NK 细胞和巨噬细胞活化发挥抗病毒感染等免疫保护作用。

2. Th1 细胞　完整的病毒颗粒或其组分可被 DC 等吞噬细胞摄取加工，以外源性抗原肽-MHC Ⅱ类分子复合物的形式提呈给 Th1 细胞，使其活化并分泌 IL-2、IFN-γ 等细胞因子，辅助初始 CD8[+]T 细胞的活化。Th1 细胞还可为 B 细胞提供 CD40L 介导的共刺激信号和细胞因子，使 B 细胞活化分化为浆细胞后产生抗病毒特异性抗体。

> 临床聚焦 23-2
> 免疫分子在抗病毒感染中的应用

3. 病毒特异性抗体　只有在病毒处于宿主易感细胞外时，病毒特异性抗体才能通过以下作用机制发挥抗病毒免疫作用。

（1）中和作用：SIgA/IgG 类中和抗体与相关病毒特异性结合后，可阻断病毒与宿主易感细胞表面相应受体的结合发挥抗感染免疫作用。

（2）补体激活：IgG 类抗体与包膜病毒表面相应抗原特异性结合后，可激活补体经典途径产生攻膜复合物使包膜病毒裂解破坏；IgG 类抗体与病毒感染细胞表面相应抗原特异性结合后，可激活补体经典途径产生补体依赖的细胞毒作用（CDC）使上述靶细胞裂解破坏导致病毒释放。

（3）ADCC 效应：在 NK 细胞参与下，可通过 ADCC 效应使上述靶细胞裂解破坏导致病毒释放。

（4）调理作用：上述作用下释放至胞外的病毒与其特异性 IgG 类抗体结合后，在中性粒细胞参与下通过调理作用将其迅速吞噬杀伤清除。

三、胞内病原体的免疫逃逸机制

（一）胞内菌的免疫逃逸机制

抗胞内菌感染的细胞主要是吞噬细胞，其免疫逃逸机制见表23-2。此外，胞内菌还可通过逃避抗体的中和作用和干预淋巴细胞活化以逃避免疫系统的杀伤作用。

表 23-2　胞内菌的主要免疫逃逸机制

免疫逃逸机制	举例
抑制吞噬溶酶体形成	结核分枝杆菌，嗜肺军团菌
灭活反应性氧中间物和氮中间物	麻风分枝杆菌（酚糖脂）
破坏吞噬体膜以进入细胞质	单核细胞增生李斯特菌（溶血素蛋白）

（二）病毒的免疫逃逸机制

病毒的免疫逃逸机制较为复杂，病毒进入机体，可在宿主细胞内快速增殖或进入潜伏状态，一旦感染建立，病毒可通过多种机制逃避机体抗病毒免疫作用。

1. 病毒变异　流感病毒、鼻病毒、人类免疫缺陷病毒（HIV）可通过基因突变导致抗原变异，而使其逃离相关中和抗体的识别及其抗病毒作用。病毒抗原基因突变导致的抗原变异称为"抗原漂移"。

2. 干扰抗原提呈　EB病毒和巨细胞病毒可通过抑制蛋白酶体活化，单纯疱疹病毒可通过阻止TAP转运，腺病毒和巨细胞病毒可通过阻止MHC Ⅰ类分子合成等作用方式抑制病毒感染细胞对内源性抗原的加工与提呈，从而影响CTL活化及其抗病毒作用。

3. "愚弄"NK细胞　巨细胞病毒可通过诱导感染细胞表达某种能被NK细胞表面杀伤抑制受体识别结合的"诱骗"性病毒MHC Ⅰ类样分子，而使NK细胞处于静息状态而不对病毒感染细胞产生杀伤破坏作用。

4. 干扰DC功能　EB病毒产生的一种IL-10样同源蛋白可通过抑制DC活化，干扰适应性免疫应答的启动；单纯疱疹病毒-1和牛痘病毒感染未成熟DC后，可通过抑制DC的成熟影响适应性免疫应答的启动；麻疹病毒感染DC后可通过上调表达DC表面FasL作用方式，使表达相应Fas受体的T细胞凋亡而使机体抗病毒感染免疫作用降低。

5. 逃避补体杀伤　HIV和巨细胞病毒等以芽生作用方式释放的病毒，在其包膜上获得衰变加速因子和膜反应性溶解抑制物后，可使上述病毒因其表面C3转化酶衰变失活和攻膜复合物形成受阻而得以存活。

6. 破坏淋巴细胞功能　HIV和EB病毒能够感染宿主$CD4^+T$细胞和B细胞，并由此导致机体适应性免疫应答能力降低不能有效发挥抗病毒免疫保护作用。

第三节　抗寄生虫免疫

寄生虫种类繁多、数量庞大、生命周期复杂，有些能够在细胞外存活繁殖，有些能够在巨噬细胞等易感细胞内存活繁殖。参与抗寄生虫感染的固有免疫细胞主要包括 ILC2、嗜酸性粒细胞、肥大细胞和巨噬细胞，参与抗寄生虫感染的适应性免疫细胞主要包括效应 Th2 细胞和效应 Th1 细胞。

微视频 23-4
抗寄生虫免疫

一、固有免疫

胞外寄生虫（蠕虫）感染刺激黏膜上皮细胞合成分泌的 IL-25、IL-33 和 TSLP 可诱导局部 ILC2 活化，产生 IL-4、IL-5、IL-13 等细胞因子介导以下作用：① IL-13 可促进黏膜杯状细胞分泌、黏膜上皮细胞脱落更新和刺激黏膜下平滑肌细胞收缩阻止寄生虫入侵定植；② IL-5 可募集活化嗜酸粒细胞使其释放主要碱性蛋白等生物活性介质毒杀或排出寄生虫；③ IL-4 可诱导 CD4$^+$ 初始 T 细胞向 Th2 细胞分化，并与 IL-13 协同诱导 B 细胞发生 IgE 类别转换参与适应性体液免疫应答（图 23-6）。

二、适应性免疫

胞外寄生虫感染后期适应性免疫应答阶段，Th2 细胞、IgE 抗体和嗜酸性粒细胞是介导抗寄生虫感染最主要的效应细胞和分子（图 23-6）。参与机体抗胞内寄生虫感染的免疫细胞主要包括巨噬细胞、效应 Th1 细胞和效应 CTL，其作用机制与抗胞内菌感染的作用机制相同（见本章第二节）。

（一）Th2 细胞

效应 Th2 细胞通过合成分泌大量 IL-4、IL-5、IL-13 等细胞因子介导产生与 ILC2 相同，但作用更为显著的抗胞外寄生虫感染的免疫效应。效应 Th2 细胞通过合成分泌 IL-4 和 IL-13 等细胞因子诱导 B 细胞发生类别转换，产生 IgE 抗体；IL-5 能够活化募集嗜酸性粒细胞。

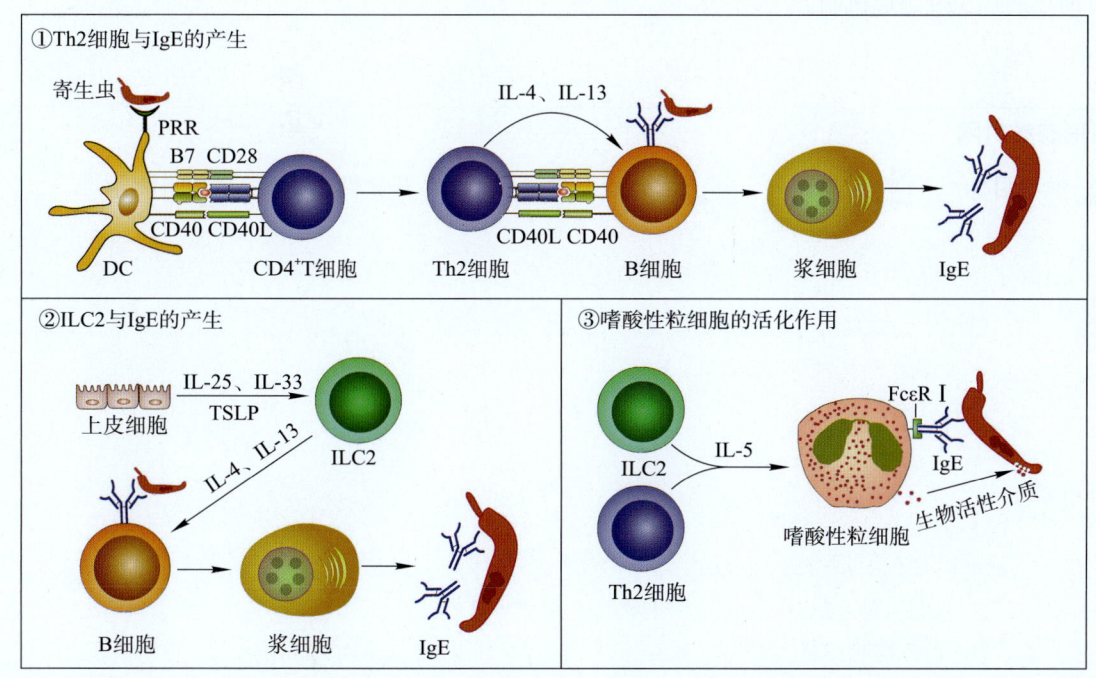

图 23-6 抗胞外寄生虫感染的固有免疫和适应性免疫作用示意图

ILC2 和 Th2 细胞产生的 IL-4 和 IL-13 可促进 B 细胞类别转换产生 IgE 抗体，IL-5 可募集活化嗜酸性粒细胞，IgE 抗体致敏的嗜酸性粒细胞接受寄生虫刺激后可脱颗粒释放生物活性介质毒杀或排出寄生虫

（二）IgE 抗体

IgE 抗体通过其 Fc 段与嗜酸性粒细胞和肥大细胞表面 FcεR I 结合可使前述细胞处于致敏状态，致敏嗜酸性粒细胞和肥大细胞经过相应寄生虫抗原刺激后，可通过释放主要碱性蛋白、组胺和过氧化物酶等生物活性介质杀伤或排出胞外感染的寄生虫。

三、寄生虫的免疫逃逸机制

胞外和胞内寄生虫免疫逃逸机制复杂，也与其生命周期有关，简要介绍见表 23-3。

表 23-3　抗寄生虫的主要免疫逃逸机制

免疫逃逸机制	举例
抗原变异	锥虫，疟原虫
抵抗补体和 CTL	血吸虫
抑制宿主免疫应答	丝虫，锥虫
抗原脱落	阿米巴原虫

（王　炜）

思考题

1. 试述宿主抗胞外病原体感染的固有免疫和适应性免疫协同作用机制。
2. 试述抗胞内病原体感染的免疫作用机制。
3. 试述抗蠕虫感染的免疫作用特点。
4. 简述病毒免疫逃逸机制。

新形态教材网

👤 学习目标　　⬇ 教学课件　　📃 本章小结　　👥 开放性讨论　　📝 自测题

第二十四章
免疫学检测

关键词

外周血单个核细胞	流式细胞术	T细胞增殖试验
抗原抗体反应	血清学试验	沉淀反应
免疫比浊	免疫电泳	凝集反应
直接凝集反应	间接凝集反应	免疫标记技术
免疫荧光技术	酶免疫测定法	酶联免疫吸附试验
免疫组织化学技术	放射免疫测定法	免疫胶体金技术
化学发光免疫技术	免疫印迹法	酶联免疫斑点试验

　　免疫学是一门应用性很强的学科。根据免疫学原理建立的许多免疫学检测技术，为基础和临床医学的发展及疾病的诊断、预后判断、防治和药物疗效评价提供了重要的方法和手段。

思维导读

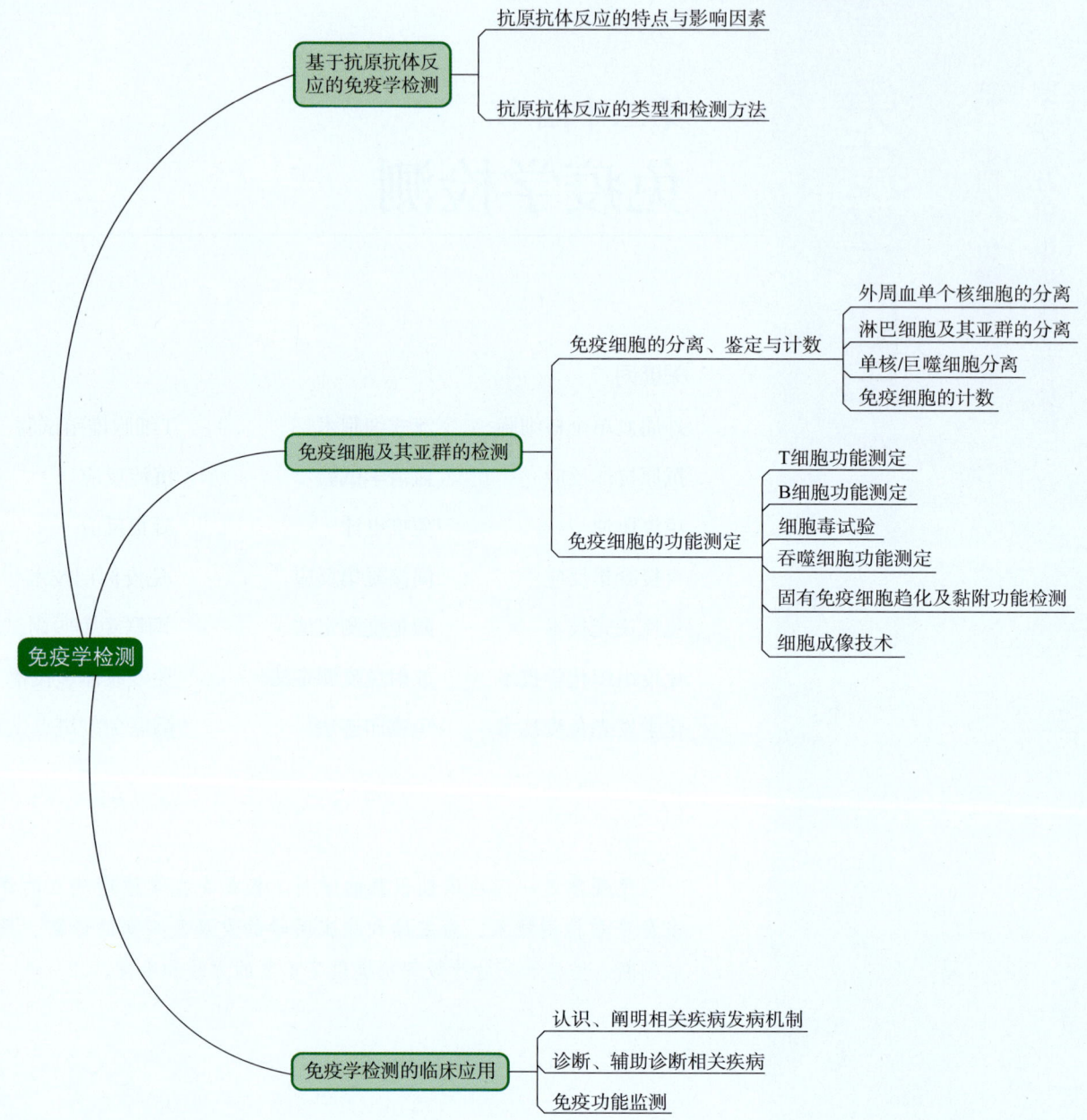

免疫学检测
- 基于抗原抗体反应的免疫学检测
  - 抗原抗体反应的特点与影响因素
  - 抗原抗体反应的类型和检测方法
- 免疫细胞及其亚群的检测
  - 免疫细胞的分离、鉴定与计数
    - 外周血单个核细胞的分离
    - 淋巴细胞及其亚群的分离
    - 单核/巨噬细胞分离
    - 免疫细胞的计数
  - 免疫细胞的功能测定
    - T细胞功能测定
    - B细胞功能测定
    - 细胞毒试验
    - 吞噬细胞功能测定
    - 固有免疫细胞趋化及黏附功能检测
    - 细胞成像技术
- 免疫学检测的临床应用
  - 认识、阐明相关疾病发病机制
  - 诊断、辅助诊断相关疾病
  - 免疫功能监测

免疫学检测即通过免疫学、细胞与分子生物学、物理、化学及电子信息理论或技术，对免疫细胞、免疫分子及其相关基因等进行定性或定量检测。因其具有高特异性、高灵敏度及微量化检测的特点，免疫学检测技术已成为生命科学的主要研究手段之一，而且在临床实践中已广泛用于评价机体免疫功能状况，研究相关疾病的发病机制、诊断、治疗效果，监测病情发展与转归等。本章对常用免疫学检测技术的基本原理及其临床应用进行简要介绍。

科学发现 24-1
免疫学检测领域的中国人身影

第一节　基于抗原抗体反应的免疫学检测

抗原抗体反应（antigen-antibody reaction）是指抗原与相应抗体在体内或体外发生特异性结合的反应。在一定条件下，抗原与相应抗体结合可出现肉眼可见的或仪器可检测的反应，据此，可对样品中的抗原或抗体进行定性、定量或定位检测。

一、抗原抗体反应的特点与影响因素

（一）抗原抗体反应的特点

抗原抗体反应是指抗原与相应抗体之间所发生的特异性结合反应。抗原与抗体能够特异性结合是基于两种分子间的结构互补性与亲和性，这两种特性是由抗原与抗体分子的空间结构决定的。

微视频 24-1
抗原抗体反应的特点

1. 高度特异性　一种抗原通常只能与其刺激产生的相应抗体结合而发生反应。其分子基础取决于抗原表位与抗体高变区的互补结合，两者空间构型互补程度越高，抗原与抗体之间的结合力就越强。

2. 可逆性　抗原与抗体的结合是分子表面非共价键，如电荷引力、范德瓦耳斯力、氢键、疏水键结合，彼此不改变对方的理化特性和生物学活性。这种结合相对稳定，但为可逆反应，在一定条件下（如低 pH、高浓度盐、冻融等），抗原－抗体复合物可被解离。根据此特点，可借助亲和层析法纯化抗原或抗体。

3. 比例性　抗原与抗体在体外结合是否出现可见反应取决于两者适当的浓度和比例。当两者分子比例合适时，抗体分子的两个 Fab 段分别与两个抗原决定基结合，相互交叉连接，形成肉眼可见的反应物。在抗原抗体反应中，可能出现抗原或抗体过剩的情况，多呈游离的小分子复合物形式，或所形成的复合物易解离，不能被肉眼察见，此为前带现象（prozone）即抗体过剩，或后带现象（postzone）即抗原过剩（图 24-1）。

4. 阶段性　抗原抗体反应的过程可分为以下两个阶段。①特异性结合阶段：抗原表位与相应抗体 Fab 段高变区特异结合，反应进行较快，大多在几秒钟至数分钟内即可完成，但无可见反应出现。②反应的可见阶段：在抗原与抗体特异性结合的基础上，受环境中电解质、温度、pH、补体因素的参与和影响，表现为凝集、沉淀、补体结合、细胞溶解等反应。此阶段较长，历时数分钟、数小时乃至数天。

（二）抗原抗体反应的影响因素

1. 抗原、抗体浓度和比例　抗原和抗体的浓度与比例决定抗原和抗体结合后是否能出现肉眼

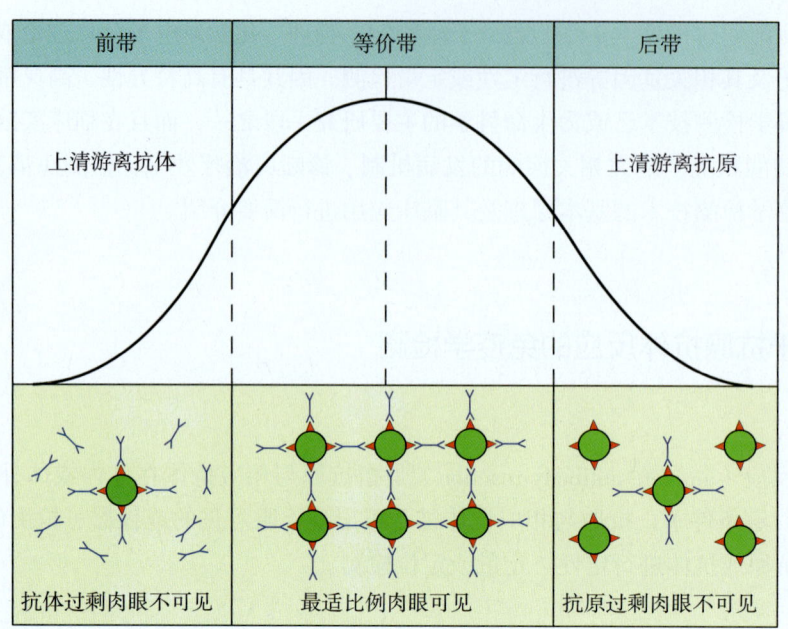

图 24-1　抗原抗体反应的比例性示意图
抗原与抗体的比例不同，可形成不同大小的抗原-抗体复合物，表现为三种区带现象；等价带表示抗原与抗体比例最合适，形成大而多的结合物，此时在反应体系中测不出或有极少游离的抗原或抗体；抗体过剩带（前带）和抗原过剩带（后带）皆表示抗原与抗体的比例不合适，所形成的结合物少且小，其反应体系中存在着游离的抗原或抗体

可见的反应。在具体实验中要适当稀释抗原和抗体，以调整两者的浓度和比例，避免假阴性的发生。

2. 电解质　抗原和抗体有对应的极性基团，能相互吸附并由亲水性变为疏水性。适当的电解质可使抗原－抗体复合物失去电荷而凝聚，出现可见反应，实验中通常用 0.85% NaCl 或其他离子溶液作稀释液。

3. 温度　在一定范围内，反应温度越高，分子运动越活跃，抗原与抗体碰撞机会越多，形成可见反应的速度越快。但温度过高（56 ℃以上），抗原、抗体变性失活，通常抗原、抗体反应的最适温度是 37 ℃。

4. 酸碱度　抗原、抗体反应的最适 pH 为 6 ~ 8，过高或过低都可直接影响抗原、抗体的理化性质，影响实验结果的可靠性。

5. 抗原和抗体性质　抗原的理化性状、表位种类与数量，抗体的来源与特异性、亲和力，以及抗原、抗体的浓度和比例等均影响抗原抗体反应。

6. 反应时间　一定条件下，反应时间越长，抗原、抗体结合的机会越多，抗原、抗体大分子复合物形成的机会越多，在实验中要注意摸索最佳的检测时间。

二、抗原抗体反应的类型和检测方法

根据参与抗原抗体反应的抗原性质、参加反应的其他辅助成分的不同，可产生不同类型的检测技术，如沉淀反应、凝聚反应和免疫标记技术。

（一）沉淀反应

可溶性抗原与相应抗体混合，在电解质存在的条件下，两者比例适合，可出现肉眼可见的沉淀物，称为沉淀反应（precipitation reaction）。沉淀反应可分为液态内沉淀试验、凝胶内沉淀反应及免疫电泳技术。液态内沉淀试验主要有免疫比浊法，凝胶内沉淀反应在半固体凝胶中进行，分为单向扩散和双向扩散试验等。结合免疫电泳技术产生了免疫固定电泳技术。免疫比浊法和免疫固定电泳常用于血液、体液中蛋白检测。

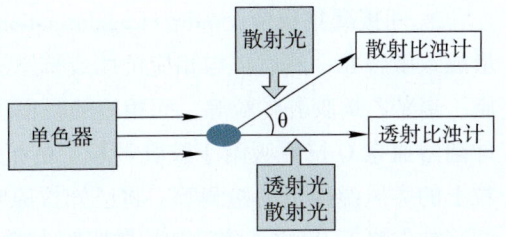

1. **免疫比浊法**（immunonephelometry） 在一定量抗体（一般规定抗体过量）中分别加入递增量的抗原，经一定时间形成免疫复合物，液体变混浊，形成的免疫复合物的量与反应液的浊度呈正相关。通过测定反应液的浊度并与一系列标准品对照，可

图 24-2 透射比浊法、散射比浊法原理示意图

绘制标准曲线并依据浊度推算样品中的抗原含量。该法快速、简便，将现代光学测量仪器与自动化分析检测系统相结合应用于沉淀反应建立数种不同类型的测定方法，如透射比浊法、散射比浊法（图 24-2）、免疫胶乳比浊法及速率抑制免疫比浊法等，用于检测免疫球蛋白 IgG、IgA、IgM、κ 轻链、λ 轻链，补体 C3、C4，炎症、心血管疾病、胃部疾病相关蛋白及前白蛋白、巨球蛋白、血浆铜蓝蛋白、结合球蛋白、转铁蛋白，尿微量蛋白系列和半抗原（如某些激素、毒物和多种治疗性药物）。

2. **免疫固定电泳**（immunofixation electrophoresis, IFF） 为将电泳和沉淀反应相结合的一种免疫化学分析技术，具有特异性强、分辨率高、快速的优点，可用于血清各种蛋白、尿液中本周蛋白、脑脊液中寡克隆蛋白的鉴定与分型。其基本原理是将待检蛋白质在琼脂糖凝胶介质上经区带电泳分离，再分别覆盖含各种特异性抗血清滤纸，经孵育、沉淀后形成抗原抗体复合物沉淀，然后洗涤、染色进行分析。血清 IFE 是将样本在琼脂平板上做区带电泳，分离后其上覆盖抗血清滤纸，滤纸分别含抗各类型重链、轻链抗血清，可检测 IgG、IgM、IgA、M 蛋白及 κ 轻链、λ 轻链，免疫沉淀后显色，若呈现浓而窄的着色区带，即可判别单 Ig 的轻链和重链的类别（图 24-3）。

图 24-3 免疫固定电泳原理示意图

血清 IFE 共 6 个泳道，ELP 为参考泳道，只做蛋白染色；G、A、M、K、L 泳道分别加 IgG、IgA、IgM、κ 轻链、λ 轻链特异性抗体，弥散条带表示正常的多克隆条带，出现浓集条带，表示异常的单克隆。左图为正常结果，右图为 IgMλ 型单克隆

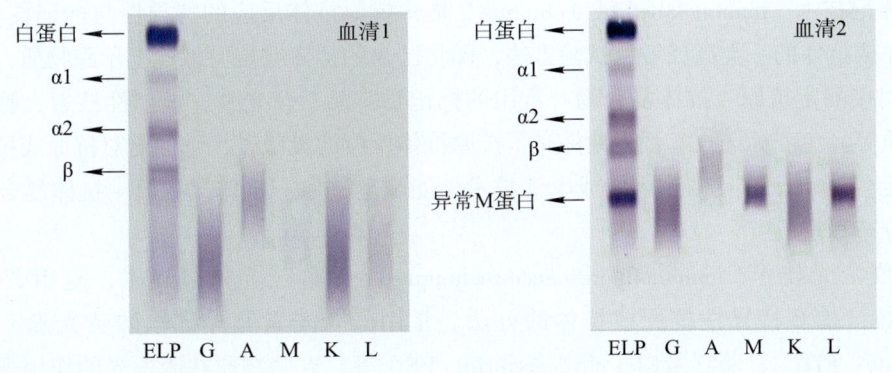

（二）凝集反应

颗粒性抗原（细菌、细胞等）与相应抗体结合，在电解质存在的条件下，经过一定时间可出现肉眼可见的凝集现象，称为凝集反应（agglutination reaction）。凝集反应可分为直接凝集反应和间接凝集反应两类。

1. **直接凝集反应**（direct agglutination reaction） 是颗粒性抗原与相应的抗体直接反应出现的凝集现象（图 24-4）。直接凝集反应可分为玻片法和试管法。玻片法为定性试验，方法简捷、快速，常用于菌种鉴定或人 ABO 血型的鉴定等。试管法是半定量试验，常用于检测抗体的滴度或效价，临床诊断伤寒或副伤寒所用的肥达试验（Widal test）和诊断布氏菌病所用的瑞特试验（Wright test）均属此类。

动画 24-1
ABO 血型鉴定

2. 间接凝集反应（indirect agglutination） 是将可溶性抗原或抗体先吸附在某些颗粒载体上，形成致敏颗粒，然后再与相应抗体或抗原进行反应产生的凝集现象（图 24-5）。颗粒载体有红细胞、聚苯乙烯胶乳颗粒等，而相应的凝集现象分别称为间接血细胞凝集、间接胶乳凝集，如将链球菌溶血素 O 抗原吸附于胶乳颗粒上的抗链球菌溶血素 O 试验，人 IgG 作为抗原吸附在胶乳颗粒上的类风湿因子的检测等。将已知抗原吸附在载体上的称为正向间接凝集试验（通常"正向"两字被省略）；反之，将已知抗体吸附在载体上者称为反向间接凝集试验。

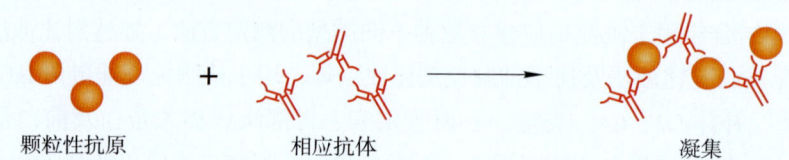

图 24-4 　直接凝集反应示意图
颗粒性抗原与其相应抗血清混合时，在有一定浓度的电解质环境中，抗原凝集成大小不等的凝集块

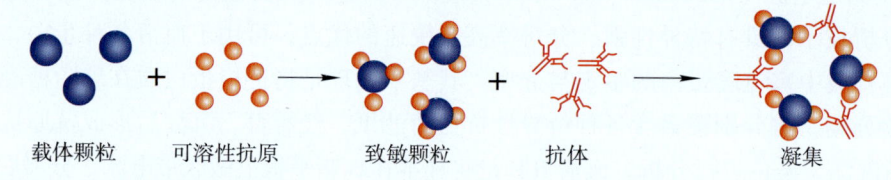

图 24-5 　间接凝集反应示意图
将可溶性抗原吸附于一种与免疫无关的颗粒载体上，然后与相应的抗体结合，可出现凝集现象

（三）免疫标记技术

免疫标记技术（immunolabelling technique）是将抗原抗体反应的特异性与标记技术相结合，以检测抗原或抗体的一类高灵敏度试验方法，即将已知的抗体或抗原标记上示踪物质，通过检测标记物，间接测定抗原 - 抗体复合物。常用的标记物有酶、荧光素、放射性核素、胶体金及化学发光物质等。免疫标记技术极大地提高了抗原抗体反应的灵敏度，不但能对抗原或抗体进行定性和精确定量测定，而且结合光镜或电镜技术，能观察抗原、抗体或抗原 - 抗体复合物在组织细胞内的分布和定位。

1. 免疫荧光技术（immunofluorescence technique） 又称荧光抗体技术，是用荧光素标记一抗或二抗，检测特异性抗原或抗体的方法。常用的荧光素有异硫氰酸荧光素（fluorescein isothiocyanate，FITC）、藻红蛋白（phycoerythrin，PE）等，这些物质在激发光的作用下，可发出荧光，前者发黄绿色荧光，后者发红色荧光。免疫荧光技术可用于鉴定免疫细胞的 CD 分子及检测自身抗体等，主要包括免疫荧光显微技术、流式细胞术等。①直接荧光法：用荧光素标记的特异性抗体直接加到待测的细胞悬液、细胞涂片或组织切片上进行染色，利用荧光显微镜、流式细胞仪或激光扫描共聚焦显微镜进行观察及测定。该法优点是特异性高；缺点是检查不同抗原，需分别制备相应的多种特异性荧光抗体（图 24-6）。②间接荧光法：先用一抗（未标记的特异性抗体）与样本中的抗原结合，再用二抗（荧光素标记的抗免疫球蛋白抗体）进行染色，利用荧光显微镜、流式细胞仪或激光扫描共聚焦显微镜进行观察及测定（图 24-6）。此方法既可检测抗原又可检测抗体。该法的灵敏度比直接法高，一种荧光抗体可用于多种不同抗原的检测。在此基础上发展形成的荧光偏振免疫分析技术、时间分辨荧光免疫分析和量子点标记技术等可以高灵敏度用于激素、肿瘤抗原和病毒标记物的检测。特别是量子点标记技术可运用于高灵敏生物传感、肿瘤成

动画 24-2
免疫荧光技术

像、病毒标记示踪等活体动态的检测。

2. 酶免疫测定法（enzyme immunoassay，EIA） 是一种用酶标记一抗或二抗检测特异性抗原或抗体的方法。此方法将抗原抗体反应的高度特异性与酶对底物的高效催化作用有效地结合起来，通过酶分解底物产生有色物质，用酶标仪测定光密度值（OD），即可反映抗原或抗体的含量。用于抗体标记的酶主要为辣根过氧化物酶（horseradish peroxidase，HRP）、碱性磷酸酶（alkaline phosphatase，ALP）等。常用的方法有酶联免疫吸附试验（enzyme linked immunosorbent assay，ELISA）和酶免疫组织化学技术。

动画 24-3
酶联免疫吸附试验

ELISA 法需将抗原或抗体包被一固相载体上，然后再进行酶免疫反应。酶免疫组织化学法用于测定组织或细胞中的抗原。酶免疫检测技术可用于激素、药物等半抗原的检测，也可用于大分子蛋白质、病毒和细胞性抗原成分的检测。由于 ELISA 检测技术方法简单、特异性强，因此在酶免疫技术中应用最广泛。ELISA 有以下几种类型：①间接 ELISA：是先将已知的抗原包被于塑料板或微球上，然后加待检标本，如果标本中有相应的特异性抗体（一抗），即与固相上的抗原结合，形成抗原 - 抗体复合物，然后加酶标记的二抗，洗涤后加底物显色（图 24-7）。②双抗体夹心法（sandwich ELISA）：是先将已知抗体包被在固相上，洗去未吸附的抗体；加入待检标本，充分作用后，标本中相应的抗原与固相上已知抗体结合，洗去未结合的抗原成分；加入已知的酶标抗体，再洗去未结合的酶标抗体；最后加底物，酶分解底物产生呈色反应（图 24-7）。双抗体

微视频 24-2
酶免疫测定法

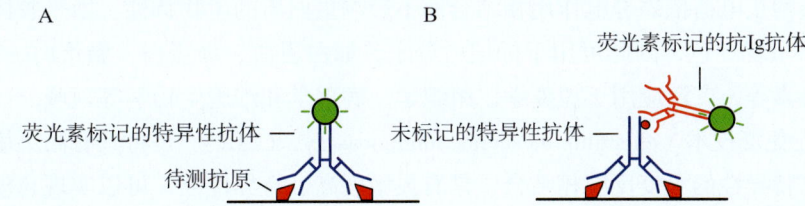

图 24-6　免疫荧光技术示意图
A. 直接法。用荧光素标记的特异性抗体直接加到待测的细胞悬液、细胞涂片或组织切片上进行染色，利用荧光显微镜、流式细胞仪或激光扫描共聚焦显微镜进行观察及测定。B. 间接法。先用未标记的特异性抗体与样本中的抗原结合，再用荧光素标记的抗免疫球蛋白抗体进行染色，再利用相应仪器进行检测

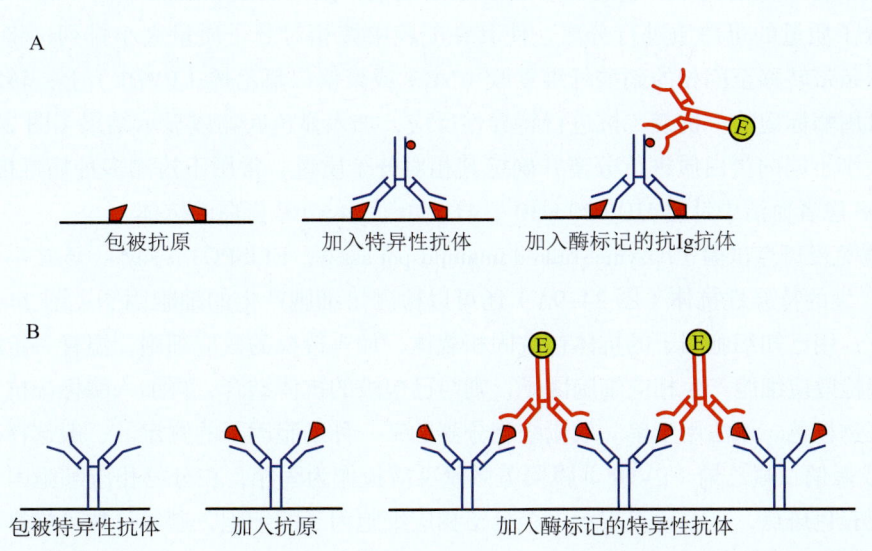

图 24-7　酶联免疫吸附试验示意图
A. 间接 ELISA。首先用抗原包被于固相载体，加入含有被测抗体，再加入酶标记二抗，加底物显色，底物降解的量与欲测抗体的量呈正比。B. 双抗体夹心法。将纯化的抗体结合到固相载体上，加入待检抗原，然后加辣根过氧化物酶标记特异性抗体，使之与被固相抗体结合的待检抗原体起反应，从而产生颜色变化。颜色的深浅与待检血清中抗原量成正比

夹心法适用于检测血清、脑脊液、胸腔积液、腹水等各种液相中的可溶性抗原。③ BAS –ELISA：生物素 – 抗生物素蛋白系统（biotin-avidin system，BAS）是一种广泛应用的放大系统。生物素（biotin，B）又称辅酶R或维生素H。抗生物素蛋白（avidin，A）是一种碱性糖蛋白，又称亲和素或卵白素。抗生物素蛋白有4个相同的亚单位，可结合生物素。生物素与抗生物素蛋白之间有极高的亲和力，利用抗生物素蛋白为桥梁，连接生物素化的抗体及生物素化过氧化物酶，可使反应体系具有极高的灵敏度。④免疫组织化学技术（immunohistochemistry technique）：是应用标记的特异性抗体在组织细胞原位进行抗原抗体反应和组织化学的呈色反应，对相应抗原进行定位、定性、定量检测的技术。常用的方法有免疫电镜技术、酶免疫组织化学技术等。近年来，在传统免疫酶标记技术的基础上，通过技术改进形成的微粒捕获酶免疫分析技术、化学发光酶免疫分析技术可用于微量物质的检测。

3. 放射免疫测定法（radioimmunoassay，RIA） 是用放射性核素标记抗原或抗体进行的免疫学检测。该法兼有放射性核素的高灵敏度和抗原抗体反应的特异性，具有重复性好、准确性高等优点，广泛应用于激素、维生素、抗体、药物等微量物质的检测，敏感性可达到pg/mL水平。常用的放射性核素有 ^{131}I 和 ^{125}I 等，但存在放射性防护和放射性核素污染等问题。

4. 免疫胶体金技术（immunological colloidal gold signature，ICS） 是以胶体金作为示踪物，检测未知抗原或抗体的免疫标记技术。氯金酸（$HAuCl_4$）在还原剂的作用下，形成特定大小带负电的疏水性金颗粒，并在静电作用下成为一种稳定的胶体状态，称为胶体金。该胶体金表面的负电荷与蛋白质的正电荷依靠静电作用相结合而不影响蛋白质的生物特性。由于胶体金电子密度高，颗粒聚集后呈现红色，因此可用于标记大分子，如白蛋白、糖蛋白、脂蛋白、免疫球蛋白、激素、植物血凝素等，广泛应用于免疫学、组织学、病理学和细胞生物学等领域。

5. 化学发光免疫技术（chemiluminescence immunoassay，CLIA） 是将具有高灵敏度的化学发光测定技术与高特异性的免疫反应相结合，具有灵敏度高、特异性强，可以实现自动化分析，试剂价格低廉、方法稳定、快速等优点，广泛用于各种抗原、半抗原、抗体、激素、酶、脂肪酸、维生素和药物等超微量活性物质的检测分析。基本过程是用发光物质（如吖啶酯、鲁米诺等）标记抗原或抗体，发光物质在反应剂（如过氧化阴离子）激发下生成激发态中间体，当回复至稳定的基态时发射光子，通过自动发光分析仪测定光子产量，可反映待检样品中抗体或抗原含量。

6. 免疫印迹法（immunoblotting） 又称 Western 印迹法（Western blotting），是一种凝胶电泳与固相免疫结合的检测技术。它通过十二烷基磺酸钠 – 聚丙烯酰胺凝胶电泳（SDS–PAGE），对不同相对分子质量的蛋白质进行分离，使其在凝胶中按相对分子质量大小排列；将 SDS–PAGE 分离的蛋白条带转移至固相的硝酸纤维素膜（NC）或聚偏二氟乙烯（PVDF）上；转印到膜上的蛋白条带可用酶标记的一抗或二抗进行特异性反应，加入显色底物以显示结果（图 24-8）。该法能对分子大小不同的蛋白质进行分离并确定其相对分子质量，常用于检测多种病毒抗体或抗原，如检测 AIDS 患者血清中针对 HIV120×10^3、41×10^3、24×10^3 蛋白的抗体。

7. 酶联免疫斑点试验（enzyme–linked immunospot assay，ELISPOT assay） 该法不仅可用于检测 B 细胞产生的特异性抗体（图 24-9A）还可以检测 T 细胞产生的细胞因子（图 24-9B）。其基本原理如下：用已知细胞因子的抗体包被固相载体，加入待检的效应细胞，温育一定时间后洗去细胞，如待检效应细胞产生相应细胞因子，则与已包被的抗体结合，再加入酶标记抗该细胞因子抗体，加底物显色。该法用于单一效应细胞分泌的某一种细胞因子的测定。一般选择硝酸纤维素膜（NC）或聚偏二氟乙烯（PVDF）膜覆盖微量反应板作为固相，在分泌相应细胞因子的细胞所在局部呈现有色斑点，一个斑点表示一个分泌相应细胞因子的细胞，通过计数可推算出分泌某种

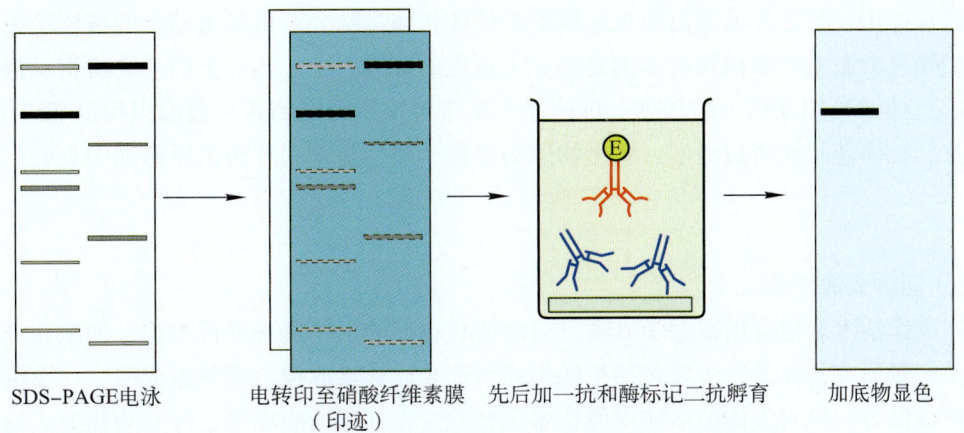

图 24-8 免疫印迹法示意图
首先用SDS-PAGE电泳将相对分子质量大小不等的蛋白抗原在凝胶中分离为不同条带，经电转印将分离的蛋白转移到硝酸纤维素膜上（印迹），然后将已知特异性抗体（检测抗原）或待检患者血清（检测抗体）加到硝酸纤维素膜上进行反应后，再加入酶标记的第二抗体反应，最后加入显色底物判定结果

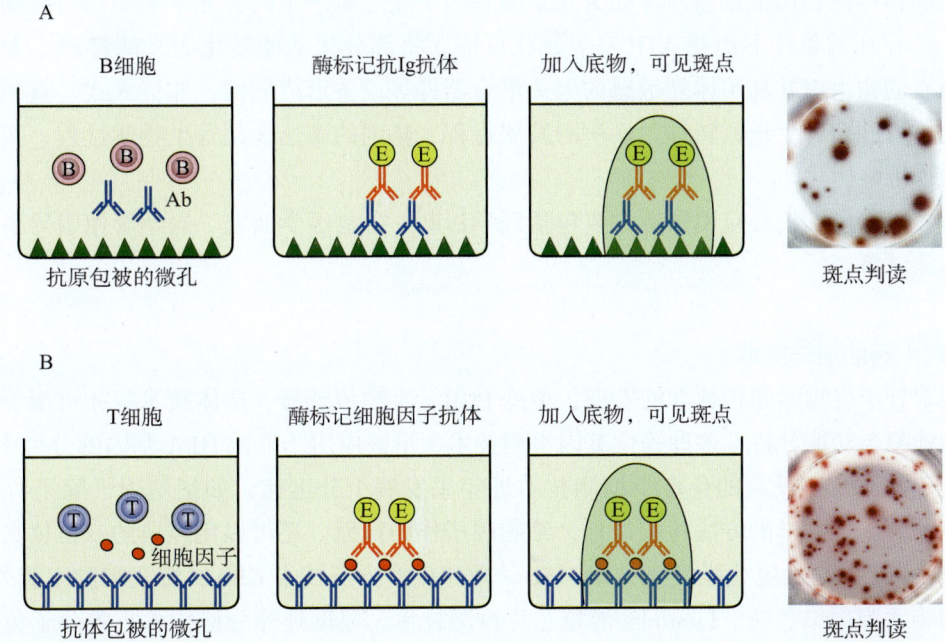

图 24-9 酶联免疫斑点试验（ELISPOT）示意图
A. 检测B细胞产生抗体。用已知抗原包被于固相载体，加入B细胞孵育，如B细胞分泌特异性抗体，则被细胞包被的抗原捕获；洗去细胞，加入酶标记二抗，加显色底物，产生不可溶的色素，沉淀在局部的膜上形成斑点；斑点计数，数据处理，分析结果。B. 检测T细胞产生细胞因子。用已知抗细胞因子抗体包于固相载体，加入产生细胞因子的细胞（如T细胞），温育后洗去细胞，如待检效应细胞产生相应细胞因子，则与包被的抗体结合，再加入酶标记的另一种抗该细胞因子抗体，加底物显色形成斑点

细胞因子产生细胞的频率。随着自动成像分析系统和商品试剂的出现，该法的应用更加广泛，如基于细胞因子产生的抗原特异性 T 细胞（CTL）及 Th1 细胞、Th2 细胞和 Th17 细胞等 T 细胞亚群的测定等。

（四）免疫芯片技术

免疫芯片技术（chip immunoassay technology）是一种将抗原抗体结合反应的特异性与电子芯片高密度集成原理相结合，产生的一种高通量生物检测及蛋白功能分技术。其中蛋白芯片基本原理是将各种蛋白质抗原有序地固定于介质载体上为待检芯片，用标记特定荧光物质的抗体

样本与芯片作用，与芯片上蛋白质抗原匹配的抗体将与之结合。再将未结合的抗体洗去，最后用荧光扫描仪或激光共聚扫描技术测定芯片上各点的荧光强度，芯片上的荧光将指示蛋白质抗原对应的抗体及其相互结合的程度。抗体芯片是指将抗体固定到芯片表面以检测相应的抗原。抗原芯片、抗体芯片在蛋白组学、微生物感染检测、药物筛选和肿瘤抗原修筛中具有广泛的应用价值。

（五）活体成像技术

活体成像技术是指应用影像学方法，对活体状态下的生物过程进行组织、细胞和分子水平的定性及定量研究的技术，主要包括生物发光与荧光、核素成像、磁共振成像、计算机断层扫描和超声成像等。针对人体的活体成像技术主要发生在临床诊断场景，针对动物的活动成像技术主要发生在科研场景，其中可见光成像技术在小动物活体成像系统中应用最为广泛，其原理为：在动物体内利用报告基因（如荧光素酶基因）表达所产生的荧光素酶蛋白与底物荧光素在氧、Mg^{2+}存在的条件下消耗ATP发生氧化反应，将部分化学能转化为光能释放，大部分可以穿透哺乳动物组织并利用体外敏感的电荷耦合器件等设备形成图像，非侵入式、直观地观测活体动物体内肿瘤的生长，转移、疾病的发展过程、基因的表达变化等生物学过程，实现疗效评估与治疗策略优化。

活体成像技术核心应用领域主要包括医学诊断、生物医学研究、医学影像引导手术、药物研发与测试等。

（六）其他相关技术

随着分子生物学和物理学的发展，免疫 PCR、生物传感器、适体技术等亦可用于靶蛋白及抗原的检测与功能分析，多种等位基因检测技术大量被应用于临床 HLA 基因的分型中。

基于抗原抗体反应的免疫学检测技术近年来发展十分迅速，如细胞因子除了可以用生物学活性及分子生物学的方法检测以外，细胞因子作为抗原，还可以用经典的双抗体夹心 ELISA 法、ELISPOT、超敏电化学发光技术 MSD、微球免疫分析技术 CBA、流式细胞术胞外染色法、流式细胞术胞内染色法、Luminex 液相芯片检测技术、邻近延伸分析技术、单分子免疫阵列技术 SiMoA 等方法检测。

知识拓展 24-2
HLA 等位基因分型技术

第二节　免疫细胞及其亚群的检测

判断机体免疫功能状态的重要手段之一是检测免疫细胞的类别、数量及在免疫应答中的作用与相互关系。经典的检测方法主要包括免疫细胞及亚群的分离、鉴定与计数、功能测定等，免疫细胞可以来自外周血、胸腺、脾、淋巴结，临床上通常从外周血获取免疫细胞。

一、免疫细胞的分离、鉴定与计数

（一）外周血单个核细胞的分离

外周血单个核细胞（peripheral blood mononuclear cell，PBMC）包括淋巴细胞和单核细胞，常

用葡聚糖－泛影葡胺密度梯度离心法（Ficoll–Hypaque desity centrifugation）进行分离。其原理是根据外周血中各种血细胞的相对密度不同，经低速离心使不同密度的细胞按梯度分布。将抗凝血叠加于相对密度为 1.077 的淋巴细胞分离液液面上，经低速离心后，形成分层：红细胞因密度最大，沉于管底；多形核白细胞相对密度为 1.092，铺于红细胞上，呈乳白色；血浆位于最上层；血小板相对密度为 1.030 ~ 1.035，悬浮于血浆之中；PBMC 的相对密度约为 1.075，密集分布于血浆层与分离液界面（图 24–10）。

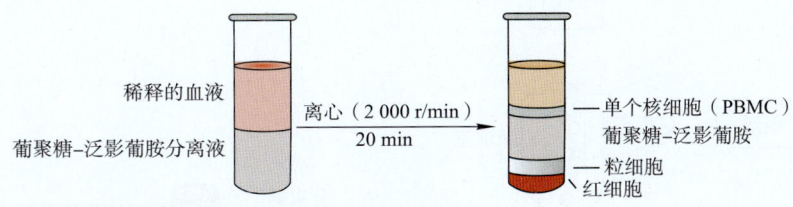

稀释的血液　　　　　离心（2 000 r/min）　　　　单个核细胞（PBMC）
葡聚糖–泛影葡胺分离液　　20 min　　　　　　　葡聚糖–泛影葡胺
　　　　　　　　　　　　　　　　　　　　　　粒细胞
　　　　　　　　　　　　　　　　　　　　　　红细胞

图 24-10　葡聚糖 – 泛影葡胺密度梯度离心法分离 PBMC 示意图
将抗凝血叠加于相对密度为 1.077 的淋巴细胞分离液液面上，2 000 r/min，离心 20 min，PBMC 密集分布于血浆层与分离液界面

（二）淋巴细胞及其亚群的分离

淋巴细胞为不均一的群体，各群细胞表达各自特异的表面标志分子，利用这些标志，可以分离和纯化相应的细胞群和亚群。此方法可分离来源于外周血、胸腺、脾、淋巴结的淋巴细胞。

1. 免疫吸附分离法　将已知抗特定细胞表面标志的抗体包被聚苯乙烯培养板，加入淋巴细胞悬液，表达相应表面标志的细胞即与抗体结合于培养板表面，通过洗涤即可与悬液中的其他细胞分离。例如，用抗 CD3 抗体包被培养板，可将 T 细胞与其他细胞分开；用抗 CD4 抗体可分离淋巴细胞悬液中的 CD4$^+$ T 细胞。

2. 免疫磁珠分离法　特异性抗体与磁性微粒交联，形成免疫磁珠（immunomagnetic bead，IMB）；然后将 IMB 加入细胞悬液管中，具有相应表面标志的细胞与磁珠上的特异性抗体结合；将此反应管置于磁场中，携带有相应细胞的免疫磁珠吸附于靠近磁铁的管壁上，洗去未结合磁珠的细胞，即可获得纯度较高的目的细胞（图 24–11）。

3. 流式细胞术（flow cytometry，FCM）　又称荧光激活细胞分离法（fluorescence activated cell sorting，FACS），它集光学、流体力学、电子学和计算机技术于一体，通过快速、准确、多参数

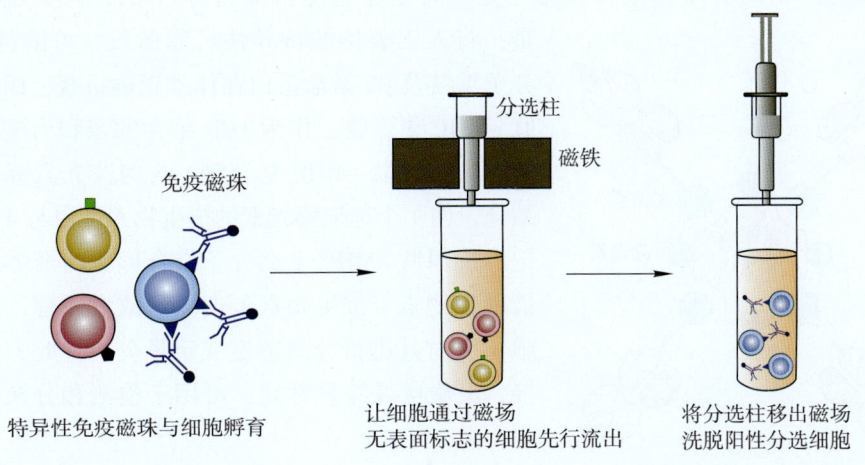

免疫磁珠

特异性免疫磁珠与细胞孵育　　让细胞通过磁场　　　　将分选柱移出磁场
　　　　　　　　　　　　　　无表面标志的细胞先行流出　　洗脱阳性分选细胞

分选柱
磁铁

图 24-11　免疫磁珠分离法
将免疫磁珠加入细胞中，具有相应表面标志的细胞与磁珠上的特异性抗体结合，通过磁场时，携带有相应细胞的免疫磁珠吸附于靠近磁铁的管壁上，无表面标志的细胞先行流出，保留纯度较高的所需细胞

定量测定和综合分析，对细胞进行多参数定量测定和综合分析。该技术能同时分析细胞表面多个分子的表达及其水平（图24-12），常用于检测T、B细胞及亚群，NK细胞、单核／巨噬细胞、树突状细胞的数量与占比、表型与功能。同时，利用分选部件将欲分选的荧光素标记细胞赋以电荷，带电液滴在分选器的作用下偏向带相反电荷的偏导板，落入适当容器中，达到细胞分选（sorting）的目的。

微视频 24-3
流式细胞术

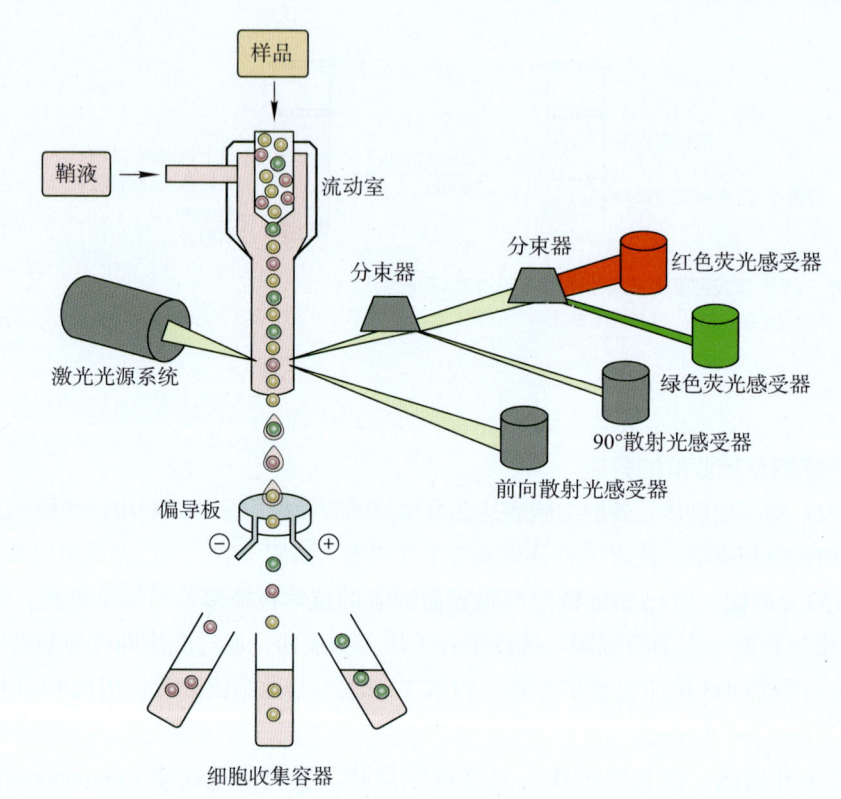

图 24-12 流式细胞仪工作原理图

细胞悬液经特异性荧光抗体染色后，在气体压力作用下进入充满鞘液的流动室，经鞘液包裹后，细胞排成单列由流动室喷出成为细胞液柱，与入射的激光束垂直相交，细胞被激光照射产生光散射，可确定细胞的大小、细胞内颗粒的性状，结合检查不同表面标记的荧光，细胞流振动使其成为带电荷的液滴，在偏导板与计算机的控制下可分离分析不同细胞群

流式细胞术不仅可用于鉴定荧光抗体单色、双色或多色标记的细胞，还可用于细胞周期、细胞凋亡、细胞活化状况等分析，已广泛应用于基础和临床免疫学研究。近年来，将流式细胞术的高速分析功能和质谱检测的高分辨能力相结合，形成一种新型的流式技术即质谱流式细胞术（mass cytometry），该技术利用质谱原理可以对单细胞进行多参数检测。

4. 抗原肽-MHC分子四聚体技术　是一种定量检测抗原特异性CTL的新方法。其原理是：将人工表达的特异性抗原肽段、可溶性 MHC Ⅰ类分子重链及β2微球蛋白在体外正确折叠，组装成的抗原肽-MHC复合物，作为TCR结合的亲和力配体。用生物素标记抗原肽-MHC复合物，再与荧光素标记的亲和素结合，使1个标记荧光素的抗生物素蛋白与4个生物素标记的抗原肽-MHC Ⅰ类分子结合形成四聚体（tetramer），借助生物素-抗生物素蛋白级联放大原理，通过流式细胞仪可对其进行分离鉴定或定量分析。此方法迅速、直接，灵敏度及特异性高，可用于检测和分离特异性T细胞（图24-13）。

图 24-13 抗原肽-MHC分子四聚体技术

用生物素标记抗原肽-MHC Ⅰ类分子复合物，再与荧光素标记的抗生物素蛋白结合，形成抗原特异性四聚体，用于检测特异性CTL

（三）单核/巨噬细胞的分离

单核/巨噬细胞的分离有多种方法，体外可将 PBMC 通过 Percoll 连续密度梯度离心法或平皿黏附法分离法（阳性分选）获取外周血单核细胞。动物实验时可将灭菌巯基乙醇酸盐肉汤（或无菌液状石蜡）注入小鼠腹腔内，引起无菌性炎性渗出，从腹腔冲洗液中可获得大量巨噬细胞。

（四）免疫细胞计数

免疫细胞计数的最直接方法是利用计数板显微镜下直接计数，亦可根据淋巴细胞表面标志的不同可对其进行分类计数。目前检测淋巴细胞亚群的常用方法有免疫荧光技术及细胞毒试验、流式细胞术、葡萄球菌花环试验及免疫组织化学等，可用于生命科学研究的多个领域，包括临床疾病的诊断与辅助诊断。

二、免疫细胞的功能测定

（一）T 细胞功能测定

1. T 细胞增殖试验　是检测机体细胞免疫功能常用的方法。正常机体的 T 细胞在体外培养过程中受到特异性抗原或丝裂原刺激，可转化为淋巴母细胞，故 T 细胞增殖试验又称淋巴细胞转化试验，常用方法简述如下。

（1）形态学计数方法：T 淋巴细胞受丝裂原（PHA、ConA）或特异性抗原刺激而转化为淋巴母细胞，其形态和结构发生明显变化：细胞体积增大，胞质丰富且有空泡，染色体疏松，出现 1~3 个核仁。通过染色和光镜下计数，可计算出淋巴母细胞转化百分率，正常人约 70%。形态学方法简便易行，不需要特殊设备，但受客观因素影响较多，重复性差。

（2）放射性核素掺入法：T 细胞增殖过程中，胞内 DNA 合成增加。在淋巴细胞与丝裂原培养终止前加入氚标记的胸腺嘧啶核苷（^{3}H-TdR）作为合成 DNA 的原料，^{3}H-TdR 被转化的细胞摄入并掺入新合成的 DNA 中，所掺入放射性核素的量与细胞增殖水平呈正相关，借助液体闪烁仪测定样品的放射活性（以脉冲数表示），可反映细胞增殖情况（图 24-14）。放射性核素掺入法灵敏，结果客观，重复性好，但需一定的仪器设备，若操作不规范，结果重复性受影响，且存在放射性核素污染的危险。

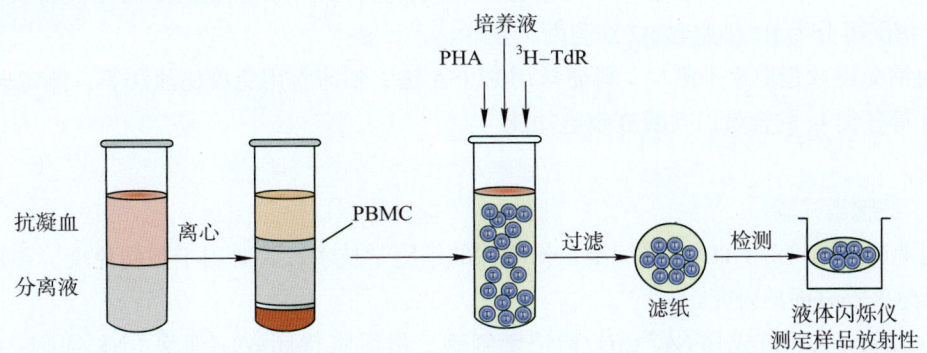

图 24-14　T 细胞增殖试验——^{3}H-TdR 掺入法

PBMC 用 PHA 激活，其中 T 细胞进行有丝分裂，DNA 合成量明显增加，在培养基中加入氚（^{3}H）标记的 DNA 前身物质胸腺嘧啶核苷（TdR），则 ^{3}H-TdR 被作为合成 DNA 的原料被摄入细胞，掺入的放射性核素 ^{3}H，可经液体闪烁测量法测出，根据放射性核素掺入细胞的量可推测淋巴细胞对刺激物的应答水平

（3）MTT法：MTT是一种噻唑盐，化学名为3-（4，5-二甲基-2-噻唑）-2，5-二苯基溴化四唑，其掺入细胞后可作为胞内线粒体琥珀酸脱氢酶的底物，形成褐色甲瓒颗粒并沉积于胞内或细胞周围，甲瓒生成量与细胞增殖水平呈正相关。甲瓒可被盐酸异丙醇或二甲基亚砜完全溶解，借助酶标测定仪检测细胞培养物OD值，可反映细胞增殖水平。该法灵敏度不及 ^{3}H-TdR 掺入法，但操作简便，且无放射性污染。CCK-8（cell counting kit-8）法是MTT的升级替代产品，可被还原成橙黄色、水溶性的甲瓒，该方法重复性好，灵敏度高，对细胞的毒性低。

（4）CFSE-流式细胞术：羧基荧光素琥珀酰亚胺酯（carboxy fluorescein succinimidyl ester，CFSE）作为一种非极性活细胞荧光染料与淋巴细胞孵育时，一旦进入细胞，与蛋白质赖氨酸残基共价结合，在细胞内保留数月，其荧光强度会随着细胞的分裂递减，用流式细胞仪进行荧光强度检测细胞的分裂代数，呈现波峰梯队。CFSE越弱，细胞增殖越强。目前该方法广泛运用于T细胞增殖试验。

2. T细胞对抗原刺激应答测定　T细胞经各种丝裂原或抗原刺激后，可合成多种细胞因子，借助免疫学、细胞学及分子生物学方法检测细胞因子含量、生物学活性或基因表达水平，可分析T细胞功能状态及疾病的辅助诊断，如细胞免疫介导的结核菌 γ 干扰素释放试验（cell interferon gamma release assays，TIGRA）是近年来采用ELISPOT法定量检出受检者全血或外周血单个核细胞对结核分枝杆菌特异性抗原的IFN-γ检测释放反应，用于结核分枝杆菌感染的诊断。

3. T细胞活化及分化的测定　采用流式细胞术检测T细胞内 Ca^{2+}、细胞表面分子和细胞内外细胞因子表达情况，可用于判断和分析T细胞活化与分化状况。

4. 迟发型超敏反应皮肤试验　是一种用于检测体内细胞免疫功能状况的试验方法。其原理是：机体接受外来抗原刺激产生免疫应答后，再用相同的抗原作皮肤试验可导致皮肤迟发型超敏反应，产生以单个核细胞浸润为主的炎症，局部发生充血、渗出，24~48 h出现，72 h达高峰。阳性反应表现为局部红肿和硬结，反应强烈的可发生水肿甚至坏死。细胞免疫正常者出现阳性反应，细胞免疫低下者则呈弱阳性或阴性反应。目前常用于检测某些病原微生物感染、免疫缺陷病和肿瘤患者的免疫功能测定等。

（二）B细胞功能测定

1. B细胞数目、亚群和功能检测　流式细胞术检测B细胞表面标志物，定量反转录PCR（qRT-PCR）法或免疫印迹法检测转录因子，ELISA法检测抗体。B细胞通用标志物包括CD19、CD20、CD21、CD22、CD23。CD19阳性细胞数量或者百分比是B细胞总数的重要参数，常根据CD5表达情况再分为B1细胞和B2细胞两个亚群。

2. 血清免疫球蛋白水平测定　科研常用ELISA法、临床常用免疫比浊法等，测定血清IgG、IgM、IgA等各类Ig的含量以判断B细胞功能。

（三）细胞毒试验

细胞毒试验是检测CTL、NK细胞杀伤活性的细胞学技术，主要用于肿瘤免疫、移植排斥反应和病毒感染等方面的研究。

1. ^{51}Cr释放法　首先用 $Na_2^{51}CrO_4$ 标记靶细胞，然后将待测效应细胞（NK细胞、CTL）与 ^{51}Cr标记的靶细胞按一定比例混合，37 ℃孵育一定时间，当效应细胞杀伤靶细胞后，^{51}Cr可从裂解的靶细胞释放到培养基中，用γ计数仪测定培养上清液中 ^{51}Cr的放射活性。靶细胞被杀伤的越多，上清液中 ^{51}Cr的含量越多，由此推算出效应细胞杀伤活性的高低（图24-15）。

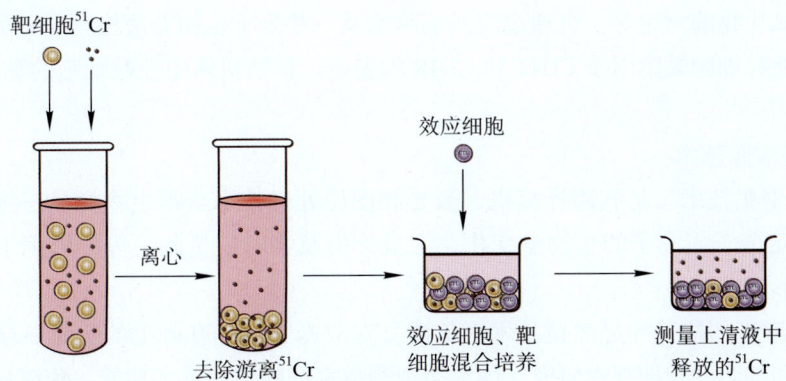

靶细胞^{51}Cr

效应细胞

离心

去除游离^{51}Cr

效应细胞、靶细胞混合培养

测量上清液中释放的^{51}Cr

图24-15　T细胞介导的细胞毒试验——^{51}Cr释放法

2. 乳酸脱氢酶释放法　乳酸脱氢酶（LDH）是活细胞胞质内含酶之一，正常情况下不能透过细胞膜。当细胞受到 CTL 或 NK 细胞的攻击而损伤时，由于细胞膜通透性改变，LDH 可从细胞内释放至培养液中。释放出来的 LDH 可催化底物如氯化硝基四氮唑蓝（nitrotetrazolium blue chloride，NBT）形成有色的甲基化合物，用光度计读取上清液 OD 值，可反映效应细胞的细胞毒活性。

3. 活细胞代谢指示剂荧光测定法　活细胞代谢指示剂易溶于水，进入细胞后经线粒体酶促还原产生荧光及颜色变化，可用来定量检测靶细胞状态。该方法灵敏度高，重复性好，使用方便，不影响细胞正常代谢及基因表达，可测淋巴细胞增殖或细胞毒性及细胞凋亡。

知识拓展 24-3
细胞凋亡的检测

（四）吞噬细胞功能测定

1. 巨噬细胞吞噬试验　将待测巨噬细胞与某种可被吞噬又易于计数的颗粒性物质（如鸡红细胞或荧光标记的颗粒）混合温育后，颗粒物质被巨噬细胞吞噬，光镜下计数吞噬百分率，可反映巨噬细胞的吞噬能力。荧光微球分析技术也是目前吞噬功能检测的常用方法之一。即直径 0.6 ～ 2.0 μm 的荧光微球被细胞吞噬后，检测荧光细胞的比例来评价吞噬作用和内吞作用。如荧光素标记的细菌生物颗粒被吞噬到细胞内会发出明亮的红色荧光，当其周围环境酸性增强时，荧光强度增加。该试验操作简单、客观可定量、灵敏度高，可以结合其他荧光染料做多重分析，可用流式细胞术分析。

2. 氯化硝基四氮唑蓝还原试验　NBT 是一种水溶性的淡黄色活性染料，为脱氢酶和其他过氧化物酶的底物。中性粒细胞在吞噬、杀菌过程中产生活性氧中间产物（ROI），可使被吞噬进细胞内的淡 NBT 还原成不溶性蓝黑色甲臜（formazan）颗粒，沉积于细胞质中。光镜下计数 NBT 阳性细胞，可反映中性粒细胞的杀伤功能。

3. 化学发光试验　中性粒细胞杀菌过程中可产生呼吸爆发，NADPH 氧化酶活化，产生过氧化离子参与胞内杀菌作用。但过氧化离子不稳定，在其分解过程中可激活加入到反应体系的鲁米诺等发光物质而释放光子。通过化学发光测定仪可直接或者间接地检测过氧化离子生成的情况，用于检测中性粒细胞的杀菌能力。

知识拓展 24-4
NETosis 检测

（五）固有免疫细胞趋化及黏附功能检测

中性粒细胞、单核细胞等固有免疫细胞在相应的趋化因子作用下产生趋化运动。如微生物的细胞成分及其代谢产物、补体活性片段（C5a、C3a）、某些趋化因子（IL-8）等可以趋化中性粒细胞，通过观察其运动情况判断结果，主要方法有 Boyden 小室法、琼脂糖凝胶法及结合滤膜渗透法进行过氧化物酶测定等。可通过流式细胞术及一些分子生物方法检测固有免疫细胞黏附功能。如检测中性粒细胞黏附因子 CD11 和 CD18 的表达，评估机体中性粒细胞的黏附功能。

（六）细胞成像技术

1. 激光共聚焦技术　是利用计算机、激光和图像处理技术获得生物样品三维数据，观察活细胞结构及特定分子或离子的生物学变化、定量分析及实时定量测定等，可用于观察 T 细胞的活化，如突触形成情况。

2. 双光子激光扫描荧光显微镜技术　是建立在双光子荧光基础上的荧光显微检测技术，可用于活体组织和细胞的长期观察研究，如动态观测免疫细胞的活化和功能，免疫应答状态下免疫细胞与病原体、免疫细胞与靶细胞的相互作用等。

此外，多光谱成像流式细胞仪将荧光显微镜和流式细胞术结合起来，对流动细胞可以进行更为直观的成像检测。

第三节　免疫学检测的临床应用

一、认识、阐明相关疾病发病机制

知识拓展 24-5
免疫相关疾病动物模型

利用免疫学方法检测体内免疫细胞及其亚群、免疫分子及免疫复合物的变化可有助于认识和阐明某些疾病的发病机制，如 Th1 细胞功能增强、IFN-γ 分泌过量、MHC Ⅱ 表达过高与器官特异性自身免疫病（如 1 型糖尿病、多发性硬化等）的发生密切相关。

二、诊断、辅助诊断相关疾病

（一）用已知抗体检测未知抗原

用已知抗体可检测未知抗原，如病原体及其抗原组分、肿瘤抗原的定性、分型、定量与定位，HLA 分型、红细胞血型抗原等。利用生物化学和免疫学技术对肿瘤抗原、肿瘤标志物进行检测，有助于肿瘤的诊断与辅助诊断；利用已知的特异性抗体通过 ELISA 检测肝炎病毒抗原，可有效地检出极微量的病毒抗原成分，达到快速诊断目的。

（二）用已知抗原检测未知抗体

科学发现 24-2
下一代免疫诊断技术——单分子计数免疫分析

在感染性疾病、自身免疫病、超敏反应性疾病及器官移植的临床研究中，可以用已知抗原定性、定量检测病原特异性抗体、自身抗体、变应原抗体及细胞毒抗体。例如，在伤寒沙门菌感染中收集患者急性期和恢复期双份血清标本，当后者的抗体效价比前者升高 ≥ 4 倍时有诊断意义；器官移植过程中检测体内预存针对移植物组织细胞的抗体，可以提示供体、受体组织、细胞间的相容状况。

三、免疫功能监测

免疫功能监测有助于了解疾病的病程变化、观察疗效、判断预后。如器官移植后出现 T 细胞数量增多，CD4$^+$/CD8$^+$ T 细胞比值上升，细胞因子（TNF-α、IL-1、IL-4、IL-6、IFN-γ 等）水平升高，可溶性细胞因子受体（可溶性 IL-2 受体）、黏附分子受体（可溶性 ICAM-1 受体）水平升高等，提示急性排斥发生；对接受放射、化学治疗的肿瘤患者定期检测机体细胞分化抗原、胚胎抗原等肿瘤标志物的消长，有助于了解病情发展与预后，制订合适的治疗方案与判断疗效。

（韩　莉　吴红艳）

临床聚焦 24-1
中国免疫诊断市场现状与未来展望

复习思考题

1. 抗原抗体反应的特点是什么？有哪些基本类型？
2. 常见的免疫标记技术包括哪些？它们各有何优缺点？试述间接 ELISA 法的原理。
3. T 细胞功能的体外检测方法有哪些？

新形态教材网

👤学习目标　　⬇教学课件　　📋本章小结　　👥开放性讨论　　📝自测题

第二十五章
免疫预防和免疫治疗

关键词

免疫预防	人工主动免疫	人工被动免疫	疫苗
灭活疫苗	减毒活疫苗	类毒素	亚单位疫苗
结合疫苗	DNA疫苗	mRNA疫苗	重组载体疫苗
合成肽疫苗	佐剂	计划免疫	免疫治疗
过继免疫治疗	免疫增强剂	免疫重建	

　　免疫学自诞生之日起，就一直在疾病的预防和治疗领域扮演着重要角色，采用接种牛痘苗的方法在全球成功消灭天花就是最好的例证。本章将引领我们进入这一历史悠久又充满生机活力的领域，去认识免疫预防及疫苗种类，学习新型疫苗的研发思路和类型，了解免疫治疗的含义及治疗用制剂的种类和适用领域。

思维导图

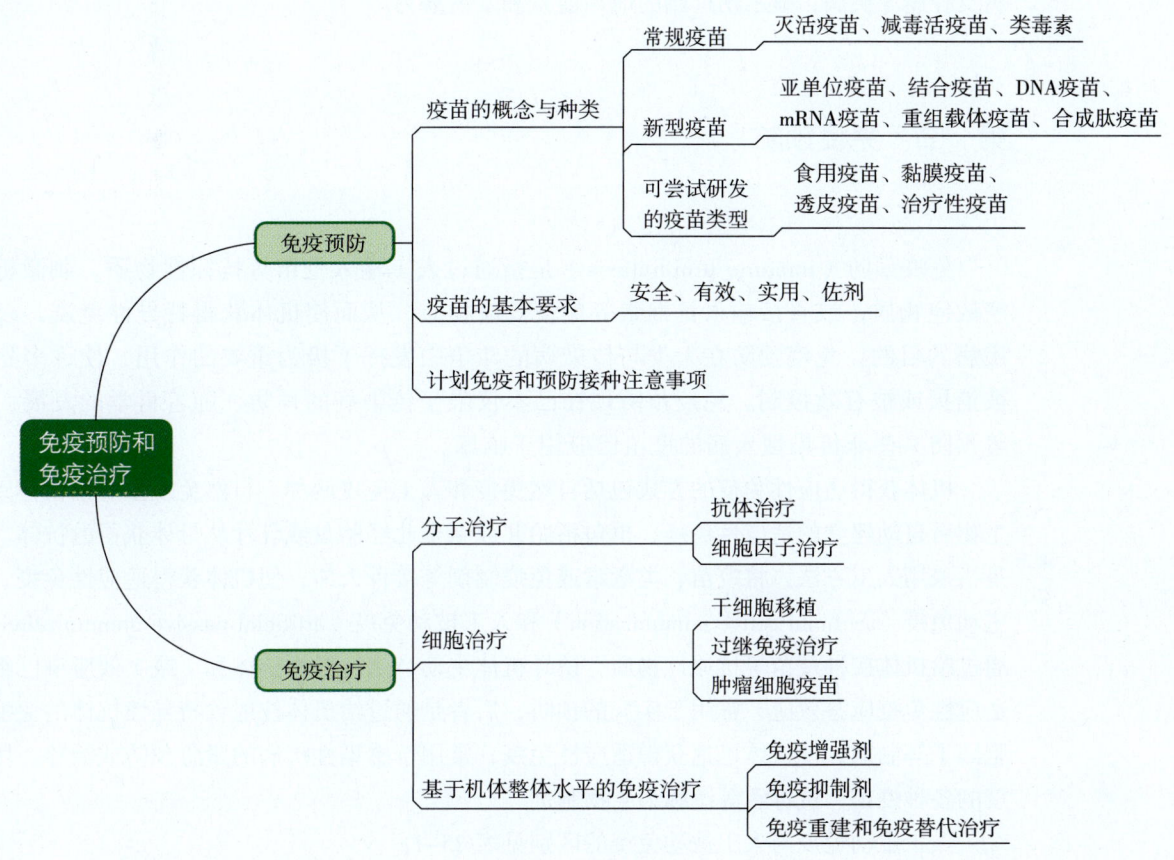

免疫学理论和技术已广泛应用于基础医学、临床医学和预防医学领域，取得了显著成效。随着免疫学理论和技术的不断发展，免疫预防和治疗已从感染性疾病扩展到自身免疫病、免疫缺陷病及肿瘤等疾病，显示出广阔的应用前景和发展潜力。

第一节　免疫预防

免疫预防（immuno prophylaxis）是指通过人工输入疫苗等抗原性物质，刺激机体产生免疫效应物质，或直接输入抗毒素等免疫效应物质，从而使机体获得特异性免疫，以达到预防疾病的目的。免疫预防在人类与传染病的斗争中发挥了极为重要的作用，使许多烈性传染病被消灭或被有效控制。免疫预防现在已不仅限于传染病的预防，随着科学的发展，肿瘤疫苗等预防某些非传染性疾病的疫苗已应用于临床。

机体获得适应性免疫的方式包括自然免疫和人工免疫两种。自然免疫主要指机体感染病原微生物后自动建立的适应性免疫，也包括胎儿或新生儿经胎盘或乳汁从母体获得的抗体。人工免疫是指采用人工方法，将疫苗、类毒素或免疫制剂等接种人体，使机体获得适应性免疫，分为人工主动免疫（artificial active immunization）和人工被动免疫（artificial passive immunization）。前者是通过给机体接种疫苗等抗原性物质，诱导机体主动产生特异性抗体和（或）效应淋巴细胞，发挥适应性免疫应答效应，常用于疾病的预防；后者是通过给机体注射含特异性抗体的免疫血清或细胞因子等制剂，使机体迅速获得适应性免疫，常用于感染性疾病的紧急预防或治疗。用于人工免疫的各种疫苗、抗毒素等统称为生物制剂。

人工主动免疫与人工被动免疫的区别见表25-1。

表 25-1　人工主动免疫与人工被动免疫的区别

区别要点	人工主动免疫	人工被动免疫
制剂属性	抗原	抗体、细胞因子等
免疫力产生时间	较慢，2~4周	快，立即
免疫力维持时间	较长，数月~数年	短，2~3周
主要用途	预防、治疗	治疗或紧急预防
常用制剂	疫苗	抗毒素、胎盘球蛋白、丙种球蛋白、CK、mAb

一、疫苗的概念与种类

用于人工主动免疫的、含有抗原性物质的生物制剂称为疫苗（vaccine）。疫苗是免疫预防最常用的生物制剂，接种后能使机体获得对特定疾病的适应性免疫。常规疫苗包括灭活疫苗、减毒活疫苗和类毒素，新型疫苗包括亚单位疫苗、mRNA疫苗和DNA疫苗等。

（一）常规疫苗

1. 灭活疫苗（inactivated vaccine）　又称死疫苗（dead vaccine），一般是指用理化方法杀死病原微生物制成的制剂，如百日咳疫苗、狂犬病疫苗、脊灰灭活疫苗等。死疫苗已失去感染力和致病性，但保留一定的免疫原性，因此可以诱导特异性抗体的产生。死疫苗具有安全、易于保存与运输等优点。

2. 减毒活疫苗（live-attenuated vaccine）　简称活疫苗（live vaccine），是用毒力高度减弱或无毒力的活的病原微生物制成的疫苗。常用的减毒活疫苗有卡介苗（BCG）、麻疹病毒活疫苗和脊灰减毒活疫苗等。减毒活疫苗无毒力和致病性，但保留其免疫原性，在体内有一定的增殖能力，除诱导机体产生体液免疫外，还可诱导产生细胞免疫，经自然感染途径接种还可诱导形成黏膜局部免疫，因此免疫效果良好、持久，一般仅需接种一次。减毒活疫苗的不足之处是疫苗在体内存在回复突变的危险，必须经过严格鉴定。免疫缺陷者和孕妇一般不宜接种活疫苗。

灭活疫苗与减毒活疫苗的区别见表25-2。

表 25-2　灭活疫苗与减毒活疫苗的区别

区别要点	灭活疫苗	减毒活疫苗
制剂	灭活的病原体	活的、无毒或减毒的病原体
接种剂量及次数	大，2~3次	小，1次
副作用	大	小
免疫效果	较差，维持半年~2年	较好，维持3~5年
稳定性	好，易保存	差，难保存

3. 类毒素（toxoid）　是细菌外毒素经0.3%~0.4%甲醛处理、失去毒性但保留免疫原性的制剂，如破伤风类毒素和白喉类毒素。类毒素能诱导机体产生特异性抗毒素，通常与灭活疫苗一起使用，如百白破疫苗。

微视频 25-1
常规疫苗

（二）新型疫苗

1. 亚单位疫苗（subunit vaccine）　是去除病原体中无用的或危险的成分，采用能有效刺激机体产生保护性免疫应答成分制成的疫苗。通过DNA重组技术制备的亚单位疫苗又称重组抗原疫苗（recombinant antigen vaccine），该疫苗不含活的病原体或相关的致病因子（如病毒核酸），安全有效，成本低廉，目前获准使用的有重组乙型肝炎疫苗、重组口蹄疫疫苗和重组莱姆病疫苗等。

2. 结合疫苗（conjugate vaccine）　细菌荚膜多糖和脂多糖属于TI抗原，不能有效诱导再次抗体应答，故免疫保护效果差。结合疫苗是将细菌荚膜多糖或脂多糖与蛋白质载体（如白喉类毒素）交联，使其成为TD抗原。后者能引起T、B细胞的联合识别，诱导机体产生记忆B细胞和IgG类抗体，明显增强了免疫效果。目前已获准使用的有B型流感嗜血杆菌疫苗、脑膜炎球菌疫苗和肺炎球菌疫苗等。

3. DNA疫苗（DNA vaccine）　是用编码有效免疫原的基因插入质粒构建重组质粒，该重组质粒即DNA疫苗。疫苗经注射等途径进入机体，转染宿主细胞，使其表达保护性蛋白抗原，从而诱导机体产生体液免疫和细胞免疫，维持时间长，效果好。目前进入临床试验的DNA疫苗有疟疾DNA疫苗和HIV DNA疫苗等。

4. mRNA疫苗（mRNA vaccine）　是将编码病原体有效免疫原的mRNA序列引入机体，在宿主细胞内翻译成具有免疫保护作用的相关抗原，诱导机体产生特异性免疫反应的疫苗。此类疫苗可快速研发制备，不需要特定的病毒株，只需要病毒的基因序列就可反向合成；生产成本低、产量大，能迅速应对暴发性传染病，特别是存在病毒变异的情况下。但由于 mRNA 疫苗可能存在脱靶效应，需要冷链配送与低温储存，质控较难。

5. 重组载体疫苗（recombinant vector vaccine） 也称重组减毒活疫苗（recombinant attenuated live vaccine），是将编码病原体有效免疫原的基因插入无毒或弱毒的病毒或细菌疫苗株基因组中制成的疫苗。接种后，目的基因产物随疫苗株在体内的增殖而大量表达，从而诱导机体产生相应免疫保护作用。目前使用最广的载体是痘病毒，用其表达的外源基因很多，已用于甲型和乙型肝炎、麻疹、单纯疱疹、肿瘤等疫苗的研究。

6. 合成肽疫苗（synthetic peptide vaccine） 是根据有效免疫原的氨基酸序列，人工设计和合成的免疫原性多肽。因多肽的相对分子质量小、免疫原性弱，常需将其交联到相对分子质量较大的蛋白质分子或脂质体等载体上才能诱导有效的免疫应答。目前研究较多的主要是抗病毒感染或抗肿瘤的合成肽疫苗。根据疟原虫孢子表位研制的疟疾疫苗已进入临床试验阶段。

（三）可尝试研发的疫苗类型

1. 食用疫苗（edible vaccine） 是用转基因方法将编码有效免疫原的基因导入可食用植物细胞的基因组中，免疫原即可在植物的可食用部分稳定的表达和积累，通过摄食达到免疫接种的目的。

2. 黏膜疫苗（mucosal vaccine） 是可通过黏膜途径接种的疫苗，这类疫苗不仅诱导黏膜局部免疫，同时可诱导全身免疫。

3. 透皮疫苗（transdermal vaccine） 是将抗原接种于完整皮肤表面，可通过皮肤 DC 摄取、加工抗原并将其提呈给 T 细胞，也可激活皮肤的 B 细胞形成浆细胞产生抗体。

4. 治疗性疫苗（therapeutic vaccine） 是具有治疗作用的疫苗，主要应用于慢性感染、肿瘤、自身免疫病、移植排斥等患者，兼具治疗和预防功能。

二、疫苗的基本要求

（一）安全

疫苗直接关系到人类的健康和生命安全，因此必须无致病性和接种后无异常反应。死疫苗应予彻底灭活并避免无关蛋白或内毒素污染；活疫苗要求遗传性状稳定，无回复突变，无致癌性。

（二）有效

疫苗应具有高免疫原性，可诱导产生可靠的保护性免疫，使群体抗感染能力增强。例如，口服脊髓灰质炎疫苗不仅能诱导中和抗体的产生，而且有很好的免疫记忆性，初次免疫后半年以上仍有高水平的适应性免疫应答。

（三）实用

疫苗的研制要充分考虑到其可接受性，否则难以达到接种人群的高覆盖率。在保证免疫效果的前提下，要尽量简化接种程序，如口服疫苗、多价疫苗和联合疫苗。同时要求疫苗易于保存、运输，价格低廉。

（四）佐剂

疫苗是主要的免疫预防制剂，要获得有效的免疫效果，通常合并佐剂（adjuvant）使用。佐剂是指预先或与抗原同时注入体内，可显著增强机体对抗原的免疫应答或改变免疫应答类型的非特异性免疫增强剂。佐剂可分为以下五类：①生物性佐剂，如卡介苗、短小棒状杆菌、脂多糖和 GM-CSF；②无机化合物，如氢氧化铝；③人工合成物，如模拟双链 RNA 的双链多聚肌苷酸 - 胞苷酸（poly I:C）和模拟细菌来源的低甲基化 CpG 寡核苷酸；④有机物，如矿物油；⑤脂质体，如免疫刺激复合物。不同佐剂的作用效果和机制各异。动物实验中最常用的是弗氏完全佐剂（Freund complete adjuvant，FCA）和弗氏不完全佐剂（Freund incomplete adjuvant，FIA）。FCA含有灭活结核分枝杆菌和矿物油，可刺激机体产生体液免疫应答和细胞免疫应答；FIA 仅含矿物油，仅可协助抗原刺激机体产生抗体应答。CpG 寡核苷酸可刺激 TLR9 而增强巨噬细胞等分泌炎症细胞因子，是有效的 Th1 型佐剂；脂质体可与抗原形成油 - 水复合物，促使抗原缓释而增强免疫应答。

知识拓展 25-1
新型佐剂的应用与研究进展

佐剂已被广泛应用于疫苗的成分配制，还可用于抗肿瘤与抗感染的辅助免疫治疗添加剂。佐剂可以增强并延长疫苗诱导的免疫应答，减少疫苗中抗原用量和接种次数，提高疫苗在新生儿、老年人及其他免疫功能低下人群中的免疫效果。已被批准上市应用于人类疫苗的佐剂有铝佐剂、MF59、AS04、AS03、AS01 和 CpG 1018 等。佐剂的发展和创新促进了新型疫苗的研发。

三、计划免疫和预防接种注意事项

（一）计划免疫

计划免疫（planed immunization）是根据某些特定传染病的疫情监测和人群免疫状况分析，有计划地用疫苗进行免疫接种，预防相应传染病，最终达到控制乃至消灭相应传染病的目的而采取的重要措施。我国的计划免疫工作取得了显著成绩，传染病的发病率大幅度下降。

知识拓展 25-2
国家免疫规划疫苗儿童免疫程序一般原则

我国儿童计划免疫的常用疫苗有：卡介苗、脊髓灰质炎疫苗、百白破疫苗、麻腮风疫苗和乙肝疫苗。目前，国家计划免疫免费提供的疫苗种类，可以预防 12 种传染病（表 25-3）。

表 25-3　我国儿童计划免疫程序表

疫苗名称	第一次	第二次	第三次	加强	预防传染病
卡介苗	出生				肺结核
乙肝疫苗	出生	1 月龄	6 月龄		乙型病毒性肝炎
脊灰疫苗	2 月龄	3 月龄	4 月龄	4 周岁	脊髓灰质炎
百白破疫苗	3 月龄	4 月龄	5 月龄	18 月龄，6 周岁	百日咳、白喉、破伤风
麻腮风疫苗	8 月龄	18 月龄			麻疹、流行性腮腺炎、风疹
乙脑减毒活疫苗	8 月龄	2 周岁			流行性乙型脑炎
A 群流脑疫苗	6 月龄	9 月龄			流行性脑脊髓膜炎
A+C 群流脑疫苗	3 周岁	6 周岁			流行性脑脊髓膜炎
甲肝减毒活疫苗	18 月龄				甲型病毒性肝炎

有效的疫苗接种能赋予普通人群获得相应疾病的免疫力。人群中的疫苗接种率越高，该群体的免疫水平也越高；相应地，易感人群可以获得更好的保护。群体免疫（herd immunity）指的是人群对病原体传染的整体抵抗力，群体免疫水平高，表明群体中对病原体传染具有抵抗力的个体百分比高。

（二）预防接种注意事项

1. 接种途径　灭活疫苗多肌内注射；减毒活疫苗可皮内注射、皮下注射或经自然感染途径接种，如脊髓灰减毒活疫苗以口服为佳。

2. 接种剂量、次数和间隔时间　灭活疫苗接种量大，接种次数多为 2～3 次，每次间隔 2～6 周；类毒素接种 2 次，因其吸收缓慢，每次间隔 4～6 周；减毒活疫苗能在体内繁殖，接种量少，一般只接种 1 次。

3. 接种后反应　通常表现为局部疼痛、红肿、淋巴结肿大，有些人可出现头痛、发热、恶心等表现，一般无需处理，1～2 天后可恢复正常。少数人可引起严重的超敏反应，如过敏性休克等。

4. 禁忌证　凡高热、急性传染病、严重心血管疾病、恶性肿瘤、肾病、活动性结核、活动性风湿病、甲状腺功能亢进症、糖尿病和免疫功能缺陷等患者、妊娠期及月经期妇女均不宜接种疫苗。但免疫接种禁忌也不可绝对化，在确需接种时，可采取下列措施：①进行被动免疫接种。②稀释后可小剂量多次注射。③于注射前 2 天服用抗组胺药。④注射前先进行皮肤检查。

第二节　免疫治疗

免疫治疗（immunological therapy）是指根据免疫学原理，针对机体免疫功能低下或亢进，人为地调整机体的免疫功能，以达到治疗疾病目的所采取的措施。

免疫治疗可分为免疫增强治疗或抑制治疗、主动或被动免疫治疗、特异或非特异免疫治疗、免疫替代治疗等，各类免疫疗法之间互相交叉。免疫治疗的基本策略是从分子、细胞和整体水平干预或调整机体的免疫功能。

一、分子治疗

分子治疗指给机体输入分子制剂，以调节机体的免疫功能。分子制剂主要包括抗体、细胞因子等。

（一）抗体治疗

抗体是进行人工被动免疫的主要制剂。目前临床采用的治疗性抗体主要包括多克隆抗体、单克隆抗体和基因工程抗体。鉴于上述抗体大多来自动物，患者使用时有可能引起超敏反应，故使用时需皮试。

1. 多克隆抗体（pAb）　即免疫血清，临床常用的免疫血清包括具有特异性治疗作用的破伤风抗毒素和狂犬病病毒抗血清，以及具有非特异性治疗作用的人丙种球蛋白。前者是用相关抗原多次免疫动物后获得的免疫血清，后者是从健康产妇胎盘或健康人血清中提取的免疫球蛋白。人特异性免疫球蛋白来源于恢复期患者及含高效价特异性抗体供血者血浆，以及接受疫苗免疫者血浆。在无特效药及治疗方法时，急性感染期恢复者血浆常用于危重型患者的紧急治疗。

2. 单克隆抗体（mAb） 具有特异性高、均一性好、无批间差异、交叉反应少等优点。目前所使用的 mAb 多为鼠源性的抗体，应用到人体后会引起人抗鼠抗体（human anti-mouse antibody，HAMA）反应而影响疗效，甚至可发生超敏反应。

治疗性 mAb 临床应用广泛，针对免疫细胞标志性膜分子或抑制性分子的 mAb 与相应靶细胞结合后，可使靶细胞溶解破坏或使其抑制功能丧失。例如：①CD3 mAb 可选择性破坏 CD3⁺T 细胞，用于治疗急性移植排斥反应；②CD20 mAb 可选择性破坏 CD20⁺B 细胞，用于治疗 B 细胞淋巴瘤；③PD-1 mAb 与 CTLA-4 mAb 可封闭 T 细胞表面 PD-1 与 CTLA-4，阻断其对免疫应答的抑制效应，用于治疗晚期黑色素瘤、非小细胞肺癌及头颈鳞状细胞癌等实体瘤。

知识拓展 25-3
PD-1 及其配体在肿瘤治疗中的现状

3. 基因工程抗体 为避免人抗鼠抗体反应和超敏反应，采用基因工程技术对上述抗体进行改造，并于 1984 年成功研制出第一个基因工程抗体，即人 - 鼠嵌合抗体。随后新型基因工程抗体如人源化抗体和小分子基因工程抗体等不断研制成功，并应用于临床。

武装的抗体（armed antibody）是指 mAb 通过其 Fc 段与化学治疗药物、毒素、同位素等细胞毒性物质结合组装而成的抗体。此类抗体可利用 mAb 的"定向导航"作用，将细胞毒性物质携带至肿瘤病灶局部，准确有效杀伤肿瘤细胞。此种方法称为抗体导向药物治疗，临床上在 B 细胞淋巴瘤、非霍奇金淋巴瘤和急性髓样白血病的治疗中已得到应用，并取得一定疗效。

（二）细胞因子治疗

细胞因子是调节免疫细胞功能的重要分子，已广泛用于感染性疾病、肿瘤、造血功能异常和其他免疫相关疾病的治疗，主要包括细胞因子添加疗法和拮抗疗法。

1. 细胞因子添加疗法 肿瘤、感染或造血功能障碍患者体内某些细胞因子合成不足，导致免疫细胞活性降低时，可采用输入相关细胞因子提高机体免疫功能的方法进行治疗。例如：①IFN-α 可治疗病毒感染和恶性肿瘤；②IL-2 可治疗肿瘤和免疫缺陷病；③EPO 对肾性贫血疗效显著；④G-CSF 和 GM-CSF 可用于缓解化学治疗后粒细胞减少。

2. 细胞因子拮抗疗法 TNF-α 和 IL-1 等促炎细胞因子水平异常升高可导致严重的组织损伤。采用相关拮抗物，即可溶性促炎细胞因子受体阻断促炎细胞因子与靶细胞表面相应受体结合，可减轻炎症反应和其他病理作用。例如，可溶性 TNF-α R 主要用于治疗类风湿关节炎和感染性休克，可溶性 IL-1R 主要用于治疗移植排斥和自身免疫病。

二、细胞治疗

细胞治疗通常是指给患者输注干细胞、免疫效应细胞或肿瘤细胞疫苗等，以增强和激活机体免疫应答能力的方法。

（一）干细胞移植

干细胞是具有多种分化潜能和自我更新能力的细胞，在适当条件下可被诱导分化为多种细胞，常用的有造血干细胞（hematopoietic stem cell，HSC）和间充质干细胞（mesenchymal stem cell，MSC）。干细胞移植具有治疗多种疾病的潜力，从异常血细胞引起的血液疾病到神经退行性疾病和软组织损伤，干细胞移植正在成为医学领域中一种十分有前途的治疗手段。

1. HSC 移植　能使患者免疫系统得以重建或恢复造血功能，已成为临床治疗癌症、造血系统疾病和自身免疫病的重要手段之一。移植所用的 HSC 来源于 HLA 型别相同或相近的供者，一般采集骨髓、外周血或脐带血，用以分离 CD34⁺ HSC。骨髓中 HSC 数量较多，是理想的干细胞来源；外周血 HSC 数量较少，但便于采集。上述两种 HSC 因 HLA 型别相同供者难以寻找，使其使用受到限制。脐带血 HSC 含量与骨髓 HSC 含量相近，同时具有 HLA 低表达、免疫原性弱、移植物抗宿主反应发生率低、来源方便、易于采集等优点，是一种较好的 HSC 来源。

2. MSC 移植　MSC 是成体干细胞，存在于骨髓、脂肪组织和脐带血等各种组织中，可以分化成包括骨细胞、软骨细胞和脂肪细胞在内的多种细胞类型。这种特性使它们成为再生医学领域的重要组成部分，并可能治愈许多疾病。临床试验表明，MSC 移植在治疗多发性硬化症和移植物抗宿主病等疾病方面取得了积极成果。

（二）过继免疫治疗

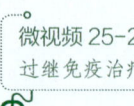

微视频 25-2
过继免疫治疗

过继免疫治疗（adoptive immunotherapy）是将患者自体的免疫细胞在体外活化处理后回输给患者自身的一种治疗方法，主要用于白血病和恶性实体瘤的治疗。用于过继免疫治疗的免疫效应细胞主要包括以下几种，这些免疫效应细胞可直接杀伤肿瘤细胞，将其与 IL-2 联合使用对某些晚期肿瘤也有一定疗效（图 25-1）。

1. 嵌合抗原受体 T 细胞（CAR-T 细胞）治疗　是直接将可以识别肿瘤抗原的抗体片段基因与 T 细胞活化所需信号分子胞内段基因结合，构建成抗原嵌合受体（CAR），通过基因转导把 CAR 导入 T 细胞，此 T 细胞即 CAR-T 细胞。CAR-T 细胞规避了 MHC 限制性，具有特异性识别肿瘤抗原、迅速活化并杀伤肿瘤细胞的能力。抗体片段基因通常采用抗体单链可变区片段（single chain variable fragment，ScFv），常用的 T 细胞活化所需信号分子胞内段基因是 CD3ζ、CD28 等。抗 CD19 的 CAR-T 细胞治疗产品阿基仑赛注射液于 2021 年在中国首个获批上市，主要用于复发或者难治性大 B 细胞淋巴瘤成人患者。

CAR-T 细胞治疗较于传统的化学治疗和放射治疗具有多个优点，如具有高度的特异性和选择性、可持续的细胞活性和长期的治疗效果等，但是也面临着一些挑战。CAR-T 细胞治疗可能

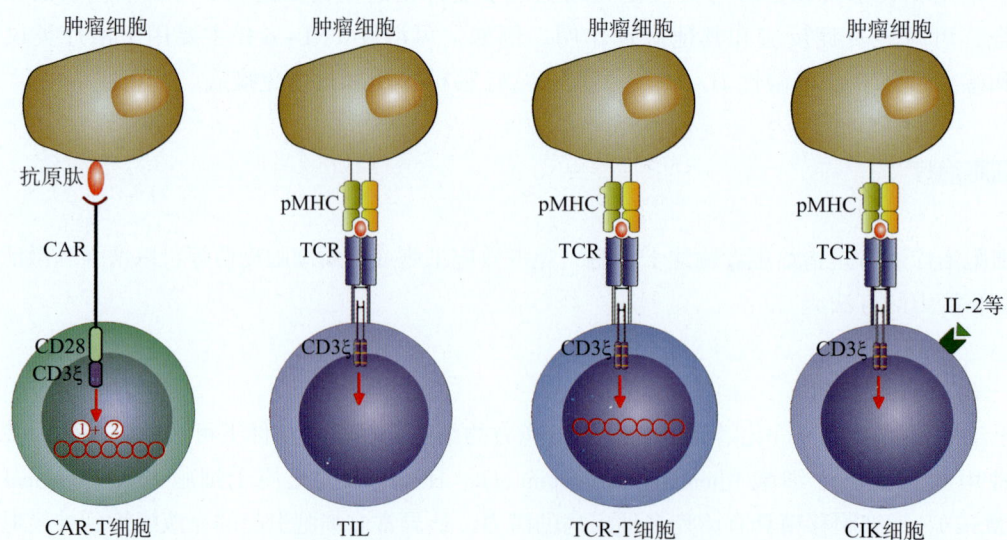

图 25-1　不同类型的过继免疫细胞转输治疗肿瘤

引起严重的细胞因子释放综合征，包括高热、低血压、呼吸急促和器官功能衰竭等表现；也可能导致自身免疫性副作用，即攻击正常细胞而非癌细胞。由于肿瘤的异质性和变异性，某些癌细胞可能会避开 CAR-T 细胞的攻击而逃脱免疫攻击。目前，CAR-T 细胞治疗对于血液系统肿瘤效果比较明显，但是对实体瘤效果有待提高。CAR-T 细胞需要个性化生产，每个患者都需要定制治疗，因此生产成本很高。

2. 肿瘤浸润淋巴细胞（tumor infiltrating lymphocyte，TIL）治疗　分离获取患者肿瘤组织中淋巴细胞，在体外与 IL-2 等细胞因子共育培养后，形成的对肿瘤细胞具有杀伤作用的免疫效应细胞，即 TIL，扩增后再回输给患者。可用于实体瘤的辅助治疗，但需满足下列条件：①肿瘤组织足量；②可获得一定数量的 TIL，并且主要是效应细胞；③ TIL 可体外高效扩增。

3. TCR-T 细胞治疗　TCR-T 细胞可使 T 细胞拥有预设抗原特异性，赋予 T 细胞识别并杀伤肿瘤细胞的能力。2022 年，全球首款 TCR-T 细胞治疗药物上市，其为双特异性靶向肿瘤抗原 gp100 和 CD3，用于治疗特定葡萄膜黑色素瘤。

4. 细胞因子诱导的杀伤细胞（cytokine induced killer cell，CIK 细胞）治疗　用 IL-2、PHA 和 CD3 mAb 等免疫刺激物与外周血淋巴细胞共育培养后，形成的对肿瘤细胞具有杀伤作用的免疫效应细胞，即 CIK 细胞。

（三）肿瘤细胞疫苗

肿瘤细胞疫苗包括灭活 / 异构瘤苗、基因修饰的瘤苗和肿瘤抗原致敏后形成的树突状细胞瘤苗。

1. 灭活 / 异构瘤苗　自体或同种异体肿瘤细胞经射线、抗代谢药物等理化方法灭活后（仍保留其免疫原性）制备的肿瘤疫苗称为灭活瘤苗；用过碘乙酸盐或神经氨酸酶处理肿瘤细胞，使其免疫原性增强后制备的肿瘤疫苗称为异构瘤苗。

2. 基因修饰的瘤苗　采用基因修饰方法，将编码 HLA 分子、B7 等共刺激分子、IL-2、IFN-γ、GM-CSF 等细胞因子的基因转染肿瘤细胞，使其遗传性状改变、致瘤性降低、免疫原性增强后制备的肿瘤疫苗称为基因修饰的瘤苗。

3. 树突状细胞瘤苗　用肿瘤提取物或肿瘤抗原肽在体外刺激或用携带肿瘤相关基因的病毒载体转染 DC 后制备的瘤苗称为树突状细胞瘤苗（DC 瘤苗）。DC 是人体内最有效的抗原提呈细胞，将上述肿瘤抗原致敏的 DC 回输给患者，可有效激活肿瘤抗原特异性免疫应答产生抗肿瘤免疫效应。2010 年，美国 FDA 批准了首个针对晚期转移性前列腺癌的治疗性自体 DC 疫苗（Sipuleucel-T 疫苗）。

三、基于机体整体水平的免疫治疗

（一）免疫增强剂

免疫增强剂是具有促进和调节免疫功能的生物制剂，通常对免疫功能正常者无影响，而对免疫功能低下者有促进免疫细胞活化的作用。免疫增强剂已广泛用于肿瘤、感染和免疫缺陷病的治疗，常用的有微生物及其产物、细胞因子、化学合成药物、中草药与植物多糖等。

1. 微生物及其产物　BCG、短小棒状杆菌、胞壁酰二肽（MDP）等微生物组分具有非特异性免疫增强作用和佐剂效应，可活化巨噬细胞、增强 NK 细胞活性，在抗肿瘤和抗感染中疗效确切。

2. 细胞因子　详见前文。

3. 化学合成药物　最常用的是左旋咪唑，具有活化巨噬细胞、增强 NK 细胞活性和促进 T 细胞产生 IL-2 等细胞因子的作用。西咪替丁和异丙肌苷等也可增强机体免疫功能，后者可用于抗病毒的辅助治疗。

4. 中草药与植物多糖　人参、黄芪、枸杞等中草药可明显增强机体免疫功能；香菇多糖和灵芝多糖等植物多糖可促进淋巴细胞增殖，能有效增强细胞免疫功能。上述中草药及其有效成分和多糖制剂多用于肿瘤和感染的辅助治疗。

（二）免疫抑制剂

免疫抑制剂是一类能够抑制机体免疫功能的生物或非生物制剂，包括化学合成药物、某些微生物制剂和中草药。

1. 化学合成药物　①糖皮质激素：具有明显的抗炎和免疫抑制作用，对单核/巨噬细胞、T 细胞、B 细胞都有较强的抑制作用。此类药物常用于治疗炎症、超敏反应性疾病和移植排斥反应。②环磷酰胺：属烷化剂抗肿瘤药物，增殖/分化阶段的 T、B 细胞对环磷酰胺敏感，患者使用此类药物后可使其体液免疫和细胞免疫应答能力降低。环磷酰胺主要用于治疗自身免疫病、移植排斥反应和肿瘤。③硫唑嘌呤：属嘌呤类抗代谢药物，对患者细胞免疫和体液免疫均有抑制作用，也具有抗炎作用，主要用于防治移植排斥反应。

2. 微生物制剂　①环孢素（cyclosporin A，CsA）：是真菌代谢产物的提取物，可通过阻断 T 细胞内 IL-2 基因的转录，抑制 IL-2 依赖的 T 细胞活化。CsA 在治疗移植排斥反应中取得了较好疗效，也可用于自身免疫病的治疗。②他克莫司（FK-506）：属大环内酯抗生素，为真菌产物。其作用机制与 CsA 类似，但抑制作用更强，且副作用较小，是抗移植排斥反应首选的药物。③西罗莫司（雷帕霉素）：是链霉菌属丝状菌发酵物提取的大环内酯类抗生素，与 CsA 有协同作用，通过阻断 IL-2 启动的 T 细胞增殖作用而选择性地抑制 T 细胞，临床主要用于治疗器官移植排斥和自身免疫病。

3. 中草药　雷公藤多苷是效果较为肯定的免疫抑制剂，对细胞免疫和体液免疫应答均有抑制作用。雷公藤多苷可用来治疗移植排斥反应和多种自身免疫病。

（三）免疫重建与免疫替代治疗

免疫重建（immunological reconstitution）是指通过向先天或后天免疫缺陷的患者体内输注造血干细胞而重建免疫系统和功能。

免疫替代治疗指向机体输入其缺乏的免疫活性物质，以暂时维持机体的免疫功能。例如，给 X 性连锁无丙种球蛋白血症患者持续输入正常人 Ig，可在较长时间内维持其生命。

免疫学理论和技术已广泛应用于疾病的预防与治疗，特别是免疫预防，显示了其不可替代的重要性。近年来，疫苗的应用已从传染病的预防扩展到许多非传染病领域，但抗感染仍是未来疫苗研制的首要任务。不少传染病仍缺乏有效疫苗，如疟疾、手足口病、AIDS、丙型肝炎等。尤其是新发现的传染病不断增多，如埃博拉出血热、严重急性呼吸综合征和寨卡热等，更缺乏有效的疫苗。由此可见，传染病的控制依然任重而道远。

（骆耐香）

复习思考题

1. 试述人工主动免疫、人工被动免疫的概念及区别。
2. 试述疫苗的种类，灭活疫苗和减毒活疫苗的区别。
3. 简述免疫治疗的常用方法。

新形态教材网

👤 学习目标　⬇️ 教学课件　👤≣ 本章小结　👥👤 开放性讨论　✍️ 自测题

主要参考文献

［1］司传平. 医学免疫学. 5版. 北京：人民卫生出版社，2022.

［2］曹雪涛. 免疫学前沿进展. 4版. 北京：人民卫生出版社，2017.

［3］曹雪涛. 医学免疫学. 7版. 北京：人民卫生出版社，2018.

［4］龚非力. 医学免疫学. 4版. 北京：科学出版社，2016.

［5］曹雪涛，何维. 医学免疫学. 3版. 北京：人民卫生出版社，2015.

［6］金伯泉. 医学免疫学. 5版. 北京：人民卫生出版社，2008.

［7］司传平. 免疫学多媒体教学图像素材库. 北京：高等教育出版社，2002.

［8］Abbas AK，Lichtman AH，Pillai S. Basic Immunology：Function and Disorders of the Immune System. 7th ed. Philadelphia：W.B. Saunders Company，2023.

［9］Abbas AK，Lichtman AH，Pillai S. Cellular and Molecular Immunology. 10th ed. Philadelphia：W.B. Sauders Company，2022.

［10］Delves PJ，Martin SJ，Burton DR. Roitt's Essential Immunology. 13th ed. London：John Wiley & Sons，Ltd.，2017.

［11］Murphy KM. Janeway's Immunobiology. 10th ed. New York：Garland Science，2022.

细胞因子及其受体

细胞因子（别名）	产生细胞	功能
（一）白细胞介素（interleukin，IL）		
IL-1α	巨噬细胞、上皮细胞	发热，T细胞活化，巨噬细胞活化
IL-1β	巨噬细胞、上皮细胞	发热，T细胞活化，巨噬细胞活化
IL-1RA（IL-1受体拮抗剂）	单核细胞、巨噬细胞、中性粒细胞、肝细胞	结合IL-1R但不触发其活性，天然IL-1拮抗剂
IL-2（T细胞生长因子）	T细胞	Treg细胞的维持和功能，T细胞增殖和分化
IL-3（多克隆CSF）	T细胞、胸腺上皮细胞和基质细胞	协同早期造血
IL-4	T细胞、肥大细胞、ILC2	B细胞活化，IgE类别转换，诱导Th2细胞分化
IL-5	T细胞、肥大细胞、ILC2	嗜酸性粒细胞生长和分化
IL-6	T细胞、B细胞、巨噬细胞、内皮细胞	T细胞和B细胞生长和分化，急性期反应蛋白合成，发热
IL-7	非T细胞、基质细胞	pre-B细胞、pre-T细胞和ILC生长
IL-9（T细胞生长因子，p40）	T细胞	增强肥大细胞活性，刺激Th2和ILC
IL-10（细胞因子合成抑制因子）	巨噬细胞、DC、T细胞、B细胞	强效巨噬细胞功能抑制剂
IL-11	基质成纤维细胞	协同IL3、IL-4参与造血
IL-12（NK细胞刺激因子）	巨噬细胞、DC	活化NK细胞，诱导CD4⁺T细胞分化为Th1样细胞
IL-13	T细胞、ILC2	B细胞生长和分化，抑制巨噬细胞炎性细胞因子产生，抑制Th1细胞，诱导过敏反应/哮喘
IL-15（T细胞生长因子）	多种非T细胞	IL-2样作用，刺激肠上皮细胞、T细胞和NK细胞生长，加强记忆性CD8⁺T细胞存活
IL-16	T细胞、肥大细胞、嗜酸性粒细胞	趋化CD4⁺T细胞、单核细胞和嗜酸性粒细胞，拮抗IL-2引起的T细胞凋亡
IL-17A（CTLA-8）	Th17细胞、CD8⁺T细胞、NK细胞、γδT细胞、中性粒细胞、ILC3	诱导上皮细胞、内皮细胞、成纤维细胞产生细胞因子和抗菌肽，促炎
IL-17F	Th17细胞、CD8⁺T细胞、NK细胞、γδT细胞、中性粒细胞、ILC3	诱导上皮细胞、内皮细胞、成纤维细胞产生细胞因子，促炎
IL-18（IFN-α诱生因子）	活化巨噬细胞、Kupffer细胞	诱导NK细胞和T细胞产生IFN-γ，促进对Th1细胞的诱生
IL-19	单核细胞	诱导单核细胞表达IL-6、TNF-α
IL-20	Th1细胞、单核细胞、上皮细胞	促进Th2细胞、刺激角质形成细胞增殖和TNF-α产生
IL-21	Th2细胞、T细胞、主要是Tfh细胞	维持生发中心以诱导B细胞、T细胞和NK细胞增殖
IL-22	NK细胞、Th17细胞、Th22细胞、ILC3、中性粒细胞、γδT细胞	诱生抗菌肽，诱导肝产生急性期反应蛋白和促炎介质，维护上皮屏障

续表

细胞因子（别名）	产生细胞	功能
IL-23	DC，巨噬细胞	诱导记忆性 Th17 细胞增殖，促进 IFN-γ 产生
IL-24	单核细胞、T 细胞	伤口愈合，抑制肿瘤生长
IL-25（IL-17E）	Th2 细胞、肥大细胞、上皮细胞	促进 Th2 型细胞因子产生
IL-26	T 细胞（Th17 细胞）、NK 细胞	促炎，刺激上皮细胞
IL-27	DC	通过 T-bet 诱导 T 细胞表达 IL-12R，诱导 IL-10 产生
IL-28A，B	DC	抗病毒
IL-29（IFN-λ1）	待定	抗病毒
IL-30（IL-27A，IL-27p28）	待定	待定
IL-31	Th2 细胞	促炎，皮肤损伤
IL-32	T 细胞、NK 细胞、上皮细胞、单核细胞	诱导产生 TNF-α
IL-33	高内皮静脉（HEV）、平滑肌、上皮细胞	诱导产生 Th2 细胞因子（IL-4、IL-5、IL-13）
IL-34	多种细胞	促进髓样细胞和破骨细胞生长和发育
IL-35	Treg 细胞、B 细胞	免疫抑制
IL-36α,β,λ	角质形成细胞、单核细胞	巨噬细胞和 DC 的促炎兴奋剂
IL-36Ra	待定	IL-36 拮抗剂
IL-37	单核细胞、DC、上皮细胞、乳腺肿瘤细胞	抑制 DC/单核细胞产生 IL-1、IL-6、IL-12 等细胞因子，协同 TGF-β 发挥作用
TSLP	上皮细胞，特别是肺和皮肤	刺激造血细胞和 DC 以诱导 Th2 细胞反应
LIF（leukemia inhibitory factor）	骨髓基质细胞、成纤维细胞	维持胚胎干细胞，作用类似于 IL-6、IL-11、OSM
OSM（oncostatin M/抑瘤素 M）	T 细胞、巨噬细胞	刺激卡波西肉瘤细胞，抑制黑色素瘤生长

（二）集落刺激因子（colony stimulating factor，CSF）

细胞因子（别名）	产生细胞	功能
GM-CSF（CSF-2）	巨噬细胞、T 细胞	刺激髓系单核谱系细胞特别是 DC 的生长和分化
G-CSF（CSF-3）	成纤维细胞、单核细胞	刺激中性粒细胞发育和分化
M-CSF（CSF-1）	T 细胞、骨髓基质细胞、成骨细胞	刺激单核系细胞生长

（三）干扰素（interferon，IFN）

细胞因子（别名）	产生细胞	功能
IFN-α（至少有 12 种不同蛋白）	白细胞、DC、pDC、cDC	抗病毒，上调 MHC I 类分子表达
IFN-β	成纤维细胞	抗病毒，上调 MHC I 类分子表达
IFN-γ	T 细胞、NK 细胞、中性粒细胞、ILC1、上皮内淋巴细胞	巨噬细胞活化，上调 MHC 分子和抗原加工成分表达，Ig 类别转换，抑制 Th17 细胞和 Th2 细胞

续表

细胞因子（别名）	产生细胞	功能
IFN-λs	DC	上皮细胞处于抗病毒状态
（四）肿瘤坏死因子家族（tumor necrosis factor，TNF）		
TNF-α	巨噬细胞、NK 细胞、T 细胞	促炎，内皮细胞活化
LT-α（TNF-β）	T 细胞、B 细胞	杀伤作用，内皮细胞活化，淋巴结发育
LT-β	T 细胞、B 细胞、ILC3	淋巴结发育
CD40L	T 细胞、肥大细胞	B 细胞活化，类别转换
FasL	T 细胞	凋亡，Ca^{2+}-非依赖性细胞毒性
CD27L	T 细胞	刺激 T 细胞增殖
CD30L	T 细胞	刺激 T 细胞和 B 细胞增殖
4-1BBL	T 细胞	共刺激 T 细胞和 B 细胞
TRAIL	T 细胞、单核细胞	活化 T 细胞、肿瘤细胞和病毒感染细胞发生凋亡
TRANCE（OPGL）		
OPG-L（RANK-L）	成骨细胞、T 细胞	刺激破骨细胞，刺激骨再吸收
APRIL	活化 T 细胞	B 细胞增殖
TWEAK	巨噬细胞、EBV 转化细胞	血管生成
BAFF(CD257)	B 细胞	B 细胞增殖
（五）其他细胞因子		
TGF-β1	软骨细胞、单核细胞、T 细胞	产生 iTreg 和 Th17 细胞，诱导类别转换产生 IgA
MIF	T 细胞、脑垂体细胞	抑制巨噬细胞迁移，刺激巨噬细胞活化，诱导激素抵抗

附录 II

趋化因子及其受体

趋化因子系统命名	常用名	靶细胞	受体
（一）CXCL（ELR+）*			
1	GROα，KC	中性粒细胞、成纤维细胞	CXCR2
2	GROβ，MIP-2a	中性粒细胞、成纤维细胞	CXCR2
3	GRO γ，MIP-2b	中性粒细胞、成纤维细胞	CXCR2
5	ENA-78	中性粒细胞、内皮细胞	CXCR2 >> CXCR1
6	GCP-2	中性粒细胞、内皮细胞	CXCR2 > CXCR1
7	NAP-2	成纤维细胞、中性粒细胞、内皮细胞	CXCR1，2
8	IL-8	中性粒细胞、嗜碱性粒细胞、CD8$^+$T 细胞、内皮细胞	CXCR1，2
14	BRAK	T 细胞、单核细胞、B 细胞	CXCR4
15	lungkine	中性粒细胞、上皮细胞、内皮细胞	待明确
CXCL（ELR-）*			
4	PF4	成纤维细胞、内皮细胞	CXCR3B（选择性剪接）
9	Mig	活化 T 细胞（Th1 >Th2）、NK 细胞、B 细胞、内皮细胞、pDC	CXCR3A，3B
10	IP-10	活化 T 细胞（Th1 >Th2）、NK 细胞、B 细胞、内皮细胞	CXCR3A，3B
11	I-TAC	活化 T 细胞（Th1 >Th2）、NK 细胞、B 细胞、内皮细胞	CXCR3A，3B，7
12	SDF-1α/β	CD34$^+$ 骨髓细胞、胸腺细胞、单核/巨噬细胞、初始/活化 T 细胞、B 细胞、浆细胞、中性粒细胞、未成熟 DC、成熟 DC、pDC	CXCR4，7
13	BLC/BCA-1	初始 B 细胞、活化 CD4$^+$T 细胞、未成熟 DC、成熟 DC	CXCR5 >> CXCR3
16	sexckine	活化 T 细胞、NKT 细胞、内皮细胞	CXCR6
（二）CCL			
1	I-309	中性粒细胞（仅 TCA-3）、T 细胞（Th2 >Th1）、单核细胞	CCR8
2	MCP-1	T 细胞（Th2 >Th1）、单核细胞、嗜碱性粒细胞、未成熟 DC、NK 细胞	CCR2
3	MIP-1α/LD78	单核/巨噬细胞、T 细胞（Th1 >Th2）、NK 细胞、嗜碱性粒细胞、未成熟 DC、嗜酸性粒细胞、中性粒细胞、星形胶质细胞、成纤维细胞、破骨细胞	CCR1，5
4	MIP-1β	单核/巨噬细胞、T 细胞（Th1 >Th2）、NK 细胞、嗜碱性粒细胞、未成熟 DC、嗜酸性粒细胞、B 细胞	CCR5 >> CCR1
5	RANTES	单核/巨噬细胞、T 细胞（记忆 T 细胞 >T 细胞，Th1 >Th2）、NK 细胞、嗜碱性粒细胞、嗜酸性粒细胞、未成熟 DC	CCR1，3，5
6	C10/MRP-1	单核细胞、B 细胞、CD4$^+$T 细胞、NK 细胞	CCR1

续表

趋化因子 系统命名	常用名	靶细胞	受体
7	MCP-3	T 细胞（Th2＞Th1）、单核细胞、嗜酸性粒细胞、嗜碱性粒细胞、未成熟 DC、NK 细胞	CCR1，2，3，5
8	MCP-2	T 细胞（Th2＞Th1）、单核细胞、嗜酸性粒细胞、嗜碱性粒细胞、未成熟 DC、NK 细胞	CCR1，2，5
9	MRP-2/MIP-1γ	T 细胞、单核细胞、脂肪细胞	CCR1
11	eotaxin	嗜酸性粒细胞、嗜碱性粒细胞、肥大细胞、Th2 细胞	CCR3＞＞CCR5
12	MCP-5	嗜酸性粒细胞、单核细胞、T 细胞、B 细胞	CCR2
13	MCP-4	T 细胞（Th2＞Th1）、单核细胞、嗜酸性粒细胞、嗜碱性粒细胞、DC	CCR2，3
14a	HCC-1	单核细胞	CCR1，3，5
15	MIP-5/HCC-2	T 细胞、单核细胞、嗜酸性粒细胞、DC	CCR1，3
16	HCC-4/LEC	单核细胞、T 细胞、NK 细胞、未成熟 DC	CCR1，2，5，8
17	TARC	T 细胞（Th2＞Th1）、未成熟 DC、胸腺细胞、Treg	CCR4＞＞CCR8
18	DC-CK1/PARC	初始 T 细胞＞活化 T 细胞、未成熟 DC、边缘区 B 细胞	PITPNM3
19	MIP-3β/ELC	初始 T 细胞、成熟 DC、B 细胞	CCR7
20	MIP-3α/LARC	T 细胞（记忆 T 细胞、Th17 细胞）、血单个核细胞、未成熟 DC、活化 B 细胞、NKT 细胞	CCR6
21	6Ckine/SLC	初始 T 细胞、B 细胞、胸腺细胞、NK 细胞、成熟 DC	CCR7
22	MDC	未成熟 DC、NK 细胞、T 细胞（Th2＞Th1）、胸腺细胞、内皮细胞、单核细胞、Treg	CCR4
23	MPIF-1/CK-β/8	单核细胞、T 细胞、静止中性粒细胞	CCR1，FPRL-1
24	eotaxin-2/MPIF-2	嗜酸性粒细胞、嗜碱性粒细胞、T 细胞	CCR3
25	TECK	巨噬细胞、胸腺细胞、DC、上皮内淋巴细胞、IgA 浆细胞、黏膜记忆 T 细胞	CCR9
26	eotaxin-3	嗜酸性粒细胞、嗜碱性粒细胞、成纤维细胞	CCR3
27	CTACK	皮肤归巢记忆 T 细胞、B 细胞	CCR10
28	MEC	T 细胞、嗜酸性粒细胞、IgA⁺B 细胞	CCR10＞CCR3

（三）C 和 CX3C

XCL1	lymphotactin	T 细胞、NK 细胞、CD8α⁺DC	XCR1
XCL2	SCM-1β	T 细胞、NK 细胞、CD8α⁺DC	XCR1
CX3CL1	fractalkine	活化 T 细胞、单核细胞、中性粒细胞、NK 细胞、未成熟 DC、肥大细胞、星形胶质细胞、神经元、小胶质细胞	CX3CR1

*ELR：指在 CXC 第一个半胱氨酸残基之前的 3 个氨基酸序列。如果 ELR 是谷氨酸 - 亮氨酸 - 精氨酸（Glu-Leu-Arg），即为 ELR⁺，可趋化中性粒细胞；如果是 ELR⁻，则趋化淋巴细胞。

非经典趋化因子受体

趋化因子配体	靶细胞	受体
趋化素和消退素 E1	巨噬细胞、未成熟 DC、肥大细胞、pDC、脂肪细胞、成纤维细胞、内皮细胞、口腔上皮细胞	CMKLR1/chem23
CCL5，CCL19 和趋化素	所有造血细胞、小胶质细胞、星形胶质细胞、肺上皮细胞	CCLR2/CRAM
炎性 CC 趋化因子	淋巴内皮细胞	D6
各种 CXC 和 CC 趋化因子	红细胞、浦肯野细胞、内皮细胞、肾上皮细胞	Duffy/DARC
CCL19，CCL21，CCL25	胸腺上皮细胞、淋巴结基质细胞、角质形成细胞	CCXCKR

郑重声明

高等教育出版社依法对本书享有专有出版权。任何未经许可的复制、销售行为均违反《中华人民共和国著作权法》，其行为人将承担相应的民事责任和行政责任；构成犯罪的，将被依法追究刑事责任。为了维护市场秩序，保护读者的合法权益，避免读者误用盗版书造成不良后果，我社将配合行政执法部门和司法机关对违法犯罪的单位和个人进行严厉打击。社会各界人士如发现上述侵权行为，希望及时举报，我社将奖励举报有功人员。

反盗版举报电话　（010）58581999　58582371

反盗版举报邮箱　dd@hep.com.cn

通信地址　北京市西城区德外大街4号　高等教育出版社知识产权与法律事务部

邮政编码　100120

读者意见反馈

为收集对教材的意见建议，进一步完善教材编写并做好服务工作，读者可将对本教材的意见建议通过如下渠道反馈至我社。

咨询电话　400-810-0598

反馈邮箱　gjdzfwb@pub.hep.cn

通信地址　北京市朝阳区惠新东街4号富盛大厦1座　高等教育出版社总编辑办公室

邮政编码　100029

防伪查询说明

用户购书后刮开封底防伪涂层，使用手机微信等软件扫描二维码，会跳转至防伪查询网页，获得所购图书详细信息。

防伪客服电话　（010）58582300